高职高专汽车专业系列教材

汽车装饰与美容

王顺利 主 编
袁留奎 张 磊 副主编

清华大学出版社
北京

内容简介

本书全面介绍了汽车装饰美容的理论知识与实操规范。本书分为绪论加 10 个项目，系统地介绍了汽车装饰与美容概述、汽车外部清洗与护理、汽车车身装饰、车身涂层修补、汽车彩绘装饰、汽车内部清洁与护理、汽车内部装饰、车载影音系统、车载导航系统、汽车安全装置和汽车装饰美容企业经营管理。项目一、二、三、四为汽车外部装饰与美容篇，项目五、六、七、八、九为汽车内部装饰与美容篇，项目十为汽车装饰美容店经营管理篇。

本书融理论知识、工具设备介绍和实践操作于一体，提供了与汽车装饰美容相关的案例及形式多样的思考习题和实训作业，注重培养读者发现问题、分析问题和解决问题的能力。本书的实用性和操作性较强。

本书可作为高职高专汽车整形类专业、汽车技术服务与营销类专业、汽车机电维修类专业的教材，也适用于从事汽车装饰美容的社会培训和技术服务人员学习。

本书封面贴有清华大学出版社防伪标签，无标签者不得销售。
版权所有，侵权必究。举报：010-62782989，beiqinquan@tup.tsinghua.edu.cn。

图书在版编目(CIP)数据

汽车装饰与美容/王顺利主编. --北京：清华大学出版社，2014（2021.2重印）
（高职高专汽车专业系列教材）
ISBN 978-7-302-36705-5

Ⅰ．①汽…　Ⅱ．①王…　Ⅲ．①汽车—车辆保养—高等职业教育—教材　Ⅳ．①U472

中国版本图书馆 CIP 数据核字(2014)第 116938 号

责任编辑：桑任松
封面设计：刘孝琼
版式设计：杨玉兰
责任校对：周剑云
责任印制：宋 林

出版发行：清华大学出版社
网　　址：http://www.tup.com.cn, http://www.wqbook.com
地　　址：北京清华大学学研大厦 A 座　　邮　　编：100084
社 总 机：010-62770175　　邮　　购：010-62786544
投稿与读者服务：010-62776969, c-service@tup.tsinghua.edu.cn
质量反馈：010-62772015, zhiliang@tup.tsinghua.edu.cn
课件下载：http://www.tup.com.cn, 010-62791865

印 装 者：三河市铭诚印务有限公司
经　　销：全国新华书店
开　　本：185mm×260mm　　印　张：20　　字　数：482 千字
版　　次：2014 年 8 月第 1 版　　印　次：2021 年 2 月第 5 次印刷
定　　价：48.00 元

产品编号：053500-02

前　言

随着我国经济的不断发展，人们消费水平的不断提升，以及政府不断推出购车的优惠政策，汽车逐渐从奢侈品的角色转变为大众消费品，汽车产业在不断走向成熟的同时也带动了汽车后市场的迅速发展。买车的人越来越多，但是懂得汽车维护知识的人却十分有限，这就意味着汽车后市场的发展潜力是十分巨大的。汽车装饰美容业便是其中之一。汽车装饰美容业源自于发达资本主义国家，自从进入我国以来，伴随着我国汽车业的进步也迅猛地发展起来。它的不断发展壮大，不仅极大地带动了交通事业的发展，而且带动了一系列新兴事业的发展，推动了社会的进步。

汽车装饰指的是通过加装、改装或更新车上装备和附件，以提高汽车的美观性、装饰性和安全性，如加装倒车影像以提高汽车倒车时的安全性。汽车美容不只是简单的汽车打蜡、除渍、除臭、吸尘及车内外的清洁服务等常规美容护理，还包括利用专业美容系列产品和高科技设备，采用特殊的工艺和方法，对漆面增光、打蜡、抛光及深浅划痕处理和发动机表面翻新等一系列养车技术，以达到"旧车变新，新车保值，延寿增益"的功效。

本书从高职教育的实际出发，以结合教学和生产实际的需要作为编写的指导思想，详细介绍了汽车装饰与美容项目的组成、分类与特点，系统讲解了汽车外部清洁与护理、汽车车身装饰、车身涂层修补技术和汽车彩绘装饰这些汽车外部装饰与美容项目，汽车内部清洁与护理、汽车内部装饰、车载影音系统、车载导航系统和汽车安全装置这些汽车内部装饰与美容项目，还讲述了汽车装饰美容企业的经营管理。本书从基本概念、基本组成入手，由浅入深地讲述，注重反映实用性，体现汽车装饰与美容技术的最新发展动向。书中内容层次结构合理，重点突出，便于教学和自学。

本书面向高职高专和应用型本科院校，可作为汽车整形类专业、汽车技术服务与营销类专业、汽车机电维修类专业的教材，也适用于从事汽车装饰美容、汽车检测维修、汽车设计制造、汽车运输管理的社会培训和工程技术人员学习，还可供汽车爱好者阅读使用。

本书共分为绪论加10个项目，融理论分析、方法应用和实践操作于一体，系统地介绍了汽车装饰与美容概述、汽车外部清洗与护理、汽车车身装饰、车身涂层修补、汽车彩绘装饰、汽车内部清洁与护理、汽车内部装饰、车载影音系统、车载导航系统、汽车安全装置、汽车装饰美容企业经营管理的基本知识与实训操作。本书还提供了与汽车装饰美容相关的案例及形式多样的思考习题和实训作业，注重培养读者发现问题、分析问题和解决问题的能力。本书具有以下特点。

(1) 以汽车装饰美容行业的实际工作为依据，分项目、按流程来编写，层次分明，具有很强的理论学习性和实践操作性。

(2) 知识和技术的先进性。当代汽车制造业发展迅速，汽车装饰与美容技术的进步越来越快，新技术的运用也越来越多，高科技的含量也越来越高。本书内容突出汽车新技术的应用和发展趋势，使读者能掌握最新的知识和技术。

(3) 每个项目后都有相应的项目小结、思考练习题和实训项目题，可以更有针对性地安排实训内容和检验学生的掌握情况。

(4) 本书的编写以广泛的行业需求和汽车专业调研为基础,确保理论学习和实践生产紧密结合。

本书由河南交通职业技术学院王顺利担任主编并统稿,袁留奎、张磊担任副主编,宋阳担任主审。其中,和豪涛编写项目一和项目五,袁留奎编写项目二,张磊编写项目三,王顺利编写项目四和项目十,杨明编写项目六,黄樱编写项目七,李扬编写项目八和项目九,湖北交通职业技术学院田兴政编写绪论。

在编写过程中,我们参阅了国内外的相关论著与教材,借鉴了其中的精华,在此向其作者表示由衷的感谢。我们为这本书付出了最大的努力,但由于作者水平有限,书中难免存在缺陷和不足,敬请各位专家和读者批评指正。

编　者

目 录

绪论 1
    一、汽车装饰简介 2
    二、汽车美容简介 3
    三、汽车装饰美容业的发展 5
  项目小结 8
  复习思考题 8

项目一　汽车外部清洗与护理 9
    一、汽车腐蚀及污垢分析 10
    二、汽车清洗 11
    三、汽车清洗系列用品 20
    四、汽车清洗工具与设备 24
    五、汽车护理系列用品 27
    六、汽车美容护理设备和工具 35
    七、汽车外部护理 39
  项目小结 42
  复习思考题 42

项目二　汽车车身装饰 45
    一、车身大包围装饰 46
    二、车窗装饰 49
    三、车灯装饰 55
    四、底盘防护 64
    五、加装导流板和扰流板 70
    六、天窗装饰 74
    七、车身小部件装饰 80
  项目小结 84
  复习思考题 84

项目三　车身涂层修补 87
    一、车身涂层相关知识 88
    二、车身涂层修补常用涂料 96

三、车身涂层修补工具设备 101

　　　　四、车身涂层修补流程 110

　　　　五、车身涂层常见缺陷处理 123

　　项目小结 128

　　复习思考题 128

项目四　汽车彩绘装饰 131

　　　　一、汽车彩绘概述 132

　　　　二、汽车彩绘施工的常用工具 136

　　　　三、汽车彩绘装饰施工案例 146

　　项目小结 148

　　复习思考题 148

项目五　汽车内部清洁与护理 149

　　　　一、汽车内部清洗 150

　　　　二、汽车车室美容工艺流程 161

　　　　三、汽车清洗系列用品 162

　　　　四、汽车内部的清洁护理 166

　　项目小结 170

　　复习思考题 170

项目六　汽车内部装饰 173

　　　　一、汽车香品的装饰 174

　　　　二、座椅装饰 176

　　　　三、仪表板的装饰 182

　　　　四、汽车桃木内饰 188

　　　　五、地板装饰 190

　　　　六、汽车顶篷内衬装饰 192

　　　　七、汽车隔音 195

　　　　八、汽车氧吧 197

　　　　九、扶手箱的安装 198

　　项目小结 198

　　复习思考题 198

项目七　车载影音系统 201

　　　　一、车载影音系统基础知识与配置 202

　　　　二、汽车收音机 205

三、汽车 CD 唱机 209
四、车载 VCD/DVD 218
项目小结 222
复习思考题 222

项目八 车载导航系统 225

一、车载导航系统基础知识 226
二、车载导航系统的工作原理和组成 235
三、车载导航系统发展趋势 240
项目小结 242
复习思考题 242

项目九 汽车安全装置 245

一、安全带与安全气囊 246
二、倒车雷达与倒车影像 252
三、汽车防盗装置 262
四、其他汽车安全装置 268
项目小结 283
复习思考题 284

项目十 汽车装饰美容企业经营管理 285

一、汽车美容装饰店的开设 286
二、汽车美容装饰店的经营与管理 292
项目小结 309
复习思考题 309

参考文献 311

绪　论

【知识要求】

- 掌握汽车装饰、汽车美容的定义。
- 掌握汽车装饰美容的作业项目。
- 了解汽车装饰美容业的发展现状与前景。

【能力要求】

能够遵守汽车装饰美容的基本原则，从事相关项目的作业。

一、汽车装饰简介

1. 汽车装饰定义

汽车装饰是一个由汽车后市场高速发展衍生出的新兴行业，通常是指在原厂车的基础上通过加装、改装或更新车上装备和附件，以提高汽车的美观性、装饰性和安全性的行为。而所增加的附属物品则常常称为汽车饰品或汽车装饰件。如改装氙气大灯，以提高夜间行车的照明亮度，同时也可以改善大灯的美观性；加装倒车影像以提高汽车倒车时的安全性等。

2. 汽车装饰的类型

汽车装饰主要有两种分类方法：按照装饰部位分类和按照装饰作用分类。

1) 按照装饰部位分类

按照装饰部位分类，可分为汽车外部装饰、汽车内部装饰和其他装饰。

(1) 汽车外部装饰主要是对汽车顶盖、车窗、车灯、车身周围及车轮等部位进行装饰。常见的装饰项目有加装天窗、大包围、尾翼、天线、前后保险杠、底盘塑封等。

(2) 汽车内部装饰主要是对仪表板、座椅、篷壁、玻璃、地板、隔音、音响等进行装饰。

(3) 汽车其他方面的装饰是指除汽车外部和内部以外，对其他部位或组件的装饰。例如车灯眼线、防撞胶、汽车货架、晴雨窗罩、车载电子电器设备、通信设备、智能设备、防盗防护设备等。

2) 按照装饰作用分类

按照装饰作用分类，可分为美观类、舒适类、保护类、防盗类、实用类、便利类、安全类、娱乐类、香品类等。

(1) 美观类，如个性贴花、贴纸、车身大包围、空气扰流组件、车身彩条、轮眉、牌照架、油箱盖、轮毂盖等。

(2) 舒适类，如天窗、座椅装饰、桃木装饰、方向盘套、窗帘、靠垫、手机架、纸巾盒、烟灰缸等。

(3) 保护类，如保险杠、防撞胶条、防滚架、防爆膜、备胎罩、汽车保护罩等。

(4) 防盗类，如排挡锁、方向盘锁等各种防盗设备和工具。

(5) 实用类，如车载冰箱、车载氧吧、车载货架、电源转换器、车用吸尘器等。

(6) 便利类，如电动门窗、集控门锁、车载电话、电子导航装置等。

(7) 安全类，如倒车雷达、可视倒车装置、安全带、安全气囊等。

(8) 娱乐类，如各种视听设备、娱乐设备等。

(9) 香品类，主要有气雾型、液体型、固体型三类。香型通常与颜色也密切相关，如黄色为柠檬香，草绿色为青苹果香，紫色为葡萄香，淡绿色为薄荷香等。

3. 汽车装饰的原则及注意事项

汽车装饰必须遵循的基本原则和注意事项主要包括以下几项。

1) 注意要严格依照相关法令进行

2001年10月颁布的《中华人民共和国机动车管理办法》中明确规定，机动车不得擅自改装；要进行机动车变更，必须在交管部门规定的范围内进行，即可以对车身颜色、发动机、燃料种类、车驾号码等进行改装，但司机在提交申请后，必须要经过交管部门批准，才可进行改装。

2) 注意"禁用三色"

在车身颜色方面，有三种颜色不能被批准使用，分别是红色、黄色和上白下蓝。红色属于消防专用，黄色属于工程抢险专用，上白下蓝属于国家行政执法专用。为避免引起歧义或以假乱真，所以禁止使用以上三种颜色作为车身装饰颜色。

3) 遵循协调、实用、整洁和舒适原则

汽车装饰时首先应该注意的是内饰件的色调，其次是注意款式要协调，尽量不要使用对头色，多使用邻近色或协调色，这样才能给驾驶人员和乘坐人员以舒适的驾乘体验，也对驾乘安全起到了一定的促进作用。对于部分饰品的使用应遵循够用原则，如坐垫选择一两款够用即可，没有必要整个座位上放置三四个靠垫，过多容易占用车内空间，甚至遮挡驾驶员的正常视线，不利于安全行车。

4) 注意要以行车安全性为原则

对于行车安全性需要注意，在驾驶员驾驶区不要有挂饰、摆饰等其他饰品，尽量不要在驻车制动器、仪表板前、仪表台放置其他不固定的物品，以免在紧急状况下发生制动踏板被杂物卡滞的危险。

5) 注意装饰工作的顺序

汽车装饰的一般步骤是由表及里，先主后辅。而具体的是先装饰车窗玻璃，后装饰顶篷、门衬里、隔音降噪材料、影音装置、座椅、坐垫、脚垫以及其他部件。

二、汽车美容简介

1. 汽车美容定义

汽车美容是指由受过专业培训的技术工人，根据汽车车身(含内饰)各部分的不同材质，使用具有针对性的养护产品和专业工具及设备，按照一定的工艺，由表及里地进行细致、全面的维护，使汽车外观亮洁如新、漆面光亮长久，并能有效延长汽车使用寿命的养护作业，具有系统性、规范性和专业性等特点。

2. 汽车美容作用

1) 汽车日常所受侵害

汽车在长期的停驶过程中，车身的表面和底盘会受到以下多方面的侵害。

(1) 紫外线对汽车漆面的侵害。汽车油漆经过阳光中的紫外线长时间地照射，漆层内部的油脂部分会大量损失，漆面变得干燥，会出现失光、异色斑点甚至龟裂等现象，影响美观。

(2) 有害气体对漆面的侵害。随着全球大气污染的日益严重，大气中的有害气体，如二氧化硫、二氧化氮等含量逐步增加。在高速行驶中汽车车体与气体摩擦，使车身表面形成一层强烈的静电，由于静电的作用大大增加了车身表面有害气体的附着。

(3) 雨水、雪水对漆面、底盘的侵蚀。由于工业污染，雨水中的二氧化硫、二氧化氮、盐及其他物质含量增多而形成的酸雨，也会对漆面造成持续侵害。

(4) 其他因素对车辆的损害。汽车在运行过程中也会受到外界的伤害，如车漆被硬物划伤、擦伤、鸟粪或飞漆等附着于漆面而形成的伤害，碎石、较高凸出物对汽车底盘的撞击等。

2) 汽车美容的作用

车体的伤害如不进行定期的专业美容护理，日积月累，不仅会影响汽车的美观，更会危及汽车的行驶安全。科学合理的汽车美容能够起到以下作用。

(1) 保护汽车。

汽车美容起到维护汽车表面漆膜和保护汽车金属的作用。

(2) 装饰汽车。

通过汽车美容作业，可以使汽车涂层平整，鲜艳光亮，保持汽车美丽的容颜，彰显车主通过汽车装饰显示自己身份的目的。

(3) 美化城市环境。

汽车美容使道路上行驶的汽车不再灰尘污垢堆积，漆面单调暗淡，也不再有锈迹斑斑的车辆，这对于美化一个城市的环境非常重要。

3. 汽车美容的作业项目

1) 根据美容场所的不同分类

根据美容场所的不同，可将汽车美容分为美容店式汽车美容和家庭式汽车美容。

2) 根据汽车实际美容程度分类

根据汽车实际美容程度可将汽车美容分为一般美容、汽车修复美容和汽车专业美容。

(1) 一般美容是指保持车身漆面和室内件表面亮丽而进行的美容作业，主要包括新车开蜡、汽车清洗、漆面研磨、抛光、还原、上蜡及室内件护理等美容作业。

(2) 汽车修复美容是在车身漆面或室内件表面出现某种缺陷后所进行的恢复性美容作业。其针对的缺陷主要有漆膜病态、漆面划痕、斑点及内饰件表面破损，根据缺陷的范围和程度的不同分别进行表面处理、局部修补、整车翻修及内饰件修补更换等美容作业。

(3) 汽车专业美容是通过使用先进的设备和专用优质的养护产品，针对汽车各部位的材质，经过几十道工序，从车身、内饰、发动机、轮胎、底盘、保险杠到油路、电路、空调系统、冷却系统、进排气系统等各部位进行有针对性地保养、维护和翻新，使整车焕然一新，使旧车更为美观并保持长久。

3) 根据美容作业的部位分类

根据美容作业的部位可将汽车美容分为车身美容、室内美容、漆面美容、发动机美容、汽车防护等。

(1) 车身美容。

服务项目包括高压洗车，去除沥青、焦油等污物，打蜡抛光，新车开蜡，钢圈、轮胎、保险杠翻新及底盘防腐涂胶处理。

(2) 室内美容。

作业任务包括仪表台、顶篷、地毯、脚垫、座椅、座套、车门内饰、后备箱等部位的吸尘清洁保护，以及蒸汽杀菌、冷暖风口除臭、室内空气净化等项目。

(3) 漆面美容。

作业任务主要有漆面缺陷处理、漆面部分板面破损处理、漆面深浅划痕处理及整车喷漆等。

(4) 发动机美容。

作业任务包括发动机冲洗清洁、喷上光保护剂、作翻新处理及水箱、蓄电池等清洁、检查、维护等项目。

(5) 汽车防护。

服务项目包括粘贴防爆太阳膜，安装防盗器、静电放电器、汽车语音报警装置等。

4) 按作业性质不同分类

按作业性质不同可将汽车美容分为护理型美容和修复性美容。

(1) 护理型美容作业项目。

护理型美容是指保持车身漆面和内饰件表面亮丽如新，并起到一定保护作用而进行的美容作业。其主要作业项目是新车开蜡、汽车清洗、漆面打蜡、封釉、镀膜、研磨、抛光及室内件保护处理等。

(2) 修复性美容作业项目。

修复性美容项目是车身漆面或室内件出现某种损伤后所进行的恢复性美容作业。其主要作业项目是漆面划痕修补、漆膜病态治理、漆面局部修补、整车漆膜翻修和室内件修补等。

三、汽车装饰美容业的发展

1. 汽车装饰美容业的发展历程

1) 国外汽车装饰美容业发展概况

西方工业发达国家的汽车装饰美容业几乎是随着中高档轿车的产生而同步产生的。早在20世纪20年代末到30年代初，美、英等国家就有了汽车装饰美容行业。到20世纪40年代，汽车装饰美容业日益壮大并逐步形成规模。20世纪70年代后期，该行业得到了飞速的发展。同时，汽车装饰美容业开始走向亚洲。到了20世纪80年代，汽车装饰美容业在全球已发展成为一支产业大军。据欧美国家的统计数据显示，在一个成熟的国际化汽车市场中，汽车的销售利润在整个汽车产业的利润构成中仅占20%，零部件供应的利润仅占20%，而占60%份额的利润是从汽车服务产业中产生的。据统计，1999年美国汽车美容装饰业年产值超过了2647亿美元。从中不难看出，汽车美容业蕴含着巨大的社会效益和经济效益。因此，汽车美容装饰业号称21世纪世界最具市场潜力的黄金产业。

2) 我国汽车装饰美容业发展概况

由于种种原因，我国汽车美容业长时间滞后于国外发达国家，传统的单一手工养护方法在我国延续了数十年，直到20世纪90年代初，汽车美容业才在我国出现，此时的汽车美容也只不过是车辆清洁、手工涂蜡等简单初级的美容服务。而到了21世纪初，汽车美容行业受到日本市场的影响，大量的日本先进产品及服务理念进入中国，国内才初步形成差异化、专项化的服务概念。与日本、美国、德国等成熟国家相比，中国汽车美容市场还处在一个初期萌芽状态，发展前途任重道远。回顾我国汽车装饰美容业的发展，大致经历了以下三个阶段。

(1) 起步阶段。

我国汽车装饰美容行业形成于20世纪90年代初，由于汽车工业发展限制，轿车数量相对较少，汽车装饰美容行业也发展迟缓，只在商用车、运输车上进行一些基本的实用型加装，汽车装饰美容产品也比较单一。汽车以维修为主，不注重养护。汽车装饰美容企业多以"一块抹布一桶水，三个伙计一个店"的路边摊形式出现，汽车装饰美容项目也屈指可数，专业技术人员匮乏，施工质量和效果难以保证。

(2) 发展阶段。

自 2000 年以来，我国汽车工业迅猛发展，私家车数量呈现井喷式增长。2002 年，我国轿车产量超过 100 万辆，使汽车装饰美容业也随之得到迅速发展。由于汽车装饰美容业入门门槛较低，一大批投资者进入汽车装饰美容业，汽车装饰美容项目和产品种类迅速增加，大型汽车装饰美容企业、连锁企业也随之应运而生。

(3) 飞跃发展阶段。

2004 年以来，汽车装饰美容业悄然出现变动：一方面，低档次的过度竞争使汽车装饰美容业在某些地区出现利润下降，消费者投诉增多，在竞争过程中出现企业破产等情况；另一方面，国外汽车装饰美容企业纷纷加大对中国的投入，国外汽车装饰美容产品进入中国。

2. 汽车装饰美容业的现状

1) 用车环境分析

(1) 金融环境分析。

2008 年 9 月 15 日，随着美国雷曼兄弟控股公司申请破产保护，美国次贷危机迅速演变成为席卷全球的金融危机，从发达国家传播到发展中国家，从金融领域扩散到了实体经济领域。随着股市一路走低，对汽车制造企业造成了不可低估的影响，作为美国汽车工业最大公司的通用汽车公司在 2009 年 6 月 1 日申请了破产保护，之前克莱斯勒公司也先于其破产，美国汽车公司的状况是世界工业的缩影。在这场危机下，各行各业不景气，消费者财富缩水导致消费能力和消费欲望下降。但中国的整体经济状况仍然令人乐观，据权威统计部门的数据显示，虽然中国也同样经历着金融危机的影响，但中国的汽车年产销量从 2007 年的 888.25 万辆和 879.15 万辆增长到 2013 年的 2211.68 万辆和 2198.41 万辆，同比增长 14.76%和 13.87%。其中，乘用车产销分别为 1808.52 万辆和 1792.89 万辆，同比增长 16.5%和 15.71%。这是中国汽车产销量第一次突破 2000 万辆，也是连续第五年位居全球第一。据有关部门预测，2014 年中国汽车市场全年总需求量约在 2385 至 2429 万辆左右。据测算，每 1 元购车消费将带动 0.65 元的汽车售后服务。这些数据表明，巨大的汽车保有量是成千上万家汽车装饰与美容企业赖以生存的基础，汽车装饰与美容企业有着巨大的、快速增长的服务市场。

(2) 养车行为分析。

"车如其人"，从一辆车可以看出车主的个人性格、修养和精神面貌。随着物质生活水平的提高，人们购买了汽车以后都会对汽车爱护有加，因为车在一定程度上可以反映车主的身份和地位，保持车辆的绚丽外观和追求舒适的乘车环境已经成为车主的自觉行为。

(3) 环境分析。

随着我国城市化进程的推进，我国市政建设和配套停车场与相对快速增长的汽车保有量相比大大滞后，相当大数量的汽车只能停放在露天环境。另外由于城市的空气污染严重，空气中的污染物溶入雨水形成酸雨，容易侵蚀车身的保护层，破坏汽车的外观，再加上经受风吹日晒，加速了汽车漆表面和橡胶件的老化。基于这样的环境，需要车主定期对汽车进行养护，以延长其使用寿命。从以上的分析中可以看出，对汽车的装饰与美容已经成为汽车整个生命周期内不可缺少的养护手段,汽车的装饰与美容业具有巨大的市场前景,有关专家将汽车的装饰与美容业誉为我国 21 世纪汽车售后服务市场的"黄金产业"。

2) 我国汽车装饰业的现状

(1) 行业的市场空间巨大。市场调查表明,我国 60%以上的私人高档汽车车主有给汽车做外部美容养护习惯;30%以上的低档车车主也开始形成了给汽车做美容养护的观念。不难看出,汽车美容装饰业在我国有着巨大的市场发展空间。

(2) 从业人员专业素质低,操作技术处于低水平阶段。汽车装饰与美容行业要求从业人员掌握汽车底盘、车身和电器等方面的知识,还需要具备车身金属钣金件、塑料、橡胶和玻璃的相关知识以及相关设备的原理及使用知识。但目前汽车装饰与美容企业的大多数从业人员仅具有初中文化程度,很多从业人员仅靠师傅的传帮带,没有接受过正规的专业教育。从业人员素质低,制约了汽车装饰与美容业的持续发展。

(3) 装饰与美容用品存在假冒伪劣产品,而且有相当数量的汽车装饰与美容企业由于利益的驱使或者不能识别养护用品的质量,存在使用假冒伪劣养护产品的现象,不能保证装饰美容的施工质量。

(4) 品牌优势不强,服务满意度不高。国际上的著名装饰与美容品牌如美国的驰耐普(SNAP)、3M 和英国的尼尔森(NIELSENA)在近几年都进入了中国市场,凭借其强大的品牌号召力和市场口碑,开始建立了连锁经营网络,拥有了较大的市场份额。反观国内的本土品牌由于管理不到位,服务质量不尽如人意。据调查,高达 78.2%的车主对汽车装饰与美容的服务质量不满意,影响了品牌的建立与维持,不能够培育起顾客的品牌认知度和忠诚度。

(5) 规模经济不明显,缺乏诚信和统一的服务标准。中国大部分汽车装饰与美容企业的特点是规模小,仅有单一的门店,管理水平低,造成了经营不能持续,影响了整个行业朝上规模、上档次的方向发展。据了解,按照约定俗成的行规,汽车装饰与美容业的利润一般在 50%左右,由于缺乏行业自律,个别不良商家的利润可以达到 100%甚至更高。行业内没有统一的服务标准,服务质量参差不齐,造成了规模小的装饰与美容企业不断地被市场淘汰,进一步影响了行业向规模化发展。

3. 汽车装饰美容业的前景

根据调查,目前市场上许多汽车美容装饰店都处于"无专业正规培训"、"无专业名牌产品"、"无专业机械设备"、"无服务质量保证"的"四无"状况。这说明汽车美容装饰市场仍然存在较大的利润空间,顾客的消费意识和消费观念将会进一步提高。

随着城市管理的日趋完善和车主对汽车美容装饰知识的日益丰富,以及汽车美容装饰市场的逐渐成熟,上述"四无"现象将会得到极大改善。目前,我国正逐步加大对汽车美容业的关注,加强宏观管理,健全规章制度,目的是要逐步对汽车服务业进行规范化管理。随着汽车美容装饰市场的不断规范和人们消费意识的不断提高,伪劣产品将无处立足,无专业服务的汽车美容店如不改变现状也将被淘汰。汽车美容装饰业将逐步向着系统化、正规化、专业化、品牌化的方向发展。

项目小结

汽车装饰通常是指在原厂车的基础上通过加装、改装或更新车上装备和附件，以提高汽车的美观性、装饰性和安全性的行为；汽车美容是指由受过专业培训的技术工人，根据汽车车身(含内饰)各部分的不同材质，使用具有针对性的养护产品和专业工具及设备，按照一定的工艺，由表及里地进行细致、全面的维护，使汽车外观亮洁如新、漆面光亮长久，并能有效延长汽车使用寿命的养护作业。

按照装饰作用分类，汽车装饰可分为美观类、舒适类、保护类、防盗类、实用类、便利类、安全类、娱乐类、香品类等；按照装饰部位分类，汽车装饰可分为汽车外部装饰、汽车内部装饰和其他装饰。根据美容作业的部位可将汽车美容分为车身美容、室内美容、漆面美容、发动机美容、汽车防护等。

我国汽车美容装饰发展经历三个阶段：起步阶段、发展阶段和飞跃发展阶段。

复习思考题

一、填空题

1. _____是指保持车身漆面和内饰件表面亮丽如新，并起到一定保护作用而进行的美容作业。其主要作业项目是新车开蜡、汽车清洗、漆面打蜡、封釉、镀膜、研磨、抛光及室内件保护处理等。

2. _____是车身漆面或室内件出现某种损伤后所进行的恢复性美容作业。其主要作业项目是漆面划痕修补、漆膜病态治理、漆面局部修补、整车漆膜翻修和室内件修补等。

3. 汽车上使用的皮革有_____、_____两种。

二、简答题

1. 什么是汽车装饰？
2. 汽车装饰的类型都有哪些？
3. 汽车装饰施工都有哪些原则？
4. 什么是汽车美容？
5. 汽车美容有什么作用？
6. 汽车美容的作业项目都有哪些？

三、实训题

围绕国内汽车装饰美容产业的发展状况，结合实验室相关的汽车装饰与美容工具、设备、产品的特点和国家汽车工业政策，写一篇关于企业如何发展汽车装饰美容产业和扩大市场需要注意的问题以及解决这些问题的具体措施的报告。考核要求如下。

(1) 问题阐述清晰，措施合理。
(2) 字数不少于2000。

项目一 汽车外部清洗与护理

【知识要求】

- 了解汽车外部清洁的分类方法。
- 掌握汽车清洁的设备、清洁剂的特征和相应清洁方法。
- 了解常见汽车美容护理用品的工作原理和工作特性。
- 掌握汽车美容护理设备和工具的正确使用方法和操作技巧。
- 掌握在用车的清洗流程。
- 掌握汽车蜡选购的方法。
- 掌握汽车封釉施工工艺。

【能力要求】

- 能够了解汽车清洁设备、清洁剂的类型和特征。
- 能够掌握汽车清洁的方法及清洁设备和材料的正确使用。
- 掌握汽车车身的清洗流程。
- 掌握汽车抛光工艺。

汽车清洗是汽车美容的首要环节，同时也是一个重要环节。它既是一项基础性的工作，也是一种经常性的美容作业。汽车在使用过程中，由于日晒雨淋、风吹沙击、虫尸鸟粪侵蚀以及高温、严寒、强光、酸雨等恶劣环境的影响，车身漆面和零部件表面会受到侵蚀与伤害，会严重影响车身装饰效果和使用寿命。因此，定期进行车身清洗，以延缓车身漆面的老化和金属的锈蚀很有必要。通过清洁，可以除去汽车表面的泥沙、灰尘及其他一些附属物，使汽车整体保持整洁美观。

一、汽车腐蚀及污垢分析

1. 影响汽车腐蚀的因素及防护措施

1) 影响汽车腐蚀的原因

①含有湿气的污垢或碎屑物留在车身板部分、缝隙或其他部位。②由于沙砾或小的交通事故造成的喷漆层或其他防护层损伤。③车身下部积存沙石、污垢或积水。④在相对湿度较高的地区(如沿海地区)腐蚀会加速；而在气温持续在冰点以上，有大气污染以及往公路上撒盐的地区腐蚀更为严重。⑤湿度高、通风不良，会使零部件腐蚀加速。

2) 防止汽车腐蚀的措施

① 经常刷洗汽车，定期打蜡，以保护喷漆层并保持光亮。②经常检查车辆是否有较小的损伤，如有损伤应及时进行修理。③保持车门底部和后挡板的排水孔畅通，以避免积水引起腐蚀。④经常检查车身下部和车门，如有沙砾、污物等，应用水将其冲洗干净。

2. 汽车的污垢分析

汽车及其零部件的污垢包括外部沉积物、润滑材料的残留物、碳化沉积物、锈蚀物、积炭和老漆层的残留物。由于这些污垢各有自己不同的性质，因此从表面清除它们的难易程度也不同。污垢往往具有很高的附着力，它牢固地附着在零件的表面。

1) 外部沉积物

外部沉积物可以分为尘埃、沉积物和油腻沉积物。

2) 润滑残留物

润滑残留物是发动机最常见的污垢。在使用汽车时，润滑油经受急剧变化，发生老化、氧化和聚合，产生残留物。

3) 碳化沉积物

发动机上的碳化沉积物可以分为积炭、类漆沉积物和沉淀物。积炭是坚硬的碳化物，它集聚在发动机零件上。类漆沉积物是在活塞环区域内构成的薄膜，同时也出现在活塞裙部和内壁上。沉淀物是沉积在壳体壁、曲轴颈、齿轮、机油泵、滤清器和润滑油道中的油泥凝结物。在发动机内产生碳化沉积物的主要原因是碳氢化合物的热氧化作用。随着润滑油和燃油氧化程度的增长，氧化产物中的含氧酸、炭质沥青和碳化物的数量也随之增加。

4) 锈蚀物

锈蚀物是由于金属和合金的化学或电化学反应破坏而形成的。在钢铁零件表面上很容易形成微红褐色的薄膜——氧化铁的水化物(铁锈)。氧化铁的水化物能溶于酸中而只能微溶于碱和水中。铝件同样会生锈，它的产物呈灰白色薄膜，即氧化铝或氧化铝的水化物。

发动机使用时在冷却系统中会产生水垢。在发动机冷却水套及散热器壁上形成的水垢使热交换困难,并破坏发动机的正常工作,水中处于溶解状态的钙盐和镁盐是形成水垢的原因。

除水垢外,发动机冷却系统中由于落入机械杂质(砂、土)、有机物质(微小的有机物、植物)和锈蚀物而构成淤泥沉积物。

在进行汽车美容时必须清除老漆层。为了清除老漆层,一般采用浓的碱溶液或洗涤剂。

二、汽车清洗

1. 汽车清洗简介

1) 汽车清洗的概念

汽车清洗是采用专用设备和清洗剂,对汽车车身及其附属部件进行清洁处理,使之保持或再现原有风采的最基本美容工序。现代汽车清洗设备如图1-1所示。

图1-1 现代汽车清洗设备

2) 汽车清洗的作用

(1) 保持汽车外观整洁。

汽车在行驶中经常置身于飞扬的尘土中,雨雪天气有时还要在泥泞道路上行驶,车身外表难免被泥土沾污,影响汽车外观的整洁,为使汽车外观保持清洁亮丽,必须经常对汽车进行清洗。

(2) 清除大气污染的侵害。

大气中有多种能对车身表面产生危害的污染物,尤其以酸雨的危害性最大,它附着于车身表面,会使漆面形成有色斑点,如不及时清洗还会造成漆层老化。轻微的酸雨可以用专用的去酸雨材料进行清除,对严重的酸雨需使用专业的设备和清洗剂才能彻底清除。为此,车主应定期将汽车送到专业汽车美容店进行清洗。

(3) 清除车身表面顽渍。

车身表面如粘附树汁、鸟粪、虫尸、焦油和沥青等顽渍,不及时清除就会腐蚀漆层,给护理增加难度。为此,车主要经常检查车身表面,一旦发现具有腐蚀性的顽渍应尽快清除,如已腐蚀漆层,必须到专业汽车美容店进行处理。

3) 洗车的时机

(1) 依天气来判断。

目前在中央电视台的气象服务栏目中每天都有全国主要城市的洗车指数预报,车主可以据此决定是否洗车。

① 连续晴天。

可以用鸡毛掸子清除车身上的灰尘,再用湿毛巾或湿布擦拭前后玻璃、车窗及两旁的后视镜。一般先清除车顶,再清除前后挡风玻璃、左右车窗和车门,最后清除发动机盖及行李箱盖。如果一直是这种天气,大约一周做一次全车清洗工作即可。

② 连续雨天。

先用清水喷洒全车,使车上的污物掉落。因为还会再下雨,接下来用湿布或湿毛巾擦拭全车所有的玻璃。但当天气放晴之后,就得全车清洗一番。

③ 忽晴忽雨。

如果遇到此种气候,就得常常清洗车身。

(2) 依行驶的路况来判断。

① 行驶在工地或行经工地。

行驶在工地或行经工地时,一般车子都会被工地污泥溅及,尤其是工地,地上的水泥容易溅起。如果车子被溅上污泥应立即使用大量清水清洗,以免附着久了伤及漆面。

② 行驶在海岸有露水或有雾区。

行驶在海岸有露水或有雾区时,因海水盐分重且又有露水和雾气湿重,必须用清水彻底清洗一番,否则易使车身钣金遭受盐分侵蚀。

③ 行驶在山区有露水或有雾区。

行驶在山区有露水或有雾区时,只要在停车后,使用湿毛巾或湿布擦拭即可。

(3) 特殊情形。

如在工地旁停车受工程施工所造成的水泥粉波及,或行驶中受工程单位粉刷天桥、路灯的油漆波及,或行驶中受道路维修工程的柏油所波及,或行驶中受前方载运污泥车所掉的污泥溅及,除了应立即用大量清水清洗外,对油漆和柏油类的清洗还应在打蜡中进行。

4) 洗车注意事项

行车应经常对汽车进行清洗和上蜡,在清洗汽车时应注意以下几点。

(1) 盐、尘土、昆虫和鸟粪等杂物粘在汽车上的时间越长,对汽车的破坏性就越大,应及时进行清洗。

(2) 用水清洗汽车时,注意不要将水喷入锁孔。

(3) 如果将汽车送进自动清洗设备中清洗,装有车顶天线的汽车,需要将天线拆下。

(4) 车身粘有沥青、油渍、鸟粪和工业尘垢时间过长会损坏油漆。要及时用沥青清除剂、昆虫去除剂等去掉污点。

(5) 清洁车身油漆表面时,切勿使用刷子、粗布,以避免留下刮伤痕迹。

(6) 清洗时,用分散水流喷射,使坚硬的泥土浸润而被冲去,再用海绵从上而下擦洗,最后用布擦掉水迹。

(7) 清洗发动机室时,注意不要将水溅到分电器、点火线圈等电气系统的零件上。否则会使发动机不易启动。如果不小心溅到电气系统上,应用干布擦干,或用压缩空气把水吹净并将分电器盖内的水分擦净。

(8) 洗车行驶深水区后,因制动部位浸湿,制动效果有可能降低,应轻踩制动判断制动效果如何。当制动不正常时,应边踩制动边低速行驶一段时间,使制动器干燥。

2. 洗车的方法

目前洗车行业常用的洗车方法有电动洗车、非接触式洗车、高压水枪洗车和无水洗车(环保洗车机)等。

1) 电动洗车

电动洗车分为半自动洗车和全自动洗车两种。两者的共同点是洗车时，驾驶员将待洗的汽车驶入洗车机的车道中将发动机熄火，拉起手刹制动，驾驶员可离开车，也可留在车内，紧闭车门和车窗。不同点为：半自动洗车需要操作人员人工操作洗车机上的功能按钮，全自动洗车只要洗车场人员或驾驶员按下机器上的启动按钮，剩下的事情由全自动洗车机自动完成。

全自动洗车是利用自动清洗机对汽车外表进行全方位的自动清洗。全自动清洗速度快、效率高。同时，由于采用了集中的污水处理和回收利用系统，较好地解决了环保和水资源浪费的问题。在一些发达国家，很早就在推广使用全自动洗车，为了保持街道和城市的清洁，往往在一些主要道路的出入口安装这种设备。隧道式电脑洗车如图1-2所示。

图1-2 隧道式电脑洗车

(1) 隧道式电脑洗车机的结构和功能。

隧道式电脑洗车机各系统的布置如图1-3所示。隧道式电脑洗车机的工序如图1-4所示。

① 输送机系统。

当汽车开进隧道时，车轮的引导系统可以使汽车停在输送机的停车坪上。注意：驾驶员此时要将收音机关闭，电动天线收回，挡位放至空挡，雨刮器放至零位。输送机系统可以将准备清洗的汽车通过隧道完成清洗。输送机系统如图1-5所示。

② 高压喷水系统。

它采用了现代强力电动机和水泵产生高压水，对汽车的外表进行冲洗，使汽车上微小的沙粒和灰尘除去，然后进行刷洗。高压喷水系统如图1-6所示。

③ 一对前小刷。

前小刷主要针对汽车下部行走部位外表面进行刷洗。一般来说汽车下面行走部位的污垢比上面严重，所以汽车下面要多刷几遍。前小刷如图1-7所示。

④ 泡沫喷洒系统。

该系统对汽车喷洒泡沫洗车液，以增强清洗去污的能力。

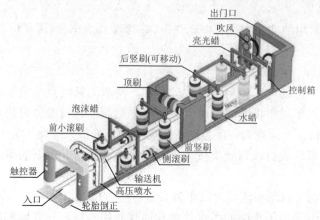

图 1-3　隧道式电脑洗车机各系统的布置

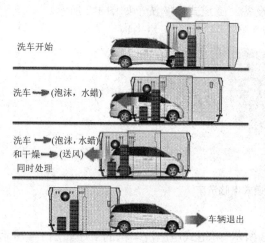

图 1-4　隧道式电脑洗车机工序图

图 1-5　输送机系统

图 1-6　高压喷水系统

图 1-7　前小刷

⑤ 滚刷系统。

它由一对前侧大滚刷、一个前顶滚刷、一个后顶滚刷、一对轮刷和一对小刷组成。

⑥ 亮光蜡喷洒系统。

在滚刷刷洗之后，亮光蜡喷洒系统对汽车车身进行清洗后的护理，使车身涂膜更加鲜艳光亮。

⑦ 强力吹风系统。

它由前风机和后风机组成，用清洁的高压空气将车身吹干。

⑧ 擦干系统。

它由特殊的绒毛布条组成，能将风干后残留的水痕彻底擦拭干净。

⑨ 控制操作箱。

整个操作系统是由控制箱和操作控制台组成的。

(2) 隧道式电脑洗车机机型及主要参数。

隧道式电脑洗车机机型及主要的参数如表1-1所示。

电脑洗车的种类繁多，除了常见的隧道式洗车机以外，还有龙门式洗车机和1+1式电脑洗车机等，在这里不多介绍。

表1-1 隧道式电脑洗车机机型及主要参数

机 型	GS701	GS702
机型外形尺寸(长×宽×高)/(cm×cm×cm)	900×380×300	1050×380×300
输送机长度/cm	996	1147
使用面积/(cm×cm)	180×400	195×400
电源	380V/3	380V/3
功率/kW	24	38
水源(进水管口径/mm)	38	38
耗水量(不回收 L/台)(回收 L/台)	130　15	130　15
洗车能力/(台/h)	120	120
大直刷/个	4	4
小直刷/个	4	4
顶横刷/个	2	2
风轮架/组	1	2
轮刷/个	选配	选配
擦干系统	选配	选配
高压水枪	选配	选配

2) 非接触式洗车

洗车机通过特殊的喷嘴将高压水以不断变化的切线形式(俗称水刀)沿一定方向对待清洗的车身做喷射运动，从而达到清洗车辆的目的。效果同电动洗车，采用no touch(非接触)理念，真正做到了无损洗车，同时将洗车与养护相结合，洗车时给车辆以更多的保护。但因蜡、洗车液等成本偏高，所以费用较一般洗车贵。

洗车步骤如下。

(1) 首先用高压水流形成一道雨墙，以各种角度从前至后冲刷车辆，以冲掉车上的灰尘及缝隙中的泥沙。

(2) 将 pH 值呈中性的专业洗车液喷到车身上，自动感应的喷头会根据车身形状，沿着车身和底盘自动进行反复清洗。

(3) 清洗结束后将一层保养车漆的水蜡喷到车身上，给车体以滋润。

(4) 根据车身形状自动仰俯的出风口发出的强力气流迅速吹干车身。

(5) 工作人员使用高压空气把缝隙中的残余水分冲掉。

3) 高压水枪洗车

目前，洗车行业洗车以高压水枪洗车为主，规范的洗车步骤应该包括冲车、泡沫清洗、冲洗和擦干四个步骤。

(1) 冲车。

先用高压水枪将整车冲湿，然后用水枪冲洗车身上的树叶、泥沙等污物。冲洗顺序为车顶、前机盖、车身、后备箱、车裙、轮胎和底盘。整个冲洗过程应当始终由一个方向向另一方向的斜下方以赶水的方式进行冲洗，尽量避免正反方向来回冲洗，以免将污物冲回已经冲洗干净的部位。

冲洗车时不可忽视的部位是车身的下部及底部，因为大量的泥沙和污物一般都聚集在这些部位，如果稍有不慎就会遗留下泥沙等物质，在进行下面的擦洗工序时就会划伤漆面。因此必须尽可能地冲洗掉车身下部及车底的大颗粒泥沙。

冲洗车的质量标准为：车身通体用高压水枪打湿过而无遗漏，车漆表面无大颗粒泥沙或污物以确保以下步骤的顺利进行。

冲洗时的注意事项如下。

① 冲洗时要有足够的水量和冲洗时间，以使脏物脱离车身。

② 保持喷枪水柱与车身成 45°，并根据冲洗部位的不同调整喷枪水柱的压力和喷洒形状。冲洗车前栅网部位时，应使用雾状水流。如果使用柱状高压水流，就有可能造成水箱或冷凝器散热片的损伤。冲洗车身部分可用柔和的散射形水柱，能大面积清洗。冲洗底盘部分时因其堆积的泥沙多而厚，应用较大的水压和集束式水柱喷射。

③ 喷枪枪头与车身距离保持在 15～60cm，不可太近或太远。

④ 用水冲洗四个车轮时，应将高压水枪对准制动盘部位长时间冲洗，以彻底冲净制动过程中产生的粉末污物。

⑤ 不可一开始就边冲洗边擦拭，因为泥沙没有冲掉就擦拭会刮伤漆面。

(2) 泡沫清洗。

泡沫清洗是将配制好的清洗液喷涂于车身表面。一般有两种方法。

① 用泡沫清洗机。用泡沫清洗机将清洗液与水混合变成泡沫，并在高压下将泡沫喷到车身外表，浸润几分钟，依靠泡沫的吸附作用，使清洗液充分地渗透进车身表面的污垢。

② 用洗车海绵蘸清洗液清洗。将清洗液与水按说明书规定的比例混合，用洗车海绵蘸上清洗液均匀地擦拭车身表面。擦拭顺序顺着水流的方向由上而下，依次为车顶、挡风玻璃、前机盖、车身、后备箱和车裙。车身较高的面包车可用加长接杆的毛刷清洁。

擦洗的质量标准为：无漏擦之处，车身面漆无划痕。

(3) 冲洗。

擦洗完毕待泡沫消失后，再用高压水枪将车身表面泡沫及污水冲洗干净。冲洗顺序同冲车一样，但这时应以车顶、上部和中部为重点。因为冲车时已经将车身下部冲洗得比较干净并进行了一定的擦洗，而且冲洗中部以上的部位时向下流动的水基本能够将下部及底部冲洗干净，所以下部和底部一带而过即可。

冲洗的质量标准为：车体无泥沙，无污垢、无漏擦之处。

(4) 擦干。

先用不脱毛纯棉毛巾沿车前后擦两遍，吸去多余水分，再用麂皮擦干漆面、玻璃，然后用不脱毛纯棉毛巾擦车门内边、保险杠、发动机盖、行李箱边沿及油箱盖内侧等处的多余水分，之后用干毛巾擦干前面所留下的水痕。最后用气枪把缝隙和接口处的水分吹干。

4) 无水洗车

(1) 无水洗车概述。

无水洗车源于新加坡，20世纪90年代后期，新加坡政府出于环保节水的需要，强制推行无水洗车，遂使无水洗车技术得以成熟和完善，简单一喷一擦即可。它不以水为清洗介质而对车辆进行保洁。

它是采用物理清洗和化学清洗相结合的方法，集清洗、上光和上蜡于一体，对车辆进行清洗的现代清洗工艺。其主要特点是没有污水排放，不用一滴水操作，操作简便，不需场地设备和能源，车停在什么地方就可在停车点上当场清洗，十分方便，成本较低。无水洗车采用的无水亮洁剂是一种环保产品，内含污渍悬浮剂、强力渗透剂、表面活性剂和棕榈蜡等多种成分，将其喷在车上后，先由渗透剂渗透到污渍的下面软化污垢，同时悬浮剂起作用把污渍悬浮起来，使污渍与车漆产生间隙，最后表面活性剂起作用去除污渍，棕榈蜡在去除污渍的同时增加漆面光洁度。

由于其设备工作特点，我们也将无水洗车称为环保洗车。按照其清洗时用水的形态也可称其为蒸汽洗车。无水洗车机如图1-8所示。

图1-8 无水洗车机

(2) 无水洗车的特点。

① 洗车速度快。

环保无水洗车是一种使洗车、打蜡和上光一次性完成的洗车方式，配合节水洗车机使用加快了洗车速度。

② 冲车压力高。

无水洗车机的出水压力可在0.1 MPa～0.8 MPa之间调节，从而能更彻底地去除泥沙。

③ 洗车高节水。

经过环保无水洗车方式洗过的车在不下雨时能保持一星期以上不用洗车，因为车的漆面外有一层保护剂，它可以抗静电。

(3) 环保无水洗车的优点。

① 不损伤车辆漆面。清洗后的零件表面上形成一层高分子保护膜，可保护油漆，防静电、雨雪侵害、漆膜老化等，还可延长使用时间，并可覆盖漆膜表面的轻微划痕。

② 操作清洗不使用水，可节约大量水资源。

③ 不污染环境，无任何废水废气排放。

④ 成本低，不需要任何设备与能源。只要一个工具箱、几块抹布、一把毛刷即可，无须投入大量资金。

⑤ 操作简单。操作工无须特殊培训，学习一天即可完全单独操作。

⑥ 产品 pH 值为 7～8，呈中性，不造成任何污染。使用碱性洗车液时需下水排放设施、污水满地和冬季易结冰。

⑦ 方便易行，可上门服务。无须车辆开到洗车点，很受车主欢迎。

⑧ 有完善的液位显示系统、空气二次加压贮存罐和特制的高压旋口喷枪等配置，能顺利地完成各种清洗养护任务。

(4) 环保无水洗车的应用。

由于其操作方式便捷，车主在家休息时就可以完成清洗，正如商家所说："无须等候，只要告知你的停车位置、车牌号码，就可享受服务。"

无水洗车最大的缺点是对比较脏的车洗得不干净，由于无水洗车不具备用足够的压力冲刷，只用含酸、碱的清洗剂将颗粒物和污染物悬浮，而不能将黏附在车漆表面的颗粒物体通过外力冲刷分离，特别是轮胎等藏垢较深的部位由于压力不足，是没法清洗干净的。最重要的是单靠毛巾擦拭容易对车漆造成损伤。

我们国家不同于新加坡那种城市化发达的国家，在我国，车辆行驶条件非常复杂，泥土、沙石总能碰到，在车身沙粒、污泥比较多的情况下，无水洗车的方法会对车身造成损坏。

所以在我国要想完全取代有水洗车还是有一定难度的，不过可以利用洗车污水的循环使用技术来节水。如果仅仅从节能环保的角度来考虑，无水洗车还是值得大力推广的。

3. 在用车的清洗

1) 车身的清洗方式

(1) 车身静电去除清洗。

车辆在行驶过程中由于摩擦而产生强烈的静电层，静电对灰尘和油污的吸附能力很强，一般用水不能彻底清除，必须要用专用的清洗剂。

(2) 车身交通膜的去除清洗。

汽车经过一段时间的行驶，由于车身静电吸附灰尘，时间久了形成一层坚硬的交通膜，使原来艳丽的车身变得暗淡无光。这层交通膜使用普通的清洁剂很难把它清除掉。

(3) 除蜡清洗。

因为蜡如果不清除干净，上新蜡时会因两次蜡的品种和上蜡的时间不同，极易产生局部新蜡附着不牢的现象。

(4) 增艳清洗。

这种清洗是在抛光或上镜面釉之后进行的，目的是除掉残留在车身表面的抛光剂和油渍，为上蜡保护做好准备，一般使用清洁上蜡二合一香波。

2) 车身的清洗流程

在用车清洗主要指车身及行走部分的清洗，是汽车车身常规护理的主要内容，是汽车美容的基础。

(1) 检查车身。

① 车身表面损伤检查。

在车辆进行美容操作前一定要做好检查记录工作。尤其是要给车辆进行漆面、内饰和玻璃等部位的美容装饰时，产生的费用会比较高，为了避免与顾客之间产生不必要的误会，做好记录就显得非常重要了。同时还可以保留客户记录，便于以后的联系和沟通，提高自身的规范程度。

② 仔细检查车门、车窗等部位是否关严。

一定要仔细检查车门、车窗和行李箱盖等部位是否关严，否则洗车时高压水流会通过未关严的缝隙冲进驾驶室内，有可能会造成严重的后果(真皮座椅、电子元件等被损坏)。

(2) 清洗具体操作。

① 车身预冲洗。

车身预冲洗时一定要把水压适当调高，通过改变水枪与车身的距离来调整水压，初次冲洗时水枪的距离在半米左右，水流扇面形状在 15°～20°为宜，缝隙和拐角等处用柱状水流。因为脏污的车身上会有大量的尘土和砂粒，通过各种方式牢固地黏附在车身上，水压小的话很难把它们冲洗掉，会为下一道工序埋下隐患。但是水压也不要调得太高，否则会损伤漆面和其他零件。

冲洗的顺序：一定要遵循由上到下、从前到后的原则，从车顶到底盘、从发动机罩到行李箱盖进行仔细冲洗，不要放过任何一个缝隙和拐角等容易积存砂土的地方。

车身通体均用高压水枪打湿，判定表面无大颗粒泥沙或污物后，才能确保下一步骤的顺利进行。车轮上方的车身圆弧里，由于车轮滚动甩上来大量的泥沙和污物，一定要清洗干净。

② 喷洒泡沫并擦匀。

喷洒的泡沫要均匀、适量，喷洒泡沫的顺序也是按从上到下来进行。喷完车身清洗剂以后，戴上浸泡过的干净毛手套，轻轻将车身擦拭一遍，以便彻底去除顽固的油渍。

用毛手套擦拭的部位是车身上有油漆的表面和汽车玻璃表面。对于轮胎和门槛下缘等车体下面的部位，一定要用专用的海绵或刷子单独清理。防止工具混用对车漆和玻璃造成意外损伤。

③ 二次冲洗。

二次冲洗是要把清洗剂泡沫和污水完全冲掉。冲洗的水压不用过高，水流扇面在 30°～45°为宜，水枪距离仍然保持在半米左右。依然按从上到下、从前到后的顺序进行。当车身上的水自然流下时，呈现帘幕状，没有油珠，说明车身已经清洗干净了。

④ 刮水。

车身清洗用的刮水板是经过专业设计的，它就像挡风玻璃刮水器一样，能适应车身的不同流线，并且与车身表面的接触非常严密。刮水板操作快捷彻底，省时省力。

⑤ 精细擦拭。

麂皮在使用前一定要浸泡透，拧干后再使用，这样它的吸水性会更好。精细擦拭一定要仔细、彻底，不要忽略了车门、行李箱盖内边缘和门框等部位。

⑥ 吹干。

锁孔、门缝、车窗密封条、倒视镜壳和油箱盖等部位用压缩空气辅助吹干。尤其是钥匙孔里的水分更要吹干。在北方的冬季，经常会发生洗车后车锁被冻住而无法开启车锁和锁车门的事情，有时还会因为油箱盖打不开而无法加油。

三、汽车清洗系列用品

1. 清洗剂在洗车中的作用

1) 实现快速高效清洗

由于清洗剂去污力强，采用清洗剂可大大提高清洗速度，并可将清洗与护理合二为一，减少美容工序，提高作业效率。

2) 确保清洗质量

用清洗剂不仅可干净彻底地清除各种污渍，且不损伤漆面，对车身表面具有保护作用。

3) 节省清洗费用

用清洗剂清除油垢，可减少溶剂油消耗，1kg 清洗剂可代替 30kg 溶剂油，可降低清洗费用 90%左右。

4) 有利于保护环境

采用环保型清洗剂清洗汽车，可减少对环境的污染。

2. 清洗剂的除垢机理与种类

汽车污垢具有多样性，因此清洗剂的产品也是多种多样，名目繁多，使用时应根据清洗剂的种类、特性及功能等因素合理选择，有针对性地清除污垢。

1) 汽车污垢的种类

(1) 水溶性污垢：主要包括泥土、砂粒和灰尘等。

(2) 水不溶性污垢：主要包括炭烟、矿物油、油脂、胶质物、铁锈和废气凝结物等。

第一类污垢溶于水，因而用水就可以轻易将其冲掉。第二类污垢不溶于水，一般应用清洗剂清洗。

2) 清洗剂的除垢机理

清洗剂除垢包括湿润、吸附、增溶、悬浮与去污五个过程。

(1) 湿润。

当清洗剂与汽车表面的污点接触后，被清洗物的表面很容易被清洗剂湿润，而且清洗剂能够深入污垢聚集体的细小空隙中，使污垢与被清洗表面的结合力减弱、松动。

(2) 吸附。

清洗剂具有对污垢质点的静电吸附能力，并可以防止污垢再沉积。

(3) 增溶。

使污垢溶解在清洗剂溶液中。

(4) 悬浮。

清洗剂中含有表面活性物质，在清洗过程中，清洗剂能使固体污垢形成悬浮液，使液体污垢形成浮浊液，便于将其从附着表面上冲洗掉。

(5) 去污。

最后通过射流冲击将污垢冲掉。

例如在洗车的过程中，一般先用冷水或温水将汽车表面的水溶性污垢冲洗掉，然后用清洗剂溶液清洗污垢，最后再用冷水或温水冲洗，使污垢的悬浮液或浮浊液脱离汽车表面。

3. 汽车常用清洗材料

清洗汽车应使用专用的汽车车身清洁剂，按照规定进行配制。汽车油漆可耐受的 pH 值为 8，而生活中常用的洗衣粉和清洁精的 pH 值都在 10～12 之间，如果长期使用洗衣粉或清洁精清洗车身，就会对车身油漆造成失光、褪色甚至漆膜氧化变色等伤害。

现在常用的汽车外部清洁材料，其产品具备以下特点：具有超强的渗透清洗能力，能快速清除汽车油漆表面和轮胎表面的柏油、沥青、尘垢以及新染的漆点等顽固污渍，令车辆光洁如新。

产品分类如下。

1) 万能泡沫清洗剂

万能泡沫清洗剂也称为多功能泡沫洗车剂。洗车剂用来清洗车身漆面上的灰尘、油污等。所谓多功能是指其应用范围较广，功能、作用具有多样性，例如增亮、上光、柔顺、杀菌、防静电以及抗老化等。

汽车清洁剂有高泡沫和低泡沫之分，有脱蜡和不脱蜡之分，有污染与环保之分，又有有害与无害之分，还有易燃易爆的化学清洗剂与安全纯天然的清洗剂之分。目前市场上的洗车剂品种繁多，功能、作用也不尽相同。

万能泡沫清洗剂使用方法如下。

(1) 使用前先摇匀泡沫清洗剂，距离 10～20 cm 直接喷射于待清洁的物品表面。

(2) 停留 20～30 s 后，用软布抹去即可。

(3) 对于一般汽车地毯、顶篷内衬的清洁，在均匀喷上泡沫清洗剂后，停留 20～30 s，在泡沫干前用吸尘器吸去或用干净毛巾擦干；对于污渍沾染严重的部位，喷上泡沫清洗剂后要先使用软刷在污渍上擦拭，再用吸尘器吸去。

(4) 对于纤维物品的清洁，应先在不明显的部位喷上少量泡沫清洗剂，测试是否褪色或起斑点，若正常时再使用。均匀喷上泡沫清洗剂后，应停留片刻，让清洁剂泡沫充分渗透，用刷子或湿布在污渍部位充分擦拭后，再用干布抹净。

(5) 使用于玻璃或金属物体时，应在清洁泡沫干透前擦拭干净，以防出现斑点。

万能泡沫清洗剂如图 1-9 所示。

2) 洗车香波类清洁剂

洗车香波也叫清洁香波或洗车液，市场上的产品一般已形成系列，如龟博士系列洗车液 T-49。

香波类洗车剂含有表面活性剂，有很强的分解能力，能有效除车身表面的油污和尘埃。

有的产品含有阳离子表面活性剂成分，能去除车身携带的静电和防止交通膜的形成。洗车香波如图 1-10 所示。香波类洗车剂性质温和，呈中性，不破坏蜡膜，不腐蚀漆面，液体浓缩(使用时按比例加水稀释)，泡沫丰富，使用便利而经济。

3) 二合一香波类清洁剂

二合一香波类清洁剂又叫上光洗车液。特点：含水蜡成分，集洗车与上光于一体，在洗车的同时也为车漆涂上一层薄薄的蜡膜，增加车身亮度。所以有时部分产品也被称为洗车蜡水。薰衣草二合一香波类清洁剂如图 1-11 所示。二合一香波适用于车身比较干净的汽车，洗车之后直接用毛巾擦干，再用无纺棉轻轻抛光。

图 1-9　万能泡沫清洗剂　　　图 1-10　洗车香波　　　图 1-11　二合一香波类清洁剂

4) 脱蜡洗车剂

脱蜡洗车剂因为主要用于新车脱蜡或旧车清洗脱蜡，所以又被称为开蜡水、脱蜡水或脱蜡剂。脱蜡洗车剂如图 1-12 所示。脱蜡洗车剂有很强的分解能力，既可用于新车开蜡和旧车美容前除蜡，又能有效地去除漆表面的沥青、油污等顽渍。此类用品属柔和型溶剂。

5) 高级洗车剂

高级洗车剂指含有天然成分的洗车剂，环保且具有特殊洗车效果。如龟博士产品的龟博士樱桃爽洗车水蜡三合一洗车液，以樱桃油为主要原料，能起优良的抗氧化、防酸作用，又能产生最自然的光泽。龟博士樱桃爽洗车水蜡三合一洗车液如图 1-13 所示。

6) 泡沫清洗剂

泡沫清洗剂主要用于向泡沫清洗机中添加，这样可以大幅度降低洗车成本。

泡沫清洗机的高压储液罐中泡沫剂和水的配比一般为 1∶120～1∶80。具体比例视泡沫清洗剂产品的泡沫率和清洁力而定。添加泡沫清洗剂之后一定要晃动泡沫清洗机 1～2 min，促使泡沫清洗剂和水充分混合，以防泡沫量不够。泡沫清洗剂如图 1-14 所示。

图 1-12　脱蜡洗车剂　　　图 1-13　龟博士洗车液　　　图 1-14　泡沫清洗剂

7) 柏油沥青清洗剂

柏油沥青清洗剂具有超强的渗透清洁能力，能快速有效地清除汽车油漆表面、金属表面、车轮表面的柏油沥青及各种油脂污渍，不损伤油漆表面及玻璃表面，令车辆光洁如新。使用前先将柏油沥青清洗剂摇匀，直接喷射到柏油污渍上，稍停片刻，再用清洁柔软布将污渍擦拭干净即可。柏油沥青清洗剂如图 1-15 所示。

8）黏胶清洗剂

黏胶清洗剂可以将粘贴在车窗或车身上的不干胶等粘贴物轻松、完整地去除，还可将不干胶撕掉后残留下的黏性物质轻易去除且不会划伤车身及车窗。但去除后不干胶贴将失去粘力。

黏胶清洗剂使用方法如下。

(1) 喷射黏胶清洗剂时，不要将罐体倒置使用，使用前先摇匀罐内液体后再将不干胶标签稍稍撕开，在撕开处均匀地喷上本品，待溶液浸入后，再轻轻地将不干胶撕掉即可。

(2) 在撕开纸质不干胶标签时，在离纸质不干胶20～50 cm处喷射本品，待溶液被不干胶吸收后，再慢慢撕掉即可，如果车身上还留有浆糊状物时，在离浆糊状物20～50 cm处均匀地喷上本品，在溶液被不干胶标签吸收但未完全干透时，用抹布等擦掉即可。

(3) 当长时间贴在车窗或车身上的不干胶标签被撕掉时，撕掉处的颜色会与其他地方的不一样，这是因为此处长时间没有被日光照射的缘故，与使用的黏胶清洗剂质量无关。

(4) 注意不要在车身涂装过两次以上的汽车表面上使用黏胶清洗剂。

(5) 请不要在塑胶树脂类车身构件上使用黏胶清洗剂，以免引起变色等异常情况。

黏胶清洗剂如图1-16所示。

9）轮辋清洗剂

轮辋清洗剂可产生丰富的泡沫以彻底分解污垢、防锈，达到洗净轮毂、去除轮毂上的划痕及防锈等效果，并在轮毂表面形成保护膜，防止污垢附着。轮辋清洗剂如图1-17所示。

10）水性清洗剂

水性清洗剂主要清除水性污垢，具有较强的浸润和溶解能力，且不含碱性，不仅能有效清除一般污垢，还对汽车车漆面有光泽保护作用，如图1-18所示。水性清洗剂要按一定的比例和水混合使用，在冷车的情况下洒在车身表面泡3～4 min，等有效溶解水性污垢后，再冲洗车身，既能轻松去除污垢，又能保护车漆，省时又不费力。

图1-15　柏油沥青清洗剂

图1-16　黏胶清洗剂

图1-17　轮辋清洗剂

图1-18　水性清洗剂

四、汽车清洗工具与设备

1. 常用的清洗设备

1) 冷热水高压清洗机

冷热水高压清洗机主要用于清洗车身外表面、发动机表面及底盘等部位的灰尘油污，是现代汽车美容的必备工具之一。冷热水高压清洗机如图1-19所示。

冷热水高压清洗机系统，一般由水泵、加热装置和传动机构等组成。

配套的部件主要有进水软管和出水软管、各种规格喷枪、刷洗用的毛刷等。

这类清洗机具有结构紧凑、清洗效率高、有利于环境保护、清洗质量好和清洗范围广等特点。

它可使用自来水作为水源，采用柱塞式水泵获取高压水流。高压水流的压力和流量可以根据清洗的要求进行调节。

热水的温度也可以在80～100℃之间调节。

2) 泡沫清洗机

泡沫清洗机是利用压缩空气在设备内部产生一定的压力，通过设备配置的系统，将设备内调配好的清洗液，以泡沫状喷射到需要清洗的汽车车身表面，通过化学反应，起到去尘和去污的作用。泡沫清洗机如图1-20所示。

图1-19　冷热水高压清洗机　　　　　图1-20　泡沫清洗机

3) 蒸汽洗车机

蒸汽洗车机是能够产生足够压力和气量的蒸汽以用于清洗汽车的设备。蒸汽清洗为柔性清洗，利用蒸汽热降解原理，用柔和的蒸汽将附着在汽车表面的污垢结合、软化、膨胀和分离，再用干净抹布将剩余的污垢和少许的水渍去除。蒸汽清洗有助于漆面的保护、缝隙的清洗，并且因含水量少不损伤电路，能够有效清洗汽车发动机、仪表盘、空调口等部位。一边用蒸汽冲，一边擦干，一个流程就能顺利清洗完汽车，操作更加简单、快捷。蒸汽清洗是最有利于汽车车漆保护的清洗方式，是用途最广的清洗方式，也是最有利于环境保护的清洗方式。蒸汽洗车机如图1-21所示。

4) 空气压缩机

空气压缩机分为单级式和双级式两种。

空气压缩机常见性能指标主要有空气压力、压缩空气量和额定功率。空气压缩机在汽车美容护理方面应用范围很广,主要用于泡沫清洗机、各种气动工具、车身油漆喷涂、发动机和变速器免拆清洗以及轮胎充气等。空气压缩机如图1-22所示。

5) 水枪和气枪

水枪和气枪分别是与高压清洗机和空气压缩机配套使用的重要清洗设备,如图1-23所示。其种类很多,有的带快速接头,可作快速切换;有的带长短接杆,使用时更为方便。由于水枪和气枪承受的工作压力高,使用频繁,因此比较容易出现泄漏和损坏。

2. 常用的清洁工具

在进行汽车清洗作业时,由于汽车表面各部位的材料质地、形状的不同,要选用合适的清洁工具对应清洗。

常用的清洁工具包括外用海绵、毛巾、大浴巾、麂皮和长毛板刷等。

图1-21 蒸汽洗车机　　　图1-22 空气压缩机　　　图1-23 水枪和气枪

1) 海绵

海绵具有柔软、弹性好、吸水性强和较好的藏土能力等特点,可分为粗海绵和软海绵,如图1-24所示。软海绵通常用于汽车美容车身清洗,它有利于保护车漆和提高作业效率。而粗海绵通常在去除较强的污垢或清洗轮胎时使用。

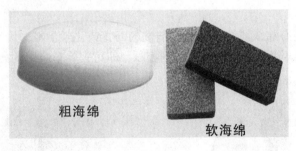

图1-24 海绵

汽车车身清洗过程,要注意两点。

(1) 不要将软海绵和粗海绵共用一个装洗设备(例如桶)。因为清洗过轮胎的粗海绵泡在装洗设备里,易把轮胎上的砂石带入装洗设备,而我们这时把软海绵泡在装洗设备中,就会把砂石带上来,易划伤车漆面。这一点要特别注意。

(2) 不要将软海绵和粗海绵交叉使用,要区分。最好是用不同的装洗设备分别装软海绵和粗海绵。同时,用软海绵清洗车身时,要特别注意软海绵每清洗过车身一块地方,就要放在装洗设备中泡洗一下,将软海绵表面的颗粒去除,再继续清洗下一块车身。

2) 毛巾和浴巾

毛巾和浴巾是洗车易耗品,主要用于擦拭车身。

为保证清洗效果,在擦拭过程中不应有细小纤维的脱落,为此普通毛巾和浴巾就难以满足要求,一般在洗车中所用的毛巾和浴巾都是无纺布制品。毛巾如图1-25所示。

3) 麂皮

麂皮主要用于擦干车表面。麂皮的质地柔软,有利于保护漆面,它具有良好的吸水能力,尤其是对车身表面及玻璃水膜的清除效果极佳。麂皮如图1-26所示。在洗车作业中,一般先用毛巾或浴巾对车表面吸水和擦干,再用麂皮进一步擦干,以利于延长麂皮的使用寿命。另外,在选用麂皮时,尽可能选择皮质韧性好、耐磨性好和较厚的麂皮。

图 1-25 毛巾

图 1-26 麂皮

4) 长毛板刷

长毛板刷主要用于轮胎、挡泥板等处附着泥土垢的清除。由于上述部位泥土附着较厚,一般不易冲洗干净,所以在洗车时要用长毛板刷有针对性地刷洗。

长毛板刷如图1-27所示。板刷选用猪鬃毛刷最佳,鬃毛板刷不但具有较好的韧性和耐磨性,还可以减轻刷洗作业对橡胶、塑料件的磨损。当条件不允许时可选择毛较软的塑料板刷进行清洁。

5) 3M洗车泥

当清洗到一些连海绵或清洗剂都无法清洗的沥青或化学尘粒时,可利用洗车泥先湿润车膜后,再配合喷水,缓慢地在污垢上来回擦拭,即可去除车膜上的此类异物。3M洗车泥如图1-28所示。

图 1-27 长毛板刷

图 1-28 3M洗车泥

五、汽车护理系列用品

汽车美容护理用品是根据汽车美容护理作业的需要研制开发的清洁、护理、修补等用品的总称，它是实施汽车美容护理的基础。现代汽车美容护理经过多年的发展，其作业用品已逐渐趋于完善，并向多样化和系列化方向发展。了解和掌握汽车美容护理用品的种类、特性、用途等知识，是正确选择和使用美容护理用品的前提，是提高汽车美容护理质量的重要保证。

1. 汽车蜡

汽车打蜡是汽车表面护理中的一项重要作业。汽车蜡在保护车身漆面的同时，还可以使车漆表面保持亮丽的光泽。

1) 汽车蜡的作用

汽车蜡的主要成分是聚乙烯乳液或硅酮类高分子化合物，并含油脂和其他添加成分。这些物质涂覆在车身表面具有以下功用。

(1) 上光作用。

上光是车蜡的最基本作用之一，打蜡能够不同程度地改善漆面的光洁程度，使车身恢复亮丽本色。

(2) 研磨抛光作用。

当漆面出现浅划痕时，可使用研磨抛光车蜡。如划痕不是很严重，抛光和打蜡作业可一次完成。

(3) 防水作用。

空气中的水蒸气遇冷凝结后形成水滴附着在车身表面，在强烈阳光的照射下，每个小水滴就是一个凸透镜，在它的聚焦作用下，焦点处温度达 800～1000℃，会造成漆面暗斑，极大地影响了漆面质量及使用寿命。另外，有害气体和有害灰尘也会造成漆层变色、老化。

车蜡能在大气与车身漆面之间形成一层保护膜，将车漆与有害气体、有害灰尘有效地隔离，起到一种"屏蔽"作用。车蜡可以使车身漆面上的水滴附着减少 60%～90%。高档车蜡含有特殊材料成分，不论用水冲洗多少遍，一般都不会流失，施工后还可使残留在漆面上的水滴进一步平展，呈扁平状，透镜作用不明显，可以有效地保护漆面。

(4) 抗高温作用。

车蜡能够对来自不同方向的入射光产生有效反射，防止入射光线穿透漆膜，从而延长漆面的使用寿命。

(5) 防静电作用。

汽车在行驶过程中，车身表面与空气流发生相对摩擦，易产生静电。而静电会使灰尘附着于车身表面。打蜡可以隔断空气、尘埃与车身漆面的摩擦，不但可有效防止车表静电的产生，还可大大降低带电尘埃对车表的附着。

(6) 防紫外线作用。

日光中紫外线的特性决定了它较易折射进入漆面，防紫外线车蜡充分地考虑了紫外线的特性，使其对车表的侵害最大限度地降低。

车蜡除具有上述功用外，还具有防酸雨、防雾等功能。选用时可根据需要灵活把握，使打蜡事半功倍。

2) 汽车蜡的种类

(1) 按物理状态不同分类。

汽车蜡按其物理状态的不同可分为固体蜡、半固态蜡、液体蜡和喷雾蜡四种,如图1-29所示。这些汽车蜡的黏度越大,光泽越艳丽,持久性越强,但去污性越弱,而且打蜡操作越费力。相反,黏度越小的汽车蜡越便于使用,但持久性越弱。

(2) 按其作用不同分类。

汽车蜡按其作用不同,可分为防水蜡、防高温蜡、防静电蜡及防紫外线蜡多种,如图1-30所示。

(3) 按装饰效果不同分类。

汽车蜡可分为无色上光蜡和有色上光蜡,如图1-31所示。无色上光蜡主要以增光为主,有色上光蜡主要以增色为主。

图1-29 汽车蜡按物理状态分类

图1-30 汽车蜡按作用分类

图1-31 汽车蜡按装饰效果分类

(4) 按其功能不同分类。

汽车车蜡按其主要功能分为上光蜡和抛光研磨蜡两种。国产上光蜡的主要添加成分为蜂蜡、松节油等,其颜色多为白色或乳白色,主要用于喷漆作业中表面上光,如图1-32所示。国产抛光研磨蜡主要添加成分为地蜡、硅藻土、氧化铝、矿物油及乳化剂等,颜色有浅灰色、灰色、乳黄色及黄褐色等多种,主要用于浅划痕处理及漆膜的磨平作业,以清除浅划痕、橘纹和填平细小针孔等。抛光蜡如图1-33所示。

(5) 按生产国别不同分类。

汽车蜡按其生产国不同,大体分为国产蜡和进口蜡。目前,国产汽车蜡基本上都是低档蜡,中高档汽车蜡绝大部分为进口蜡。

图 1-32　紫罗兰无色上光蜡　　　　　图 1-33　3M 抛光蜡

2. 汽车蜡的选用

1) 车蜡的正确选用

正确地选择使用汽车漆面美容蜡是打蜡美容成败的关键。由于各种车蜡的性能不同，其产生的作用与效果也不一样。但是许多人对这方面的认识不足，要么频繁打蜡，要么干脆不打。还有的人认为，车蜡是越贵越好，专挑价贵的进口车蜡使用。这些做法都是不恰当的。

在选用车蜡时必须慎重，选用不当不仅不能保护车漆，反而会对车身表面产生不良影响，严重的还会令车漆褪色或变色。一般情况下，应根据车蜡的作用特点、车辆的新旧程度、车漆颜色及行驶环境等因素综合考虑。名贵轿车选蜡时更应慎重，新的车蜡都是水性粉质，擦后光亮爽洁，不易沾尘，耐用持久。

车蜡的选择应考虑以下几种因素。

(1) 根据汽车的行驶环境来选择。

由于车辆的运行环境千差万别，受外界污染物侵害的方式、程度也不相同，因而在车蜡的选择上应该有所侧重。例如，经常行驶在泥路和山路等恶劣道路环境中，应选用保护功能较强的硅酮树脂蜡；沿海地区宜选用防盐雾功能较强的车蜡；而化学工业区宜选用防酸雨功能较强的车蜡；多雨地区宜选用防水性能优良的车蜡；光照好的地区宜选用防紫外线、抗高温性能优良的车蜡。

(2) 根据漆面的质量来选择。

中高档轿车漆面的质量较好，宜选用高档车蜡；对普通轿车或其他车辆，可选用一般车蜡。

(3) 根据漆面的新旧程度来选择。

新车或新喷漆的车辆应选用上光蜡，以保持车身的光泽和颜色；对旧车或漆面有漫射光痕的车辆，可选用研磨蜡对其进行抛光处理后，再用上光蜡上光。

(4) 根据季节不同来选择。

夏季一般光照较强，宜选用防高温、防紫外线能力强的车蜡。

(5) 选用车蜡时还必须考虑与车漆颜色相适应。

一般深色车漆选用黑色、红色、绿色系列的车蜡，浅色车漆选用银色、白色、珍珠色系列车蜡。

2) 汽车蜡选购的方法

(1) 看品牌。

选择汽车蜡时,应注意包装上标明的品牌和生产厂家,要选择正规厂家生产的产品或名牌产品。

(2) 看说明。

正规厂家生产的产品或名牌产品都有使用说明书,或在包装上标明产品特性、适用范围、使用方法和注意事项等内容。选购时要仔细阅读这些说明,根据自己的需要进行选择。

(3) 看质量。

选购车蜡时,可用手指蘸一点蜡,在两手指之间轻轻揉搓,如果感觉到有小颗粒状的物质,说明此蜡一定是劣质蜡,打蜡时会造成划痕,切勿购买。

3. 常用的车蜡用品

1) 去污蜡

去污蜡具有很强的去污能力,不损伤漆面,能有效全面地清洁车身上的污渍、水痕、沥青及氧化膜等污物,在车漆表面形成坚固的蜡膜,延缓车漆老化,保持漆面光亮鲜艳。龟牌去污蜡如图1-34所示。

去污蜡使用方法:首先清除车表面的大颗粒灰尘并保持干燥环境,将适量去污蜡置于干净海绵或擦布上均匀涂抹于待清洗漆面,然后换用干燥洁净擦布擦净即可。

图1-34 龟牌去污蜡

2) 水晶蜡

水晶蜡能防止静电层的产生,去除车身的沉积污垢及交通膜,形成坚固蜡膜保护漆面,有效防止紫外线及酸雨等对漆面的灼伤和腐蚀,延缓车漆老化,保持车漆的光亮色彩,适用于车辆漆膜保护。水晶蜡如图1-35所示。使用方法:在干燥环境下,将车身彻底清洗后,用适量水晶蜡均匀涂抹于漆面,几分钟后换用干燥多功能擦拭纸擦净即可。但要注意,尽量避免在强烈阳光下或车体高温时使用。

3) 抛光蜡

抛光蜡含有细微、柔和的研磨材料,可有效去除车表面污渍,消除车表面细小划痕,能除锈防锈,形成坚固蜡膜,能防水防尘,延缓车漆老化,适用于车辆漆膜修复护理。

抛光蜡使用方法如下。

(1) 先清除车表灰尘。

(2) 用海绵均匀涂抹抛光蜡于车漆上。

(3) 待稍干后,用抛光机进行抛光。

4) 镜面蜡

镜面蜡能渗透漆面，有效保护汽车表面，耐高温，耐化学腐蚀，使车表光泽如镜，持久如新。它适用于中高档汽车的漆膜护理，具有色彩增艳的效果。镜面蜡如图1-36所示。

镜面蜡使用方法如下。

(1) 先清除车表灰尘。

(2) 在车漆上用海绵均匀涂抹镜面蜡。

(3) 待稍干后，用抛光机进行抛光。

5) 皮革塑料养护蜡

皮革塑料养护蜡适用于车漆以外的皮革、塑料及橡胶部件的护理，可杀菌防霉，在部件表面形成保护膜，有效延缓部件的老化，防止褪色、起皱、龟裂，抗静电，减少其对灰尘及有害气体的吸附。皮革塑料养护蜡如图1-37所示。

图1-35　水晶蜡

图1-36　镜面蜡

皮革塑料养护蜡使用方法：皮革塑料养护蜡使用前先摇匀，直立罐身，距离仪表台表面15~20 cm均匀喷射，再用柔软干布擦拭至光亮即可。

6) 幻彩蜡

幻彩蜡具有还原色彩、去除光环的功能，能有效去除漆面油污、交通膜、氧化层，恢复已褪色且暗淡漆面的原有色彩，适用于车漆的清洁上光及护理。幻彩蜡如图1-38所示。

幻彩蜡使用方法：倒适量幻彩蜡于干净海绵或擦布上，均匀涂抹于漆面，稍后用抛光机进行抛光。

7) 釉蜡

釉蜡能在漆面形成一层坚韧而有深度的密封釉质防护光膜，保护漆面不受高温、腐蚀性物质的侵害，适用于各种颜色及漆系的车身上光保护。釉蜡如图1-39所示。

釉蜡使用方法：清洗车表后，将适量釉蜡置于干净海绵或擦布上，均匀涂抹于漆面，稍后用封釉机进行封釉处理。

8) 上光蜡

上光蜡由高分子聚合物组成，不含研磨材料，涂抹于车漆表面，可以在漆面上形成薄薄的保护膜，防止漆面的机械、化学损伤。它不伤车漆，可去除车表污渍，形成光亮滑爽、均匀持久的保护膜，延缓车漆老化；适用于较好漆面的早期保养，或抛光翻新后的漆面护理。上光蜡如图1-40所示。

上光蜡使用方法如下。

(1) 先清除车表灰尘。

(2) 用海绵均匀涂抹上光蜡于车漆上。

(3) 待稍干后,用抛光机进行抛光。

图 1-37 皮革塑料养护蜡

图 1-38 幻彩蜡

图 1-39 釉蜡

9) 钻石蜡

钻石蜡能在漆面形成坚硬的保护层,防止酸雨、紫外线、昆虫残体和冰雹等的侵蚀,重现漆面亮丽的光泽,适用于所有漆面。钻石蜡如图 1-41 所示。

钻石蜡使用方法:把适量的钻石蜡均匀地喷涂在漆膜上,然后抛光即可达到良好效果。注意:不要在阳光下作业。

10) 表板蜡

表板蜡适用于仪表台、保险杠、胶条等塑胶、皮革制品的清洁翻新。它能使表面形成一层有效的保护膜,防污、防老化、防静电。表板蜡如图 1-42 所示。

表板蜡使用方法:表板蜡使用前先摇匀,直立罐身,距离仪表台表面 15~20 cm 均匀喷射,再用柔软干布擦拭至光亮即可。

图 1-40 上光蜡

图 1-41 钻石蜡

图 1-42 表板蜡

4. 保护剂

1) 保护剂的用途

汽车保护剂是一种能够起到增亮、抗磨、抗老化等保护作用的用品。它主要用于皮革(包括人造革)、塑料、橡胶和化纤等材质表面,对汽车座椅、仪表板、保险杠、密封条、轮胎以及电镀件具有良好的保护作用。

2) 保护剂的种类

(1) 皮革保护剂。

皮革保护剂适用于塑料和皮革制品,如皮革座椅、仪表台、方向盘及塑料保护杠等,能起到上光、软化、抗磨和抗老化等作用。7CF 抗菌皮宝如图 1-43 所示,皮革保护剂如图 1-44 所示。

皮革保护剂的使用方法：皮革保护剂在使用时应先将有灰尘的皮革或塑料的表面用清洗剂清洗干净，使用前先摇匀，距离物体表面 10～20 cm 均匀喷射，再用柔软干净的软布擦拭即可。对于小件物品或缝隙可先喷在柔软干布上，然后擦拭。

(2) 化纤保护剂。

化纤保护剂适用于化纤制品，如顶篷、车门内侧、座椅表面等。化纤保护剂含硅酮树脂，因而在清洁化纤制品的同时，这种聚合物附着在纤维上，更能起到抗紫外线、抗腐蚀、抗老化的作用。化纤保护剂如图 1-45 所示。

化纤保护剂的使用方法：在使用时将化纤保护剂喷洒到化纤制品表面，然后用毛刷或毛巾擦洗晾干即可。

图 1-43　7CF 抗菌皮宝　　　图 1-44　皮革保护剂　　　图 1-45　化纤保护剂

(3) 橡胶保护剂。

橡胶保护剂适用于橡胶和工程塑料制品，如汽车轮胎、橡胶密封件、保险杠橡胶条、塑料保险杆、水箱软管、活动车顶、座板、脚板、安全带自动滚轮、电触点及点火装置等汽车部件，起到清洁、防紫外线、防氧化及防老化等作用。橡胶保护剂如图 1-46 所示。

橡胶保护剂使用方法如下。

使用前先摇匀，距离物体表面 10～20 cm 均匀喷射，再用柔软干净的软布擦拭即可。对于小件物品或缝隙可先喷在柔软干布上，然后擦拭。

(4) 轮胎上光保护剂。

轮胎上光保护剂用于轮胎表面，起到清洁、上光、抗老化等作用。

施工后在轮胎表面上形成一层有效的保护膜，能抵抗紫外线、沙尘、雨水的侵害，有效防止橡胶老化、褪色、开裂。它可增进光泽，使轮胎具有防水性、耐磨性及抗污染性。如果和橡胶保护剂同时使用，可起到清洗和上光的双重作用，这样保护效果更佳。轮胎上光保护剂如图 1-47 所示。

轮胎上光保护剂的使用方法：在使用时首先将轮胎表面清洗干净，待其干燥。然后倒取适量的轮胎上光保护剂，用海绵、轮胎刷或干净的布擦拭保养对象表面即可。

(5) 防锈保护剂。

防锈保护剂主要用于金属表面，也可作为油漆、橡胶及塑料塑胶表面和电镀件表面的防锈剂，起到除锈、防锈的作用。防锈保护剂如图 1-48 所示。

图 1-46　橡胶保护剂　　　图 1-47　轮胎上光保护剂　　　图 1-48　防锈保护剂

5. 抛光剂

1) 镜面抛光剂

镜面抛光剂能清除深色汽车表面的微痕、旋纹涡、粗蜡抛光后旋纹、轻度氧化层及水斑。它适用于手工抛光或机械抛光。镜面抛光剂如图 1-49 所示。

手工抛光的操作方法如下。

若采用手工抛光，首先应将镜面抛光剂产品倒在洁净拭车布上，在汽车表面呈圆圈状反复擦拭直至抛光剂渐干，再用另一块拭车布辅助清洗，必要时重复几次进行。

机械抛光的操作方法如下。

若采用机械抛光，即用抛光机抛光。使用前均匀摇动本品，倒适量本品于一定面积的漆面上，然后将磨光机从轻度到中度加压对表面进行抛光，当溶剂干时，抛光至光滑。最后，在抛光另一块表面之前，将溅在该板上的溶剂擦去即可。

镜面抛光剂在使用时，要注意以下几点。

(1) 在通风良好的场所使用，勿在室内及空气不畅通处使用，避免吸入该产品的蒸汽。

(2) 防止产品溅入眼睛，接触皮肤。

(3) 不使用时应盖紧瓶盖。

(4) 避免让小孩接触。

(5) 不慎接触后要用清水冲洗。

(6) 使用时间不要超过产品保质期。

2) 玻璃抛光剂

玻璃抛光剂能快速去除烟草渍、交通膜、树脂、虫尸和鸟粪等垢物，能将玻璃上的细小划痕覆盖，并使玻璃产生水晶般的夺目光泽。在挡风玻璃上使用后留下的一层超平滑薄膜还有助于减少雨刷的磨损。玻璃抛光剂如图 1-50 所示。

玻璃抛光剂产品不含有会涂污玻璃并影响视线的蜡或硅树脂成分。

3) 金属抛光剂

金属抛光剂多含有研磨剂、清洁剂、分油剂等多种高科技成分，其黏度小，表面张力小，不破坏金属零件几何精度，能很好地提高金属表面光洁度，且有很好的防氧化功能。盒装金属抛光剂如图 1-51 所示。

金属抛光剂使用方法：在使用时，先取出适量金属抛光剂，倒在清洁擦拭布上并均匀涂抹于需清洁的金属表面。然后，用适当力度加快擦拭，持续擦拭直到需抛光表面达到理想亮泽程度。

图 1-49　镜面抛光剂

图 1-50　玻璃抛光剂

图 1-51　盒装金属抛光剂

6. 防锈剂

防锈剂能在金属表面形成牢固的吸附膜，以抑制氧及水与金属表面的接触，使金属不致锈蚀。防锈剂的分子结构对金属有充分的吸附性，并对油有很好的溶解性。

1) 超薄干性膜防锈剂

超薄干性膜防锈剂不沾手、不积灰、排水力强和抗碱性乳化力强，适用于各类金属制品、动力机械部件和紧固件的防锈等。7CF 超薄干性膜防锈剂如图 1-52 所示。

超薄干性膜防锈剂使用方法：首先清除表面的杂质和锈迹，然后用专业压力喷涂或喷雾系统喷射，待第一层干透后再涂上第二层即可达到防锈效果。

2) 钢铁除锈剂

钢铁除锈剂是由除锈剂、防锈剂、有机物萃取液和多种助剂复合制成。其除锈速度快，能短期防锈。除锈后钢铁表面为银灰色，这是一层磷化膜，能起到防锈作用。主要适用于 35 μm 以下的薄锈层，适用于各种钢材及各种钢材加工后的工件。

图 1-52　7CF 超薄干性膜防锈剂

钢铁除锈剂使用方法如下。

(1) 使用前将工件表面的泥沙、油污、灰尘等除去。

(2) 浸泡或刷洗均可，若加热到 60℃ 除锈效果会更好。

(3) 除锈后，工件应晾干或烘干。

(4) 涂刷工具和容器用清水冲洗干净并晾干。

(5) 如果除锈剂溅到皮肤或衣服上，应立即用清水冲洗。

六、汽车美容护理设备和工具

1. 护理工具

1) 海绵

海绵具有柔软、弹性好、吸水性强和较好的藏土、藏尘能力等特点，有利于保护漆面及提高作业效率。海绵如图 1-53 所示。

2) 砂纸/纱布

砂纸是用黏合剂把磨料贴在特制的纸或布上制成的。砂纸型号用磨料粒度数码表示，数码越小，磨料越粗。磨料粒度不同，用途也不同。砂纸可分为木砂纸和水砂纸。木砂纸主要用于磨光木制品表面。水砂纸可以用于水磨，在有水或溶剂的条件下，对各种金属或非金属进行精细加工，使加工件平滑光亮，可广泛用于研磨腻子涂层。砂纸如图 1-54 所示。

图 1-53　海绵

图 1-54　砂纸

3) 羊毛球/软毛毡

羊毛球与软毛毡的用途相同，均用于油漆表面的抛光。各种规格的羊毛球如图 1-55 所示。

羊毛球是以羊毛或人造纤维为原料植附在绒布上面或直接在羊皮表面再植附绒布而制成的一种涂附磨具。羊毛球是以羊毛或人造纤维为磨料，分为粗、中、细三种，形状为球状。

羊毛球的特点如下。

(1) 与抛光液一起使用可使工件表面达到更好的抛光效果。

(2) 去除抛光前道工序所留下的砂痕。

羊毛球的应用范围如下。

(1) 用于任何对表面研磨精度要求高的地方。

(2) 用于金属及塑料表面油漆的抛光。

(3) 用于汽车、飞机等表面的抛光。

4) 毛巾

毛巾是人工清洗和擦拭汽车不可缺少的工具。专业汽车美容场所需准备多块毛巾，包括大毛巾、小毛巾、湿毛巾、半湿毛巾和干毛巾等。大毛巾主要用于车身表面的手工清洗和擦拭；小毛巾主要用于清洗车身凹槽、门边及内饰部件等处的污垢；湿毛巾、半湿毛巾和干毛巾在清洗、擦拭车窗玻璃时应结合使用。

5) 防雾湿巾

防雾湿巾如图 1-56 所示。

防雾湿巾的使用范围为挡风玻璃等。使用方法为在要防雾的玻璃上来回均匀抹擦，直到玻璃上没有明显的水痕且清晰为止。

注意事项如下。

(1) 使用前需确保进行防雾的玻璃表面清洁干燥。

(2) 产品开封后，尽快使用，以免失效。

(3) 避免产品直接接触眼睛。

(4) 产品应存放于阴凉干燥处，并避免小孩接触。

图 1-55　羊毛球

图 1-56　防雾湿巾

2. 护理设备

1) 研磨/抛光机

研磨/抛光机是一种集研磨和抛光为一体的设备，安装研磨盘时可进行研磨作业，安装抛光盘时可进行抛光作业。研磨/抛光机主要由壳体、电动机、控制机构及配套装置组成。抛光机如图 1-57 所示。配套装置主要有研磨盘和抛光盘，其材料分为全毛、混纺毛、海绵三种，每种盘所用的研磨和抛光材料有明显区别。

操作方法如下。

(1) 研磨机开机或关机时不能接触工件表面。

(2) 作业时，右手紧提直把，左手紧提横把。由左手向作业面垂直用力，转盘与作业面保持基本平行。

(3) 在研磨机完全停止转动之前，不要放下研磨机。

(4) 不要太靠近边框、保险杠和其他可能咬住转盘外沿的部位进行作业。

(5) 应时刻注意研磨/抛光机的电线，防止将电线卷入机器。

(6) 抛光时应注意不要让灰尘飞到脸上，而应使其落向地板。

2) 打蜡机

打蜡机是把车蜡打在漆面上，将其抛出光泽的设备。

轨道打蜡机以椭圆形旋转，类似卫星绕地球的旋转轨道，故称轨道打蜡机。轨道打蜡机具有重量轻、做工细、转盘面积大和操作便利等特点。轨道打蜡机型号和样式不一，大致可分为普通轨道打蜡机和离心式轨道打蜡机。轨道打蜡机如图 1-58 所示。

轨道打蜡机的配套材料主要指打蜡盘的各种盘套。

(1) 打蜡盘套。

打蜡盘套由外层的毛巾套和底层的皮革构成，其中皮革起防渗作用。打蜡盘套的用途是把蜡涂在车体上。打蜡盘套如图 1-59 所示。

(2) 抛蜡盘套。

全棉、全毛或混纺、海绵均是制作抛蜡盘套的材料，但目前使用以全棉抛蜡盘套为主，它的作用是将蜡抛出光泽。抛蜡盘套如图 1-60 所示。

图 1-57 抛光机

图 1-58 轨道打蜡机

普通轨道打蜡机一般在非专业汽车美容场所使用，主要因为存在转盘较小，使用材料较差，扶把位置不容易平衡等缺点。

离心式轨道打蜡机的动作是靠一种离心式的、无规律的轨道旋转来完成的，这种旋转方式模拟人手工操作，但它比手工操作要快得多，因而受到专业汽车美容店的青睐。

图 1-59 打蜡盘套

图 1-60 抛蜡盘套

3) 打蜡操作步骤

(1) 汽车清洗。

为了保证打蜡效果，在使用打蜡机打蜡前对车辆必须进行彻底清洗。

(2) 上蜡。

首先将车蜡涂在打蜡机盘套上，然后按一定顺序往复直线涂抹，每道涂抹应与上道涂抹区域有 1/5～1/4 的重合度，以防止漏涂及保证均匀涂抹，如图 1-61 所示。另外还得注意在边、角、棱处的涂抹应避免超出漆面。

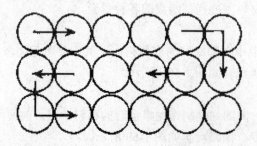

图 1-61 打蜡机的上蜡/抛光路线

4) 抛光操作步骤

等涂在漆膜表面的车蜡凝固后即可进行抛光。

打开打蜡机,将其轻放在车体上横向(或纵向)进行覆盖式抛光,直至光泽令人满意。

抛光时应遵循先上蜡后抛光的原则,确保抛光后的车表不受污染。

在使用打蜡机给汽车打蜡时,应注意以下问题。

(1) 打蜡作业环境清洁,有良好通风,有条件可设置专门的打蜡工作间。

(2) 应在阴凉处给汽车打蜡,否则车表温度高,车蜡附着能力会下降,影响打蜡效果。

(3) 打蜡时,手工海绵及打蜡机盘套运行路线应该直线往复,不宜环形涂抹,防止由于涂层不均造成强烈的环状漫射。

(4) 打蜡时应遵循先上后下的原则,即按涂抹车顶、前后盖板、车身侧面的顺序进行。

(5) 打蜡时,若打蜡盘套上出现与车漆相同的颜色,可能是漆面已经破损,应立即停止打蜡,进行修补处理。

(6) 抛光作业要待上蜡完成后在规定时间内进行,且抛光运动也是直线往复。未抛光的车辆绝不允许上路行驶,否则再进行抛光,易造成漆面划伤。

(7) 抛光结束后,要仔细检查,清除车牌、车灯、门边等处残存车蜡,防止产生腐蚀。

(8) 打蜡结束后,设备及用品要做适当清洁处理,妥善保存,例如打完蜡后要注意清除打蜡盘套绒线中的杂质。

(9) 要掌握好打蜡的频率,由于汽车行驶及停放环境不同,打蜡间隔时间不可按部就班,但可以用手擦拭车身漆面,若无光滑感,就应该进行再次打蜡。

七、汽车外部护理

1. 新车开蜡

1) 开蜡

以前国内汽车生产厂家较少,为防止新车在储运过程中漆面不受酸雨、盐、碱等侵蚀,在车身表面喷涂一层保护蜡,称为运输保护蜡。现在仍有部分经济型轿车使用这种方法。运输蜡属于低档蜡,覆盖层极厚,并且十分坚硬,所以可以防止大型双层托运车运输途中树枝或强力风沙的剐蹭及抽打。该蜡不同于上光蜡,其透明度极低,没有光泽,严重影响汽车美观。另外,汽车在使用中运输蜡易沾附灰尘,且不易清洗。因此,购车后必须将运输蜡清除掉,同时涂上新车保护蜡。清除新车的封蜡称为"开蜡"。

2) 开蜡水的选择

新车开蜡时应注意不能用棉纱蘸汽油、煤油开蜡,此种方法虽然能除掉封漆蜡,但汽车漆面也同时受到损害。因为棉纱虽然柔软,但其中很容易混入铁屑、砂粒及其他坚硬的细小颗粒,且很难发现,极易造成漆膜表面划痕;而且汽油或煤油也会伤害漆膜。

运输保护蜡有两种类型:油脂运输蜡和树脂运输蜡。

一般需要在海上运输的车辆涂有油脂运输蜡,不需要在海上运输的车辆涂有树脂运输蜡。对涂有油脂运输蜡的车辆开蜡要选用油脂开蜡水,对涂有树脂运输蜡的车辆开蜡要选用树脂开蜡水。

3) 开蜡工序

(1) 高压冲洗。

用高压清洗机的水枪对车身表面进行冲洗，将沾染在车身上的树叶、泥沙等污物冲洗掉。冲洗的顺序应由上而下，依次为车顶、前机盖、车身、后备箱和车裙。

(2) 喷洒开蜡水。

在车漆表面均匀地喷上开蜡水，保持 5 分钟左右，使开蜡水完全渗透并溶解蜡层。喷洒时应确保每个部位都被溶液覆盖，不要将边角缝隙遗漏。

(3) 擦拭。

用干毛巾或不脱毛纯棉毛巾擦拭车表，并用鬃毛刷刷洗缝隙。

(4) 冲洗。

用高压清洗机的水枪对车身表面进行冲洗。

(5) 擦干。

用纯棉毛巾沿车前后擦拭两遍，吸去多余的水分，再用麂皮擦干漆面、玻璃。擦干车门内边、保险杠等处的多余水分，最后用气枪把缝隙和接口处的水分吹干。

2. 封釉护理

1) 汽车封釉概述

我们常说的釉实际上是一种从石油副产品中提炼出来的抗氧化剂。特点是防酸、抗腐、耐高温、耐磨、耐水洗、渗透力强、附着力强和高光泽度等。

所谓汽车封釉就是采用柔软的羊毛或海绵通过振抛机的高速振动和摩擦，利用釉特有的渗透性和黏附性把釉分子强力渗透到汽车表面油漆的毛孔内，使釉分子在车漆表面形成独特牢固的网状保护层，附着在车漆表面，使油漆也具备釉的上述特点，从而起到使车美观和保护车漆的作用。

2) 汽车封釉的意义

汽车打蜡和封釉护理二者同为汽车美容、保护汽车漆面光泽的护理手段，因此在功能上，二者有相同的地方，但和汽车打蜡比较，汽车封釉有着自己明显的优势。

(1) 釉剂不溶于水，可以避免汽车打蜡后怕水的缺陷。

由于汽车打蜡所使用的蜡都是溶于水的，因此如果汽车刚刚打完蜡后碰上阴雨天气，打上的蜡就会被雨水溶解，起不到保护漆面和美容的作用。同时由于蜡可溶于水，打完蜡后给洗车也造成了诸多不便。而釉剂的最大特点就是含有专利素和特有的固化剂，使用后通过对汽车漆面的渗透形成带固化剂的液体玻璃，并层层积累，不溶于水。因此汽车封釉后，不用担心被水溶解的现象发生，可以长期保护汽车漆面。

(2) 不损坏原有漆面。

和打蜡相比，封釉的第二个优点就是不会损害汽车漆面，由于传统的汽车打蜡都要先洗车后打蜡，频繁地洗车自然会对汽车漆面造成危害，久而久之就会使之变薄，而釉剂则是采用一种类似纳米的技术，使流动的釉体在汽车漆面表层附着并以透明状硬化，相当于给汽车漆面穿上一层透明坚硬的"保护衣"，因此可以起到保护汽车漆面的作用。

(3) 保护时间长。

汽车做封釉之后，可以保护一年左右，同时避免了经常洗车的烦恼，汽车表面的灰尘可以轻松擦去。

(4) 独有的漆面保护性和还原性。

釉剂具有独有的漆面保护性和还原性。它达到了从根部护理，能有效去除污垢，渗透添塞漆孔的功能。

汽车封釉后就如同穿上了"隐形玻璃车衣"，漆面能够达到甚至超过原车车漆效果。釉表面不粘、不附着的特性，使得漆面即使在恶劣和污染的环境中也能长久保持洁净，而且还可以有效地抵御温度对车漆造成的影响。漆面的硬度也可以得到大幅度的提高，同时具有防酸、防碱、防褪色、抗氧化、防静电、抗紫外线和高保真等功能。对新车进行一次封釉美容可以延长车漆的使用寿命，减缓褪色，留住车漆的艳丽，光彩永驻。当然，如果能对旧车封釉，其效果就更明显，旧车做封釉可以使氧化褪色的车漆还原增艳，颇有翻新的效果。实验表明，做封釉后汽车漆面可以经受住高达 320℃ 的高温。而在硬度方面，如果金刚石的硬度为 10 分，那么汽车漆面的硬度则只有 0.4 分，而做了封釉后，汽车漆面的硬度可以提高到 7 分左右。

3) 振动封釉施工工艺

封釉所需的主要设备和工具有封釉振抛机、不脱毛纯棉毛巾、纸胶带等。

汽车封釉工序有以下几道。

(1) 脱蜡清洗。

为保证封釉效果，封釉前必须用脱蜡洗车液对车身表面进行清洗，注意不要有污物残留，残留物会在擦拭车身时造成摩擦而损坏车漆，稍不注意就会损伤其光洁度。车身表面清洗擦干后，还要用压缩空气把洗车时在车体接缝处残留下的水分一点点地吹出来。

(2) 全车贴防护胶条。

清洗干净后，要用胶条把车身上所有与漆面相邻的金属件和橡胶件的边缘部分以及诸如车标、字母等都粘贴起来。如果有塑料护板，也一定要用报纸等把护板挡起来，以免抛光时损伤，在后续工序中才不会对这些部位造成污染、腐蚀、残留等不良影响。

(3) 抛光处理。

看漆面是否有氧化层(用香烟盒的锡纸面轻擦车身漆面，如果漆面发白，则说明漆面有氧化层)和划痕，如果有，要先给车身漆面进行抛光处理。抛光完成后，再把车身清洁干净(主要为把研磨剂擦干净)。然后把车开到无尘车间，等待封釉。

(4) 还原处理。

就像人皮肤上的毛孔需要清理一样，车漆的毛孔也需要清洁。使用抛光机配以抛光轮、还原剂，在抛光机旋转的同时产生静电，发生还原反应，将毛孔内的脏物吸出，使车漆还原回原新车漆的状态。如果用增艳剂，可以将增艳剂渗透到车漆内部，达到车漆增艳如新的效果。同时还可以将车漆表面细小的划痕磨平。

(5) 封釉。

将釉剂摇匀，把少量釉倒在车身上，用封釉振抛机将上釉区域的车表釉液蘸涂开来，然后轻轻下压，开机转速在 2200～2500 r/min，均匀涂抹釉液于车表形成薄薄一层糊状物。封釉机应走直线，如先纵向涂抹，再横向重复涂抹一次(即井字形走向)，至釉液充分渗透吸收到车漆里。釉充分渗入漆面干透后(未干透即擦干会影响其质量)，用不脱毛纯棉毛巾或干净的擦车巾轻轻擦去外表多余的产品粉末使其干净。此刻车表已光亮柔滑(切记，擦拭时要

做直线运动,不要做圆圈运动)。

(6) 后处理。

封釉后车身上的细小划痕都会被遮盖住。把纸胶带、报纸等撕掉,并用麂皮或不脱毛毛巾处理干净被粘贴的表面。

新车封釉施工工艺一般步骤为:彻底清除车身漆面的蜡剂与污垢、漆面还原和封釉。

4) 封釉注意事项

(1) 封釉后 8 h 内切记不要用水冲洗汽车,因为在这段时间内,釉层还未完全凝结并将继续渗透,冲洗将会冲掉未凝结的釉。

(2) 做完封釉后尽量避免洗车,因为产品可防静电,因此一般灰尘用干净柔软的布条擦去即可。

(3) 做了封釉后不要再打蜡,因为蜡层可能会黏附在釉层表面,再追加上釉时会因蜡层的隔离而影响封釉效果。

(4) 有的美容店封釉时用烤灯烤漆封釉,其目的是使釉更好地渗入漆面。但如果掌握不好时间和距离,用烤灯烘烤漆面时,不等漆面软化,附着在漆面上的釉就先烤干了,封釉效果反而不好。

(5) 漆面封釉使车漆表面如同罩上一层很强的保护膜,延长漆面寿命,一年之内可以不用打蜡,但是洗车反而会破坏封釉,所以最好不要到电脑洗车房洗车。洗车时不要用碱性洗涤剂,要用中性洗涤剂,否则会破坏封釉效果。

(6) 封釉时一定要选择优质釉。

项 目 小 结

汽车清洗是采用专用设备和清洗剂,对汽车车身及其附属部件进行清洁处理,使之保持或再现原有风采的最基本美容工序。

洗车的方法有电动洗车、非接触式洗车、高压水枪洗车和无水洗车。

汽车蜡的主要成分是聚乙烯乳液或硅酮类高分子化合物,并含油脂和其他添加成分。汽车蜡起到上光、抛光、防水、抗高温、防静电和防紫外线的作用。防护剂有皮革保护剂、化纤保护剂、橡胶保护剂、轮胎上光保护剂和防锈保护剂。

汽车封釉就是采用柔软的羊毛或海绵通过振抛机的高速振动和摩擦,利用釉特有的渗透性和黏附性把釉分子强力渗透到汽车表面油漆的毛孔内,使釉分子在车漆表面形成独特牢固的网状保护层,附着在车漆表面,使油漆也具备釉的优点。

复习思考题

一、填空题

1. 电脑洗车是指用_____的专用洗车设备对汽车外表进行清洁,最后由人工完成角落遗留水渍的去除。

2. 抛光蜡含有细微、柔和的_____，可以消除车表细小划痕。

3. 清洗剂除垢包括湿润、_____、_____、_____ 和去污五个过程。

4. 车蜡按其功能不同可分为_____和_____两种。

5. 在进行汽车清洗作业时，_____用于轮胎、挡泥板等处附着的泥土垢的清除。

6. _____适用于仪表台、保险杠、胶条等塑胶、皮革制品的清洁翻新。

7. _____适用于塑料和皮革制品，能起到上光、软化、抗磨、抗老化等作用。

8. 汽车生产厂家为防止新车在储运过程中漆膜受损，会在车身上喷一层蜡，称为_____。

9. 轮胎上光保护剂用于轮胎_____，起到清洁、上光、抗老化等作用。

10. 防锈剂能在金属表面形成牢固的_____，以抑制氧及水特别是水对金属表面的接触，使金属不致锈蚀。

二、简答题

1. 什么是汽车外部清洁？
2. 电脑洗车机主要有哪些组成系统？
3. 汽车外部清洗工序是什么？
4. 在进行汽车外部清洗时，应注意哪些问题？
5. 汽车外部清洁所需设备、工具都有哪些？

三、论述题

1. 汽车封釉的工艺流程。
2. 轮胎和轮辋清洁的重要性。
3. 在进行车窗玻璃和后视镜清洁时，应注意哪些问题？
4. 汽车车身清洗的工艺流程。
5. 汽车为什么要适时打蜡？
6. 车蜡的主要功用。

四、实训题

围绕汽车清洗、护理产品和汽车清洗、护理实施流程等相关理论知识，结合实验室相关的汽车清洗设备和护理产品制定一份详细的车辆清洗后打蜡的工艺流程的理论报告。根据报告在轿车丰田卡罗拉前翼子板实施。考核要求如下：

(1) 实训前准备工作。
(2) 清洗打蜡工艺流程。
(3) 实训结果。
(4) 综合考评前翼子板清洗打蜡后的效果和理论素养。

项目二　汽车车身装饰

【知识要求】

- 了解车身装饰的分类。
- 了解车身装饰工艺流程。
- 掌握大包围、天窗、氙气大灯的安装方法。
- 掌握保护膜、后视镜、底盘装甲、喷塑和车轮的装饰方法。

【能力要求】

- 能够运用车身装饰工具。
- 能够安装车身大包围、车身贴膜。

一、车身大包围装饰

大包围是车身"空气扰流组件",材质多为碳素纤维。汽车装上大包围能加长车身,降低汽车的重心,改善车身周围的空气运动特性,从而提高汽车高速行驶的稳定性。随着人们生活水平提高,对汽车文化的需求呈现多样性,车身的包装使汽车更加时尚,更加具有个性。目前国内外市场上的大包围大多没有经过严格的空气动力学测试,更多的是为车身美观而设计,而对车身周围气动特性没有明显改善,如图2-1所示。

图2-1 车身大包围

1. 车身大包围发展现状

车身大包围装饰件的制造目前呈现品种多样化,适应不同车型、不同个性需求;质量轻量化,制作选材大多是玻璃钢、新型碳纤维和铝合金,不仅美化车身,而且最大限度地减少车身额外负重;外部整体化,车身包围制作采用CAD/CAE计算机辅助设计系统,造型设计和结构设计都得到科学优化,与车身结构形成流体过渡,一体成型;行业专业化,汽车保有量的逐步增加,汽车文化的长期积淀,促进汽车后服务市场慢慢成熟、稳定。

2. 车身大包围的作用

车身大包围的外形可以改善车身周围空气流动性,增加车身行驶的稳定性和汽车与地面的附着力,提升汽车驾驶的操纵性能。现代汽车制造车身外部的结构在应用之前需要进行风洞实验,利用空气动力学、流体力学原理实施分析,确定车身外形在运动过程中产生最小气流阻力。

1)强化驾驶操控性

风洞是指能人工产生可受控的气流,以模拟汽车或物体周围气体的流动,从而度量气流对物体作用以及观察物理现象的一种管道状实验设备,它是进行空气动力实验最常用、最有效的工具。汽车风洞实验是汽车研制工作中一个不可缺少的组成部分,如图2-2所示。

图2-2 汽车风洞实验

汽车风洞实验证明，车身良好的流体外形能够在车辆运行时有效减小气流阻力；车身后部鸭翼能有效减弱气流流过车身时产生的向下扰流，但不会降低汽车的附着力，显著提升了汽车行驶的操纵性能和安全性能。

2) 美化车身外形

人们对新车的外围装饰有更多的个性化需求，需要对车身外围重新美化制作；轻微损伤事故后车外围的修复，也需满足客户个人审美需求。大包围主要包含前包围、侧包围、后包围、轮眉、挡泥板和门饰等。新型材料制作的前、后和侧包围不但能减轻车身重量，降低气体流动阻力，还能呈现整体外观个性。铬合金制作轮眉和门饰更能提升汽车档次。

3. **车身大包围的类型**

根据造型方便、质量轻和便于后期加工原则，目前制作大包围类型主要有塑料大包围、玻璃纤维大包围和合成橡胶大包围三种类型。

1) 塑料大包围

塑料的成分和性能可做细微调整，成型性能良好，能保证塑料大包围的套件质量，但是加工成本高。如 PP、PU 复合塑料包围，收缩小，不易变形，抗冲击能力强；PP 喷涂效果优良，不易掉漆。如奔驰 AMG 和奥迪 ABT 等。

2) 玻璃纤维复合大包围

玻璃纤维(fiberglass)是一种性能优异的无机非金属材料，具有良好的绝缘性和耐蚀性、高强的耐热性和机械强度。但是性脆，耐磨性较差，所以玻璃纤维通常用作复合材料中的增强材料。汽车玻璃纤维复合大包围用塑料或橡胶等较软的材料作为基体，在基体上铺设玻璃纤维增强材料，因此不仅易成型，并且具备一定的强度。由于玻璃纤维复合材料对模具和生产设备要求不高，制造成本低廉，早期被广泛应用，但是它抗冲击性能弱，被其他更先进的材料逐步取代。

3) 合成橡胶大包围

合成橡胶是由人工化学合成的高弹性聚合物，也称合成弹性体，是三大合成材料之一，其产量仅低于合成树脂(或塑料)、合成纤维。合成橡胶材料主要作用是节约成本，提高橡胶制品特性，因为一般天然橡胶产品的价格比较昂贵，为了降低企业的成本，制造商大量投入成本低廉的合成橡胶材料。合成橡胶材料也具有优良的耐热性、耐寒性、防腐蚀性，且受环境因素影响小，在-60℃到 250℃之间均能正常使用。合成橡胶主要缺点是拉伸效果、抗撕裂强度以及机械性能比较差，但是与天然橡胶相比成本低廉，是很多企业生产中低档型产品的首选。

合成橡胶大包围抗冲击能力强，不易变形，耐受性强，采用模具制造，外形平滑，漆膜质量和成型性能好，广泛用于汽车大包围制作。

4. **车身大包围的制作**

多数车主会追求车身外观的个性化，希望自己的车与众不同。目前很多轿车都安装了大包围，大包围制品喷上与车身同色漆后的确增加了车身的外观效果。

1) 设计原则

在大包围的制作过程中，须遵循五个原则：整体性原则，汽车的前后、左右各包围件制作时从整体角度设计；协调性原则，各包围件的造型和喷涂颜色与车身基调相协调；安全性原则，汽车安装大包围后不能影响整车性能和行车安全，设计要考虑路面状况，所有饰件离地面应保持一定的距离(通常要求高于 20 cm)；标准性原则，设计的大包围组件符合行业有关规定；观赏性原则，大包围组件需要美观，符合客户的审美需求。

如图 2-3 所示，通过对福特嘉年华车身包围的改装，车身前脸由平直的线条变成折线，外观更有运动感；车身后部由平面过渡到曲面，整体更有层次感，埋入式排气管外露，也更有质感。

图 2-3　汽车前后包围加装

2) 制作工艺

以玻璃钢材料为例，其制作工艺如图 2-4 所示。

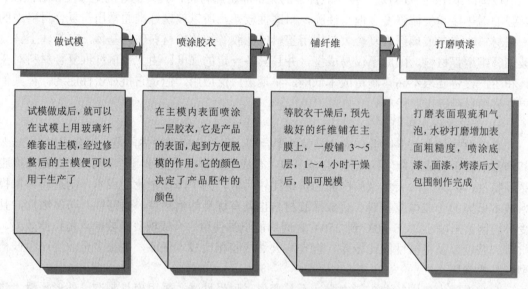

图 2-4　玻璃钢大包围制作流程

5. 加装车身大包围的注意事项

车辆加装大包围，需要注意很多问题，以确保车辆加装大包围后的实用性、美观性、安全性。

(1) 汽车经常行驶的道路情况。如果车辆经常需要在比较苛刻的路面行驶，加装大包围后，距离地面的距离降低，可能会在行驶过程中发生损坏。

(2) 大包围的材质选用情况。根据行车状况，尽量选用抗冲击性能好、耐磨性强、便于成型和性价比高的材料制成的大包围。

(3) 车辆行驶安全性评定情况。加装车辆前包围时，最好不要去掉前保险杠，因为会降低车辆的安全性能；最好不要选取玻璃纤维材料制作前包围，因为玻璃纤维的抗击力和韧性差，不能保证车身的牢固性，也不能提供对行人的主动安全性保护；如果一定要选用拆保险杠的大包围，可将原保险杠中的缓冲区移植到大包围中，以降低偶发事故后的碰撞损伤。

(4) 加装大包围后质量好坏情况。加装大包围应选择有资质、专业和售后服务综合能力比较强的店面，确保大包围材质优良、连接间隙合格和漆膜喷涂等制作上乘。

二、车窗装饰

汽车车窗通常采用有利于视野并且美观的曲面玻璃，借助橡胶密封条嵌在窗框上，或用专门的黏合剂粘贴在窗框上，是人与外界交互的窗口。车窗通常分为前后风窗、通风窗、隔热侧窗、遮阳顶窗四种。汽车的前后风窗通常采用有利于视野而又美观的曲面玻璃，又称前后挡风玻璃。为便于自然通风，某些汽车在车门上设有三角通风窗，三角通风窗可绕垂直轴旋转，窗的前部向车内转动而后部向车外转动，使空气在其附近形成涡流并绕车窗循环流动。侧窗玻璃采用茶色或带有隔热层，可使车内保温并带给乘员宁静的舒适感。具有完善的冷气、暖气、通风及空调设备的高级客车常常将侧窗设计成不可开启式，以提高车身的密封性。遮阳顶窗(也称汽车天窗)，接近敞篷车的性能，以便乘员在风和日丽的季节里充分享受明媚的阳光和新鲜的空气。遮阳顶窗不但可以增加车内光照度，而且也是一种较有效的自然通风装置。

如图 2-5 所示，汽车车窗的种类多，增加人与外部空间的交互作用。车窗的装饰材料会影响行车安全和舒适性能。

图 2-5　汽车车窗

普通车窗由车窗玻璃和窗框组成。车窗装饰可以从这两个方面着手，普通玻璃既不能遮光，又不能隔热。带色的玻璃虽然能遮光，但不能隔热。近年来出现了一种既能隔热又能遮光的浅色薄膜("太阳膜"或"隔热防爆膜")，深受广大车主的欢迎，销量长盛不衰，为汽车美容市场带来巨大的经济效益。窗框外部装饰可通过加装铬合金金属条，增加车辆立体感，美化车身外形，使车辆更具动感。

1. 车窗贴膜

1) 贴膜结构

车窗贴膜通常是多层复合结构：丙烯酸构成的耐磨层，涂覆在隔热层外部，非常坚韧，清洗玻璃时不易刮伤；聚氨酯构成的安全基层，透明且抗冲击能力强，当偶发事故时，缓冲碰撞，减少外来伤害，同时安全基层能有效过滤阳光和迎面车辆远光灯中的眩光；隔热层，通过铝、镍过量溅射涂覆在安全基层上，可以选择性反射阳光中的红外线，起到隔热的效果；防紫外线层，隔热层涂覆 UV 吸收材料，由特种 UV 吸收剂构成，可阻隔 99% 的紫外线；胶膜层和透明基体。汽车隔热防爆膜需要满足的要求是，既要使视野清晰，又要抵抗紫外线，同时还需要具有非常强的黏结力，在发生外力冲击的情况下，能将破碎的玻璃黏附住，保护车内乘员。图 2-6 为 3M 贴膜结构。

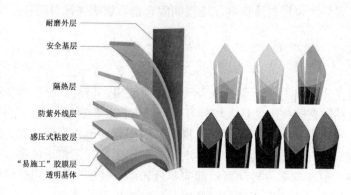

图 2-6　3M 贴膜结构

2）贴膜分类

通常情况下车窗膜根据使用性能广义上分为金属膜和染色膜两大类，根据性能和材质又可以细分为以下六类。

(1) 染色膜。最低档的汽车膜，由原膜层、胶合层、离合纸层组成。所以这种膜除了有颜色之外，防爆隔热功能很差，易褪色。一般在小店较多，非常便宜，贴全车只要一两百元。

(2) 涂布印刷膜。将糊状聚合物、熔融态聚合物或聚合物熔液涂布于纸、布、塑料薄膜上制得复合材料(膜)，是韩国特有的一种工艺，一般较厚。这种膜隔热较好，但透视性稍差。

(3) 普通金属膜。无色的原膜层上喷溅金属制造而成，一般所用金属为铝、铁等。这种膜一般产于中国、印度、日本和美国等。市场上使用最普遍的就是这种金属膜。这种膜透视和隔热一般，但价格却不低，一般美容店经常用这种膜冒充顶级膜。

(4) 纳米陶瓷膜。以纳米氮化钛为基础，通过磁控溅射技术与金属氮化技术结合制造而成。这种纳米陶瓷膜经久耐用，不易腐蚀，不干扰电磁信号，其中琥珀光学纳米陶瓷隔热膜就是最新的陶瓷膜。

(5) 贵重金属膜。在无色原膜层上喷溅金属，但不同的是其喷溅的都是铬、钛、铂等贵重金属。这种膜的喷溅方式为"磁控溅射"，生产工艺非常复杂，因此价格较高。

(6) 双层贵重金属膜。它是高端膜的另一个技术趋势，采用聚酯膜多层挤出技术，将 240 层聚酯膜叠加在一起制成仅有 0.05 mm 厚的隔热膜，具有可见光透过率高、隔热好、寿命长、无电磁信号干扰等特点。

贴膜在我国的发展有几十年的历程，伴随我国的汽车拥有量以每年 20% 的速度递增，汽车贴膜市场会成为一个庞大的黄金产业。贴膜总体经历了四个阶段。第一阶段是汽车太阳膜，是熟称的"染色膜"。在一层聚酯膜上喷涂染色剂以达到隔光隔紫外线的效果，这种太阳膜安装简单，遮光好，但不防热，容易褪色脱胶，使用寿命短。第二阶段是金属反光膜，也有人称它为"防爆膜"。这种膜通过在聚酯层喷涂铝、钛等金属提高了防爆性能，隔热性能也有改善，但是高透光的时候低隔热而高隔热的时候低透光。第三阶段是"吸热膜"，隔热防晒性能良好，虽然防爆性能增强，但是贴膜仍然比较薄。第四阶段是"智能光谱薄膜"，用磁控溅射金属来增加膜的隔热性能，是当前世界上最高制膜技术。这种膜能防止发生意外事故后汽车玻璃碎片飞溅对乘员造成伤害，也具有超高的防紫外线辐射功能，还具有硬度与韧度超强、透视性强和材质稳定等特点。

国内贴膜如果按产地可以分为进口膜和国产膜。国产贴膜起步较晚，生产制作工艺低于国外贴膜的生产厂家。进口膜主要有美国的3M，日本的FSK，如表2-1所示。

表2-1 部分进口贴膜参数

产品系列	产品代号	透光率/%	隔强光率/%	防紫外线率/%	防爆效果
美国3M系列	6330	35	60	98	
	7710	21	76	99	性能优良
	8383	35	58	98	
	9010	30	70	99	性能优良
美国MADICO系列	AL-21	21	85	99	性能优良
	AL-25	25	85	99	
	AL-28	30	75	99	
	AL-35	35	85	99	性能优良
	AL-320	35	85	99	性能优良
	AL-321	35	85	99	
	AL-300	30	70	99	
	自然色-366	30	75	99	
日本FSK系列	500S	35	82	99	性能优良
	600S	25	85	99	性能优良
	035S	35	80	99	性能优良
	035BL	35	75	99	性能优良
	835BR	35	78	99	性能优良

选择贴膜的依据和衡量贴膜好坏有四大参数：①透光度，是车用膜中关乎行车安全最重要的性能，尽量不要选取透光度太低的膜，尤其是前排两侧窗的膜和前风挡车膜采用的基材要足够清晰，即使颜色比较深的膜，透过它看到的景物也要清晰，不能昏暗、变形，透光度在85%以上较为适宜；②隔热率，良好的隔热率能提升驾驶舒适性，判断依据是用脸或者手贴近贴膜的车窗，感觉舒适惬意，说明隔热效果良好；③防爆性能，优质防爆膜有很强的韧性、抗冲击性，玻璃破裂后可被膜粘牢不会飞溅伤人；④紫外线阻隔率，高紫外线阻隔率能有效防止车内的人被过量紫外线照射灼伤，还能保护车内音响不被晒坏，这个指标一般不低于98%，高的可达100%。

2. 贴膜环境和工具

车窗贴膜一方面要求工作环境必须无尘或有极少量微尘，另一方面则要求施工者具有纯熟规范的操作手法和科学规范的施工流程。贴膜施工环境的密闭性、温度和湿度决定了贴膜时周围空气中的微尘密度。为了尽可能减少空气中的微尘，汽车应该置放在一个不太大的密闭空间里，同时降低周围的温度，提高周围的湿度。所以无尘贴膜室需要配备空调、自动洒水设备用于降温和增湿。为了有效防止外界的风沙，贴膜室四周的玻璃墙和玻璃门要密闭，如图2-7所示。

图2-7　汽车贴膜环境

汽车贴膜用到的工具很多，且大多数都是专用工具。按用途可分为五种：排水工具、裁膜工具、清洁工具、保护工具和热成型工具。其中排水工具有普通橡胶刮板、大橡胶刮板、超级橡胶刮板、大小三角刮板和钢片刮板；裁膜工具有剪刀、界刀、卷尺、钢尺和手电筒；清洁和保护工具有玻璃清洗剂、铲刀、毛巾、喷水壶和防护膜；热成型工具主要是热风机。汽车贴膜工具如图2-8所示。

图2-8　汽车贴膜工具

3. 贴膜工艺

汽车贴膜应用普遍，优质的贴膜，不仅需要无尘的工作环境，专业的操作技能，还需要科学合理的施工工艺。通常贴膜工艺流程从车辆检查开始，然后包括做内外防护、清洗玻璃、裁剪取模、热成型、窗膜粘贴、润湿等过程。

1) 车辆检查

贴膜之前，对整车做粗略检查，对施工相关部位做详细检查。这是避免贴膜完成后与顾客发生不必要争执的有效方法。首先，对整车外部和内部进行完好性检查。其次，对玻璃表面进行检查，观察是否存在无法去除的污垢和伤痕，是否有造成玻璃破损的冲击点等。最后，对车厢内待施工玻璃周围的内饰件做有无新破损检查。

2) 内外防护

由于贴膜中要使用大量液剂,不可避免地会喷射到玻璃以外的地方,如车门外侧的漆面,内侧的布材、皮革、塑料件等。专用的助贴剂会在这些件上留下难以清除的痕迹。为了避免额外增加工作量,应该在贴膜前对这些部位进行必要的保护,可以使用大毛巾或者遮蔽纸,如图2-9所示。需要注意,如果玻璃上或周围有影响施工的内饰件,应该拆卸下来,如窗帘、挂饰、香水座等。

图2-9 汽车贴膜防护

3) 玻璃清洗

玻璃清洗是贴膜过程中既烦琐又非常关键的一个环节。因为贴膜前的一系列取模成型的步骤都是紧贴着玻璃进行的,玻璃的清洁程度将直接影响最后的粘贴效果。车身部位不干净时,还需要对车身进行简单清洗。玻璃清洗前,应先调好清洗剂。有条件应使用贴膜专用的玻璃清洗液与助贴剂。如果没有条件,则可以使用沐浴露、洗洁精等既有清洁效果又有润滑效果的产品代替。使用前应按比例稀释,一般是1∶40左右。

4) 裁剪取膜

(1) 量取车窗尺寸。

用卷尺在玻璃外侧量取玻璃的尺寸,主要是宽和高。注意量取时必须在玻璃最宽和最高的部位测量,并且在两端都预留15~30 mm作为余量,以防止剪裁量过大,如图2-10所示。

图2-10 汽车车窗尺寸量取

(2) 裁剪。

先用裁纸刀和直尺(钢尺最好)根据之前量取的数据,从车膜中裁出矩形的窗膜,裁好的膜在需要移动时,应卷成筒状,防止在移动中发生褶皱,如图2-11所示。然后用裁纸刀沿玻璃边缘裁下膜形,玻璃边缘有可外露部分的窗膜,定型就完成了。玻璃边缘不可外露部分的窗膜,还需后续处理工艺:首先调整膜的位置,按照玻璃边缘的形状下刀裁割窗膜;其次取下窗膜,向右分别移动5 mm和8 mm后,均匀裁出右边缘膜形,调整窗膜至最佳位置;然后划线,用笔把尚未裁割的贴膜沿玻璃边框的结合线标注。标注时用笔轻划出下边缘和左边缘玻璃与橡胶的相交线；最后二次细裁，把膜放回垫板展开，用钢尺与裁纸刀根据划线留取适当余量后裁掉，通常下侧边缘一般留 2~4 cm 左右，需要结合具体的车窗玻璃来决定，如图 2-11 所示。

图 2-11　汽车贴膜粗裁

图 2-12　汽车贴膜细裁

(3) 圆角。

圆角的主要目的是防止升降玻璃时，由于窗框阻挡造成贴膜的边角翻折，操作时用裁纸刀小心裁出每个圆角。

(4) 热成型贴膜。

对于弧度较大的车窗，需要在粘贴前对贴膜进行热成型，防止由于车窗有弧度而在贴膜前后产生气孔。

5) 贴膜。

粘贴工序需要连续熟练，所以贴膜工艺开始之前，所有的准备工作需要做好。如果在贴膜过程中间断时间过长，容易造成贴膜粘上大量的灰尘或者贴膜发生黏附。

(1) 开膜。

贴膜贴到玻璃上之前需要揭开贴膜保护层与膜体本身。注意避免揭开的膜体相互黏附在一起，如图 2-13 所示。

图 2-13　贴膜的开膜

(2) 上膜和定位。

贴膜的内侧粘贴到玻璃的外侧，贴膜在固定调整好之前不能排水。位置和尺寸对齐后，开始排水。上膜和定位如图 2-14 所示。

项目二 汽车车身装饰

图 2-14 贴膜的上膜和定位

(3) 排水。

窗膜与玻璃之间的水分(助贴剂)分别用橡胶刮板和塑料三角刮板刮出来,让窗膜迅速牢固地粘贴在玻璃上,如图 2-15 所示。

图 2-15 贴膜的排水

(4) 润饰。

贴膜粘贴施工完成后,清理施工场地,用细纤维抹布把玻璃内外和周围擦拭干净,最后把贴膜之前的车辆遮蔽物去除,并清理干净,如图 2-16 所示。

图 2-16 贴膜的润饰

三、车灯装饰

汽车车灯不仅提供照明和行驶信号,而且还能装饰车身外观,如图 2-17 所示。组合前照灯在汽车的前部,发出的光可以照亮车体前方的道路情况,保证驾驶者在雨雾天气或者黑夜里安全行车;组合尾灯在汽车的后部,方便倒车或者给后方行驶的车辆提供信号,以保持车距;转向灯,向其他道路使用者传递左转或者右转的信号;牌照灯,在光线不良的情况下或者黑夜里照明车牌,使其便于识别。

图 2-17　汽车车灯

　　汽车车灯和车身整体一体化造型，使车辆外观效果统一和照明色彩多样化。前组合照灯和进气栅栏的组合设计和人的面部十分相像，通过调整组合灯的形状和栅栏的外形，可以做到类似人面部表情的喜怒哀乐变化。目前有许多装饰性车灯，外形各异，制造精美，每当夜幕降临，打开装饰灯，神秘的色彩使车辆具有极强的个性。

　　车灯装饰能够提高照明质量和驾车安全性，一般国产车原厂车灯出厂时的色温为 3000 K，经过一年使用就会降到 2500 K，甚至 2000 K，如果继续使用，会明显影响照明质量。采用新型高效的车灯能够提高亮度，放宽视野，进而提高夜间行车的安全性。

　　色温是表示光源光谱质量最通用的指标，是按绝对黑体来定义的，光源的辐射在可见区和绝对黑体的辐射完全相同时，此时黑体的温度就称为此光源的色温。低色温光源的特征是能量分布在中红辐射相对要多些，通常称为"暖光"；色温提高后，能量分布在中蓝辐射的比例增加，通常称为"冷光"。一些常用光源的色温如标准烛光为 1930 K，钨丝灯为 2760～2900 K，荧光灯为 3000 K，闪光灯为 3800 K，中午阳光为 5600 K，电子闪光灯为 6000 K，蓝天为 12 000～18 000 K。

1. 汽车车灯类型

1) 示廓灯

　　示廓灯也叫示宽灯，俗称小灯，是一种作为警示标志的车灯，用来引起其他车辆注意。示廓灯用于傍晚行驶时让别的车辆看见。通常后视镜看不清楚后边物体的时候，尤其是下雨天，就可以打开小灯。这种灯一般安装在汽车前部的边缘处，它既能表示汽车高度，又能表示汽车宽度，示廓灯的颜色为前白后红，如图 2-18 所示。

2) 近光灯和远光灯

　　近光灯就是为了近距离照明，聚光度无法调节，设计要求照射范围大，照射距离短。近光灯的照射距离为 30～40m。远光灯的照射高度比近光灯高，因此能够照亮更高更远的物体，如图 2-19 所示。近光灯在天黑没有路灯的地段及傍晚天色较暗或黎明曙光初现时开启。如果赶上大雾、下雪或大雨天气，视线受阻，白天也必须打开近光灯。通常根据驾驶员经验，从后视镜中观察后面行车已经开始模糊时，就可以开启近光灯了。远光灯是在对面没有车辆行驶的情况下，才能使用的，否则会严重干扰对方视线，甚至造成交通事故。

　　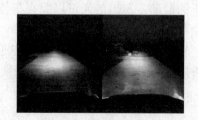

图 2-18　前示廓灯　　　　　　图 2-19　近、远光灯效果

3) 雾灯

雾灯是在大雾天气里使用的车灯。雾灯在雾中的穿透力更强，更容易让车辆或行人及早注意到。雾灯分前雾灯和后雾灯，前雾灯一般为明亮的白色，后雾灯则为红色，如图2-20所示。由于雾灯亮度高，穿透性强，不会因雾气而产生漫反射，所以正确使用能够有效预防事故的发生。但是对道路上其他驾驶员而言，雾灯过于刺眼，因此通常当可视距离小于50 m时，才使用雾灯。

图2-20　前、后雾灯

4) 日间行车灯

日间行车灯属于信号灯，是车辆在白天行驶时更容易被识别的灯具，装在车身前部。汽车发动机启动，日间行车灯自动开启，并不断增加亮度；夜晚时，驾驶者手动打开近光灯后，日间行车灯则自动熄灭。日间行车灯如图2-21所示。

5) 双闪灯

双闪灯(危险报警闪光灯)也是信号灯，提醒其他车辆本车发生故障或有特殊情况，注意避让和绕行。通常双闪灯的开启按键是个红色三角形，如图2-22所示。

图2-21　日间行车灯　　　　　　图2-22　双闪灯按键

6) 制动灯

制动灯同属信号灯。制动灯包含左右尾部刹车灯和高位制动灯，与制动踏板相关联。驾车员踩下制动踏板，制动灯发出红色光，提醒后面的车辆注意不要追尾，如图2-23所示。驾车人松开制动踏板时制动灯熄灭。

7) 牌照灯

牌照灯装在牌照周围，为了让人在夜间能够清楚地看到牌照号码，一般用于配合警方在夜间的跟踪和监视工作，如图2-24所示。

8) 倒车灯

倒车灯装于汽车尾部(如图2-25所示)，照亮车后路面，警告车后的车辆和行人车辆正在倒车。倒车灯光全部是白色。倒车灯与倒挡相关联，不用单独操作。

图 2-23 制动灯

图 2-24 牌照灯

9) 转向灯

转向灯是重要指示灯,在机动车辆转向时开启闪烁灯光,提示前后左右车辆及行人注意,如图 2-26 所示。转向灯安装在车身前后,为行车转向安全提供了保障。

图 2-25 倒车灯

图 2-26 转向灯

10) 阅读灯

阅读灯是在车内光线不足时,提供给乘坐人员足够亮度,便于车内阅读使用,同时又不会影响驾驶员正常驾驶的弱光照明灯。

2. 汽车装饰灯的分类

装饰性车灯的种类很多,主要有高强度放电灯(HID)、竞技型车灯、探照灯、汽车排灯和高位制动灯。

1) 高强度放电灯

高强度放电灯又称氙气灯。这种灯没有灯丝,玻璃灯泡内有电极,在抗紫外线水晶石英玻璃管内,填充多种化学气体,其中大部分为氙气与碘化物等惰性气体。利用镇流器瞬间产生交流 23 kV 以上高压电,激发球泡内的氙气,使其电离并在两端电极产生电弧,产生后的电弧使球泡内的金属卤化物及汞汽化,产生 6~8 个大气压力,使金属卤化物产生原子能级跃迁发光,然后镇流器回到稳定控制电压(灯球管内的电压应在 85±17 V 内)。氙气灯如图 2-27 所示。

氙气灯曾经是高档轿车上的配置,现在价格有所下调,所以成为非常热门的改装项目。氙气灯的特点是亮度大,同样瓦数的氙气灯的亮度是钨丝灯的 2~3 倍;色调非常完美,是仿制太阳光的真实色调,如同昼光;效率高,氙气灯的效率是普通卤素灯的 3 倍;节能,与钨丝灯相比,能够节约一半电能;寿命长,由于氙气灯没有灯丝,所以它不存在灯丝断裂问题,使用寿命可以达 2000 h 以上。所以,氙气灯产生的照明效果可达到一个新的等级,将成为汽车前照灯的必然选择。

项目二　汽车车身装饰

图 2-27　氙气大灯

2) 竞技型车灯

竞技型车灯结构如图 2-28 所示。竞技型车灯又叫辅助型车灯，不仅可以作为装饰使汽车更加亮丽，同时能够放宽视野，提高能见度。原车灯通常照射范围都有限，在黑夜行车，尤其是遇到雨雪或大雾的恶劣天气，大多数车主会觉得车灯不够亮、穿透力弱且射程近。竞技型车灯具有亮度大、穿透力强、射程远等特点。安装后无论天气如何变化，车主都能轻松地应对。竞技型车灯可供选择的功能较多，有超白光型、聚光型和雪雨雾灯型，功能虽异，但价格相差不大，可以根据行车常处的环境进行选择。

图 2-28　竞技型车灯

3) 探照灯

探照灯具有强大的光源及将光线集中投射于特定方向的凹面镜，借助反射镜或透镜使射出光束集中在很小的一个立体角内(一般小于 2°)来获得较大光强，常用于远距离照明和搜索。探照灯射程极远，安装在车顶上，能做 360°旋转，它的光线能够从一个山头照到另一个山头，主要用于越野车。探照灯多数附有脚架或者可移动的载具，大型探照灯甚至有用专用的卡车作为载具的。汽车探照灯如图 2-29 所示。

图 2-29　汽车探照灯

4) 汽车排灯

通常在追捕、救援和抢险中应用比较广泛，照亮范围宽，灯光的颜色通常是黄色、红

59

色和蓝色，能够警示和提醒行人和其他车辆避让。现在改装LED排灯广泛应用在车身底部装饰及部分车内照明。汽车排灯如图2-30所示。

图2-30 汽车排灯

5) 高位制动灯

高位制动灯也称为第三制动灯，它一般装在车尾上部，如图2-31所示，以便后方车辆能及早发现前方车辆制动而及时制动，防止发生汽车追尾事故。家庭使用大多是紧凑型轿车，车身比较低，后方行驶的重型货车驾驶员视野高，在近距离行驶时，无法看清前方轿车后尾左右的制动灯，容易造成追尾事故。轿车通过加装高位制动灯，能及时地向后方行驶的汽车驾驶员传递清晰的制动信号，有效提高行车安全性。

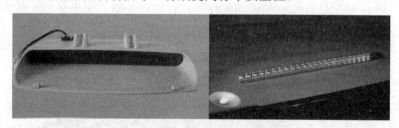

图2-31 高位制动灯

3. 汽车装饰灯的选用

汽车装饰灯的功能多，型号种类丰富，质量参差不齐。汽车改装配件众多，车灯属于其中最重要也是最常见的一种汽车改装。选用汽车装饰灯时，应该从使用安全、性价比高和与车型配合性好等方面综合考虑。

1) 确定车灯属于汽车改装件

确定哪些配件属于汽车改装范围。根据《道路交通安全法》等相关法则，任何单位或者个人不得拼装机动车或者擅自改变机动车已登记的结构、构造或者特征。车辆的结构包括车身颜色、长、宽、高四个硬性标准以及发动机和相关的技术参数。汽车改装时，应向车管所登记申报。改装技术报告经车管所审查同意后，方可进行改装。改装完毕，还要到车管所办理改装变更手续。汽车车身颜色、车牌号、发动机号、车架号等都是机动车登记中非常重要的项目，并且要拍照存档。所以车灯改装属于可以进行改装的汽车配件。

2) 确定车灯改装类型

尽管汽车灯属于可以改装的汽车配件，在选择车灯的时候首先要了解什么颜色的车灯可以改装到汽车上。红蓝爆闪灯属于警用灯，任何个人不得私自改装。可以改装到汽车上的车灯部位及配件主要包括汽车尾部的汽车刹车灯、汽车转向灯、汽车车身的车轮灯、LED车底灯和起装饰作用的LED灯条，汽车前面的汽车雾灯、汽车示宽灯，汽车车内的阅读灯、车顶灯、仪表盘指示灯,汽车后面的牌照灯、尾箱灯、高位刹车灯,其他部位的汽车LED灯也可以根据需要进行改装。

3) 确定改装车灯使用环境

根据汽车经常行驶区域的环境,有针对性地选择装饰灯。如果为了增大亮度,可选择高强度放电灯;如果经常在冰天雪地、雾气茫茫的天气里行驶,可改装竞技灯;如果经常驾车外出旅游,可考虑选用探照灯;如果为了在夜晚行驶突出个性,可以选用LED灯。汽车装饰灯功率通常符合国家标准,所以加装汽车装饰灯时,只需要考虑车灯的型号。一般来说,日本车车灯型号大多数为H4,欧洲车是H1、H7,美国车是H3、H4、H5。这些标识可以在车灯玻璃的下角找到。

4) 确定改装车灯的方式

汽车车灯改装方式可以分为两种。第一种是直接换汽车灯具,第二种是改装汽车灯泡。选择第二种汽车改装车灯方式省时省力而且还可以自己动手,方便简单实用,随时随地都可以自己动手改装。

5) 确定改装车灯产品质量

优先选择使用知名企业生产的汽车灯具产品,禁忌购买三无产品。购买产品,不仅需要查看产品的合格证,还需要查看产品的生产企业名称。国产的车灯反射碗部分采用翻模的形式,不是采用计算机辅助设计,所以光型的精确度很难保证。优良的汽车灯具产品外观应无不良缺陷,手感光滑,无毛刺。此外,灯泡的标准应该符合国标。

4. 汽车大灯改装工艺

1) 拆前围板

先拆卸前围板下的六个螺栓,然后拆卸侧面内部螺钉,如图2-32所示。大部分车型的雾灯会安装在外围上,所以在前围板取下之前将雾灯的电线断开,不能乱拉。有的车会在前部安装雷达,也要先拆下。一般会使用的工具有外六角起子3、5、7号,内六角套筒或T杆7、8、10号(个别会用到12号),塑料撬子,短、长柄十字起,等等。

图2-32 前围板拆卸

2) 拆车灯

通常固定车灯用5颗螺丝,上3、侧1、前1,有些车型会有塑料暗扣。不同的车型灯线的数量也不同。拆完线的连接头后才能将灯取出。灯拆卸下立即用薄膜包裹起来,防止灰尘进入内部,如图2-33所示。

3) 开灯罩

首先把灯上支架、固定螺丝、无用的转向灯和小灯的后罩去掉,因为这些部件会妨碍开灯罩。然后根据灯罩拆卸的次数,可以选择开面罩的方式。对于第一次拆卸,用电烤箱软化,将灯罩置于温度大约 150℃的电烤箱里 10 分钟左右;对于超过一次拆卸的灯罩可以直接用热风枪将封灯胶软化,然后拆卸。拆卸过程会使用热风枪、平口撬子、弯钩开盖工具、十字起等工具,如图 2-34 所示。

图 2-33　车灯拆卸

图 2-34　开灯罩

4) 拆解车灯

改装的凸透镜通常都是安装在灯杯上(部分车型需要用到支架,如马自达 6、迈腾、速腾、途观、锐志、明锐等),因此要将灯杯拆下来。灯杯和外壳的调整杆连接,所连接的调整杆要同步拆解,否则会损坏。灯杯又通过球卡固定在外壳上,当调整杆松到一定程度,才可以撬下(加热后会方便一些),如图 2-35 所示。拆卸过程中所有的卡子都要保存完好,以便装配使用。车灯的拆解可能会用到热风枪、平口撬子、十字起等工具。

图 2-35　拆卸车灯

5) 车灯清洁

拆卸反光杯(部分车型的反光杯固定在灯罩)后,将无法再次使用的封灯胶去除干净。然后清洗灯罩,清洗过后用吹风枪把水吹干。再次用抹布擦干,否则会留下水印。最后外表面覆盖保鲜膜进行保护,如图 2-36 所示。在车灯清洁过程中会用到吹风枪、十字起、平口起、尖嘴钳、保鲜膜等工具。

6) 灯杯和凸透镜的安装

改装后的凸透镜用螺丝直接固定在新制作的灯杯上,如图 2-37 所示,部分车型需要使用凸透镜专用支架和螺丝固定。安装过程会用到螺丝、螺帽、垫片、斜口钳、剪刀等工具和配件。

图 2-36　车灯清洁

图 2-37　灯杯和凸透镜安装

7) 安定器的安装

安定器也叫镇流器，如图 2-38 所示，把车辆电池 12 V 直流电输入电子镇流器，瞬间产生交流 23 kV 以上高压电，激发球泡内的氙气，使其电离并在两端电极产生电弧，电弧产生后使球泡内的金属卤化物及汞汽化，产生 6~8 个大气压力，使金属卤化物产生原子能级跃迁发光。通常 D1 与 D2、D3 与 D4 可以共用，D1 与 D3、D2 与 D4 不能共用。通常使用的安定器品牌有索尼、海拉等。

图 2-38　安定器的安装

8) 线路整理

根据电线与车灯的连接方式，线路整理通常有两种方式。分线型，每个灯都有单独的插座与车体的灯线直接相连；总线型，所有灯的灯线在灯箱内连接，对外只有一个总插座。车灯改装不得改动原车电路，只能在原电路上加装插头，且原车插头需要密封。

9) 调试定位

将车灯安装并把线路整理完成后上车初调。主要是调整固定车灯的 4 个螺丝。先用远光调整车灯的高度，再用近光调整两灯的水平，如图 2-39 所示。

10) 车灯封装

通常改装后的车灯封装使用蛇型硬胶，放入烤箱里软化后密封。也可以使用打胶机密封，并用气钉固定。封装完成后，走线过程中在车壳上的钻孔用软胶密封。

图 2-39　大灯调试定位

5. 车灯的改装及注意事项

（1）由于氙气灯管在出厂时都做了严格的焦距调整，安装不到位就有可能出现焦距不准、光线发散等问题。

（2）换装氙气灯时应注意车灯熔丝。如果两灯共用一根熔丝，该熔丝必须使用 25～30 A；如果两灯分别独立使用熔丝，必须使用 10～15 A。安装时要特别注意电源正负极和接地极。

（3）安装灯泡时，不要直接用手接触灯泡玻璃，以免人手本身分泌的油脂沾在玻璃管上，留下指纹、油膜，导致灯泡点亮后受热不均，造成玻璃表面因膨胀率不同而破碎。如果脏物沾在玻璃管上，应该用酒精将脏物擦拭干净。

（4）更换灯泡应在干燥的室内进行，切勿在阴雨天室外换灯泡。且要注意灯罩防水衬套是否严密装回，避免水汽进入，影响灯泡寿命。

（5）与所有电器一样，更换灯泡前，先把电源关掉。灯泡刚熄灭时，千万不能接触，以免烫伤。

（6）换装灯泡时最好把左右灯泡同时更换，这样可避免因两侧灯泡消耗电量不一而造成意外烧毁线组。也可避免日后发生左右灯泡寿命不均或者色泽不一的情况。

（7）有些车型由于原车带有自检设备，改装不当，会出现故障灯报警、频繁烧毁保险、改装过程中突然熄灭等现象；某些车型由于大灯线路的特殊性，安装不当会造成无法变光或变光熄灭等现象；某些车灯安装不当也可能会干扰收音机信号。

（8）灯泡的玻璃部分非常薄，而且内冲压力气体，在换装灯泡时，注意不要将废灯泡到处乱扔，以免灯泡破裂伤人和污染环境。

（9）灯具改装一定要在法律允许的范围内进行。某些地方法规对使用氙气灯有严格的规定，一定要遵循交管部门的规定。

四、底盘防护

目前，底盘防护主要指汽车底盘装甲和喷塑，也可称为汽车底盘防撞防锈隔音涂层（undercoating）。通过高分子复合材料合成的黏附性涂层，具有遮盖率高、附着性高和隔音效果好等特点，通常喷涂在车辆底盘、轮毂、油箱、汽车下围板、行李箱等暴露部位。底盘装甲和喷塑可有效防止路面颗粒的撞击，隔绝潮湿环境和腐蚀性液体对车辆底盘金属的侵蚀，减小驾驶时道路和轮胎的噪声，提高驾驶的安全性和舒适度。

国外底盘防锈受到高度重视，底盘金属受到腐蚀，会大大降低车架的强度，增加了行车的危险系数。汽车和汽车文化发展比较早的国家和地区，形成了成熟和科学的消费模式，新车购买者都会选择加装底盘装甲。通常高档车出厂时都已经喷涂过底盘装甲，如奔驰、宝马。目前，中国汽车市场日趋成熟，汽车拥有者对底盘的保护意识逐步提高，越来越多的人会选择加装底盘装甲和喷塑。

1. 国内汽车底盘防护发展分析

据统计，2013年我国私有车保有量超过日美，已经超过亿辆，所以未来十几年是汽车后服务市场繁荣发展的爆发时期。伴随着我国加速的城镇化进程，私家车的剧增和停车场相对不足、许多配套设施建设不健全之间的矛盾，将是近期汽车市场进一步发展的最大障碍。大部分汽车只能露天停放，饱受风吹雨淋日晒的侵蚀，而绝大部分汽车出于成本的考虑，只做了局部简单防护处理，致使汽车老化速度加快。为了延长车辆的使用寿命，确保行车安全，车辆拥有者被动采取底盘防护，所以外部环境是催生车辆底盘防护服务市场发展因素之一。

近年来，汽车文化的形成和汽车的消费水平呈上升趋势，一般消费者对汽车的维护意识逐步增强。底盘胶用量逐年增长有力地证明了这点。很多经济性车型出厂后，没有经过底盘护理，车辆拥有者自发地进行底盘防护，所以汽车文化理念是引导车辆底盘防护服务市场发展因素之二。

汽车消费市场的规模不断扩大，逐步形成科学的行业规范，逐步形成专业的技术指标。所以汽车装饰的专业化和规范化帮助消费者建立的消费信心是车辆底盘防护服务市场的发展因素之三。

2. 汽车底盘防护的类型

1) 底盘封塑

底盘封塑的主要成分是聚酯材料，是将一种具有高附着性的柔性橡胶树脂喷涂在底盘上，涂层厚度大约为2mm。涂层可以使底盘与外界隔绝，达到防腐、防锈、隔音的功能，延长车身寿命。底盘封塑前使用专用的去污剂去除底盘上附着的沥青、油污，进行烘干，因为任何污渍都会影响封塑的牢固程度。底盘封塑如图2-40所示。

图2-40 底盘封塑

2) 底盘装甲

底盘装甲是橡胶和聚酯材料组成的混合物，喷涂在底盘上。涂层厚度大约为4mm，局部0.5cm以上，如图2-41所示。底盘装甲的主要作用是保护汽车底盘的裸露钢板，使其防砾石击打、防腐及隔音降噪。全面的防护措施应先做底盘封塑，在封塑的基础上再做底盘装甲，更能加强底盘的防护。

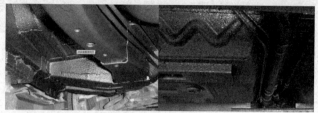

图 2-41　底盘装甲

3) 强化车底的钣金

强化车底的钣金是对底盘薄弱环节加装加强件。现代车身虽都经过科学的设计，但车辆使用几年之后，由于路面情况、驾驶习惯和车辆本身的制造问题，车身钢板强度降低，部分部件出现疲劳破坏源，可能会影响车辆的使用寿命。新车购买后，可以对部分钣金进行强化，延长金属疲劳周期，从而延长车辆的使用寿命。

3. 汽车底盘防护功用

1) 防腐蚀

汽车的锈蚀均从底板开始，通常行驶三五年的汽车边梁已经开始出现点锈斑。在北方大多因为每次洗车污水残留在车身底部，长此以往就会腐蚀车身，使车辆受到损伤；在南方大多由于天气湿度过大，空气中的水分在车底任何一个石子碰击过的凹坑都会产生电池反应，产生腐蚀源，时间久了腐蚀源扩大，出现锈蚀。加装底盘防护后，酸雨、融雪剂、洗车碱水都无法侵蚀透这层防护膜，车辆底盘受到保护。

2) 预防颗粒物冲击

车辆在行驶的过程中，会溅起小石子，石子冲击底板的力量与车速成正比。一般 10 g 的小石子在时速达 80 km 时冲击力会达到自身重量的 30 000 倍，相当于用石头碰鸡蛋，足以击破 30 μm 以下的漆膜。漆膜一旦被击破，锈蚀便从瑕疵点开始慢慢扩大，成为破坏底盘的裂纹源，也会成为电池反应的腐蚀源。车辆加装底盘防护后，可以承受相当于 300 kg 的重物冲击，加装底盘防护的车辆在高速公路上行驶，再不用担心路面上的石子了。

3) 减轻振动

发动机、车轮通常刚性固定在汽车底板上，当路况比较恶劣的时候，它们产生的震动频率就会在某一时刻与底板产生共振。共振时车身会产生轻微的抖动，从而产生噪音，造成驾驶舒适度下降。加装底盘防护后，厚度 4 mm 的柔性层能有效吸收车身产生的抖动，同时能减轻噪音的穿透力，大大增加驾驶舒适性。

4) 节能减排

进入夏季，打开车内空调后，冷气向下沉，而车外的地面热气向上升，冷热空气大多聚集在车辆的底板上进行热交换。钢板的导热性能很好，大大降低了车辆制冷能量的利用。车辆底盘加装防护后，防护膜的蜂窝状组织有效隔绝了热交换，达到节能的效果。

5) 隔音降噪

车辆在高速行驶时，车轮与路面的摩擦声与速度成正比，因此车辆行驶速度越高，产生的噪音越大。车辆安装底部防护能大大降低噪音的穿透力，提高驾驶舒适性。

6) 防护拖底

目前，车辆为了增加高速行驶的操控性能，底盘距离地面的高度通常比较低，而车辆行驶的路面有时会高低不平。路面凸起可能会刮擦车辆底部，加装底盘防护后的防护层可达到 4 mm 厚度，能大大减轻底盘受到的伤害。

7) 节省维修成本

汽车底盘支撑着汽车四大系统，加装底盘防护后，可以节省底盘毁坏后产生的一系列维修费用。通常没有加装底盘防护的新车使用三年左右，就会发生锈蚀，而加装底盘防护后的车辆则会延长锈蚀时间，车辆的价值更高，所以在某种意义上使车辆具有更高的保值性。

4. 汽车底盘防锈胶发展

(1) 底盘防锈胶早期使用的材料含有沥青成分。虽然沥青的材料价格便宜，但是沥青在干了之后会龟裂。这些裂缝里就会藏着很多水，就会产生电池效应，加重汽车底盘的锈蚀，严重情况下甚至会危害到行车的安全性，因此最好不要使用含沥青成分的底盘防锈胶。

(2) 油性底盘防锈胶也称为溶剂型底盘防锈漆。该产品含有甲苯成分，对人体有害，对环境也会造成污染，因此很少有国家使用这种材料的防锈胶，而且油性防锈胶的胶层很硬，稍有弯曲就会开裂，弹性和隔音效果差。

(3) 水溶性底盘防锈胶用水稀释，没有有毒物质，因此这种防锈胶属于环保型。这种防锈胶附着力强，胶层弹性和隔音效果好，因此很多国家都选用这种材料来喷涂汽车底盘。但是这种材料会受到施工温度、湿度的影响，且耗时比较长。

(4) 复合高分子树脂漆既保护环境，又具有水溶性底盘防锈胶的优点，同时还不受到多种因素的影响。这种防锈胶具有高防水性、高弹性、高防腐性、高吸音降噪性等优点，并在环保的基础上运用其独特的深层电离四元接枝技术，将四种不同性能的高分子材料融为一体，不会受到施工温度、湿度的影响，缩短了施工时间，有效提高了生产效率，因此有广泛的应用前景。

5. 汽车底盘装甲工艺

底盘装甲的加装过程，需要专业、科学的流程，才能保证底盘装甲的质量。加装底盘装甲后才能起到有效防护底盘腐蚀、减震、降噪、减排和降低维修成本等作用。

1) 工具准备

需要的主要工具有十字轮胎扳手、防毒面具、环保型防锈剂、喷枪，还需要柏油清洁剂、汽油、车衣罩、纸胶布、报纸、帽子、橡胶手套、防风镜等辅助工具，如图 2-42 所示。加装过程需要在保证加装质量的同时，还要保证操作者自身的安全。

图 2-42 底盘装甲工具

2）车辆清洁

车辆清洁需要将车辆底盘清洗干净，避免灰尘带来的黏附力下降等不利影响，如图2-43所示。正确流程是用升降机升起车辆，包扎汽车的排气管、线接头等，然后用高压水枪冲洗底盘，而后再用专用的清洗剂再次冲洗底盘。最后用高压吹枪把底盘吹干，解开包扎的部位，降下汽车，清洁结束。

图 2-43　底盘清洗

3）调整车辆

调整车辆通常采用车辆举升机，把车辆举升至合适的高度和便于操作的空间位置，便于后续操作流程能够顺利、快速地完成。

4）拆卸车轮和挡泥板

涂层喷涂前，确保底盘喷涂到位需要把车轮和挡泥板拆卸，如图2-44所示。使用十字轮胎扳手把车轮拆卸下来，置放在专用的置物架上；使用专业挡板拆卸工具拆卸挡板，也置放在专用的置物架上。

图 2-44　车轮和挡泥板拆卸

5）干燥

使用风枪将底盘吹干后，再次使用毛巾辅助擦拭。重点擦拭拆卸车轮和挡板后的位置。如果车辆底盘已经出现部分锈迹，需要使用砂纸把底盘锈迹除掉，再次清洁，然后干燥。

6）包裹

将车身用车衣罩罩住，底盘排气管部分、发动机底盘部分、翼子板部分及其他车罩没有罩住的车身部分用防护纸防护，如图2-45所示。这些部位是不能喷涂的，包裹着可以避免防锈材料喷涂在上面，特别是发动机底壳、变速箱外壳，这些地方都需要散热，如果有材料喷涂在上面，会影响散热。车辆在行驶过程中，排气管的温度会越来越高，如果其表面有附着物，遇高温烤焦会散发出难闻的气味。其实底盘装甲并不是底盘全部装甲。

7）喷涂实施

所有车身的准备工作完成后，检查调试喷涂工具状态是否正常，开始实施底盘喷涂。通常喷涂需要三个阶段。

图 2-45　车身包裹

第一阶段：对整个喷涂部位实施简单喷涂，喷枪口与车身距离大概保持 300 mm，以确保喷涂均匀。喷涂发动机下部时，喷枪距离喷涂位置大概 400 mm，这样才能保证喷涂均匀。车轮螺丝螺母、油管、前轮拉杆、减震套以及螺丝孔等不能被喷到。第一阶段喷涂完成后，根据当地天气状况等待 5～10 min 干燥。

第二阶段：干燥后对第一阶段喷涂后的部位，再次实施均匀喷涂，涂层达到 4 mm 的厚度，确保喷涂层均匀，如图 2-46 所示。

第三阶段：对第二阶段完成后的装甲进行检查，查缺补漏，没喷涂到的部位重点喷涂，注意要均匀喷涂至涂层厚度和其他位置等厚。收尾阶段的升举机四个支点部位要补充喷涂。

图 2-46　底盘喷涂

8) 拆除喷涂防护

仔细检查底盘装甲喷涂状况，保证喷涂质量之后，去除车衣罩和防护纸。在拆卸防护纸时需要特别小心，不要破坏没有完全成型的装甲。如果天气晴朗干燥，喷涂后 2～4 h 就可以投入使用，但是完全干燥需要三天左右，在这段时间内最好不要让底盘接触到水。喷涂完成的装甲可以很好地黏附在清洁的汽车底盘上，具有极强的耐磨性和抗腐蚀性。

9) 安装车轮和挡泥板

使用专业挡泥板拆卸工具及十字扳手、电动工具将挡泥板和车轮安装固定。

10) 喷涂支点

移开举升机支架，把举升机夹持车辆的四个支点实施点喷涂防护，实现整个车身装甲的喷涂。

11) 完工检查

再次检查底盘喷涂，观察是否有无喷涂或者喷涂不均匀的部分。检查车身无须喷涂的部分有无喷涂，如果发现不慎喷涂到车身，使用柏油清洁剂清洁后用毛巾擦拭干净。

12) 清理场地

清理施工作业场地，把使用过的工具归位，方便下次操作。清洗工具，因为防锈剂容易固化，堵塞喷枪，需要使用汽油对喷管进行一次清洗，使用清水二次清洗后吹风干燥。防锈剂回收，未使用完的部分注意密封，防止对环境造成污染。

五、加装导流板和扰流板

我国高速公路规定汽车最高行驶速度为 120km/h，因此轿车的车身设计既要服从空气动力学，又要有尽量低的空阻系数。通常可以采取在车身的前后端安装导流板和扰流板，以保证轿车的行驶安全。

为了减少轿车在高速行驶时所产生的升力，在轿车前端的保险杠下方装上向下倾斜的连接板，连接板与车身前裙板连成一体，中间开有合适的进风口，以加大气流速度，减低车底压力，这种连接板称为导流板。导流板装在车子的前部。导流板的表面像倒过来的机翼，上面是平面，下面是曲面。车辆高速行驶时，导流板下方的空气流速大于上方，导致导流板上方的空气压力增大，所以会产生向下的压力。压力能够增大车辆对地面的附着力，从而保证车辆的高速稳定性。

为了有效地减少并克服汽车高速行驶时空气阻力的影响，在轿车行李箱盖上后端做成像鸭尾状的突出物，将从车顶冲下来的气流阻滞形成向下的作用力，这种突出物就是扰流板。扰流板改变了车身后端气流的方向，减少了气流的阻力，也能抵消一部分升力，产生较大的地面附着力，有效控制汽车上浮，使风阻系数相应减小，保证了汽车能紧贴在地面行驶，从而提高行驶的稳定性能。扰流板通常有三种形式，分别是一体式鸭翼、伸缩式扰流板和尾翼，如图 2-47 所示。扰流板阻滞的气流同时会冲刷车辆的尾部，也具有清洁的作用。

图 2-47　扰流板形式

1. 导流板、扰流板发展背景

最初的汽车，车速相当低，所以在设计中主要考虑的是机械性能问题，并没有考虑空气动力学方面的问题。随着技术的发展，汽车性能在逐步提高，汽车行驶速度不断加快，驾驶员和乘客开始处于气流之中，挡风玻璃随之出现，空气阻力的影响开始突出。20 世纪初期，人们开始认识汽车动力特性的同时，也开始关注汽车行驶的空气动力学影响。

汽车在行驶时，会对相对静止的空气造成不可避免的冲击，空气会因此向四周流动，而蹿入车底的气流会被暂时困于车底的各个机械部件之中，空气会被行使中的汽车拉动。同时，车底的气流会对车头和引擎舱产生一股浮升力，削弱车轮对地面的下附着力，影响汽车的操控性能。此外，汽车燃料在燃烧推动机械运转时已经消耗了一大部分动力，而当汽车高速行驶时，一部分动力也会被用于克服空气的阻力，造成动力损耗。

汽车车速的提高对汽车性能提出了更高的要求。伴随燃料资源价格的上涨，人们对燃油经济性提出了更苛刻的要求。优异空气动力学特性直接影响着汽车的驱动特性、稳定性、操控性、燃油经济性、加速性能和噪声特性等各个方面。

汽车在高速行驶时，为了防止汽车在高速行驶中升起来，需要通过一些空气动力学部件给汽车一定下压力，同时为汽车提供抓地力。空气动力学部件在高速行驶的汽车上的应用主要体现在两个方面：一是让部件产生的下压力为轮胎提供足够的抓地力，二是尽量减少汽车行驶中的空气阻力。后扰流板的作用主要是为了减少车辆尾部的升力，如果车尾的升力比车头的升力大，就容易导致车辆在高速行驶时过度转向、后轮抓地力减小及高速稳定性变差。因此，加装前导流板和后扰流板，对提高汽车高速稳定性，改善汽车空气动力学特性等都有很重要的意义。

2. 导流板、扰流板的空气动力学原理

法国物理学家伯努利证明空气流动的速度与压力成反比。由图 2-48 可以看出，气体流经曲面比平面的流动速度大，所以曲面的空气压力比平面空气压力小，由于压力差，产生升力。飞机的机翼上面是正抛物线，气体流动速度快，下面平滑，气体流动速度慢，因此机翼下部的压力比上部的压力大，从而飞机产生升力，离开地面升空。

图 2-48 导流板、扰流板的空气动力学原理

汽车整体外形和机翼截面相似。高速行驶的汽车在气流的作用下，车辆上表面压力小，下表面压力大，压力差使车辆产生升力。伴随车速的提升，压力差增大，车辆的地面附着力下降。这种压力差产生的升力属于空气阻力的一种，汽车空气动力学称诱导阻力，约占空气阻力的 7%。虽然比例小，但是产生的影响不容小觑。

空气阻力会消耗车辆的动力，诱导阻力不但消耗动力，而且还会产生升力，把车辆托离地面，降低车辆车轮的地面附着力，导致高速行驶下车辆发飘，造成车辆的操控性能降低。为了降低车辆高速行驶时产生的升力，设计者会让车辆车身整体向前下方倾斜或者加装导流板，以便在汽车前轮产生向下的压力。车辆车身后部设计较为短平或者加装扰流板，以降低从车顶向后作用的负压，以免后轮飘浮。

导流板和扰流板就是利用这种原理，前部的导流板的曲面向下，后部的扰流板的平面向上，以此增加车辆行驶过程车身前部和尾部对地面的压力，从而提升车辆对地面的附着力。

3. 扰流板类型

1) 前扰流板

加装在车身前部的扰流板称为前扰流板，如图 2-49 所示，产生汽车前部负升力，改善汽车转向轮的附着性能，同时还可以部分平衡由后扰流板引起的车头上仰力矩的影响。目前汽车已基本不再采用前扰流板,而通过前部造型来实现。

图 2-49　碳合金前扰流板

2) 后扰流板

加装在车身后部的扰流板称为后扰流板,产生汽车后部负升力,改善汽车驱动轮的附着性能,以提高汽车的加速性和制动性。当汽车高速行驶时,汽车会产生较大的气动升力,汽车会出现"发飘"的感觉,保持预定路线行驶的能力和操纵性明显下降。这会严重影响汽车高速行驶的操纵稳定性和安全性。从安全性方面考虑,减小汽车的气动升力比减小气动阻力更为重要。

第一种后扰流板是鸭翼。通常在三厢式轿车或者轿跑行李箱盖上后端做成鸭尾似的突出物,如图 2-50 所示,其目的是将从车顶冲下来的气流阻滞一下形成向下的作用力,以抵消一部分气动升力,从而增加车轮的地面附着力,改善高速行驶的汽车的动力学和操作稳定性,这种突出物称为后扰流板。

图 2-50　车身鸭翼

第二种后扰流板是伸缩式扰流板(仿机翼扰流板)。根据飞机机翼升力原理,在轿车的尾端上安装一个与水平方向呈一定角度的平行板,这个平行板的横截面与机翼的横截面相同。但是安装相反,平滑面在上,抛物面在下,通常加装在高速轿跑车辆上,如图 2-51 所示。这样车子在行驶中会产生与升力同样性质的作用力,只是方向相反,利用这个向下的力来抵消车身上的升力,从而保证了行车的安全。

图 2-51　仿机翼扰流板

第三种后扰流板是高位扰流板。通常安装在旅行轿车或者紧凑型两厢车的顶盖后缘，如图 2-52 所示，使顶盖上一部分气流被引导流过后窗表面。这样既可使后窗后部的升力降低，也可引导气流将后窗表面浮尘消除，避免尘污附着而影响汽车后视野。在许多普通轿车上，也装有类似的后扰流板。由于这些车的速度都不是很高，因此扰流板难以发挥实际作用，而美化车身外观则成了高位扰流板的最大用途。

图 2-52　高位扰流板

4. 导流板和扰流板安装工艺

1) 汽车导流板的安装

(1) 如果改装店有条件，根据客户的车型定义整车造型，设计效果图，生产加工。如果没有设计加工条件，则要购买成品。需要考虑导流板的颜色、型号是否与车辆匹配，导流板的长度和弧面是否协调。

(2) 拆下前保险杠下部的车身板件。拆卸后的板件置放在专用的保险杠置物架上。螺丝和小的部件置放在工具盒中，便于安装，避免丢失。

(3) 在前保险杠下面装上导流板，并与两个轮罩对中，同时应该保证导流板前面的上缘在前保险杠的里边，调整位置，用虎钳夹把导流板的夹角夹紧到轮罩上。

(4) 在车身和导流板上确定安装孔的位置。用划线方法将导流板端部的安装孔开在轮罩上。用钻头钻 6 个孔，穿过金属薄板和导流板。

(5) 穿入螺栓，用螺栓松弛地将导流板安装到位，检查是否正确对中。如果对中，拧紧紧固件。

2) 汽车扰流板的安装

扰流板的安装方式主要有粘贴式和螺栓固定式两种。粘贴式可避免破坏行李箱盖密封，不会漏水；螺栓式固定牢固，因有钻孔会破坏行李箱盖的表面密封，安装工艺不好，会发生漏水现象。下面以螺栓固定式为例，说明安装方法。

(1) 如果改装店有条件，根据客户的车型定义整车造型，设计效果图。扰流板安装在行李箱盖比较显眼的位置上，在形体上占有相当的比例。因此，比例均衡协调成为造型设计的重点。设计完成，生产加工。如果没有设计加工条件，则要购买成品。需要考虑扰流板的颜色、型号是否与车辆匹配，扰流板的高度是否协调。扰流板的材质有合成纤维或塑胶，如使用塑胶时应考虑其热变形，以及日久后形状会有所改变等问题。扰流板的尺寸、长度要适中，不可伸出行李箱，否则外观效果很差。

(2) 根据扰流板的外形，保证扰流板精确安装的尺寸后，在行李箱盖上确定适合的位置，与扰流板上的螺钉孔配合，划线标记，在行李箱盖上穿孔。

(3) 确保密封，需要先在钻孔位置与扰流板接合处涂抹上硅胶。

(4) 固定螺钉，由行李箱内侧向外固定锁紧。扭力不能过大，防止行李箱外板因压力过大导致微小变形。

(5) 在固定后，在固定架周围，涂抹注入透明硅胶防止潮湿天气或者雨雪天气下，水分慢慢渗入，腐蚀金属。

5. 加装导流板和扰流板的注意事项

(1) 汽车是否加装导流板，要根据汽车经常行驶的道路情况而定，因为加装了导流板的汽车最小离地间隙变小，只适合在平坦和良好的道路上行驶，如果汽车经常行驶在不平整的路面，那就不要加装了。

(2) 汽车是否加装扰流板，要看车型。实际上，汽车在低速时，气流对汽车的影响较小，扰流板的作用根本不大，所以经济型轿车装扰流板获益不大。甚至因为扰流板作为一个突出物安装在汽车尾部，反而会增大风阻，因此带来的直接后果是油耗上升，反而降低了经济性。

(3) 尽量加装有资质生产商的导流板和扰流板，其尺寸形状是由设计师精确计算而确定下来的，只有这样，才能使空气动力学特性发挥出来；其材质经过科学试验，才能保证导流板和扰流板的使用寿命。

(4) 为了充分发挥扰流作用，使没有乱流的气流直接作用在扰流板上，必须将扰流板离开车身表面安装。

六、天窗装饰

汽车天窗(如图 2-53 所示)在国外已经有 100 多年的历史，成为汽车文化的一部分。在中国汽车市场，随着汽车保有量的快速增长，人们对汽车品质及用车舒适度的要求都在不断地提高。因此越来越多的汽车生产厂家对汽车零部件及车饰配件的安全性、舒适性和美观性都给予了更多的关注。近几年来，汽车天窗已成为汽车的一个标准配置，不仅具有美观、开阔视野的作用，更因具有通风换气、节能和除雾等功能而备受广大车主青睐。汽车天窗的需求量正随着汽车销量的快速增加而增长。

汽车作为一个"流动的空间"，在当今社会具有不可替代的作用。许多人非常注重汽车外部的造型，但对于乘员来说更关心的还是围绕内部的空间设计，仪表盘的造型、坐垫的材料、车内的气味、内饰的颜色都将对轿车的整个内部空间产生影响，而汽车天窗又是汽车内部空间与外部空间的沟通窗口之一，起到了改善内部空间氛围的作用。

汽车天窗已经成为一种时尚、一种潮流，它改善了驾驶环境，让乘客拥有更多的机会亲近自然，沐浴阳光。此外，明亮的全景天窗也美化了汽车的外观，使车辆外观更具有档次，是高端大气舒适的象征。

图 2-53　汽车天窗

1. 天窗的作用

1)通风换气

换气是汽车加装天窗最主要的目的。没有天窗的汽车,遇到车内空气污浊,如废气、吸烟、夏季车内霉变等,通常只能打开侧窗,给车内换气。这种方法不仅使乘员感到不舒服,同时效果也不理想,而且车外污浊的空气和噪声也会进入车内。有天窗的汽车则会很方便。

汽车天窗改变了用侧窗换气的方法,天窗是利用负压换气的原理,依靠汽车在行驶时气流在车顶快速流动形成负压,将车内污浊的空气抽出。负压抽出污浊空气的同时,新鲜空气从进气口进入车内,实现通风换气。车内气流极其柔和,没有风直接刮在身上的不适感觉,也不会有尘土卷入。

2)节能

夏日里汽车在阳光下曝晒,车内温度很高,最高可以到60℃。打开天窗比开空调降温速度快2~3倍,所以可以节约能耗30%左右。

3)除雾

春夏两季雨水多、湿度大,前挡风玻璃常有雾气,车内空气也容易污浊。打开天窗至后翘通风位置,通入凉风后,温度相对较低的凉风降低了车内温度,所以雾气很快就会消失,又无雨水进入车内,增加了驾驶的舒适与安全。

4)开阔视野

通常轿车的前后风窗和侧窗是车内与外部环境的交互窗口。天窗的开设又增加一个车内与外部环境的交互窗口,特别是全景式天窗能够更贴近自然,更容易沐浴阳光,消除车厢内的压抑感。一般独自长时间驾驶,窗外的风噪和胎噪会使驾车者烦躁和沉闷。如果打开天窗,可以和自然交互,会使驾车者清醒精神。

5)降噪

汽车在高速行驶时打开侧窗,风噪太大,尤其当车速超过100 km/h时,打开侧窗通风引起的噪声可高达110 dB,而且高速行驶时打开侧窗,会降低行车安全性。通常大声说话的噪声大约是80 dB左右,而打开汽车天窗通风引起的噪声只有69 dB,所以开天窗时噪声会大幅度降低。

2. 天窗的类型

天窗的种类很多,根据车窗的发展大致分为传动的手动天窗、电动天窗和正在发展的智能天窗;根据天窗的开启动力又可分为手动天窗和电动式天窗;如果根据结构划分,又会有很多分类。无论以哪种形式划分,天窗已经成为汽车文化一个重要的元素,将会以更加人性化、一体化、装饰化和智能化的发展趋势影响着人们的生活。

1)手动天窗

手动天窗,是指采用手部的力量打开或者关闭的天窗。手动天窗结构比较简单,价格也较便宜,且便于安装。主要在传统的公交车上使用,现在已经不再使用了。手动天窗如图2-54所示。

手动外掀式天窗,通常用在比较早的经济型轿车上。使用时,先用手推起向后滑动,打开天窗。关闭时,先滑动到推起位置,向下拉紧关闭。

图 2-54　手动天窗

2) 电动天窗

电动式天窗,通常价格较贵,属于高档次的汽车天窗,安装时需要走线,安装难度较大。电动式天窗结构主要由滑动机构、驱动机构、控制系统和开关等组成,主要类型有内藏式、外掀式和外滑式电动天窗等。电动天窗如图 2-55 所示。内藏式的电动天窗多用于商务车和高档车。

图 2-55　电动天窗

3) 敞篷式天窗

敞篷式天窗通常开启后可以分段折叠在一起,所以车顶敞开的空间大,而且具有出色的防紫外线与隔热效果。但是这种天窗过于前卫,其密闭防尘效果略差一些,受到年轻人喜爱。新潮的运动车型会选择这种天窗,如图 2-56 所示。

图 2-56　敞篷式天窗

4) 智能天窗

智能天窗,结构复杂,但是操作简易。这种天窗靠全自动电动控制,具有防夹功能,不会因错误触摸按键而夹到伸出窗外的人或物体,如图 2-57 所示。智能天窗还具有自动防盗系统,发动机熄火 3 s 后,天窗自动关闭。

智能型电动天窗开启方式略有不同,有开启向外向后倾斜式和开启内藏式。外滑式智能天窗最大的优点是不会牺牲车顶空间,而且还具有安装成本相对便宜的优势。空间对于小型车尤为重要,因为外滑式智能天窗可以最大限度地不占用头部空间,因此这种智能天窗在经济型车上见到的较多。外滑式智能天窗的缺点是只有向后滑动这一种开启方式,随之带来的噪音也会比内藏式更加明显。

内藏式智能天窗开启后有不同的弧度，整体的天窗结构隐藏于车顶的夹层中，可以提供上掀和向后滑动两种开启方式，功能是最全的。但是这种智能天窗需要占用一部分车顶空间，因此同样车型的天窗版的空间表现往往不如非天窗版的车型。

图 2-57　智能天窗

5) 全景式天窗

全景天窗是整车采用了整片式设计。天窗尺寸超大，从前风挡一直延伸到后窗，整个车顶都被完全覆盖，如图 2-58 所示。坐在后排只要仰头，蓝天、白云和阳光就会一齐向你涌来。人站在车里可以将整个上半身探出车顶，可以转身自如，车内乘员将会感受到独一无二、更加放松无拘束的驾乘感受。并且天窗材质采用具有低透光率及反射率的特殊玻璃制造，可更好地隔绝热量、噪音以及粉尘，保证了车内环境的舒适与优雅。此类天窗多用于高端车系。不过随着汽车普及化，很多中端车也有全景式天窗。

全景式天窗大多数都由特殊钢化玻璃加工而成。全景式天窗的打开方式有所不同。双片式全景天窗，是两个天窗分前后排使用，通常前面天窗与普通天窗打开方式相同，而后部天窗不能打开，只能用于透光及观赏用；天窗整个车顶都是玻璃造型，通常情况下不具备任何的开启方式。

图 2-58　全景式天窗

3. 天窗的结构

汽车电动天窗主要由滑动机构、驱动机构、开关、控制系统(主要包括 ECU、限位传感器)、电动机、传动机构、滑动螺杆、导向销、导向块、连杆、托架和前后枕座等组成。

1) 滑动机构

电动天窗滑动机构主要由导向块、导向销、连杆、托架和前后枕座等构成，如图 2-59 所示。驱动机构通过后枕座、连杆使导向销在托架固定的几何形状槽内沿导向槽轨道滑动，实现天窗的开启和关闭。

2) 驱动机构

驱动机构主要由电动机、传动机构等组成，如图 2-60 所示。电动机通过传动装置向天窗的开闭提供动力，能双向转动，即通过改变电流的方向以改变电动机的旋转方向，实现天窗的开闭。传动机构由蜗轮蜗杆、中间齿轮和驱动齿轮等组成。齿轮传动机构接受电机的动力，改变旋转方向，并将动力传给滑动螺杆，使天窗实现开闭；同时又将动力传给凸轮，使凸轮触动限位开关进行开闭。主动中间齿轮与蜗轮固定在同一轴上，并与蜗轮同步转动。过渡中间齿轮与驱动齿轮固定在同一输出轴上，被主动中间齿轮驱动，使驱动齿轮带动玻璃开闭。

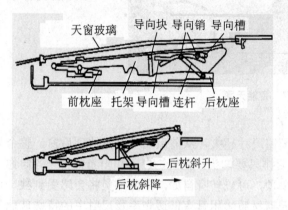 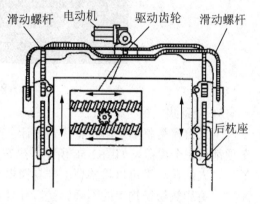

图 2-59　电动天窗滑动机构　　　　图 2-60　电动天窗驱动机构

3) 开关

电动天窗的开关由控制开关和限位开关组成。控制开关主要包括滑动开关和斜升开关。滑动开关有滑动打开、滑动关闭和断开(中间位置)3 个挡位。斜升开关也是有斜升、斜降和断开(中间位置)3 个挡位。通过操作这些开关，令天窗驱动机构的电动机实现正反转，在不同状态下正常工作。限位开关主要用来检测天窗所处的位置。限位开关靠凸轮转动来实现断开和闭合。凸轮安装在驱动机构的动力输出端。当电动机将动力输出时，通过驱动齿轮和滑动螺杆减速以后带动凸轮转动，于是凸轮周边的凸起部位触动开关使其开闭，以实现对天窗的自动控制。

4) 控制系统

控制系统是一个数字控制电路，并设有定时器、蜂鸣器和继电器等，其作用是接受开关输入的信息，通过数字电路进行逻辑运算，确定继电器的动作，控制天窗开闭。

4. 天窗的加装工艺

(1) 确定开口尺寸，定位测量确定天窗的安装位置，利用胶带将施工图和内部模板固定在准备开天窗的位置，并打孔定位，如图 2-61 所示。

图 2-61　天窗定位打孔

(2) 专业电剪按照施工图开口，使用刀片将车顶内饰板切割下来，并使用专业电剪在车顶钢板上剪出安装口,如图2-62所示。

图2-62　钢板切割

(3) 精细处理,使用专业电剪将车顶钢板切口边缘修剪整齐,如图2-63所示。注意做好安全防护工作,并进行必要的防锈处理。

图2-63　钢板修剪

(4) 安装天窗。将天窗安放在切口处,在原来的打孔处插入螺栓,拧紧固定螺栓,然后安装天窗内饰框,如图2-64所示。

图2-64　安装天窗内饰框

(5) 天窗安装完成后调整,如图2-65所示。合理布置天窗操控线路,操纵天窗开启和关闭进行调试。

(6) 漏水测试。使用喷水装置对安装完毕的车辆进行一定时间的漏水测试,在车内仔细观察天窗边缘是否有漏水痕迹。

图2-65　调试天窗

5. 天窗加装后注意的问题

(1) 加装天窗会不会漏水。天窗在设计时已经考虑到了防水要求，车顶在切割后，天窗和车顶钢板之间采用高强度密封胶密封，天窗的玻璃板与框架之间有密封圈防漏。天窗的四周还设计了导水槽，四角设计了出水口，雨水可以通过隐藏于车身内的水管排出。

(2) 加装天窗会不会影响车身结构和安全性。国内大部分轿车都是承载式车身，发生碰撞时主要受力点是车身的纵梁，车顶主要起隔音和遮蔽的作用。天窗采用框架结构，如果选择和安装得当，在安装后不会改变车顶强度，反而会起到加固车顶的作用。合格的天窗玻璃全部经过钢化陶瓷处理，也具有很高的强度。

(3) 加装天窗会不会增加车内噪声和灰尘。如果打开侧窗，吹进来的是旋涡气流，不仅带进车里很多尘土，增加车内噪声，高速行驶时吹进来的强风还会使乘员感觉很不舒服。天窗利用负压换气的原理，依靠车辆行驶时气流在车顶快速流动形成的车内负压，将车内的空气抽出。所以打开天窗后车内的噪声与打开侧窗相比是微不足道的。由于不是直接进风，因此车内几乎没有尘土进入，而且气流非常柔和，不会产生强风直接吹在身上的不舒适感觉。

(4) 加装的天窗的使用寿命。只要正确使用和定期保养，车辆报废后汽车天窗仍可继续使用。天窗出现的故障有许多都是人为因素造成的，如频繁地开关天窗或手动式天窗的摇柄不小心摇反了方向，这些都可能对天窗造成损害。另外在一些颠簸剧烈的道路上，如果完全滑开天窗也可能会使天窗出现故障。加装天窗并非一劳永逸，天窗的维护保养也是非常重要的，应定期对天窗的密封机构、滑动机构、排水机构和驱动机构进行保养。无论是原装天窗还是后加装的天窗，如果没有及时进行保养，可能会引起天窗漏水。这是因为天窗虽然具有防水设计，但是天窗周围的排水管如果被沙土堵塞了，水无法顺利排出，必然会向车内泄漏。如果天窗密封胶条上堆积了沙土，也会使密封胶条变形错位，导致漏水。解决办法就是用压缩空气将密封胶条和排水等位置的沙土吹干净，一年清洁一次就可以，如果车辆使用环境中沙尘较多，清洁周期则应适当缩短。

七、车身小部件装饰

伴随我国汽车消费市场规模逐步扩大和汽车文化蓬勃发展，越来越多的消费者在满足车辆的通用功能需求后，更多关注车辆的个性功能。高端车系的生产制造不但经过严格的安全性能审查环节，外观优化也是不可缺少的环节，所以高端车系不但质量性能有保证，而且外观也颇具诱惑力，更经得起长期的审美考验。低端车系为了增加市场竞争力，从选材、工艺到外观都追求最大化地节约成本，所以很大程度上低端车只具有车辆的通用功能。中端车系介于两者之间。

2013 年 1 月 9 日，乘联会发布了 2012 年全年的广义乘用车销量为 1541.8 万辆，高端车销量为 145 万辆左右，所以绝大多数销售的车辆都是中低端车辆。汽车局部美容和装饰是一个巨大的汽车后服务的超级市场，满足人们对车辆的通用功能和个性功能的消费需求。

1. 眼线装饰

人类眉形有粗细、长短之分。从 20 世纪 30 年代起女性的眉色主要以浓黑色为主流，到 20 世纪 70 年代浓黑色的主流眉色被浅棕取代，之后的 20 世纪 80 年代，又回到浓黑色眉色。眉形方面，分为粗型眉和细型眉。除了 20 世纪 60 年代和 20 世纪 70 年代细眉占主流，在 20 世纪 80 年代之后，粗型眉成为时代的主流，仅在眉峰上做一些眉形的变化。

眼线也称为眼眉，是根据美学模仿人类眼线而在车灯上表面部位贴附的装饰件。大多数的眼线材料是不干胶或者碳纤维，选用的时候应该根据潮流做到车身外形、大灯外形、车身颜色和谐统一，起到装饰的作用。如图 2-66 所示，前车眼线选用碳纤维装饰，车辆感觉更加沉稳大气；后车眼线选用黑色不干胶装饰，车辆感觉更加犀利动感。

图 2-66　车灯眼线

2. 轮弧装饰片

轮弧装饰片通常选用的材料有黏附性塑料、碳纤维和合金材料，如图 2-67 所示。黏附性塑料轮弧装饰片安装方便；合金材料轮弧装饰片安装时需要打孔固定，安装相对复杂。无论什么材料的轮弧装饰片主要体现以下两种作用。

图 2-67　轮弧装饰片

（1）具有美观作用。

加装轮弧装饰片和车身整体外形、颜色匹配，美观大方。特别是合金材料的轮弧装饰片，使车辆看上去有档次，更具独特个性魅力。

（2）具有保护作用。

安装轮弧装饰片后，可使轮弧受轻微或中度碰撞时受到的损伤减至最低限度。塑料轮弧装饰片柔软性大，在维护和保养车辆时，不易伤手。

轮弧装饰片根据材料的不同，安装方法也有很大的差异。

（1）塑料轮弧装饰片的安装。

① 清洁。

在安装前，需对安装部位进行清洗。需要擦拭轮弧将饰片，除尘土、污物、渍油，保持清洁干燥。

② 安装。

去掉轮弧背面胶带离形纸，将轮弧一端贴于车轮凸起部外侧适当位置处，依车轮凸起部的曲线弯曲，对齐后导贴于车体上。

③ 裁剪。

由于各车种尺寸不同，多余的轮弧装饰片用刀片或剪刀切除，再用力适当压紧轮弧，确定完全接触密合。

(2) 金属轮弧装饰片的安装。

① 清洁。

在安装前，需对安装部位进行清洗。需要擦拭轮弧装饰片，除尘土、污物、渍油，保持清洁干燥。

② 钻孔。

在翼子板凸缘上钻安装孔，去除孔边上的毛刺。

③ 安装。

在翼子板和轮弧装饰片安装部位的相应位置涂上硅胶，将螺钉或拉拔铆钉固紧，使其结合紧密，不会积水，以免产生锈蚀。

3. 车轮装饰盖

车轮装饰盖是固定在车轮上装饰兼顾安全的外部装饰件，如图 2-68 所示。车轮装饰盖使用不锈钢钢丝卡簧和固定支夹安装在车轮轮圈上，产品须经过制造商的拆卸力测试，以确保产品的安全性。如果车轮装饰盖卡口不紧，弹簧材料不过关，则易导致装饰盖脱落。特别是在高速行驶时，不合格的车轮装饰盖容易脱落，对行车、行人来说都相当危险。

1) 车轮装饰盖的材料和作用

通过塑料粒子经注塑，再在表面用油漆涂装或电镀形成的车轮装饰盖通常称为塑料盖。整体使用铝合金铸造成型的车轮装饰盖称为铝合金盖。油漆涂装或电镀的塑料盖具有较好的装饰效果，价格也相对便宜。铝合金盖有闪亮的金属光泽，具有更好的装饰效果，且具有各种各样的外形，但价格较高。车轮装饰盖位于汽车外部的醒目位置，是重要的外装饰件。高品质的装饰盖能烘托出整车的造型效果，提升车辆的档次。

2) 车轮装饰盖的使用要求

(1) 造型优美。

因为装饰盖的位置醒目，如造型欠佳，就会降低整车的装饰效果。

(2) 质量可靠。

必须有足够的强度，结构可靠，装卡牢固，不能轻易掉下。否则，装饰盖容易破裂，脱落或破裂的装饰盖容易引起安全事故。

(3) 色泽和外形配合要协调。

整车也有各种颜色、外形，要求装饰盖色泽必须与车轮和整车协调一致，达到和谐美观。

图 2-68　车轮装饰盖

4. 中栅框装饰

中栅框又名汽车前脸、格栅或水箱护罩等。其主要作用在于水箱、发动机、空调等的进气通风，防止行驶中外来物对车厢内部部件的破坏，另一个作用是美化车头，彰显个性。格栅往往是一种独特的造型元素，许多品牌使用它作为其主要的品牌标识，如图2-69所示。

图2-69 中栅框外形

1) 进气格栅外形产生的影响

(1) 影响散热性能。

对于散热性能而言，进气面积是重要因素。按照正常需要，汽车前脸进气口的进气面积应等于散热器的迎风面积。由于现代汽车追求美观的造型和较低的风阻系数，不可避免地降低了散热器格栅的高度，但进气口仍须保证有效的进气面积。

(2) 影响气动阻力。

汽车气动阻力中的内流阻力是由汽车发动机和制动器冷却气流以及乘客区通风和空调的气流引起的阻力。汽车进气口和格栅的设计一方面关系到汽车前部迎风面压力和整车有效迎风面积，另一方面又是汽车内部流场的起点，故而会对汽车气动阻力有影响。

(3) 影响进气量。

进气口的开口位置和开口面积都会对进气量有影响。在正确位置的进气口与格栅一般都能满足发动机进气量的要求。一般认为大面积的进气口象征着良好的动力性，所以在运动型和豪华型轿车上往往设计有大而夸张的进气口。

2) 中栅框材料

(1) 工程塑料。

塑料在汽车中的应用已经逐渐成为一种趋势，现代进气格栅一般采用工程塑料一次成形。

(2) 塑料镀铬涂装技术。

对于进气格栅，主要应用的是防护装饰性镀铬。镀铬层在大气中具有强烈的钝化能力，能长久保持金属光泽，在多种酸性介质中均不发生化学反应。此外它还具有优良的耐磨性和较高的耐热性。

(3) 镁合金。

镁合金是工业应用最轻的金属材料，具有良好的阻尼减震性能，因此它成为汽车轻量化的首选材料。据统计，1996—2001年全球用于汽车零部件的镁合金压铸件的数量平均每年递增25%左右，在北美的增长率约为30%。

(4) 碳纤维。

碳纤维复合材料的最大优点是质量轻、强度大，其质量仅相当于钢材的20%～30%，硬度却是钢材的10倍以上。为了增加进气口的散热性能和符合轻量化设计的要求，超级跑车、概念车安装以碳纤维为材料的进气格栅。

项目小结

　　车身大包围的类型有合成橡胶大包围、玻璃纤维复合大包围和塑料大包围。汽车车身大包围使用注意的问题包含汽车经常行驶的道路情况、大包围的材质选用情况、车辆行驶安全性评定情况、加装大包围后质量好坏情况。

　　车窗贴膜的种类有染色膜、涂布印刷膜、普通金属膜、纳米陶瓷膜、贵重金属膜和双层贵重金属膜。

　　汽车车灯的类型有近光灯和远光灯、示廓灯、雾灯、日间行车灯、双闪灯、制动灯、牌照灯、倒车灯、转向灯和阅读灯。

　　汽车底盘防护作用有防腐蚀、预防颗粒物冲击、减轻振动、节能减排、隔音降噪、防护拖底和节省维修成本。

　　天窗的作用有通风换气、节能、除雾、开阔视野和降噪。天窗的类型有手动天窗、电动天窗、敞篷式天窗、智能天窗和全景式天窗。

复习思考题

一、填空题

1. 车身装饰灯主要有＿＿、＿＿、＿＿、＿＿、＿＿、＿＿及＿＿七种。
2. 中栅框的材料主要有＿＿、＿＿、＿＿及＿＿四大类型。
3. 汽车底盘防护的类型主要有＿＿和＿＿两种。
4. 车身的大包围的材料主要有＿＿、＿＿及＿＿三大类型。

二、简答题

1. 在车身大包围使用过程中要注意哪些事项？
2. 汽车天窗通常具备哪些作用？
3. 根据发展历程区分，底盘防锈胶主要有哪几种？
4. 车窗贴膜有哪几种分类？

三、论述题

1. 论述车窗贴膜的工艺流程。
2. 论述底盘防护的工艺流程。
3. 论述天窗加装的工艺流程。
4. 论述车灯改装的工艺流程。

四、实训题

围绕汽车贴膜材料和贴膜工艺等相关理论知识，结合实验室相关的车窗贴膜工具设备和贴膜产品制定一份详细的前风挡车窗贴膜工艺流程的理论报告。根据报告在轿车丰田卡罗拉前挡风玻璃实施实训。考核要求如下。

(1) 实训前准备工作。
(2) 前风窗贴膜工艺流程。
(3) 实训结果。
(4) 综合考评前风窗贴膜效果和理论素养。

项目三　车身涂层修补

【知识要求】

- 了解车身涂层基本知识。
- 了解车身涂层修补常用涂料的分类。
- 掌握车身涂层修补设备的使用标准和注意事项。
- 掌握车身涂层修补流程。

【能力要求】

- 能够正确使用车身涂层修补设备。
- 能够进行车身涂层修补技术操作。

一、车身涂层相关知识

1. 车身涂层介绍

1) 车身涂层的定义

将涂料涂覆于车身表面上,经干燥成膜的工艺为车身涂装,已经固化了的涂料膜称为涂膜(俗称"漆膜")。由两层以上的涂膜组成的复合层称为涂层。汽车表面涂装是典型的多涂层涂装。

2) 车身涂层的功能

汽车经过涂装后,不但可使车身具有优良的外观,而且还可使车身耐腐蚀,从而提高汽车的商品价值和使用价值。汽车车身涂层具有保护、装饰、特殊标识等作用。

(1) 保护作用。

车身涂层能使车身部件的基本材料与外界环境隔绝,从而保护汽车不被水分、微生物、紫外线和其他酸碱气体、液体等侵蚀,延长使用寿命,起到一种"屏蔽"作用而防止锈蚀。有些涂料对金属来讲还能起到缓蚀作用,例如磷化底漆可以借助涂料内部的化学成分与金属反应,使金属表面钝化,这种钝化膜加强了涂膜的防腐蚀效果。

(2) 装饰作用。

汽车不但是实用的交通运输工具,而且更像是一种艺术品。车身涂层颜色与车内颜色相匹配,与环境颜色相协调,与人们的爱好以及时代感相适应。绚丽的车身涂层色彩与优美的线型融为一体构成了汽车的造型艺术,协调的色彩烘托了汽车的造型,使汽车更具艺术美感。

(3) 特殊标识作用。

车身涂层的标识作用是由涂料的颜色体现的。在汽车上可涂装不同的颜色和图案区别不同用途的汽车。例如:消防车涂成大红色,邮政车涂成橄榄绿色,工程车涂成黄色等。另外,颜色在指示、警告、禁令和指路等标志中的含义作用也非常明显。

3) 车身涂层的特点

车身涂层使汽车具有优良的耐蚀性和高装饰性外观,同时延长其使用寿命,提高其商品价值。

(1) 车身涂层属于高级保护性涂装。

车身涂层必须具备极优良的耐蚀性、耐候性和耐沥青、油污、酸碱、鸟粪等物质侵蚀的功能。汽车属于户外用品,因而要求车身涂层适应寒冷地区、工业地区、沙漠戈壁、湿热带和沿海等各种气候条件。

(2) 车身涂层属于中、高级装饰性涂装。

车身(尤其是轿车的车身)必须进行精心的涂装设计,在具有良好的涂装设备条件和环境的情况下,才能使涂层具有优良的装饰性。

汽车的装饰性除车型设计外,主要靠涂装,因此车身涂层的装饰性直接影响汽车的商品价值。车身涂层的装饰性主要取决于色彩、光泽、鲜映性、丰满度和涂层外观等。汽车的色彩一般根据汽车类型、汽车外形设计和时代流行色来选择。除特殊用途的汽车(如军用汽车)外,一般都希望车身涂层具有极好的色彩、光泽和鲜映性。例如,运动型跑车的色彩多采用明快的大红色、明黄色等，给人以强烈的动感；高级轿车多采用较深的色调，给人以庄重、稳健的感觉。涂层的外观优劣直接影响涂层的装饰性，涂膜的橘皮、颗粒等是影响涂层外观的主要因素。一般要求汽车外表涂层平整光滑，镜物清晰，不应有颗粒。

(3) 车身涂层是最典型的工业涂装。

汽车制造涂装流水线的生产节奏一般为几十秒至几分钟，为此必须选用高效快速的涂装前的表面预处理方法、涂装方法、干燥方法、传送方法和工艺设备。汽车修补涂装也是如此。为恢复汽车涂层的要求，达到无痕修补的目的，汽车修补涂装也采用了与汽车制造涂装相类似的先进的涂装设备、涂料和施工工艺，因此可以达到与汽车制造相同的良好效果。

(4) 车身涂层一般为多涂层涂装。

车身涂层如果是单涂层则会失去装饰性，漆面会显得不够饱满，色彩干涩且达不到上述优良的保护性。所以汽车涂层一般都是由三层以上的涂层组成的，如轿车车身的涂层就是由底涂层(主要是防锈底漆层)、中间涂层(提高上下涂膜的结合能力，提供韧性和抗冲击能力)和面涂层(提供多彩的颜色)组成的，涂层的总厚度一般控制在 $130\mu m$ 左右。

4) 车身涂层涂装方法

汽车涂装中涉及涂装的方法有刷涂、空气喷涂、高压无气喷涂、浸涂、静电喷涂、电泳涂装等、粉末涂装。

(1) 刷涂。

刷涂是人工用毛刷涂装的一种方法，是最古老的一种涂装方法。它的优点是工具简单，操作容易，节省涂料，不受施工场地和工件大小的限制，通用性和适应性比较强。缺点是劳动强度大，工作效率低，涂膜质量和外观受人为影响大，装饰性差。刷涂主要用于表面要求不高的面漆涂装。

(2) 空气喷涂。

空气喷涂是利用压缩空气使涂料从喷枪中喷出并雾化，喷在工件表面形成涂层的涂装方法。空气喷涂是涂装施工中应用最为普遍的涂装方法，无论是汽车的制造还是修补，无论是车身还是零部件，都可以用空气喷涂进行涂装。其优点是设备简单，容易操作，能够形成薄而均匀的高质量涂膜，对于有缝隙、小孔的工件表面，以及倾斜、曲面、凹凸不平的表面都能比较均匀地喷涂涂料，工作效率比刷涂要高 5~10 倍。由于空气喷涂具有如上的许多优点，同时也是最重要的，它可以获得最好的涂膜，所以被广泛应用于车身涂层修补领域，大部分涂料都可以用这种方法施工，尤其是绝大多数的面漆，都使用喷涂的方法来完成。但空气喷涂也有很多缺点，例如有相当一部分涂料随压缩空气飞散，既污染了环境，又造成很大的浪费(普通喷枪涂料利用率只有 30%~40%)；对操作环境要求比较高；涂膜较薄等。

特点：操作方式简单，涂膜均匀，适用于不同材质、形状的产品，不足之处是一次成膜太薄，需要多次喷涂，涂料利用率低，仅为 30%~40%，飞沫污染环境，损害操作者健康。

(3) 高压无气喷涂。

高压无气喷涂是把涂料加压后通过高压无气喷枪的特殊喷嘴喷出，使涂料高度雾化成细小微粒涂布在物体表面的一种涂装技术。特点：一次成膜厚度大，涂装效率高，涂装面积大，但质量不高。

(4) 浸涂。

浸涂是将工件浸于盛漆的容器中，经一定的时间取出即在工件表面形成涂膜的涂装方法。特点：适用于小零件大批量生产，但涂膜质量不高，易流挂。

(5) 静电喷涂。

静电喷涂是利用高频高压静电发生器的高压直流电，把被涂工件接上正极，喷涂工具接负极，使之产生电晕放电。涂料以一定方式雾化喷出后，在电场作用下，负粒子奔向正极并吸附在物体表面，干燥形成一层牢固涂膜。特点：利用率高，为80%~90%，易实现自动化，但对非金属需要进行表面处理。

(6) 电泳涂装。

采用蒸馏水或离子水与专用的电泳涂料合成电泳液，在工件与泳槽之间通电，带电胶体粒子在电场的作用下，游向异性电极，通过电泳、电沉积、电渗、电解等反应，使涂料牢固吸附在工件表面。特点：使工件内腔焊缝等细微空间都能形成涂膜，提高工件的耐腐蚀能力，质量好，机械化程度高，现在厂家大都采用阴极电泳涂装。

(7) 粉末涂装。

粉末涂装是把粉末涂料涂布在工件表面形成均匀涂膜的一种涂装方法。特点：一次成膜厚，涂膜均匀且附着力强，涂料可回收，利用率可达95%。

2. 汽车制造涂装

汽车制造涂装包括车身外表涂装、车厢内部涂装、车身骨架的涂装、底盘部件的涂装、发动机部件的涂装、电气设备部件的涂装等内容。车身外表涂装是汽车制造涂装的重点，要求达到高装饰性和抗腐蚀的目的，并且与汽车用途相适应，具有优良的耐久性。

1) 汽车制造涂装的发展

汽车涂装已经有近100年的历史，汽车涂装的发展与涂料工业和涂装设备的发展有着密不可分的关系。在近30年内，尤其是近10多年，随着精细化工工业和机械工业的进步，汽车制造涂装也有了突飞猛进的发展，从某种意义上来讲，也可以说汽车工业的发展促进了涂料工业和涂装设备工业的进步。

因汽车工业发展的历史和条件的不同，各国汽车工业的涂装水平也不均衡。北美和西欧的汽车涂装工艺水平处于世界先进地位，许多新的涂装技术和新的涂装材料均首先应用于汽车。日本20世纪60年代初的涂装水平与我国相仿，由于以后的30年发展迅速，其汽车涂装的水平已经进入世界先进行列。我国从20世纪80年代初开始，在一汽、二汽等汽车制造厂首先引进了国外先进的涂装技术和配套涂料，使汽车制造涂装工艺水平有了极大的提高，特别是进入20世纪90年代后，由于轿车合资企业和涂料合资企业逐渐增多，我国的轿车涂装技术和涂装材料也已达到了世界20世纪90年代的水平。

由于注重环保，现阶段的汽车涂装多采用环保型涂料，如水性中涂和底色漆，使用水溶性或粉末罩光涂料，无铬钝化或以高磷化膜的磷化处理代替表面钝化，等等。在喷涂工艺方面，采用全自动喷涂(包括适用于水性或金属漆等导电型漆的静电喷涂)，湿对湿喷涂，水性底漆、面漆吹干水分后喷涂水性或溶剂型涂料统一烘干。

国外汽车涂装的发展过程如下：

(1) 1930年以前，以刷涂和自然干燥为主的手工作坊式小批量涂装。功效低，涂装质量差，每台为 20～80 工时。

(2) 1930—1946 年，采用空气喷涂和快速干燥为主的手工喷涂。涂料为硝基、醇酸树脂类。功效和质量相对有提高，每台为 5—20 工时。

(3) 1946—1963 年，以提高涂层质量为主的阶段。主要表现为提高涂层的耐腐蚀性和装饰性。方法有浸涂底漆、静电喷涂、手工喷涂面漆，每台为 3～5 个工时。

(4) 1963—1974 年，以提高生产机械化程度和增强焊缝、构件内腔耐腐蚀性为主的涂装阶段。使工人从恶劣的环境中解脱出来，每台大约 3 工时。

(5) 1975 年以后，以进一步提高涂层的耐腐蚀性面漆的装饰性，节能和防公害为主的涂装阶段。使用阴极电泳涂料、粉末涂料、水性涂料、高固体分涂料。

国内汽车涂装的发展过程如下。

(1) 1956—1965 年，以手工操作为主，采用醇酸树脂底漆和面漆，涂前磷化处理。

(2) 1966—1985 年，阴极电泳涂装阶段。但此阶段仍然以手工涂装为主。

(3) 1986—1995 年，阴极电泳涂装和普及涂装前磷化处理阶段。

(4) 1996 年以后，轿车车身的涂装技术跨入世界先进行列。引进高转速杯式静电涂装，机械手自动喷涂，全浸式磷化处理，阴极电泳涂装等。

2) 汽车制造典型的涂装工艺流程

汽车制造的涂装工艺发展到现在已经达到了一个相当高的水平，对底材的防腐蚀性能和面层的装饰性都已经非常成熟。尤其是随着各种新型涂料的不断开发和涂装设备的不断完善，汽车制造涂装这一工序无论从质量还是数量等方面都达到了前所未有的高度。现以车身涂装为例，简要介绍制造涂装的工艺流程。

根据被涂物对外观装饰性的要求不同，其涂层可分为三涂层体系(即底漆层+中涂层+面漆层，涂层的总厚度为 75～120μm)和两涂层体系(省略中涂层，涂层的总厚度为 45～65μm)，对装饰性要求很高的轿车车身、旅行面包车、厢式车、大中型客车等一般采用三涂层体系。根据被涂物自身的条件及生产条件的不同，车身涂装所选用的材料会有差异，干燥条件也不同。大批量流水线生产的汽车涂装均使用高温烘干涂料，例如小轿车车身的制造涂装生产；无高温烘干条件的小批量生产和大型特种汽车车身的涂装多采用低温烘烤干燥和自然干燥涂料。

生产线上高级轿车的车身涂装采用三涂层体系，在涂装过程中车身的运输、涂前表面处理和电泳一般采用悬挂运输方式，中涂层和面漆层涂装线一般为地面轨道式运输方式。生产节奏在 5 min 以内的采用连续式，大于 5 min 的采用间歇式。图 3-1 所示为典型的轿车涂装工艺流程。轿车的原厂涂装工艺大多采用自动流水线生产，涂装过程自动化程度高、速度快、产量大。

(1) 车身表面处理。

在涂装前对车身进行除锈、去氧化皮、去垢、脱脂和磷化处理，如图 3-2 所示，以除去车身表面在生产过程中出现的氧化皮、毛刺、锈蚀、油污和焊渣等。

(2) 电泳涂装。

利用水溶性涂料液在电场(一般采用 200～300 V 的直流电)下产生的电泳、电解、电沉积和电渗作用，使浸在漆液中的车身被涂上漆，如图 3-3 所示。

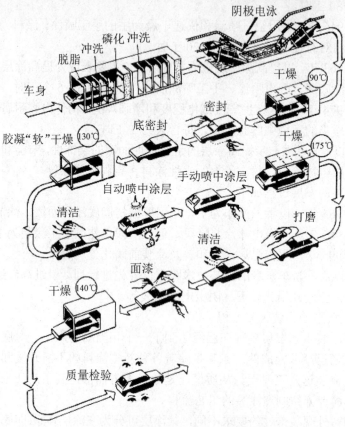

图 3-1 典型的轿车涂装工艺流程

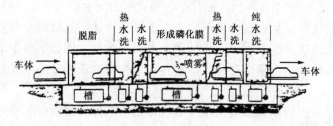

图 3-2 车身表面处理

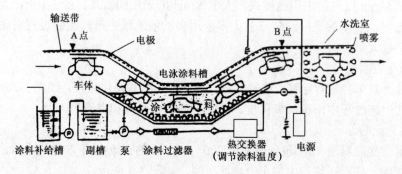

图 3-3 电泳涂装

(3) 涂装密封剂、填缝胶和车底保护涂装，如图 3-4 所示。

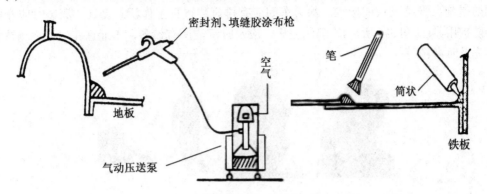

图 3-4 涂装密封剂、填缝胶

(4) 中涂漆涂装。

中涂漆涂装的作用是增强底漆与面漆之间的附着力，提高面漆的机械强度，保证面漆表面的平整度。进行完中涂漆涂装后的车身需要经过静置、加温干燥，然后需要进行打磨，去除涂层表面的杂质和粗糙物。

(5) 面漆涂装。

面漆涂装采用静电高压喷涂，如图 3-5 所示，大大提高了涂料的利用率和涂装质量。

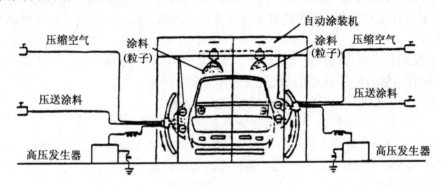

图 3-5 面漆涂装

3. 汽车制造涂装

1) 个人防护

涂装车间所使用的涂料及溶剂等绝大部分都是有毒物质，在工作中形成漆雾、有机溶剂蒸汽和粉尘等，操作人员长期接触和吸入能够引起慢性中毒，有损健康。若将它们排放到室外则导致大气污染。有些具有光化学反应性的溶剂在受到阳光中的紫外线照射后能形成毒性更大的物质，造成公害。

为确保操作者身体健康，必须靠排气和换气来使空气中的溶剂蒸汽浓度降低到最高许可浓度以下，即长期不受损害的安全浓度。有些颜料(如含铅颜料和锑、镉、汞等化合物)及木车厢使用的防霉剂(如有机汞、8-羟基喹啉铜盐)等均为有害物质，若吸入体内则可引起中毒反应。有些基料的毒性也很大，如聚氨酯漆中含有游离异氰酸酯，能使呼吸系统过敏；

环氧树脂涂料中含有的有机胺类固化剂可能引起皮炎等。因此，在涂布这些涂料时必须采取预防措施，严防吸入或接触。涂装车间应有排风装置且工作状态良好，涂装时应穿戴好各种防护用具(如图3-6所示)，喷涂完毕，应及时清洁所有设备，不允许在喷涂现场饮食，工作完及时淋浴等。

图3-6 各种防护用品

从事涂装工作的人员在工作中一定要注意下列事项。

(1) 在使用任何涂料和工具之前应仔细阅读有关技术资料，并遵守有关安全操作指示。

(2) 室内施工时应确保空气循环良好。在喷漆间进行涂装操作时必须开动进排风系统，并在喷涂工作完成后继续开动10 min左右，以清除喷雾和避免溶剂气体聚集。

(3) 在使用和处理涂料时必须穿戴防护工作服。在进行除锈、打磨、喷涂等工作时，必须戴防护眼镜、过滤面具，防止沙砾、漆雾等损伤眼睛和呼吸系统。使用酸洗除锈或碱液除锈时，应戴好耐酸手套和防护镜。使用双组分涂料，特别是含异氰酸酯固化剂的涂料时，必须在密封及有良好的通风系统的喷漆房内进行，操作人员必须戴活性炭过滤呼吸面具或供气面具。

(4) 在使用有毒有害的涂料及辅料时必须小心，不要使其接触眼睛、口腔和其他身体裸露部分。如有接触应马上用大量清水洗涤，并请医生处理。

(5) 禁止在涂装车间内吸烟、饮食或存放饮料食物。

(6) 在工作后、饮食前必须彻底清洗双手及面部。

(7) 随时清理溅在地面上的漆料及其他易燃品；施工完毕后应封闭油漆桶，清理工具和涂料；防护用品应专门保管；任何污染物料及纸张等必须立即置于有盖的金属容器内。

(8) 如感觉身体不适应尽快报告并请医生进行检查。

2) 防火防爆

(1) 涂装产生火灾和爆炸事故的外因。

① 气体爆炸，溶剂蒸汽在有限的空间达到爆炸极限时明火就爆炸。

② 电气设备选用不当或损坏后未及时维修，有产生火花的危险，从而发生爆炸。

③ 废漆、漆雾、遮蔽物、被涂料或溶剂污染的抹布保管不善，堆积在一起自燃。

④ 不遵守防火规则，在涂装现场使用明火和抽烟。

(2) 易燃性溶剂的危害。

① 闪点。可燃性液体蒸汽与空气形成可燃混合气，遇明火而引起闪电式燃烧，这种现象称为闪燃，引起闪燃的最低温度称为闪点。一级危险品，闪点在21℃以下；二级危险品，闪点在21到70℃以下；三级危险品，闪点在70℃以上难着火。

② 自燃点。依靠加热达到自发着火燃烧的最低温度称为自燃点，比闪点高。

③ 爆炸范围。可燃气与空气混合后具有爆炸性的浓度，最低浓度称为下限，最高浓度

称为上限，爆炸范围即上下限间范围。

④ 蒸汽密度。同体积蒸汽与空气的质量比。

(3) 粉尘爆炸。

粉末爆炸下限浓度为 50 g/m^3(通常)。环氧树脂粉末爆炸下限浓度为 30 g/m^3，聚乙烯粉末爆炸下限浓度为 25 g/m^3，且粉末的粒度越细，粉尘爆炸下限浓度越低。

(4) 防火安全措施。

① 涂装车间的所有物件应尽量采用防火材料。

② 涂装车间采用相应的消防措施。

③ 所有电气设备和开关都应有防爆装置，电源设置于防火区外。

④ 金属设备应接地防止静电。

⑤ 涂装车间严禁烟火。

⑥ 存储涂料的地方应远离工作区。

⑦ 擦过溶剂和涂料的棉纱、破布应放置在装有水的专用铁箱中并及时处理。

⑧ 涂装过程中应尽量避免敲打碰撞。

⑨ 喷漆应在专门的喷漆房内进行，符合安全技术要求。

⑩ 严禁向下水道倾倒易溶剂和涂料。

(5) 灭火方法。

① 移去或隔离火源，使之熄灭。

② 隔绝空气使之熄灭。

③ 用冷却法使被燃物体的温度降低到着火点以下灭火。

3) 防止公害

汽车修补涂装产生的公害主要以大气污染为主，废水、废渣为辅。

(1) 大气污染。

涂装排出的废气中对大气产生污染的物质主要有以下 3 种。

① 能成为光化学烟雾的有机溶剂，例如：二甲基。

② 放出恶臭的涂装挥发成分，热分解和热反应生成物，如：丙烯醛。

③ 涂装喷雾粉尘。

(2) 废气处理。

废气处理方法有直接燃烧法，触媒氧化分解法，活性炭或油吸附法，水洗或化学处理的气体洗净法等。汽车修补涂装的处理方法有两种：触媒氧化分解法，活性炭或油吸附法。

(3) 废弃物处理。

常见废弃物有以下 4 种。

① 废涂料。

② 废溶剂。

③ 废渣。

④ 废弃涂装用具遮蔽物。

处理方法大多是焚烧处理，但必须注意以下几点。

① 焚烧炉应设置有黑气体吸收装置。

② 焚烧后的有害灰必须另行处理。

③ 焚烧时要注意个人卫生，防护安全。

④ 防止焚烧爆炸。

4）工具设备的安全使用

修补车间所使用的工具有手动工具、气动工具、电动工具和液压工具等，在使用中应注意以下事项。

(1) 手动工具要保持清洁和完好。应经常清洁沾有油污和其他杂物的工具，检查其是否有破损。

(2) 使用锐利或有尖角的工具时应当小心操作。不要将锐利工具或物品放在口袋中，以免伤及本人或划伤汽车表面。

(3) 专用工具只能用于专门的操作，不能移作他用。

(4) 使用电动工具之前应检查是否接地，检查导线的绝缘是否良好。操作时，应站在绝缘橡胶地板上进行(或穿有绝缘靴)。无保护装置的电动设备不要使用。

(5) 用气动或电动工具从事打磨、修整、喷砂或类似作业时，必须戴安全眼镜。在小零件上钻孔时，禁止用手握持，必须用台钳夹住。

(6) 必须确认电动工具上的电路开关处于断开位置后，才允许接通电源。电动工具使用完毕，应切断电路，并从电源上拔下来。

(7) 清理电动工具在工作时所产生的切屑或碎片时，必须让电动工具停止转动，切勿在转动过程中用手或刷子去清理。

(8) 气动工具必须在规定的压力下工作。

(9) 使用液压机具时，应保持液压压力处于安全值以下，操作时应戴安全眼镜，并站立在液压机具的侧面。

二、车身涂层修补常用涂料

所谓涂料，是指含有颜料或不含有颜料的有机高分子胶体混合物的溶液。它被涂布于物体的表面，能够形成具有保护、装饰或其他特殊性能的保护膜。以前，人们大多以油脂为主要原料制漆，故有"油漆"之称。随着科学技术的不断发展，石油化学工业为制漆提供了各种人工合成树脂原料，丰富了漆的品种，提高了漆的质量，扩大了漆的使用范围，使"油漆"产品的面貌发生了很大的变化，"油漆"一词已经不能恰当地表示其真正的面目。从它们的功效来讲，用"涂料"一词来表示更为合适，因此现在已经正式采用"涂料"这个词了。但在具体的涂料产品品种名称中，仍可以用"漆"字来表示涂料。例如，醇酸磁漆、硝基清漆、丙烯酸漆等。

汽车修补用涂料多为低温涂料，且绝大部分为双组分型，配合固化剂使用在常温或低温烘烤条件下即可干燥并能达到相当高的品质。它包括涂前处理用品、涂装修复用品、涂膜后期处理用品和其他一些专门涂料等。

1. 涂料的基本组成

1) 主要成膜物质

(1) 油料：油作为主要成膜的涂料，称为油性涂料。例如：桐油、苏子油等。

(2) 树脂：以树脂作为主要成膜物质的涂料，称为树脂涂料，包括天然树脂、人造树脂、合成树脂。作用是形成汽车漆膜。

2) 次要成膜物质

颜料：是构成涂膜的组成部分，但不能单独成膜。颜料种类各异，其作用是使涂膜具有多种色彩，提高涂膜性能，增加涂料品种。

3) 辅助成膜物质

(1) 稀料：包括溶剂、稀释剂、助溶剂、溶解或稀释涂料，使涂料满足使用要求。

(2) 辅助材料：包括催干剂、化白剂、乳化剂、纹理剂、稳定剂，作用是提高或改变涂料特性，使涂装得到特殊效果。

2．涂料的分类与命名

1) 涂料的分类

涂料的分类方法很多，可按用途，施工方法，作用，使用效果，是否含有颜料溶剂及构成情况，成膜机理，成膜物质分类。应用最广的是按涂料成膜物质分类，车身常用的涂料可分为 8 类：双组分丙烯酸聚氨酯、环氧树脂、热塑性丙烯酸涂料、醇酸树脂、石油基树脂、聚酯树脂、氨基树脂、酚醛树脂。

2) 涂料的命名

涂料命名原则：全名=颜色或颜料名称+成膜物质名称+基本名称，例如：大红醇酸磷漆、铁红酚醛防锈漆。

涂料的型号由三部分组成：第一部分是成膜物质，用一位字母表示；第二部分是基本名，用两位数表示；第三部分是序号，表示同类品种中的组成，配比或用途不同。每个型号只能表示一种涂料。

例如：CO4-Z 醇酸磁漆。"C"表示成膜物质是醇酸树脂，O4 表示磁漆(基本名称)，-Z 表示序号。

3．底漆

底漆是直接涂布在车身表面上的第一道漆。作用是为涂层结构提供一个良好的基础，提高金属的防腐能力和附着力。底漆是被涂物面与涂层之间的黏结层，以使之上的各涂层可以牢固地结合并覆盖在被涂物体上。同时，底漆在金属表面形成干膜后，可以隔绝或阻止金属表面与空气、水分及其他腐蚀介质的直接接触，起到缓蚀保护作用。一旦面漆层破坏，金属也不至于很快生锈。对底漆的性能要求包括以下方面。

(1) 具有良好的附着性，与中涂、面漆有良好的结合力，具有良好的机械性能。

(2) 具有良好的耐腐蚀性、耐水性、耐化学品性。

(3) 具有良好的填平性、打磨性。

(4) 与底材、中涂、面漆有良好的配套性，以防出现涂装缺陷。

(5) 具有良好的施工性，能适应汽车修补涂装工艺的要求。

4．原子灰

原子灰是一种膏状或厚浆状的涂料，它容易干燥，干后坚硬，能耐砂磨。原子灰俗称"腻子"，原子灰硬化时间短，常温下半个小时即可干燥硬化，可以进行打磨。经打磨后的原子灰表面细腻、光洁、坚硬，基本无塌陷，对其上面的涂料吸收很少甚至不吸收，附着能力强，耐高温，正常使用时不出现开裂和脱落现象，因此现在被广泛应用于汽车的制造和修补工作中，起填补作用。原子灰一般使用刮具刮涂于底材的表面(也有使用大口径喷枪喷涂的浆状原子灰，称为"喷涂原子灰")，用来填平补齐底材上的凹坑、缝隙、孔眼、焊疤、刮痕以及加工过程中所造成的物面缺陷等，使底材表面达到平整、匀顺，使面漆的丰满度和光泽度等能够充分地显现。

原子灰是涂料，所以也是由树脂、颜料、溶剂和填充材料等组成的。现在较为常用的原子灰树脂有聚酯树脂和环氧树脂等。环氧树脂原子灰具有良好的附着力、耐水性和防化学腐蚀性能，但涂层坚硬不易打磨，由于其附着力优良，可以刮涂得较厚而不脱落、开裂，多用于涂有底漆的金属或裸金属表面。聚酯树脂原子灰也有着优良的附着力、耐水性和防化学腐蚀性能，而且干后涂膜软硬适中，容易打磨，经打磨后表面光滑圆润，适用于很多底材表面(不能用于经磷化处理的裸金属表面，否则会发生盐化反应造成接触面不能干燥而影响附着力)，经多次刮涂后，膜厚可达 20 mm 以上而不开裂、脱落，所以是应用最为广泛的一种，现在常见的原子灰基本都是聚酯树脂原子灰。

原子灰中的颜料以体质颜料为主要物质，配以少量的着色颜料。填充材料主要使用滑石粉、碳酸钙、沉淀硫酸钡等，起填充作用并提高原子灰的弹性、抗裂性、硬度以及施工性能等。着色颜料以黄、白两色为主，主要是为了降低彩度，提高面层的遮蔽能力。原子灰多为双组分产品，需要加入固化剂后方能干燥固化，以提高硬度和缩短干燥时间。聚酯树脂型原子灰多用过氧化物作为固化剂，环氧树脂型原子灰多用胺类作为固化剂。

原子灰的种类很多，常用的有普通原子灰、合金原子灰、纤维原子灰、塑料原子灰、幼滑原子灰等。

1) 普通原子灰

普通原子灰多为聚酯树脂型，膏体细腻，操作方便，填充能力强，适用于大多数底材，如良好的旧漆层、裸钢板表面等。因其具有良好的附着力和弹性，也可用于车用塑料保险杠和玻璃钢件，但刮涂不宜过厚。

普通型原子灰不适用于镀锌板、不锈钢板和铝板及经磷化处理的裸金属表面，附着能力会达不到，造成开裂。但在这些金属表面首先喷涂一层隔绝底漆(通常为环氧基)后即可正常使用。

2) 合金原子灰

合金原子灰也称金属原子灰，比普通原子灰性能更加良好，除可用于普通原子灰所用的一切场合外，还可以直接用于镀锌板、不锈钢板和铝板等裸金属而不必首先施涂隔绝底漆，但仍不适用于经磷化处理的裸金属表面。合金原子灰因其性能卓越，使用方便，所以应用也很广泛，但价格要高于普通原子灰。

3) 纤维原子灰

纤维原子灰的填充材料中含有纤维物质，干燥后质轻但附着能力和硬度很高，因此能够一次刮涂得很厚，可以直接填充直径小于 50mm 的孔洞或锈蚀而无须钣金修复，对孔洞的隔绝防腐能力也很强。纤维原子灰用于有比较深的金属凹陷部位的填补，效果非常良好，但表面呈现多孔状，需要用普通原子灰做填平工作。

4) 塑料原子灰

塑料原子灰专用于柔软的塑料制品的填补工作。调和后呈膏状，可以刮涂，也可以揩涂，干燥后像软塑料一样，与底材附着良好。塑料原子灰虽然干后质地柔软，但具有很好的打磨性，可以机器干磨，也可以用水磨，常用于塑料件的修复。

5) 幼滑原子灰

幼滑原子灰也称填眼灰，有双组分的，也有单组分的，以单组分产品较为常见。填眼灰膏体极其细腻，一般在打磨完中涂层后，喷涂面漆之前使用，主要用途是填补极其微小的小坑、小眼等，提高面漆的装饰性。因其填补能力比较差，且不耐溶剂，易被面漆中的溶剂咬起，所以不能在大面积刮涂时使用，但它干燥时间很短(几分钟)，干后较软，易于打磨，用在填补小坑上非常适合，可以提高生产效率并能保证质量，所以也是涂装必备的用品。

5. 中涂漆

所谓中涂漆是指介于底漆涂层和面漆涂层之间所用的涂料，也称底漆喷灰，俗称"二道浆"。中涂漆的主要功用是改善被涂工件表面和底漆涂层的平整度，为面漆层创造良好的基础，以提高面漆涂层的鲜映性和丰满度，提高整个涂层的装饰性和抗石击性。表面平整度较好，装饰性要求又不太高的载货汽车和普通乘用大轿车在制造和涂装修理时有时不采用中涂，装饰性要求很高的中、高级轿车则都采用中涂。

中涂漆应具有以下特性。

(1) 应与底漆、面漆配套良好，涂层间的结合力强，硬度配套适中，不被面漆的溶剂咬起。

(2) 应具有足够的填平性，能消除被涂底漆表面的划痕、打磨痕迹和微小孔洞、小眼等缺陷。

(3) 打磨性能良好，不粘砂纸，在打磨后能得到平整光滑的表面(现在有许多品牌漆中都有免磨中涂，靠其本身的展平性得到平整光滑的表面)。

(4) 具有良好的韧性和弹性，抗石击性良好。

中涂漆所使用的漆基与底漆和面漆使用的漆基相仿，并逐步由底向面过渡，这样有利于保证涂层间的结合力和配套性，常用的漆基有环氧树脂、聚酯树脂、聚氨酯树脂等。这些树脂所制成的中涂漆均为双组分低温固化，热固性，所得到的涂膜硬度适中，耐溶剂性能好，适宜与各种面漆配套使用。

中涂层的颜料多为体质颜料，具有良好的填充性能。中涂漆的固体成分一般要在 60% 以上，喷涂两道后涂膜的厚度可达 60～100 μm。着色颜料多采用灰色、白色和黄色等易于遮蔽的颜色。另外也有可调色中涂漆，在中涂漆中可以适量加入面漆的色母(一般为10%左右)调配出与面漆基本相同的颜色，用于提高面漆的遮蔽力，避免造成色差。这类可调色中涂漆的漆基一般都与面漆基本相同，如不同时不可加入面漆的色母调色。

6. 面漆

所谓面漆是相对于底漆而言，涂装于被涂物面的最上层的涂料。在涂装时应首先用底漆打底，再用面漆罩面。面漆的主要作用是对被涂物体提供防护作用的同时，提高被涂物面的装饰作用。一种优良的面漆必须具备相当高的保护性能和装饰性能，使被涂物体在一定使用寿命内，以颜色的光泽来衡量是否能保持它的装饰效果。现在，汽车修补用面漆按颜色效果分主要有素色面漆和金属面漆两大类型。

1) 素色面漆

素色面漆俗称"瓷漆"，是将各种颜色的着色颜料研磨得非常细小，均匀地分散在树脂基料中而制成各种颜色的油漆。素色漆本身在涂装后即具备良好的光泽度和鲜映性，涂膜厚度在达到 50 μm 后即可显现完全的色调。素色漆随着色颜料不同也具有不同的遮蔽力，遮蔽能力比较强的颜料，会使涂膜在日光照射时光线只能穿透 20 μm 左右，就被反射出来；而遮蔽能力较弱的颜料往往需要比较厚的膜厚才能完全遮蔽底层。因为素色面漆本身就具有良好的光泽和鲜映性，所以在喷涂完毕后整个面漆层即告完成，所以又称"单工序面漆"。

2) 金属面漆

金属面漆具有不同的名称，如"银粉漆"、"金属闪光漆"、"星粉漆"、"宝石漆"等，不论何种名称，基本上都是将金属粉颗粒(以铝粉颗粒最为普遍)和普通着色颜料加入树脂基料中制成。自金属面漆问世以来，在汽车涂装上使用的比例越来越大，已经成为汽车修补作业时的主要项目。但因为其性质特殊，所以在调色及喷涂施工等方面要比素色面漆困难许多。在修补过程中，除调色需要一定的准确性外，还需要喷涂技巧的适当配合，金属面漆才能在汽车修补作业上发挥完美的效果。

金属面漆中的着色颜料比一般素色面漆的少，若不加入金属粉颗粒，光线会直接穿透涂膜而达底层，涂膜的遮蔽力就不能完全发挥。金属粉同其他的颜料颗粒一样能反射光线，正是由于金属粉的大量存在，使金属面漆的遮蔽能力比一般素色面漆要高很多，通常喷涂 20～30 μm 的膜厚即可完全遮蔽底层。涂膜中金属粉的排列并不是有序的，所以对光线的反射角度不同，造成金属漆本身的无光效果，因此必须在金属漆上面再喷涂罩光清漆后才能显现出光泽度和鲜映性，其金属闪光效果才能充分发挥。由于金属面漆必须由两步工序(金属漆层和清漆层)完成，所以又称为双工序面漆。

"珍珠漆"也被归为金属面漆一类，与普通金属漆的区别在于它在树脂中加入的不是铝粉颗粒，而是表面镀有金属氧化物的云母颗粒。由于云母颗粒除可以反射一定的光线外还可以透射和折射部分光线，所以这种面漆可以使被涂物表面产生类似珠光的光晕，有的还可以产生从不同的角度观察可以得到不同的色相的特殊效果，如图 3-7 所示。

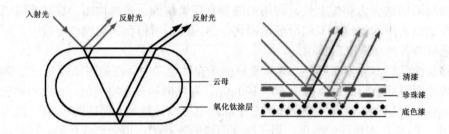

图 3-7 珍珠漆的珠光效果原理图

珍珠色面漆的种类大致可以分为干扰型和不干扰型两种。干扰型珍珠色即云母反射、折射和投射的光线相互干扰，可出现奇异的光晕。不干扰型珍珠色一般为高光泽不透明漆，主要用于调色。干扰型云母颗粒一般为半透明状，即在云母颗粒上薄薄镀上一层二氧化钛，镀层的薄厚程度决定了光线折射后的颜色效果。例如纯闪珍珠，微粒钛颜料呈半透明状，有些正面反射的光为黄色，而侧面散乱光为蓝色；又如银状云母，是在一般纯闪珍珠的云母微粒表面再薄薄镀一层银，该种珍珠色偏光性强，可以得到立体性金属光泽，在微弱光线下也可以发出悦目的光泽。

不干扰型珍珠色的云母多镀有不透明的金属氧化物如氧化铁、氧化铬等，会使其变为不透明色，这种珍珠色多与普通的色母进行混合调色而不单独使用。

珍珠色面漆也同普通金属面漆一样需要在色漆层上再喷涂罩光清漆层来提高光泽度和鲜映性，同时来体现珍珠色特有的光晕效果。因为珍珠色面漆的遮蔽能力非常差，在喷涂时多需要首先做一层与面漆颜色相同或相似的色底来提高面漆的遮蔽力，然后喷涂面漆，喷涂面漆之后还要喷涂清漆，所以该种面漆也称为三工序面漆。

汽车用面漆的性能多由其所用的树脂决定。现在普遍采用的面漆(素色面漆)树脂有硝基树脂、醇酸树脂、聚氨酯树脂、丙烯酸树脂和丙烯酸聚氨酯树脂等，以后三者最为常用。金属面漆通常为单组分自然挥发干燥型，多采用丙烯酸聚氨酯型树脂。

三、车身涂层修补工具设备

车身涂层修补工具设备主要包括压缩空气供给系统、打磨设备、喷枪、喷烤漆房、烘干设备等。

1. 压缩空气供给系统

压缩空气供给系统用于提供充足的达到预定压力的压缩空气，以确保喷涂车间所有的气动设备都能有效地工作。一般由空气压缩机、储气罐、空气净化设备、空气输送管道以及压力调节装置等组成，如图3-8所示。

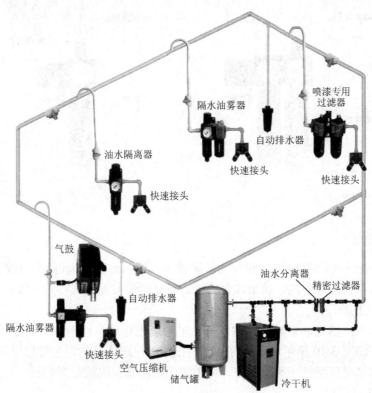

图3-8　压缩空气供给系统

1) 空气压缩机

空气压缩机以电动机为动力，将空气压力升到规定的压力值，为气动设备提供动力。

目前使用的空气压缩机根据工作原理分为活塞式、螺杆式、膜片式三类,目前普遍使用的是活塞式和螺杆式。

2) 储气罐

用来储存空气压缩机所产生的压缩空气。其工作压力必须大于车间工具所需压力,其作用如下。

(1) 储存一定压力和容积的压缩空气。

(2) 排水。

(3) 保持气压和气流量的平衡。

(4) 避免空气压缩机的频繁启动。

3) 冷干机

空气经压缩后,大气中的水蒸气会凝结成大量水分。如果不加处理会造成管路腐蚀,甚至导致设备故障,影响涂装质量。冷干机通过低温对压缩空气进行干燥,除去其中的水分。

4) 调压阀

设置压缩空气调压阀可自动控制气压,确保气压稳定。同时还显示调节后的气压和进气管道的气压值,如图3-9所示。

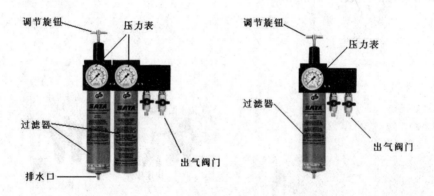

图3-9 调压阀

2. 打磨设备

根据动力分为电动打磨设备和气动打磨设备,根据形状分为圆盘式和板式,根据打磨盘运动方式有单作用打磨机、轨道式打磨机、双轨道偏心振动式打磨机等。

1) 单作用打磨机

打磨盘垫绕一固定的点转动,砂纸只做单一圆周运动,称为单一运动圆盘打磨机或单作用打磨机,如图3-10所示。这种打磨机的扭矩大,速度低的,主要用于刮去旧涂层,钣金工具就属于这类打磨机;速度高的,用于漆面的抛光,也就是抛光机。

2) 轨道式打磨机

轨道式打磨机的砂垫外形都呈矩形,便于在工件表面上沿直线轨迹移动,整个砂垫以小圆圈振动,如图3-11所示。此类打磨机主要用于原子灰的初步打磨。该类打磨机可以根据工件表面情况采用各种规格的砂垫,以提高工作效率,轨迹直径亦可改变。

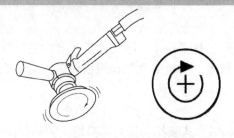 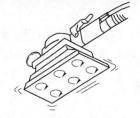 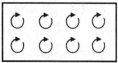

图 3-10　单作用打磨机　　　　　　图 3-11　轨道式打磨机

3) 双轨道偏心振动式打磨机

双轨道偏心振动式打磨机的打磨盘垫本身以小圆圈振动，同时又绕其自己的中心转动，因而兼有单运动及轨道式打磨机的运动特点(如图 3-12 所示)，切削力比轨道式打磨机强。在确定打磨机用于表面平整或初步打磨时，要考虑轨道的直径，轨道直径大的打磨较粗糙，反之较细。

另外，按照打磨设备能否移动分为固定式干磨系统和移动式干磨系统。

固定式干磨系统，又称悬臂式干磨系统，该系统的气路、电路布置方便，施工中没有拖在地上的气管、电缆，施工工位整洁，如图 3-13 所示。吸尘效果好，设备使用寿命长，维修方便。但其成本较高，因其固定，施工时覆盖面积受影响。

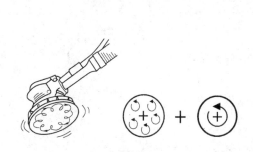 

图 3-12　双轨道偏心振动式打磨机　　　图 3-13　固定式干磨系统

移动式干磨系统(如图 3-14 所示)使用方便，移动灵活，吸尘效果好，覆盖面积大，设备成本低。但在施工中供气吸尘管道及电缆需要拖在地面上。

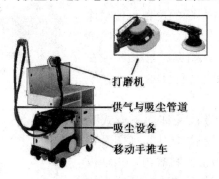

图 3-14　移动式干磨系统

3. 喷枪

喷枪是能将涂料雾化使其均匀涂布在物体表面的一种喷涂工具。喷枪是车身涂层修补的关键设备，其质量会对车身涂层修补的质量影响很大。喷枪的类型和规格较多，适用于不同场合的喷涂，但其基本功能和原理是一致的。

1) 喷枪类型

按照涂料的供给方式，喷枪可分为重力式喷枪、吸力式喷枪和压力式喷枪，如图 3-15 所示。

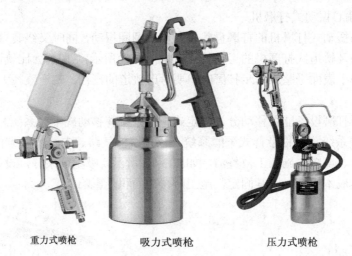

图 3-15 喷枪类型

(1) 重力式喷枪。

涂料罐位于喷枪的上方，又称为上壶式喷枪，主要由空气帽、喷嘴、喷嘴针阀、扳机、气压调整旋钮、流量调整旋钮、喷幅调整旋钮、涂料罐及手柄等组成，如图 3-16 所示。它依靠涂料重力及喷嘴尖的吸力供给涂料，喷出量较大，因而喷出的涂层更湿润。优点是涂料黏度对喷涂的影响较小，适合小面积修补；涂料罐的位置可使喷涂操作自由度大，施工容易。缺点是涂料罐在喷嘴上方，影响喷枪的稳定性；涂料罐容量小(一般在 500 mL 左右)，不适合喷涂较大面积。

(2) 吸力式喷枪。

涂料罐位于喷枪的下方，又称为下壶式喷枪，其组成结构与重力式喷枪基本相同，如图 3-17 所示。涂料存放于喷嘴下方的涂料罐内，扣动扳机，压缩空气冲进喷枪，气流经过空气帽时形成局部真空，罐中的涂料被真空吸往已开启的针阀，形成雾状喷射流。优点是喷涂稳定性好，便于向涂料罐中添加涂料或变换颜色。缺点是喷涂水平表面困难；涂料黏度变化对喷漆量

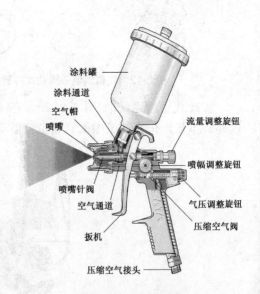

图 3-16 重力式喷枪

影响较大；涂料罐容量比重力式大，因而操作人员易疲劳。

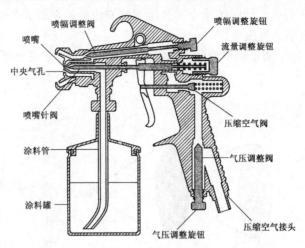

图 3-17 吸力式喷枪

(3) 压力式喷枪。

在喷枪上不设置涂料罐，依靠输送软管与一个压力储料罐连接，其涂料供给依靠独立的压力系统，压缩空气作用于储液罐中，推动储液罐中的涂料进入喷嘴。喷枪的内部结构与前两者基本相同。优点是适用于大面积及整车喷涂，或喷涂某些黏度大的涂料。喷涂施工中，由于喷枪上无涂料罐，操作人员的持枪力小，操作平稳，喷涂稳定性好。缺点是不适合小面积喷涂，变换颜色及清洗喷枪需要较多时间。

2) 喷枪调整

喷幅调整：调整喷幅调整旋钮，顺时针旋进，喷幅变小，直至圆形；逆时针旋出，喷幅变大，直至椭圆形。按需求调节，如图 3-18 所示。

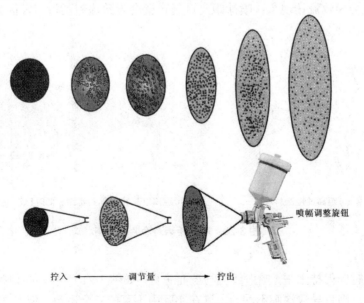

图 3-18 喷幅调整

气压调节：调节气压调整旋钮，顺时针旋进，则气压降低，逆时针旋出，则气压升高，也可在喷枪上增加压力表，此时喷枪上的气压调整旋钮应调至最大，通过压力表上的旋钮调整喷涂压力，调至所需气压值。

涂料流量调整：调整流量调整旋钮，顺时针旋进，流量变小，反之增大(如图3-19所示)，调至最佳雾化质量。

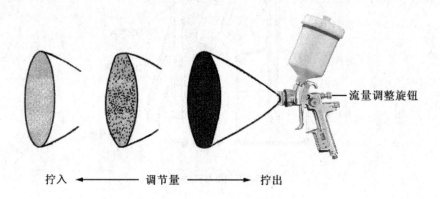

图3-19 流量调整

3) 喷涂操作

对喷涂工作而言，要想获得良好的效果，正确的喷涂操作与调整是非常重要的。主要注意如下因素。

(1) 距离。

一般情况下距离20 cm左右。如果喷涂距离过短，喷涂气流的速度就较高，从而会使涂层出现波纹；如果距离过长，就会有过多的溶剂被蒸发，导致涂层出现橘皮或发干，并影响颜色的效果。使用延缓蒸发的稀释剂，可以使喷涂时喷枪的位置不太重要，但如果喷涂距离太近就会导致流挂现象；喷涂距离过远，就会导致涂料的浪费，因为会形成飘散的喷雾，如图3-20所示。

 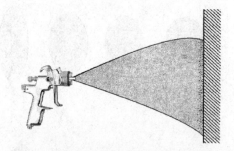

(a) 距离过短涂料堆积　　　　(b) 距离过长喷雾落到喷涂表面时已经无力

图3-20 喷涂距离对涂装的影响

(2) 角度。

喷枪移动时应保持水平，喷射线应与表面垂直，如图3-21所示。如果喷枪角度不正确，并沿曲线运动，则将导致涂膜不均匀。这在实际中不可能完全避免，但操作时应保持小心。喷涂时不要转动，喷枪的运动不要呈曲线形。喷漆时唯一可以转动的情况是进行局部喷涂时要求边缘处比中间厚时。

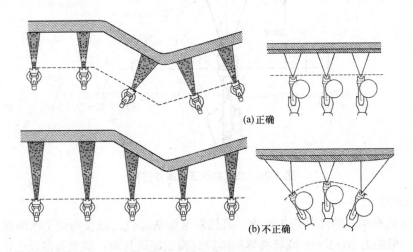

图 3-21　喷涂角度对涂装的影响

(3) 速度。

移动喷枪的速度应稳定，可根据涂料的种类和喷涂要求具体掌握。喷枪移动过快，会导致涂层过薄；喷枪移动过慢，会导致流挂的现象。速度必须稳定，否则就会导致涂层不均匀。不要停在一个地方喷涂，否则涂料就会下滴形成流挂。

(4) 喷幅重叠。

一般而言，直立的表面应从顶部开始喷涂，喷嘴应与该表面的顶部齐平。第二次喷涂向反方向进行，喷嘴应与上一次喷涂的下边缘齐平，使喷涂的一半与上一行程重叠，如图 3-22 所示。为了使涂装表面能得到一个均匀的涂层，一般喷幅重叠至少 1/2，不正确的重叠会导致涂膜厚度不均匀，颜色的对比度也不均匀以及流挂。

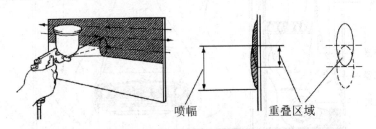

图 3-22　喷幅重叠对涂装的影响

(5) 扳机控制。

应从喷涂表面外 5~10 cm 处开始扣下扳机，喷涂终了时应松开扳机，然后在反向喷涂开始时再扣下扳机。也就是说掉头时应先松开扳机再扣下扳机。这样有利于避免流挂，减少多余的喷雾，以及节省涂料。扣扳机的正确操作分四个步骤，如图 3-23 所示。先从遮蔽纸上开始走，扣下扳机一半，仅放出空气；当走到喷涂表面的边缘时，完全扣下扳机，喷出涂料；当走到另一头时，松开扳机一半，涂料停止流出；反向喷涂前再往前移动几厘米，然后重复上述操作步骤。

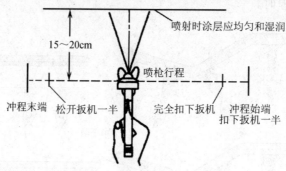

图 3-23 扣扳机的正确操作过程

(6) 喷涂顺序。

像边角这些难喷涂的部位应先喷涂。直接对准这些部位，以使两侧平面喷涂均匀。喷涂距离应比一般的近 3～5 cm 或将喷雾扇形控制旋钮旋进几圈。如果离得较近，则移动速度应快一些，以使涂膜厚度保持一致。喷涂完所有边角后，就可以开始喷涂平面或接近平面的部件了。

4. 喷烤漆房

1) 喷漆房

喷漆房是为喷涂施工提供的一个清洁、安全、照明效果好的封闭环境(如图 3-24 所示)。在喷漆房中进行喷涂施工，既能避免被别的工序污染，又可控制污染物。

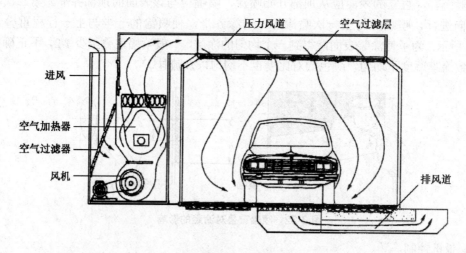

图 3-24 喷漆房

(1) 对喷漆房的技术要求。

① 喷漆房的空气必须进行过滤，温度可以调节。

② 室内空气自上而下，不易形成气流死角和漆雾回落而影响喷涂的质量。

③ 室内空气流速应在 0.3～0.5 m/s 范围内，过快过慢均影响流平性。

④ 排风量应稳定，供风量略大于排风量。

⑤ 室内产生的气体应先处理，后排出，以免污染。

⑥ 照明应不小于 800 Lx 的亮度，灯具不得与漆雾直接接触。

(2) 喷漆房的结构及类型。

结构：由墙体、换气系统、过滤系统、照明装置、废气处理装置等组成。

分类：

① 按换气系统不同分为正向流动喷漆房、反向流动喷漆房和下向通风式喷漆房。

② 按过滤系统不同分为干式过滤系统和湿式过滤系统。

③ 按功能不同可分为单室和双室两种形式，现在修理厂内常见的是单室喷烤漆房。

(3) 喷漆房的正确使用和维护。

① 定期清洗墙体、地板及固定表面的灰尘、油污，做好例行保洁工作。

② 喷漆房内不准存放零件等其他物品。

③ 不能在喷漆房内进行涂装前的表面打磨、清洁及涂料调整等工序。

④ 用水清洗地板时，防止飞溅到车上。

⑤ 定期检查喷漆房周围的密封情况，以防灰尘进入。

⑥ 定期检查更换干式过滤系统中的滤网。

⑦ 汽车进入喷漆房前，进行彻底的清洁。

⑧ 湿式过滤系统中水位应保持正常，并在水中加入添加剂。

⑨ 喷漆房内必需的物品应存放在密闭的储藏室内。

⑩ 定期对电风扇、电动机进行维护保养。

2) 烤漆房

由于修补漆作业时车身上有许多不耐热的部件，如玻璃件、橡胶件、电气设备、油液等，所以车身涂层修补中使用的烤漆房均是低温烤漆房。低温烤漆房是指被烘干的金属底材温度在烘烤过程中不会超过 80℃的烘干室，一般采用热风对流加热方式，热源一般由煤油、废油、天然气、电力或蒸汽产生，其工作分为喷涂状态和烘烤状态，如图 3-25 所示。

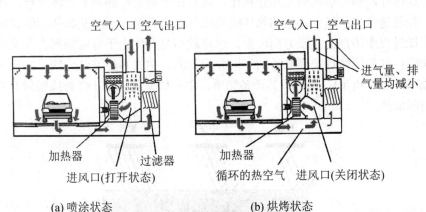

图 3-25　烤漆房

(1) 低温烤漆房的技术要求。

① 室内温度均匀，可调，控温正确。

② 热空气密封循环且风速可调，一般风速为 3.3 m/min。

③ 供给的空气必须过滤，废气排出必须有处理装置。

④ 带门封闭型烘干室必须配备防爆泄压装置。
⑤ 绝热，保护措施良好，保温层厚度一般为 10 cm。
(2) 低温烘干室的正确使用。
① 待烘车辆必须充分晾干，以免溶剂蒸发过大而不安全。
② 控制好升降的温度和时间。
③ 控制好室内风速。
④ 烘烤时必须排出和补给 10% 的空气。
⑤ 烘干室不允许存放任何物品。

5. 烘干设备

红外线烤灯是一种可移动的、方便的、小工件烤干设备，依靠被照物吸收光能转换成热能，而使物体升温，它适用于所有可加热固化的涂料的烘干和干燥工序。红外线烤灯如图 3-26 所示。

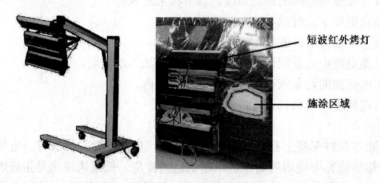

图 3-26　红外线烤灯

红外线烤灯加热与热风对流加热相比，具有如下特点：热能靠光波传导，被涂膜和物体吸收、升温速度快；基于涂膜和物体吸收红外线而升温，热量从物体和涂膜内向外传，与涂膜干燥过程中溶剂的蒸发方向一致，这样就不易产生由于有溶剂封在涂膜内部而生成针孔的缺陷；红外线烤灯按照波长的不同分为长波、中波和短波红外线，波长越短穿透能力越强（如图 3-27 所示）；另外，其设备简单，生产效率高；由于红外线辐射有方向性，可以进行局部加热。

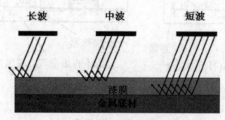

图 3-27　不同波长红外线的穿透能力

四、车身涂层修补流程

车身涂层修补涂装总的目的就是要恢复车身原有的涂层技术标准和达到无痕迹修补的

目的,根据需要修补部位和修补面积的大小可以分为重新喷涂(简称"重涂"或"全车喷漆")、局部修补(根据修补面积又可分为"点修补"和"板修补")和零部件修补涂装。

汽车在使用过程当中常常会出现碰撞、剐蹭等事故,造成车身外部覆盖件损伤和涂层的破坏。另外由于涂层年代久远,达到或超出使用年限而丧失或部分丧失其保护和装饰性,致使车身出现锈斑、孔洞等。这时就需要对车辆的涂层进行修复,使其恢复原有的状态,达到保护的目的和良好的装饰效果。

对于碰撞、剐蹭等事故车辆和锈斑孔洞等车身故障,修复部位要达到与未修补的部位相同的保护和装饰效果,外观上要无修补痕迹,要求非常之高。对于车身良好,只是涂层已经失光、粉化等涂膜失效故障,往往采用重新喷涂等工艺,使其恢复良好的装饰性和保护性。由于是全车喷涂,所以对颜色的微小差异要求不高,相对而言,反而容易操作。

车身修补涂装与制造涂装没有本质的差异,由于修补涂装多为就车修复,受车辆条件的限制不能进行高温烘烤,所以多采用低温烘烤的修补涂料或自干型涂料。从施工工艺上来讲,因修补面积一般比较小,所以采用手工涂装工艺。另外手工操作也有利于主观掌握操作质量,更容易达到无痕迹修补的目的。

车身涂层修补流程大致如下:判断损伤范围→前处理(去除旧涂层、腐蚀、打磨羽状边)→喷涂底漆(喷前准备、喷涂底漆、干燥)→修复缺陷(刮涂腻子、干燥、打磨腻子、清洁、干燥)→喷涂中涂漆(喷前准备、喷涂中涂漆、干燥)→打磨中涂漆(填补缺陷、打磨、干燥)→遮蔽(遮蔽非涂饰部位)→喷涂面漆(油漆调配、喷涂色漆和清漆、干燥)→ 整理(撕去遮蔽纸、修补各边角侧面)→抛光打蜡(遮蔽不需要打蜡的位置、抛光打蜡、清洁、内部整理、洗车)→交车。

1. 涂装前处理

对损坏部位进行正确的评估,以确定修补范围,从而确定各道工序的范围、过渡区域、需要遮蔽保护的部位以及需要拆卸的零部件等。为后续工序的正确实施及保证涂装质量奠定基础。一般采用的评估方法有目测评估、触摸评估和直尺评估。涂装前的表面处理主要包括除锈、除旧涂层、打磨羽状边、清洁除油等工艺过程。

1) 除旧漆和除锈

汽车清洗后,要仔细检查车身漆面,寻找涂膜破损处,如气泡、龟裂、脱落、锈蚀以及修理过程中引起的损坏等。对于涂膜破损处,必须将旧涂膜除掉,清除程度可根据旧涂膜的损坏程度和重新涂装后的质量要求,进行全部或部分清除。

底材处理前需要视情况对车辆进行必要的遮蔽作业,包括车身内装防护以及车身外部遮蔽,以防止施工作业中对车辆造成污染。另外根据需要可将修补区域的附件拆下。在进行去除旧漆膜的作业时一般选用单作用打磨机,施工前要穿戴好合适的个人防护用品。操作要点如下:

(1) 用手触摸并观察待打磨表面,确定好需要打磨的区域。

(2) 紧握打磨机(干磨机),采用P60~P80号砂纸,接通开关,以5°~10°的角度靠向待加工表面。

(3) 打磨机向右移动时,托盘左上方的1/4对准待加工表面,如图3-28所示。

2) 打磨羽状边

打磨羽状边也称为磨缘。为了使清除了涂膜的边缘产生一个宽的、平滑的边缘,使施涂的各涂层平顺过渡，故将涂膜的边缘进行打磨。

将打磨机磨头压在车身板上，向边界线处施压，然后沿边界线移动打磨机。边界线和打磨机之间距离保持恒定。羽状边打磨得尽可能平滑，羽状边宽度大约为 30 mm，如图 3-29 所示。

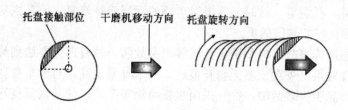

图 3-28　打磨机操作示意图

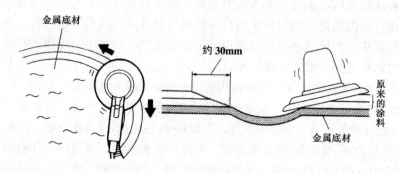

图 3-29　打磨羽状边

3) 吹尘清洁和除油

穿戴好合适的个人防护用品。

(1) 吹尘清洁。

使用吹尘枪压缩空气吹去钣金件表面上的灰尘及打磨下来的微粒，注意吹尘枪尽量接近板件，但不要接触板件，如图 3-30 所示。为了能更好地去除灰尘，可以边擦边吹。

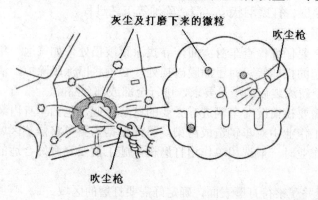

图 3-30　吹尘清洁

(2) 除油。

用两块清洁的擦拭布，一块沾除油溶剂用于沾湿涂抹，一块用于擦干。用沾有除油溶剂的擦拭布先擦拭需要修护的区域表面，以润湿该表面，在除油溶剂未干时用另一块清洁的干擦拭布将其擦干。剩余未擦区域沿单一方向擦拭，在溶剂未干时用另一块干净的擦拭布再擦一遍，如此可避免二次污染，如图 3-31 所示。

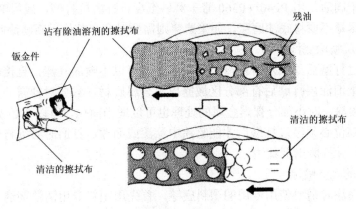

图 3-31　除油

2. 底漆施工

施涂底漆可以使涂膜获得良好的附着力，填平细微的缺陷，对于裸金属还可以起到防腐的作用，是整个涂层的基础。常用的底漆有环氧型底漆和侵蚀性底漆等，根据用途和防腐机理可分为隔绝底漆、磷化底漆和塑料专用底漆等类型。应正确选用，如底漆层使用不当，将会影响面漆层的质量。选用原则如下：对大面积的裸金属通常采用首先喷涂一薄层侵蚀底漆，然后再喷涂较厚涂层的隔绝底漆；对于良好的旧漆层或面积不大的裸露金属区域可以直接喷涂隔绝底漆；对于塑料件需要喷涂塑料底漆；在打磨时没有磨到底漆层的良好旧漆层可以不必喷涂底漆而直接喷涂中涂漆或面漆。

在喷涂底漆层之前，先将需要喷涂的区域用清洁剂清洁干净，去除油污、蜡脂及灰尘，经适当遮蔽后进行喷涂。底漆层的喷涂膜厚可根据情况掌握，一般情况下如果底漆层上还要喷涂中涂层，则可将底漆喷涂得薄一些，只要能够达到防腐和提高黏附能力的目的即可以；如果在底漆层上直接进行面漆的喷涂，则需要喷涂得厚一些，根据不同的要求可以进行打磨。总的喷涂膜厚以不超过 50 μm 为宜。需要注意的是在旧涂层修补喷涂底漆时，要选用与原涂层无冲突的底漆。

1) 对大面积裸金属喷涂底漆

对于大面积裸金属的底漆喷涂，一般首先进行磷化处理后再喷涂隔绝底漆。磷化处理通常用喷涂磷化底漆的方法来进行，喷涂时要根据不同的底材选用不同的底漆。

对于钢板薄喷一层磷化底漆即可，对于铝合金板材需要喷涂含有铬酸锌的底漆进行钝化处理。对于镀锌板等底材通常不用喷涂侵蚀性底漆，直接喷涂隔绝底漆即可。

侵蚀性底漆一般不单独使用，在其上还要喷涂隔绝底漆共同组成底漆层，所以侵蚀性底漆的膜厚要薄一些，以 15 μm 左右为好。喷涂侵蚀性底漆时须选用塑料容器，按照使用说明进行调配，喷涂所用的喷枪也最好使用塑料枪罐，并在喷涂完毕后马上进行清洗，避免枪身受到侵蚀。侵蚀性底漆的面积不宜过大，可以遮蔽住裸露金属区域即可。

待侵蚀性底漆干燥后就可以直接喷涂隔绝底漆了，其间不必进行打磨处理。隔绝底漆以环氧树脂型居多，因底漆的施工黏度比较大，在选择喷枪时需要比较大的口径。以环保型喷枪为例，喷涂时选用 1.7～1.9(mm) 口径的底漆喷枪。隔绝底漆的喷涂方法为：薄喷 1～2 遍，其间间隔 5～10 min(常温)，一般膜厚 30～35 μm，只要将裸露金属覆盖住即可。底漆喷涂完毕后静置 5~10 min，待溶剂挥发一段时间，然后加温 60~75℃烘烤 30 分钟。

涂膜完全干固后，用 P240~P360 号干磨砂纸配合打磨机打磨，或用 P600 号水磨砂纸湿磨。打磨时尽量不要将底漆磨穿，如果磨穿则需要对磨穿部位重新喷涂底漆。

2) 对旧涂层喷涂底漆

旧涂层经过打磨后如果没有裸露出金属底材，可以不喷涂底漆，直接喷涂中涂漆或施涂原子灰；如果旧涂层打磨后有部分区域露出了金属底材，只要对裸露的金属部位喷涂底漆而不必全面喷涂，对小部分裸露金属的处理也可以适当简化，可以不必喷涂侵蚀性底漆。喷涂过底漆的部位必须经过打磨后才能喷涂中涂漆或面漆，打磨时必须将所喷涂的底漆打磨平整、光滑，并打磨出羽状边。

3) 塑料件的底漆喷涂

塑料件在喷涂时需要使用专用的塑料底漆，首先用塑料专用清洁剂清洁塑料件表面，然后用 1.7~1.9(mm)口径的喷枪喷涂 1~2 遍，间隔时间为 5~10min。在塑料底漆未干燥时直接喷涂中涂漆或面漆其黏附效果会更好，但如果需要刮涂原子灰等，则必须等其完全干燥。

3. 原子灰施工

施涂原子灰的作用是用原子灰的填平性消除被涂表面的凹陷、划痕等缺陷，操作流程如图 3-32 所示。

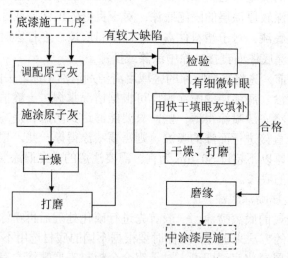

图 3-32 原子灰的施工流程

1) 施涂原子灰

(1) 确认原子灰的用量。

为了解需要准备的原子灰量，须再次判断损伤范围。

(2) 混合原子灰。

由于原子灰在未开封时其颜料和树脂成分会分离，因此在第一次使用时需要混合原子灰和固化剂。每次使用完毕后都必须盖好原子灰罐的盖子，以避免溶剂蒸发。不要将刮刀上残留的原子灰刮在原子灰罐的边缘，因为这样原子灰很容易硬化，会掉入罐内污染新鲜的原子灰。刮涂前调配原子灰，搅拌要均匀，双组分原子灰固化剂比例要适当(100∶1~100∶3)、黏度适中。

(3) 原子灰的施涂。

不要一次施涂大量的原子灰，最好分几次施涂。第一步采用薄涂，刮刀角度尽量大，同时施加比较大的力，使原子灰能充分地涂进缝隙中，提高原子灰的附着力，同时减少气泡的产生；第二步在受损区域的边缘薄涂，得到一个边缘平滑过渡的原子灰边，方便接下来的打磨作业；第三步在损伤区域的中央部位重复施涂(如图 3-33 所示)，使缺陷部位得到填充，并确保略微高出工件表面。施涂原子灰时刮刀的用力大小及施涂角度如图 3-34 所示。

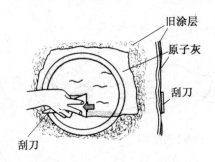 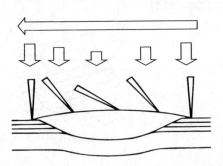

图 3-33 原子灰的施涂　　　　图 3-34 施涂原子灰时刮刀的用力大小及施涂角度

如果只沿一个方向施涂原子灰，原子灰的高点可能会倒向一侧。如发生该现象，用刮刀将原子灰朝相反方向施涂，使原子灰的高点移回到中间位置。

(4) 操作注意事项。

① 在需要原子灰较厚的地方应分几次刮涂。先全面薄刮，后填坑，再统刮或刮稀，溶剂型原子灰单次刮涂不能超过 0.5 mm。

② 刮涂原子灰时应轻按刮具，并沿刮具长度方向移动，按压力根据刮涂部位状况而定。

③ 在刮涂施工时，应根据需刮涂部位的大小及相对位置选择相应的刮涂方式。

④ 溶剂型原子灰烘干过急容易起泡。

⑤ 快干硝基原子灰仅用来填平打磨后的粗灰或漆面。

2) 打磨原子灰

原子灰干燥后要经过适当的打磨，为下一步喷涂工作做好准备。原子灰干燥后的打磨以干磨为好，因为干燥后的原子灰涂层是一种多孔的组织，如果采用水磨的方法，原子灰层会吸收大量的水分而很难完全挥发掉，对以后的涂装工作会造成很多困难。

打磨时为更好地判断打磨的程度，应使用"打磨指导层"。打磨指导层即在需要打磨的涂层上薄薄喷涂或擦涂一层其他颜色的颜色层，意在使打磨时打磨到的区域与未打磨的区域在颜色上有一定的差异，以有利于观察打磨的程度——指导层被磨掉的地方即为高点，而未被磨掉的部位即为低点，指导层全部被磨掉后，需要打磨的区域就比较平滑了。可用于指导层的材料有很多，可用雾喷极薄的一层单组分硝基漆当作指导层，也可用擦涂碳粉来进行打磨指导。指导层的颜色以反差大一些为好，但尽量使用黑、灰、白等容易遮蔽的颜色。

原子灰的干磨可以使用 P120～P360 号干磨砂纸配合 $\phi 7$ mm 偏心振动打磨头来进行，打磨效果很好。若使用过粗的砂纸或运动轨迹过大的打磨头会留下明显的砂纸痕迹，影响其上面涂层的平整程度。打磨时应使原子灰涂层与原涂层以羽状边接合，不可留有台阶等填补痕迹。

经过打磨后的涂层有时会存在小坑、小孔等缺陷，可以使用填眼灰进行填补，然后再进行下一步的喷涂。

3) 检查表面平整度

检查原子灰施工质量，可用直线规沿车身腰线的方向检查，也可用手摸原子灰，表面应平顺、光滑，指尖也应无法感觉出粗糙或不平，尤其是接口边缘，由被涂面向牢固漆面的逐渐变化应非常细腻和平顺(如图 3-35 所示)。如果打磨过度，必须重新施涂原子灰，再进行干燥、打磨。

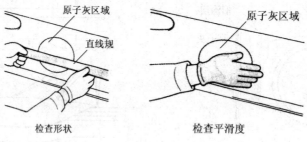

图 3-35 检查原子灰表面平整度

4. 遮蔽

遮蔽是一种保护方法或手段，使用遮蔽材料(遮蔽纸和遮蔽胶带)遮蔽不需要修饰或防止损伤的表面。

1) 遮蔽材料

涂装作业中，遮蔽是很重要的一项工作，常用的遮蔽材料主要有遮蔽胶带和遮蔽纸，如图 3-36 所示。

图 3-36 遮蔽胶带、遮蔽纸及遮蔽纸架

遮蔽胶带要求弹性小、耐热、耐溶剂、不掉胶、黏性好且胶质所含溶剂成分低。专用遮蔽胶带多为纸基，在拉伸时变形小，胶面可耐溶剂，在喷涂时不会因为溶剂的影响而开胶。需要注意的是不要用绝缘胶布或其他种类的普通胶带代替遮蔽胶带，如果使用不合标准的胶带，将会对修补增添不必要的麻烦。如果遮蔽胶带弹性过大，那么在遮蔽时会出现拉伸变形，影响一些对棱边的遮蔽要求。如果遮蔽胶带耐热差，在加温烘烤时变形甚至脱落，破坏喷涂好的涂层；加热后胶质脱落很难清理，有时还会损伤涂膜。

遮蔽纸要求能够耐热、纤维紧密(不掉毛)、耐溶剂。汽车遮蔽用专用遮蔽纸的一面为紧密的纸层，另一面涂有一层蜡质物质，这层物质与基纸结合非常紧密并且耐热不熔化，抗溶剂性能优良。而有些维修厂在实际生产中使用报纸或其他纸张代替遮蔽纸进行遮蔽，虽然节约了部分成本，但在工作中往往会造成更大的损失。普通纸张或报纸在耐热程度、抗溶剂性等方面很差，而且沾染有油墨等物质，会对施喷表面造成一定的影响，尤其是吸收了大量的溶剂后会出现松散、纤维脱落等，严重的可能会使被遮蔽底层出现失光、咬起、溶痕等故障，脱落的纤维会造成喷涂表面出现脏点等，因此应严格禁止使用。

防护罩用来遮蔽各种灯和轮胎。防护罩一般由耐热、耐溶剂橡胶制成。用防护罩遮蔽灯及轮胎要比用遮蔽纸和遮蔽胶带快捷、方便且便宜。

2) 遮蔽操作

撕开遮蔽胶带，定位遮蔽纸，将遮蔽胶带的 1/2 粘在遮蔽纸上，1/2 粘在车身上。在遮蔽前需要将一些妨碍遮蔽而又不需喷涂的部件拆下，如刮水器、收音机天线等。粘贴遮蔽胶带时一手拿住遮蔽胶带，同时另一只手进行导向和压紧，撕断遮蔽胶带时可用大拇指夹住遮蔽胶带，另一只手压住遮蔽胶带，迅速地向上撕，这样可以整齐地撕断遮蔽胶带，而不会对已经遮蔽好的遮蔽胶带造成拉伸。

遮蔽时，需要首先用遮蔽胶带沿遮蔽区域的边缘进行轮廓勾勒，然后将遮蔽纸粘贴在勾勒轮廓的胶带上，这样有利于保证遮蔽区域的整齐，如图 3-37 所示。当然具体部位的遮蔽还要根据具体情况有所改变，但是用最少的材料完成工作是一成不变的。

图 3-37　遮蔽实例

遮蔽时应注意：不要将遮蔽胶带粘贴在需要喷涂的区域或未经清洁的表面；遮蔽时不能将遮蔽胶带粘贴在肮脏或潮湿的表面上；遮蔽胶带不能粘贴在密封橡胶上；遮蔽时应将遮蔽胶带尽量压紧遮蔽胶带的边缘；遮蔽时遇到曲面时，可将遮蔽胶带的内侧弯曲或重叠，遮蔽完成后，检查是否有过度与不足。

5. 中涂漆施工

中涂漆的作用是填平原子灰不能填平的微小凹陷和砂纸划痕，减少面漆层溶剂向底涂层渗透，提高附着力。中涂漆一般为灰色，与面漆有同色化倾向。中涂漆的施涂包括清洁除油、遮蔽、混合中涂漆、施涂中涂漆、干燥中涂漆、补灰和打磨中涂漆，如图 3-38 所示。

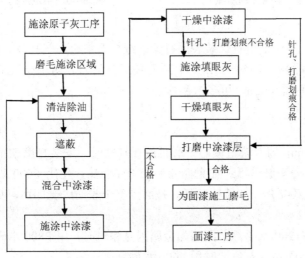

图 3-38　中涂漆的施工流程

1) 施涂中涂漆

车身修补涂装行业广泛应用的是双组分丙烯酸聚氨酯底漆，所使用的固化剂是异氰酸酯，其附着力、耐水性、耐热性、耐化学性很好，而且干燥快，打磨性及对面漆的保光性都非常好。在施涂前对车身应进行清洁除油，使其处于无水、无油、无酸碱、无机械杂质、无灰尘的状态。由于中涂漆含有比较多的填充颜料，其黏度较大，一般 18～25 s(涂-4 杯，20℃)，所以应选择口径较大的喷枪。建议使用 1.6 mm 的上壶枪，严格按照供应商的要求配比，搅拌均匀后方可使用，并在使用时效内用完。由于固体含量较高，一般喷 2 道即可达到所需的填平性，每层间隔 5 min 左右或等前一遍失光即可进行下一遍作业。操作如图 3-39 所示。

2) 干燥中涂漆

中涂漆在打磨前必须充分干燥，如果干燥不充分，不仅打磨时涂料会沾砂纸，使打磨作业难以进行，而且喷涂面漆后，还会出现涂膜缺陷。

干燥温度一般为 60℃(指金属表面温度)，干燥时间：空气干燥(20℃)约 2 h 或中短波红外烤灯烘烤 15～20 min，具体情况参照供应商要求。干燥示例如图 3-40 所示。

图 3-39　中涂漆的施涂

图 3-40　中涂漆的干燥

3) 补灰

中涂漆干燥后，应仔细检查涂装表面有无砂纸打磨痕迹、气孔及其他缺陷。若有缺陷，则用硝基类速干细灰修补。修补工作用木刮刀或塑料刮刀。切忌一次刮得太厚，一次最多只能刮涂 0.2 mm，间隔 5 min，可多次刮涂。

4) 打磨中涂漆

(1) 干打磨。

用偏心距 3～5 mm 的双轨道偏心干磨机进行打磨时，安装打磨软垫。如果面漆为单工序面漆，使用 P400 号干磨砂纸；如果面漆为双工序面漆，使用 P500 砂纸；如果用驳口技术，用 P800 网纹砂纸或 P1000 精棉砂纸。打磨到整个表面失光即可，尽量避免打磨过度。

(2) 湿打磨。

一般用 P600～P1200 水砂纸。面漆为金属闪光涂料时，用 P800 水砂纸；面漆为硝基类则用 P1200 水砂纸；面漆为单色漆时用 P600 水砂纸。

(3) 速干填眼灰修补部位打磨。

先以修补部位为中心，用 P400～P800 水砂纸将凸出部位磨平，然后用 P800 或 P1200 水砂纸将整个表面打磨平整。注意：打磨时，不能只打磨喷涂了中涂漆或补了灰的部位，还必须对其周围颜色逐渐变化的区域用研磨膏进行打磨或用 P2000 砂纸打磨。

(4) 收尾。

若采用湿磨，则用清水冲洗干净后用红外线或热风加热器将表面除湿干燥；若采用干打磨，则用吸尘器将粉尘彻底清洗干净，最后仔细检查涂膜表面，不能遗漏未经打磨的部位。

6. 面漆施工

面漆又称末道漆，是在多层涂装中最后涂装的一层涂料。面漆应具有良好的耐外界恶劣条件的作用，又必须具有必要的色相和装饰性，并对底涂层有保护作用。其质量的好坏可以直接看得到，所以面漆的施工至关重要，其施工流程大致为遮蔽、喷漆前检查准备、调试喷枪、粘尘、喷涂、干燥、涂膜修整和整理，如图 3-41 所示。

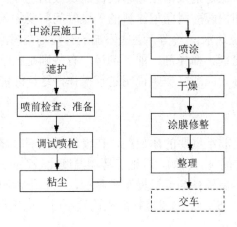

图 3-41 面漆的施工流程

1) 面漆的混合

已经准备好的面漆在喷涂以前必须经过充分的搅拌，使各种颜料和添加剂充分地混合均匀，这是保证面漆涂膜质量很重要的工作。

因为颜色的需要，喷涂的面漆很少有使用某一种纯色母的，绝大多数面漆是由多种色母混合而呈现出需要的颜色。色漆中各种颜料的质量一般比树脂要大得多，一些常用颜料的质量能达到涂料中液体部分质量的 7～8 倍。由于颜料比较重，它们会慢慢地下沉，造成涂料中树脂与颜料不能均匀分散地混合，尤其是在涂料中加入了稀释剂和固化剂等更多的液体成分之后，这种趋势会更加明显。另外，由于各种颜料的质量也是不同的，比较重的颜料有白色(通常是白垩)、铬黄、铬橙、铬绿以及红色或黄色等铁的氧化物，比较轻一些的颜料如炭黑和靛蓝等。比较重的颜料和比较轻的颜料相混合得到需要的颜色，在喷涂时如果未加充分的搅拌，会造成颜色混合不匀，某些地方颜色过深或某些地方颜色过浅等涂膜故障。例如，用白色母和蓝色母按一定的量均匀混合会呈现出湖蓝色，但如果静置一会儿，由于白色颜料较重会下沉于蓝色颜料的下方，此时油漆呈现的颜色要更加蓝一些。

颜料的沉淀现象不只存在于未喷之前，在喷涂到喷涂表面后涂膜干燥的过程中仍然在沉淀，所以有时会出现刚刚喷涂完毕和涂膜干燥之后喷涂表面有色差。同一部汽车的平面和立面由于空间方向不同，颜料沉淀后造成的色差也不同。还以湖蓝色为例，喷涂在平面上的涂膜在干燥后要比喷涂在立面上的涂膜显得更加蓝一些。由于这些原因，所以在喷涂之前一定要充分搅动面漆，使颜料分散均匀。

当然，涂料中往往需要加入稀释剂、固化剂和催干剂等一些添加剂，这些添加剂混合到涂料当中后必须经搅拌均匀后才能充分发挥它们的作用。例如，固化剂能与涂料中的树脂发生化学反应产生交联而使涂膜固化，如若搅拌不均匀，会造成部分涂膜由于固化剂过量而出现脆硬或变色等现象，另外一部分涂膜由于固化剂量不够而造成干燥不彻底，涂膜过软等现象。

2) 添加剂的使用

涂料中往往需要加入一些添加剂来提高涂膜的性能，改善或适应喷涂环境等。例如双组分涂料必须加入固化剂才能干燥并保证良好的质量；为调节喷涂黏度需要加入稀释剂；为保证喷涂质量有时要加入稳定剂来消除颜料沉淀而造成的色差；为防止出现白雾，硝基漆中需要加入化白水；为加快醇酸树脂型涂料的干燥时间需要加入催干剂；为防止出现鱼眼等故障需要加入流平剂(走珠水)，等等。这些添加剂有些是在喷涂之前就要加入并搅拌均匀后才开始喷涂的，如固化剂、稀释剂、催干剂等。有些则是在喷涂中出现了问题需要加入的，如化白水和走珠水等。应严格按照说明进行操作，这样才能保证良好的使用效果和涂膜质量。

(1) 稀释剂的使用。

稀释剂在涂装工作中是非常重要的添加剂，在使用稀释剂时需要注意根据施工条件和施工对象合理地选用不同的品种。例如，若施工环境温度比较高(35℃以上)或施工的对象面积比较大，则需要使用慢干型稀释剂或极慢干稀释剂，以利于涂膜的流平和新涂层接口部位的融合；相反，在温度低(15℃以下)或修补面积比较小时，应选用快干型稀释剂，以避免流挂的产生和加快干燥速度。

稀释剂的主要作用是调节涂料的黏度以利于涂装工作和保证涂膜厚度的均匀。故稀释剂和固化剂的使用量必须按照涂料的标准要求来添加，有其固定的比例。这种固定的比例有的是用体积比，有的是用重量比。用体积比来衡量添加量时需要使用专用的比例尺配合圆柱状容器来进行添加，使用重量比来衡量添加量时需要使用电子天平来进行称重。无论使用哪种添加的衡量方式，都必须严格控制添加量。

按照涂料的操作说明加入固化剂和稀释剂后，涂料基本都会达到要求的喷涂黏度。如果添加过量，会引起涂膜表面失光等故障，尤其是清漆层。使用黏度杯可以进行比较精确的黏度测定。涂-4 黏度测量杯(四号黏度杯)是测量黏度时比较通用的工具，如图 3-42 所示。

图 3-42　涂-4 黏度测量杯

测试时首先将被测试的涂料搅拌均匀并用 400 目以上的过滤网过滤，稍稍静置 1～2min 使空气泡逸出，然后将四号杯内外彻底清洗干净并在空气中自然干燥，尤其是漏孔要认真清洁。将黏度杯漏孔向下水平固定，用手指堵住漏孔，将测试涂料注入杯内与杯上沿齐平。移开堵住漏孔的手指使涂料自然流出，同时用秒表计时，当流丝第一次中断时停止秒表，这样涂料从杯中以连续形式流出的时间即为该涂料的黏度，用秒(s)来表示。一般面漆的喷涂黏度在 16～20 s 之间比较好，以 18 s 左右最为适宜，既能保证有适合的膜厚，又能有良好的流平性。

(2) 固化剂的添加。

双组分涂料必须加入固化剂才能干燥并保证涂膜具有优良的硬度、韧性等机械性能。不同种类的涂料，由于使用的树脂不同所用的固化剂化学成分也不同，必须按照涂料的要求配套使用，切不可任意添加。不同厂家、不同品牌的涂料和固化剂通常情况下不可穿插使用。例如，聚酯树脂类涂料使用过氧化物固化剂，环氧树脂类涂料使用氨基化合物固化剂，丙烯酸类、聚氨酯类和丙烯酸聚氨酯类双组分涂料的固化剂中含有异氰酸酯的化合物，等等。

固化剂添加的量也有其固定的比例，或用体积比，或用重量比，需要严格按照规定添加，不可随意。如果添加的量过少，会导致成膜不良，涂膜过软等故障；添加的量过多，虽可提高涂膜的干燥速度，但过量的固化剂也会使涂膜变脆、失光或变色等。固化剂也同稀释剂一样分为慢干型、快干型和普通型等几种，用于配合不同干燥类型的稀释剂调节涂料的干燥速度，所以在选用时这个因素也应考虑在内。

固化剂也具有稀释涂料的作用，但切不可当作稀释剂使用。在涂料中加入固化剂后应进行搅拌，使固化剂与树脂分子均匀地分散。涂料在加入固化剂后即开始化学反应，产生交联固化作用。从加入固化剂并搅拌均匀到涂料结块固化仅需要几个小时的时间，称为"活化寿命"，所以加入固化剂的涂料应尽快使用，否则会因固化作用导致涂膜出现橘皮、颗粒等故障或因固化反应导致涂膜交联结块而无法喷涂。涂膜加入固化剂后的活化寿命受环境温度的影响很大，较高的环境温度会加速化学反应致使活化寿命变短。所以在施工环境温度高时要随喷随调，尽量避免一次性在很多的涂料中加入固化剂，造成浪费。在环境温度比较低时，化学反应的速度会减慢，一般的涂料在温度低于5℃时化学反应基本停止，涂料基本不会干燥。所以在施工环境温度比较低时要采取一定的措施，促进固化反应的进行。常见措施：在加入固化剂并充分搅拌后静置比较长的时间，以使涂料充分活化然后喷涂；或用热水对已经加入固化剂的涂料进行加温和保温等。

在使用固化剂时还要注意安全操作，尤其是含异氰酸酯的固化剂，因异氰酸酯极具活性，如果使用不当会对人体造成危害。异氰酸酯可以同许多常见的物质发生反应，所以在使用、储存和处理的过程中要多加注意，尽量不使皮肤裸露部位接触到异氰酸酯，更不能使其进入眼睛、口腔和呼吸道。如发生上述情况，必须马上用大量的清水冲洗并请医生处理。

(3) 其他添加剂。

使用以防止涂膜故障为目的的添加剂时，应根据当时的情况，结合产品说明进行添加。对于硝基涂料使用的化白水、醇酸基涂料使用的催干剂、在涂膜发生鱼眼故障时使用的走珠水等往往需要视情况酌量添加，需要有一定的实际操作经验。

很多涂料在制造过程中已经添加了颜料稳定剂，在正常使用过程中不需要额外添加。例如高固体成分的双组分涂料，因固体成分占有量很大(达70%以上)，所以颜料的稳定性显得非常重要，在涂料生产罐装时都已加入了稳定剂。有些涂料的稳定剂是单独罐装的，例如银粉漆，在色母中就有颜色稳定剂这一项，在调色配方中也将稳定剂作为必须添加的成分而计算出了适当的添加量，在调色时只需按照规定的量加入即可。

3) 面漆的喷涂

面漆的喷涂要根据面漆的黏度选择适当口径的喷枪。以 HVLP 重力式喷枪为例，以 ϕ1.3 mm～ϕ1.5 mm 口径比较适合。喷涂黏度较大的面漆使用大一点口径，喷涂黏度小的使用稍小的口径。

喷枪要用面漆稀释剂清洗干净，在枪罐内加入少量的稀释剂，接上高压气管，扣动扳机，以较大的气压使稀释剂喷出以清洁喷嘴部位，然后将剩余的稀释剂倒出。

将面漆加入枪罐时要用 400 目以上的过滤网过滤，过滤网可以滤掉面漆中的小颗粒和灰尘等，使喷涂的面漆更加均匀。有些喷枪在漆罐与喷枪的导管部位安装有滤网，但是不要因为枪中有滤网就不过滤面漆，这是因为导管的通过面积很小，为保证供漆通常枪内滤网做得比较粗，在 200 目左右，只能过滤较大的颗粒，对于小一些的颗粒没有过滤作用，有时还会因阻塞而造成供漆困难，所以面漆必须要经过大滤网的过滤。

在喷涂面漆以前要对喷枪的气压、出漆量和喷幅等做仔细的调整。为保证喷涂质量，还应首先做实验喷涂，以确定合适的喷涂距离、运枪的速度和喷幅重叠程度等。喷涂实验板时，要将扳机扣到最低，按喷枪规定的喷涂距离，以正常的运枪速度(为 0.5～0.6 m/s)用 2/3 的喷幅重叠量喷涂一小条，然后观察涂膜的流平程度和有无喷涂缺陷。如果满意，即可进行正式喷涂；若不满意或有喷涂缺陷，须及时调整。正式喷涂时，应从被喷涂板材的上部开始，以均匀的运枪速度和喷幅重叠量依次向下直到喷涂完整个板材。因为喷漆间内的空气流动为自上而下，这样喷涂可以使漆雾向下扩散，对刚刚喷涂完毕的表面沾染较少，有利于保持涂膜的光滑和亮度。

喷涂时的起枪位置应从距离被喷涂表面 5～10 cm 的地方开始。因为，若使用的是上壶枪，在重力的作用下，喷口处聚有较多的涂料，刚刚开始喷涂的时候会出漆较多而且雾化程度不良；若使用的是下壶枪，在刚刚开始喷涂时，涂料还没有被抽吸上来，出漆量比较少。从被喷表面的外面一段距离处开始喷涂，可以避免这些现象，保证喷涂质量。如果被喷涂的板材面积比较小，喷涂时应使喷枪移动到板材边缘以外 5～10 cm 处再停止，并原地重新起枪以一定的喷幅重叠量返回。若被喷涂面积比较大，在运枪时应双脚分开略宽于肩，在保持枪身稳定的情况下，以能够保证喷涂质量的最大喷涂长度为准，不可以移动脚步的方式延长喷涂长度，这样会造成运枪速度不匀，引起涂膜的膜厚不匀或颜色有差异。

喷涂时，喷枪须沿直线移动，不要出现偏斜，喷口和被喷涂表面的距离要始终保持一定，运枪的速度和喷幅重叠量保持均匀，这样才能获得均匀的膜厚、遮蔽能力和一致的颜色效果及流平效果。

有些喷涂表面不仅是大平面需要喷涂，边边角角等也需要喷涂。例如车门，不仅大面需要喷涂，周围的小边和门口也要喷涂才能使涂膜保持一致。对于这种情况，习惯上的做法是首先喷涂这些地方，然后再大面积喷涂。这样做有一个缺点，即在喷涂边边角角等地方时会有大量的漆雾飞溅到需要喷涂的大表面上，影响已经处理过的待喷表面的平整程度，对大面喷涂时涂膜的流平不利。所以在遇到这种情况时应首先对大面喷涂一层，在其表面未干时用比较小的气压和较小的喷幅对边边角角进行喷涂。这样，即使有少量漆雾飞到刚刚喷涂的表面，由于大面上的涂膜未干，很容易将漆雾混合，不会留下颗粒。大面上等第一层涂膜稍干后再喷涂第二道就不会受漆雾的影响了，边边角角等地方不喷涂第二道。

面漆涂膜的厚度一般要求在 50 μm 左右。过薄会使涂膜显得干涩，不够丰满，装饰效果比较差；过厚容易出现开裂等涂膜故障。现在常用的高固体分双组分素色面漆由于具有较高的固体成分，喷涂一层即可以有较厚的膜厚和良好的遮蔽能力，喷涂两层就可以达到所需的膜厚。在喷涂这种涂料时，应按照涂料的说明来操作。通常第一层喷涂要采用薄喷，涂膜不要太厚，但必须均匀并保证良好的流平。第二层喷涂得厚一些，以保证足够的膜厚和良好的平整程度、鲜映程度。两层喷涂间隔的时间以第一层稍干即可，一般为常温下 10min 左右，也可以用手轻触遮蔽物上的涂膜，如涂料不沾到手指上就可以喷涂第二层。两层喷涂的间隔时间不宜过长，尤其是炎热的夏季，高固体分涂料中可挥发成分少、干燥快，如果第一层已经达到表干的程度再喷涂第二层，第二层中所含的溶剂成分不能很好地溶解第一层的表面，会造成两层之间不能很好地融合。

4) 面漆的修饰

(1) 遮蔽物的处理。

强制干燥时，在车身还未完全冷却时掀去粘贴的遮蔽物；自然干燥时，在喷涂结束 10～15 min 撕去遮蔽物。硝基类油化，待到手指能触摸的程度后撕去遮蔽物。遮蔽物必须妥善处理，不要到处丢，污染环境。

(2) 漆面抛光。

抛光是通过打磨的方法，除去涂膜表面的灰尘和麻点。对表面粗糙不平处和起皱处进行修整，达到涂膜表面更加光亮，消除晕色的目的。

抛光方法：首先用 1000～1500 号水砂纸进行湿打磨，去掉灰尘和颗粒。再洗净表面，干燥，用细研磨膏研磨，去掉砂纸痕。若是喷涂技术不好，或稀释剂选择有问题，涂膜表面会很粗糙，甚至起皱，则先用 1000～1500 号水砂纸湿磨，去掉表面的粗糙点和起皱，然后用中等粒度或细研磨膏研磨，再用极细研磨膏研磨，最后用超细研磨膏抛光。研磨时应注意，抛光的打磨头只能轻轻接触涂膜，边观察光泽和涂膜状态，边仔细操作。晕色部位涂膜很薄，容易发生磨穿和露底现象。

五、车身涂层常见缺陷处理

1. 喷涂中的缺陷处理

1) 流挂

涂膜上留有漆液向下流淌痕迹的现象叫作流挂。多出现于垂直面或棱角处。一般出现在垂直面的为垂幕状流挂，出现在棱角处的为泪痕状流挂。涂刷的涂膜太厚或油漆调得过稀，都会出现流挂。根据流痕的形状可分下沉、流挂、流淌等。

(1) 产生的原因。

① 使用的溶剂挥发过慢或涂料不配套。

② 稀释剂过量，使黏度低于正常施工要求，漆料不能附在物体表面而下坠流淌。

③ 施工不当，喷枪与被涂物面距离太近或走枪速度太慢，一次喷涂过厚等。

④ 采用湿碰湿工艺喷涂时，间隔时间太短。

⑤ 施工场所温度太低，涂料干燥速度过慢，而且在成膜过程中流动性又较大。

(2) 防治方法。
① 采用正确的喷涂方法，将喷枪调节至适当。
② 稀释油漆时尽量按混合比例进行，使施工黏度在工艺范围内。
③ 在气温较低的冬季施工时，尽量提高喷漆室的温度，保证在10℃以上至室温的范围。
④ 湿碰湿工艺施工时，保证有足够的间隔时间。
⑤ 喷枪压力与口径应能满足工艺的要求。
⑥ 发生在素色单工序面漆层或清漆层时，等涂膜完全硬化之后，用P1200或P1500砂纸打磨。
⑦ 底色漆层流挂时，磨平流挂涂膜后重新喷涂。

2) 气泡

气泡是在涂装过程中涂膜表面呈泡状鼓起或涂膜中有气泡的现象。

(1) 产生的原因。
① 溶剂挥发快，涂料黏度偏高。
② 烘干时加热过急，晾干时间过短。
③ 底材、低涂层或面涂层含有溶剂、水分或气体。
④ 涂料中混入气体。
⑤ 被涂面有油、汗液、指纹、盐碱、打磨灰等亲水物质存在。

(2) 防治方法。
① 使用指定溶剂，黏度应按涂装方法选择，不宜偏高。
② 烘干不宜温度太高。
③ 底材或底漆层应干燥清洁，不含水分和溶剂。
④ 如果情况严重，则研磨至金属表面，再重新喷涂；如果气泡状况轻微，则研磨过后再重喷底漆及面漆。

3) 咬起(底)

喷涂面漆后，底漆层或中间涂层过分变软，产生皱纹、胀起、气泡等咬起现象。硝基漆中含强溶剂时，容易产生这种现象。

(1) 产生的原因。
① 涂层未干透就喷下一道漆。
② 涂料不配套，面漆中含有能溶解底漆层的强溶剂。
③ 涂得过厚。

(2) 防治方法。
① 待底漆干透后再喷涂面漆。
② 改变涂料体系，选用合适底漆。
③ 在易咬起场合，先薄薄涂一层面漆，并等其完全干后再喷涂面漆。
④ 对发生咬起的漆面，打磨至咬起消失，重新进行涂装作业。

4) 针孔

针孔是在涂膜上产生针状小孔或橡皮革毛孔现象。

(1) 产生的原因。
① 涂料的流动性不良，流平性差，释放气泡性差。

② 涂料变质，互溶性差。
③ 涂料中混入了水分等。
④ 晾干不充分，烘干升温过快。
⑤ 被涂物温度过高或表面有污物。
⑥ 底材处理不好，存在针孔。
(2) 防治方法。
① 选用合格涂料。
② 注意量具的清洁和溶剂的质量。
③ 按规定晾干，添加挥发慢的溶剂使表面干燥减慢。
④ 注意被涂物表面温度和清洁度。
⑤ 对发生针孔的漆面，打磨至平滑，然后重新涂装作业。

5) 起皱

起皱是在干燥过程中涂膜表面出现的皱纹，如凹凸不平且平行的线状或无规则线状等现象。

(1) 产生的原因。
① 喷涂时距离过近，气压过大。
② 在涂料中添加过多的钴或锰催干剂。
③ 烘干升温过急，表面干燥过快。
④ 涂膜过厚或在浸涂时产生"肥厚的边缘"。
(2) 防治方法。
① 按喷涂操作规范，控制距离和气压。
② 少用钴、锰催干剂，多用铅、锌催干剂。
③ 每道漆控制在不产生起皱的厚度限制内。
④ 执行晾干和烘干的工艺规范。
⑤ 采用防皱剂，如醇酸树脂中加入氨基树脂。

6) 橘皮

橘皮是在喷涂时不能形成平滑的漆膜表面，而呈橘皮状的凹凸现象。

(1) 产生的原因。
① 涂料黏度大，流平性差。
② 压缩空气压力低，出漆量大，导致雾化不良。
③ 被涂物面温度过高，周围风速过大，溶剂挥发过快。
④ 晾干时间短，喷涂量不足。
⑤ 采用了导致干喷的喷涂方法，如喷涂距离太远，流量太小或气压太大。
(2) 防治方法。
① 添加合适的稀释剂，改善涂料的流平性。
② 选择合适的喷涂气压和出漆量，以获得良好的雾化涂料。
③ 一次喷涂到规定厚度。
④ 调整距离，选用合理被涂厚度。

7) 发白

发白是在涂装过程中或刚喷涂完毕的涂层表面呈乳白色，产生云样的变白失光现象。

(1) 产生的原因。

① 施工场所空气湿度太高(80%以上)。

② 使用的溶剂沸点低，而且挥发太快。

③ 被涂物温度低于室温。

④ 涂料和稀释剂的配比不恰当，造成树脂在涂层中析出而变白。

(2) 防治方法。

① 涂装温度控制在 15～25℃，湿度不高于 70%。

② 选用沸点高和挥发速度低的有机溶剂。

③ 涂装前先加热物面，使之比环境温度高 10℃。

④ 防止带水施工。

2. 喷涂后的缺陷处理

1) 划痕

划痕是指汽车涂膜被障碍物划伤后表面留下的深浅不同的沟槽。根据其深浅程度不同可分为浅度划痕(划痕已穿过清漆伤及色漆层)、中度划痕(色漆层已刮透但尚未伤及底漆层)和深度划伤(可见车身金属表面)。

(1) 产生的原因。

① 汽车在使用过程中产生碰伤或擦伤。

② 行驶时可能被树枝划伤。

③ 道路交通事故。

(2) 防治方法。

涂膜的中、深度划伤采用局部修补的方法。浅度划伤的防治方法如下。

① 清洗。采用脱蜡清洗剂对刮伤部位进行清洗，然后晾干。

② 还原。先打磨、抛光，然后用一小块无纺布将还原剂抹于漆面，然后抛光成与周围颜色一致为止。

2) 褪色

褪色是指在使用过程中，涂膜颜色变浅的现象。

(1) 产生的原因。

① 受日光、化学药品、大气污染等作用，颜色减褪。

② 热和紫外线的作用使树脂变质。

③ 所用涂料耐候性差或不适用于户外。

④ 没有施涂中涂漆，导致面漆颜色被原子灰吸收。

(2) 防治方法。

① 根据使用环境选用耐候性优良的涂料。

② 选用不褪色的涂料。

③ 按照涂装标准流程作业，在原子灰表面施涂中涂漆后再喷涂面漆。

3) 裂缝

裂缝是指涂膜出现部分裂缝的现象。根据裂缝的形态可分为发状裂纹、浅裂纹、龟裂、鳄皮和玻璃裂纹。

(1) 产生的原因。

① 涂层经受不住冷热、干湿或侵蚀液体的交替变化。
② 涂层配套不适当，如底漆涂膜比面漆软。
③ 面漆涂得过厚且耐寒性不佳。
④ 底漆曾未干透就喷涂面漆。
⑤ 所有面漆耐候性差。
⑥ 原子灰施涂过厚，造成收缩开裂。

(2) 防治方法。

① 应尽可能避免将被涂件早期暴露在严寒之中。
② 原子灰不应涂得过厚。
③ 底漆层干透后才能喷涂面漆。
④ 选用耐候性、耐温度变化优良的面漆。

4) 涂膜剥落

由于附着力不强，涂膜受外作用会产生脱离，可分为鳞片剥落、皮壳剥落、脱皮剥落和层间剥落。

(1) 产生的原因。

① 表面处理不佳，被涂面有蜡、油、水。
② 被涂面打磨不充分、太光滑。
③ 底漆过干或直接在旧漆上喷涂。
④ 涂料配套不适当。

(2) 防治方法。

① 喷漆前被涂面应处理清洁，应立即喷漆。
② 被涂面或旧漆面应严格地进行打磨处理。
③ 严格执行工艺，谨防过分干燥。
④ 通过试验选择合理的配套涂料及改进施工工艺。

5) 粉化

粉化是指涂膜表面受大气中的光、氧和水分的作用，老化呈粉状脱离的现象。

(1) 产生的原因。

① 涂膜在使用过程中受到紫外线、氧气、水分的作用，发生老化，漆基被破坏，露出颜料。
② 所使用的涂料耐候性差。

(2) 防治方法。

① 根据使用环境选用涂料。
② 加强涂膜的维护与保养。

6) 失光

由于涂料不良导致所得涂膜的光泽低于标准样板光泽的现象，以及在使用过程中最初有光泽的涂膜表面出现光泽减少的现象，统称失光。

(1) 产生的原因。

① 涂装不良，未按工艺执行，如涂得过薄，过烘干及被涂面粗糙。

② 所用涂膜耐候性差。

③ 涂膜干燥收缩。

④ 阳光照射、水汽作用和腐蚀气体的沾污。

(2) 防治方法。

① 应选用耐候性优良的涂料。

② 严格按照工艺要求施工涂装。

③ 如所用涂料有抛光性，则进行抛光即可恢复光泽。

项 目 小 结

将涂料涂覆于车身表面上，经干燥成膜的工艺为车身涂装，已经固化了的涂料膜称为涂漠(俗称"漆膜")。由两层以上的涂膜组成的复合层称为涂层。车身常用的涂料可分为双组分丙烯酸聚氨酯、环氧树脂、热塑性丙烯酸涂料、醇酸树脂、石油基树脂、聚酯树脂、氨基树脂和酚醛树脂。

原子灰是一种膏状或厚浆状的涂料，容易干燥，干后坚硬，能耐砂磨。原子灰俗称"腻子"。

喷涂过程中常见的缺陷有针孔、起皱、橘皮、发白、咬起、气泡和流挂；喷涂后的缺陷包含划痕、褪色、裂缝、涂膜剥落、粉化和失光。

复习思考题

一、填空题

1. 原子灰是涂料，所以也是由_____、_____、_____和填充材料等组成的。
2. 汽车修补用面漆按颜色效果分主要有_____和_____两大类型。
3. 按照涂料的供给方式，喷枪可分为：_____喷枪、_____喷枪和_____喷枪。
4. _____的主要作用是调节涂料的黏度以利于涂装工作和保证涂膜厚度的均匀。
5. 涂膜上留有漆液向下流淌痕迹的现象叫作_____。

二、简答题

1. 原子灰的种类有哪些？各有何特点？
2. 从事涂装工作的人员在工作中的注意事项有哪些？
3. 涂料的基本组成有哪些？
4. 压缩空气供气系统的组成及各自的作用是什么？

三、论述题

1. 简述车身涂层的定义及功能。
2. 论述喷枪的调整方法及喷枪的操作要点。
3. 论述车身涂层修补流程及每个流程的要点。
4. 论述车身涂层常见缺陷及其处理方法。
5. 简述汽车涂装的常用方法。

四、实训题

围绕车身涂层材料和车身涂层修复工艺流程等相关理论知识，结合实验室相关的车身修复工具设备和车身涂层修复产品制定一份详细的车身前门涂层修复工艺流程的理论报告。根据报告在轿车丰田卡罗拉前门实施实训。考核要求如下。

(1) 实训前准备工作。
(2) 前门涂层修复工艺流程。
(3) 实训结果。
(4) 综合考评前门修复效果和理论素养。

项目四　汽车彩绘装饰

【知识要求】

- 了解汽车彩绘装饰的历史与发展方向。
- 了解汽车彩绘装饰的种类。
- 掌握汽车彩绘装饰常用工具的使用方法。
- 掌握汽车彩绘装饰的简单工序。

【能力要求】

- 能够正确使用汽车彩绘工具与设备。
- 能够进行简单的汽车彩绘装饰操作。

新版《机动车登记规定》的实施，放宽了对汽车改装的限制，使得国内不少城市迎来了"改装热"，越来越多的投资者加入了汽车改装的行列。对于车主来说，为了追求与众不同，最直接也是最显著的改装项目，无疑就是改变车辆外观了。许多车主首先会想到给爱车换身"衣服"，然而仅仅改变车漆颜色现在已经不能满足他们的要求了，因此，最能彰显个性的汽车改装项目之一——汽车彩绘悄然兴起。

一、汽车彩绘概述

1. 汽车彩绘的概念

汽车彩绘是艺术和汽车工艺的完美结合。艺术家把车身当作画布，利用喷笔描绘出一幅幅绚丽多彩的立体画面，结合汽车烤漆工艺将美丽的画面永远留在车身上，如图 4-1 所示。让艺术融入我们的生活，让汽车更加个性化，汽车业又将迎来一个时尚的新高潮。汽车彩绘不仅是一个普通的图案和一些颜料而已，它是艺术家们经过精心设计与制作的结晶，是艺术家们的思维方式和对艺术观念改变的一种方式。

汽车彩绘与贴纸有本质区别，它是在喷漆、烤漆的基础上，把车身设计、手工绘画和汽车视觉充分地融合在一起，使漆面形成个性化极强的汽车视觉绘画效果，完全将图案变作了汽车的一部分，它绝不再是附属在汽车表面的东西。这种烤漆效果与此前汽车车漆并无二致，光滑、亮丽，只是凭借图案色彩的变化而带动人的感官触觉。所以，这种技能必须真正与灵感创意相结合，才能成为上乘之作。

(a)

(b)

图 4-1　汽车彩绘

2. 汽车彩绘的历史

绘画在人类历史长河中悠久深远，在还没有文字的时代，人们互相沟通就是依靠象形的图形来表达意思。之后的绘画逐渐发展，直至后来将喷枪做画运用到了汽车车身，汽车彩绘这个名词也诞生了，并且成为汽车改装范畴中的流行词。

喷枪绘画最早可以追溯到 1893 年，美国著名水彩画家查尔斯·帕蒂克发明了喷枪，并且率先使用喷枪作画。最开始的喷枪画家大多数是在自己的画房中作画，而且喷涂的规模也不是很大。所以后期的汽车彩绘画家有很多经验都是自己一步一步在实践中摸索出来的。

早期的汽车彩绘画家先是在一些废旧的汽车上做画。因为缺乏经验，所以主要以一些简单的文字涂鸦和卡通图案为主。而且那时候的汽车彩绘只能算是一种即兴发挥的涂鸦，算不上真正意义上的现代车身彩绘。

随着人类汽车工业的飞速发展，相对传统、外形较保守的车型逐渐被淘汰，外形个性、亮丽的车型被生产出来。人们也越来越张扬自我个性，改装车辆逐渐增多，而为了配合夸张的外形和音响系统等改装，汽车彩绘也开始被更多的人接受和喜爱。到了20世纪七八十年代，汽车彩绘在欧美国家正式进入了黄金期。汽车彩绘工艺的发展带来了这个行业的飞速发展。欧美国家的汽车和摩托车改装率超过50%，而每一辆改装的汽车和摩托车几乎都有大大小小的彩绘，有些没有改装的车辆也会考虑进行车身彩绘。近几年，汽车彩绘更是风靡了全世界的大街小巷，有些汽车甚至只要在不影响安全的情况下裸露在外面的每一寸"肌肤"，都被个性、艳丽的彩绘布满。科幻的空间、可爱的卡通人物、炙热的火焰等，这些汽车彩绘代表着每一辆车的个性，其中包括车主的心思和设计师的灵感。最关键的是每一个汽车彩绘都有别于其他汽车彩绘，就像指纹一样是世界上唯一的图案。

3. 汽车彩绘在中国

汽车改装行业在我国兴起较晚，汽车彩绘也才引入不过10多年，尚处于萌芽阶段。早些年由于人们观念的约束及法规限制，车主对车辆外观的要求都很中规中矩，车漆颜色都难见另类，更不要说在当时会被视为"异类"的彩绘车身了。

国内最早出现的汽车彩绘或许就是公交车上的广告了，在当时水墨画风格的城市交通里，公交车的"彩绘"成为唯一的一道彩色风景线。随着近些年国内汽车市场的蓬勃发展，汽车保有量不断攀升，汽车后市场这座金山越堆越高。作为这其中不可缺少的一桶金，汽车美容改装行业也开始炙手可热起来。年轻的80后一代开始成为新的购车群体以及新法规对汽车美容改装的"松绑"，对汽车美容改装行业在国内的兴起起到了催化作用。汽车彩绘作为汽车美容改装的一个"重要成员"，理所当然地也搭上了这班车。

如今，在国内的一些城市中已经时常可以看到车身涂有极具个性的彩绘图案的改装车，甚至一些未经改装的新车也进行了彩绘。这说明汽车彩绘已经渐渐在国内流行起来。但任何一个市场都会存在不足之处，尤其是新兴市场，汽车彩绘市场也不例外。

4. 汽车彩绘的发展现状

汽车彩绘在汽车工业发达国家已经形成完整的产业链，包括专业的彩绘油漆、颜料、辅料、模板、喷笔、喷枪以及气泵等用品和设备生产厂家，以及培训机构和彩绘工作室。它们环环相扣，不断向市场提供新的产品，推动着整个行业的发展。国内汽车彩绘行业目前尚不具备这样的规模，但随着汽车彩绘的悄然兴起，众多商家也开始涉足这个行业，包括汽车彩绘用品供应、加盟代理及技术培训机构。其中不乏滥竽充数者，以次充好、夸大事实的现象比较普遍。就拿汽车彩绘培训机构来说，如今培训机构可谓遍地开花，并且培训费用颇高，但其中却是鱼龙混杂，除一些具有一定规模的正规机构外，也存在很多浑水摸鱼的"奸商"。据了解，其中有些培训机构夸大其词，声称培训内容均为国外先进技术，而实际上他们只是掌握了一些国外的技术资料，略加消化，就拿来培训学员了。而众多加盟代理也是难辨真伪，令许多投资者摸不着方向。这些现状对汽车彩绘市场的发展有害无益，急需政府相关部门的整顿和规范。

5. 彩绘的分类

1) 按照彩绘主体分类

(1) 私家车彩绘：中国汽车市场在经过近几年的快速发展后，私人用车的保有量已经占总汽车保有量的主要比例。不少车主开始狂热追求个性的、独特的表现形式，从用车到玩车的观念蜕变，必然促使汽车彩绘演绎出独特的汽车文化。

(2) 企业自由商务车彩绘：企业自由商务车、货运车车身广告特点是客户拥有自己的媒体，充分利用其面积和效果发布广告，可大量减少租借其他媒体的费用，达到同等广告宣传力度。

(3) 集装箱彩绘：集装箱彩绘属于大型车体彩绘，其难度高、面积大。但彩绘画面效果好，视野开阔，画面逼真，立体感突出。因为集装箱表面凹凸不平整，所以车贴很难粘贴在车体表面，容易起皮脱落，效果不佳，维持时间短，也是客户头疼的问题之一。(成功案例：GE 公司大型号水处理器集装箱彩绘)

(4) 4S 店、车展、庆典、活动等临时汽车彩绘应用。

(5) 家电彩绘：冰箱，洗衣机等家用电器表面的彩绘。

(6) 卫浴陶瓷彩绘：高档彩绘，如彩绘浴缸等。

(7) 墙体彩绘。

(8) 婚车临时彩绘。

2) 按照技术的地域性分类

汽车彩绘又可以分为欧美模板彩绘技术、日本直喷彩绘技术、港台彩绘技术和俄罗斯复杂彩绘工艺。

(1) 欧美模板彩绘技术。模板彩绘是彩绘的初级技术，模板彩绘在欧美地区兴起较早，经几十年的发展已自成体系，但模板技术存在诸如边缘生硬、过渡不均匀以及容易漏色跑漆等缺点，并且没有一定美术基础或不经长期训练很难掌握。

(2) 日本直喷技术。直喷彩绘技术作为日本彩绘的代表技法在世界彩绘业内享有很高的盛誉。采用该技术喷绘的作品色彩细腻、过渡均匀且造型逼真。该技术不仅可以作为一项独立的彩绘技术进行实际绘制整车，也可以弥补模板技术在绘制图案时的不足。

(3) 港台彩绘技术。港台彩绘技术特点是灵活多样，技术技法交错，适于绘制抽象拉花等图案图形，是目前国内彩绘业的新风格。

(4) 俄罗斯复杂彩绘工艺。汽车彩绘起源于南美，发展于欧美，但目前最具影响力、绘制效果最为精细复杂的彩绘技术却来自俄罗斯。俄罗斯是传统的艺术大国，绘画也是他们的强项。彩绘作为一种新的艺术形式在俄罗斯得到了更大规模的发展。俄罗斯复杂彩绘工艺的特点是，可以通过简单易学的工艺流程，绘制出层次感和空间感强烈、造型逼真细腻以及构图严谨复杂的超写实图案。因此，俄式彩绘工艺被誉为彩绘艺术的最高境界。

3) 按照有效时间分类

汽车彩绘按照有效时间可分为永久性彩绘和临时性彩绘。

(1) 永久性彩绘。为了让彩绘作品能够长期驻留车身，在进行彩绘前需要将车身表面的清漆保护层打磨掉，然后使用遮蔽物将不需要喷绘的地方遮蔽，并使用专用清洁剂对将要进行彩绘的车身表面进行清洗。完成以上准备工作后，专业人员就可以开始进行喷绘了。

喷绘完成后，需要在彩绘作品表面再次喷涂清漆，并进行烤漆，这样彩绘作品可以在车身表面维持 5 年以上。以上这种彩绘方法即为永久性彩绘。

(2) 临时性彩绘。临时性彩绘是指在不破坏汽车的原有漆面的前提下，利用特殊的颜料直接在车身表面进行喷绘。这种颜料色彩艳丽、立体突出，并且过渡色彩自然丰富，还能够防雨水。在无人为破坏、磕碰的情况下，彩绘效果可保持 1~3 个月，并且清洗容易，可随时更换图案。这种汽车彩绘方法比较适用于新车展示、婚车彩绘及车身广告彩绘等。

6. 汽车彩绘的市场前景

汽车彩绘技术随着我国私家车的普及，目前已经成为一种时尚，并发展成为一项庞大的产业，很多年轻人及追求个性人士喜欢将自己的车装扮一番，更有人喜欢把自己的车装扮成别具一格，而汽车彩绘就是很多人的选择。开一个汽车彩绘店，给汽车表面做美容，此外还可以加上其他的创意汽车装饰。汽车彩绘行业正逐渐成为朝阳行业。

中国汽车市场在经过近几年的快速发展后，私人用车的持有量已经占总汽车保有量的主要比例。不少车主开始狂热追求个性的、独特的表现形式，从用车到玩车的观念蜕变，必然促使汽车彩绘演绎出它独特的汽车文化。

个性化的追求成为这些彩绘产生的动力源，或者说，正因为不同，所以才完美。汽车彩绘艺术永远没有尽头，因为它展现的是永远不会重复地张扬个性。汽车给了艺术家们更大的发挥空间，这使得通过图案和色彩来表达更加富有深度的东西成为可能。

汽车彩绘技术应用及扩展：彩绘技术可以应用在很多方面，不是只应用在汽车车体上，可以应用在摩托车、货车、集装箱、卡车、面包车、游艇、冰箱、直升飞机、马桶、吉他乐器、头盔、公交车、人体彩绘、手机彩绘、艺术创作、肖像画(日本流行)、指甲彩绘等，只要能想到的都可以进行彩绘。

7. 汽车彩绘施工过程及注意事项

1) 汽车彩绘的施工过程

目前国内正规的彩绘工作室一般都有一整套的施工流程，以永久性彩绘为例：首先是与客户沟通，根据客户的想法设计彩绘图案，并使用计算机做出效果图，当客户对效果图表示满意后开始车身施工；施工时首先需要对原车漆面进行修复和清洁；漆面修复完成后，按照设计方案喷涂底色，然后按照彩绘图案的色彩逐层进行绘制；绘制完成后，对图案进行清洁，然后喷涂一层清漆，最后进行烤漆、打磨漆面、镜面抛光及漆面镀膜处理。

2) 汽车彩绘施工注意事项

进行汽车彩绘施工时有几点需要注意：前期的打磨应保证将每个细节的地方都打磨均匀，力度的把握相当关键，既不能伤到底漆又要把面漆打磨干净，这决定了作品完成后会不会掉漆。油漆的比例对调色是相当重要的，色彩的把握以及图案绘制的先后次序直接影响作品的美观程度。后期的漆面处理应注意不要留下胶痕，抛光也需要将每个细节都均匀处理，避免出现凹凸不平的现象，这决定了作品颜色的鲜亮程度。

3) 汽车彩绘施工误区

整天在汽车这个机械猛兽身上找毛病、动手术叫作汽车改装，那么"汽车彩绘"便成了其中最具有艺术表现力的改装项目。优秀的汽车彩绘，能让你的汽车增加无限魅力。然而，喜欢改装的人没几个是懂艺术、懂绘画的。车身彩绘并不是喷了就好看。

(1) 切勿颜色乱搭。许多车主认为所谓"彩绘"就是许多色彩融汇到一起，跟着感觉走，越随意越好。殊不知，这是绘画大师的境界，往往会出现在他们的抽象创作里。经过长时间的历练，通过这样的绘画手段来诠释他们对艺术的理解与剖析。"从有形到无形，从具象到抽象"，一个不懂得绘画艺术的人，往往会弄巧成拙。

(2) 忌缺乏主题。任何作品在创作之前(或创作过程当中)都要拟定一个主题，所有的"彩头"都是为这个主题服务的。否则，很容易就成了"四不像"，而丧失了整体感觉和原本的价值。

(3) 不要乱用名画。撇开版权、著作权之类的外在约束力不谈。假设，把达·芬奇的"蒙娜丽莎"不加修饰地画到车上，知道的说这是汽车彩绘，不知道的，以为你是达·芬奇的忠实粉丝，在替他做巡回展览呢。当然也并不是所有的画都不能用，就是用也是要有技巧的。建议大家还是到专业汽车彩绘店去咨询。

(4) 挂在墙上好看的画并不一定适合画在车上。有时候车主拿着图案找到改装店，要求把自己喜欢的图案画在车上。如果是稍微懂点艺术的车主就罢了，碰上一无所知的人，就够考验彩绘师能力的了。

(5) 不要一味追逐潮流。"新潮"并不一定适用于所有地方。汽车彩绘不像买衣服那么简单，穿几个月，甚至穿几天就可以扔掉。喷在车体上的漆料是不容易完全清除掉的，所以选择好图案和风格是很重要的。

汽车彩绘是一门汽车艺术，大家用艺术的眼光和艺术的修养在欣赏和享受它所带来的震撼的同时，请不要让你的汽车成为笑柄。

二、汽车彩绘施工的常用工具

汽车彩绘装饰的施工必须要用到专业的设备与工具，如图 4-2 所示，比如喷涂的喷笔要有为其供给压缩空气的气泵才能正常工作。需要专用的气泵或气罐，同时也需要气压计，滤水器等周边装置的配合。

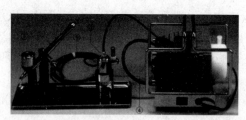

图 4-2　汽车彩绘装饰施工的必备设备与工具

①—喷笔；②—气泵；③—调压阀；④—滤水器；⑤—通气管

1. 喷笔的组成、分类和特点

喷笔涂装与喷罐涂装一样，涂料成气雾状涂喷在物件表面，并使表面涂层光洁无上色痕迹。而喷笔涂装与喷罐涂装，两者在喷涂面积、涂料浓度、油漆的选用上也有着不同的区别。下面的部分将对喷笔涂装做详尽介绍。

喷笔涂装的情形如图 4-3 所示。一手拿部件，一手拿喷笔。喷笔随上色的进程而不断移动。喷涂形状从细线到大面积，如图 4-4 所示，喷笔都能从容应对。

项目四 汽车彩绘装饰

图 4-3 喷笔涂装的情形

图 4-4 用喷笔喷涂从细线到大面积的形状

1) 喷笔涂装与喷罐涂装的特征对比

(1) 喷笔涂装的特征。

其优点如下。

① 无上色痕迹,上色均匀统一。

② 适应各种颜色和类型的涂料。

③ 喷涂面积从小到大,范围广,特别大面积的上色尤为突出。

④ 涂料易干(不包含较厚涂层)。

⑤ 多层上色时,下层的颜色不易溶透出来。

其缺点如下。

① 与手涂相比,配一套喷笔、气泵的价格比较昂贵。

② 喷涂呈雾状,喷涂范围比较大,不像手涂一样较好控制。

③ 稀释剂消耗量较大。

④ 声音大,不宜夜间操作。

⑤ 对细节处的处理不如手涂的效果好。

(2) 喷罐涂装的特征。

喷罐涂装如图 4-5 所示,它具有如下特点。

其优点如下。

① 与配一套喷笔相比,价格适中。

② 轻巧,易掌控。

③ 适合各类专用色装饰。

其缺点如下。

① 颜色使用种类有限。

② 无法调整气压及喷涂范围。

③ 使用后涂料容易堵塞喷口,无法多次使用。

2) 喷笔结构与工作原理

(1) 喷笔原理。无论绘画的喷笔或做模型的喷笔,其结构与原理都是一样的。基本工作原理如图 4-6 所示,按下阀门按钮,连带压下气阀,使高压空气喷出,并导向喷笔喷口处,然后将喷针后拉,使喷嘴与喷针之间出现间隙,涂料在通过间隙时与高压喷出的空气吹成气雾状,最后覆盖在部件表面。从简单示意图中可以看出,通过控制空气的喷出,与压上的涂料在喷笔喷口处形成气雾状,达到喷涂目的,如图 4-7 所示。

图 4-5 喷罐涂装

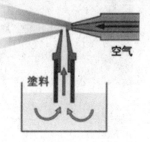

图 4-6 喷笔工作原理

(2) 喷笔的构造。喷笔的结构如图 4-7 所示。

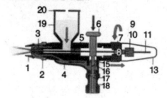

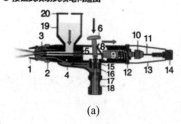

(a)

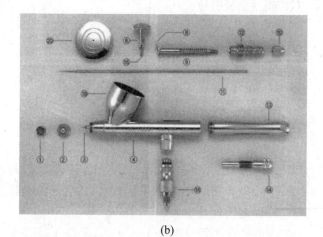

(b)

图 4-7 喷笔的结构图

1—喷针帽；2—喷嘴帽；3—喷嘴；4—喷笔身；5—喷针垫圈；6—阀门按钮
7—刻度盘(单动喷笔)；8—喷针阀杆；9—喷针弹簧；10—喷针拉锁螺钉
11—喷针；12—喷针固定螺丝；13—笔尾帽；14—喷针后拉调节阀；15—气阀 O 型环
16—空气活塞；17—空气气阀；18—空气管；19—涂料杯；20—涂料杯盖

3) 按照喷笔的功能分类

(1) 入门用简易型。此种喷笔只有单动的按钮，构造与喷雾器近似，如果喷嘴与喷气口没有对准，就无法喷出涂料，适用于大面积的基本涂装，也是元老级的喷笔。价格便宜是最大的优点。

(2) 按钮式单动喷笔。按钮式单动喷笔，如图 4-8 所示，价格适中，喷涂效果也不错，但由于是单动，只能通过气阀控制排气量，无法控制涂料的排量，对一些细部要求高的作业显得力不从心，所以从长远角度考虑并不合算。

(3) 按钮式双动喷笔。按钮式双动式喷笔，如图 4-9 所示，是最实用的喷笔，从初学到专业都适合的喷笔。按下按钮可以出气，后拉按钮可以喷出涂料，尾部的喷针后拉调节阀，可以控制出漆量，前端的花瓣造型喷针帽，是为了在近距离喷涂时，让反弹的空气从四周散开。该类喷笔可以完成各种复杂的喷涂作业，是性价比很高的一款工具。

图4-8 按钮式单动喷笔

图4-9 按钮式双动喷笔

(4) 扳机式喷笔。扳机式喷笔,如图4-10所示,它有舒适的握感,适合长时间的喷涂作业,但操作需要一定技巧,适合高级技术人员。价格偏贵也是一个较大的障碍。

4) 按涂料杯的放置方向分类

(1) 涂料杯固定向上:与笔身混为一体,透过涂料杯可以看到喷针,如图4-11(a)所示,优点是容易清洁保养,倒入清洁溶剂可以同时清理喷针与涂料杯。缺点是容量固定,喷涂大面积时要不断添加涂料。

(2) 涂料杯可拆卸式向上:如图4-11(b)所示,与固定式一样的优点,但解决了容量固定的缺点,可以搭配不同容量的涂料杯,值得推荐。

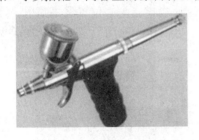

图4-10 扳机式喷笔

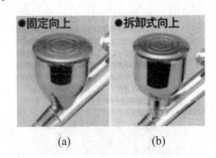

图4-11 涂料杯固定向上和拆卸式向上式喷笔

(3) 拆卸式侧杯:通过螺纹固定在笔身,如图4-12(a)所示,由于涂料走的是L型通路,容易堆积堵塞,清洗不方便。优点也是可以搭配不同容量的涂料杯。

(4) 外接式涂料瓶:吸力式喷笔采用的颜料瓶,如图4-12(b)所示,容量大是最大的优点,更可以通过自制的瓶盖,搭配不同的瓶子,甚至是郡士颜料瓶。缺点:清洗不易,瓶子在把手前,不易掌握。

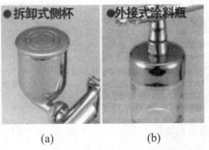

图4-12 侧杯拆卸式和涂料瓶外接式喷笔

5) 按喷嘴的口径分类

选购喷笔，喷嘴的口径是很重要的一个考核范围。我们所说的口径，就是指喷嘴前面的那个小洞，喷针就是从这个口里伸出或拉缩。喷口的这个洞通常有 0.2～0.4 mm 不同的直径，但即使是 0.1 mm 的差别，喷涂的效果也是完全不同的，特别在喷涂细部时，会非常明显。通常口径小的出料少，喷涂面积小。口径大的出料多，喷涂面积大。就模型制作而言，0.3 mm 为标准，0.2 mm 适合细吹，0.4～0.5 mm 适合大面积。0.2～0.3 mm 口径的喷笔，如图 4-13 所示，适合细吹，比如迷彩，MAX 涂法，但要对极细的笔头加倍注意。0.4～0.5 mm 口径，如图 4-14 所示，较为适合颗粒较粗的涂料(如水补土，金属漆)，初学者较适合。

图 4-13　0.2～0.3mm 口径喷笔

图 4-14　0.4～0.5mm 口径喷笔

6) 按喷针帽的形状分类

(1) 普通型：如图 4-15 所示，喷针帽逐渐收缩，让涂料向中心位置聚集喷射。

(2) 扩散型：如图 4-16 所示，喷针帽向外发散，可以扩大喷涂范围，适合大面积薄喷。

图 4-15　普通型喷针帽喷笔

图 4-16　扩散型喷针帽喷笔

(3) 花瓣型：如图 4-17 所示，喷针帽前端如花瓣状，功能与扩散型一样，但在近距离喷涂时，可以让反弹的空气从四周散开。

同样的条件下，用不同的喷针帽的强吹比较，如图 4-18 所示，左方是聚集效果，右方为扩散效果，可以清楚看出，不同的喷针帽产生的喷涂效果是完全不一样的。

图 4-17　花瓣型喷针帽喷笔

图 4-18　不同的喷针帽产生的喷涂效果

2. 喷笔的使用

1) 握笔姿势(如图 4-19 所示)

图 4-19　握笔姿势

(1) 食指按键操作：按钮式双动喷笔的标准握笔法。通过灵巧的食指，控制出气量和出料量。

(2) 拇指按键操作：涂装大面积色块时，长时间食指按键，会非常疲劳，用拇指按键相对就轻松很多了，但对于喷涂比较精细的位置，就显得不很顺手了。这种操作同时适合单动和双动喷笔。

(3) 拇指食指配合操作：适合按钮式双动喷笔的操作方式，拇指控制出气，食指控制出料，虽然开始有一定难度，但熟练操作后可以实现各种微妙的作业。

(4) 扳机式喷笔操作：一种轻松的操作方式，当然只适合扳机式喷笔，通常中指控制扳机，拇指食指控制方向。

2) 喷涂前的调整

在进行喷笔涂装前，需要做到以下三个方面的调整，分别是涂料的浓度、喷针的开度和气压大小。三角形关系如图 4-20 所示，可以看出，涂料的浓度越高，需要的气压就越高，同时，喷针的开度也要越大。当然在实际操作中，还需要结合喷笔与部件间的喷涂距离、喷笔移动速度等相关要素。下面将以上这几个要素逐一详细介绍。

(1) 涂料的浓度。

在进行喷涂前，需要对将要使用的涂料进行稀释，不同浓度的涂料产生的效果和后果都是完全不同的。熟练地调整自己要的涂料浓度，是能否喷涂好的一个重要环节。如果涂料浓度过浓，就会出现颜色浓重、涂装表面有颗粒效果以及喷嘴容易堵塞等问题。如果涂料浓度过稀，就会出现涂层太薄、颜色稀薄、喷涂表面容易出现涂料流挂等问题。调节涂料浓度的步骤如下。

首先，在稀释之前要把涂料搅拌均匀，如图 4-21 所示，搅拌时要从涂料瓶的底部开始搅动，这点对于笔涂或喷涂都是一样的。

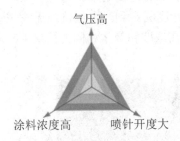

图 4-20　涂料喷涂影响因素

图 4-21　搅拌瓶中涂料

然后，选择一个干净的容器放入一定量的涂料，如图 4-22 所示，并加入适当的稀释液。

通常容器可以用空的胶卷盒，用完的涂料瓶，如果是需要以后使用的，可以盖上密封保存。

接着，找一些白纸试喷效果，同时可以用滴管进行微调，如图4-23所示。

图4-22 稀释涂料

图4-23 用滴管微调浓度

最后，如果需要将涂料杯中涂料进行搅拌，可以用布堵住喷嘴，让空气回流入涂料杯进行搅拌，如图4-24所示。

(2) 喷针的开度。

喷针开度的调整是指调节喷针与喷嘴间隙的大小，涂料喷出的量会随这个间隙的大小而变化。喷小面积，喷针的开度就要小，喷大面积喷针开度就要大。当然，同时也要考虑喷涂时与部件的距离，喷小面积，喷嘴与部件之间的距离就要近，反之，大面积距离就要远。喷针开度过小时，彩绘过程可能会出现喷涂范围过小、涂料喷出量过少等问题；喷针开度过大时，彩绘过程可能会出现喷涂范围过大、不容易堆积涂料等问题。

如图4-25所示，这是去掉喷嘴帽和喷针帽的喷头特写，可以看到小的喷嘴中伸出的喷针，喷针回缩和喷嘴间的空隙决定了喷出涂料的大小及喷出的涂料范围。

图4-24 空气回流涂料杯搅拌涂料

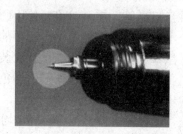

图4-25 去掉喷嘴帽和喷针帽的喷头特写

双动喷笔的按钮能够后拉控制喷针移动，所以喷针的开度是不固定的。双动喷笔如果需要控制开度，可以旋转尾部的喷针拉锁螺钉，将开度固定到一个位置，无论按钮如何运动，都不会超过这个开度范围了。如图4-26所示是在浓度和气压相同的情况下不同喷针开度的比较试验。

图4-26 浓度和气压相同的情况下不同喷针开度的比较试验结果

项目四 汽车彩绘装饰

(3) 气压的调节。

气压低时,喷出的涂料少,喷出的气雾弱,涂装表面容易干燥无光;气压高时,喷出的涂料多,涂料容易在涂装表面堆积。喷笔是通过手指对按钮的压下或抬起,对气压的大小进行调节的。如图 4-27 所示是在保持同样的涂料浓度、喷针开度、喷枪和部件的距离,采用不同的气压进行的比较实验,可以看出气压越小,喷出的面积越小,颗粒也越小。压力越高,喷出的范围越大,喷出的涂料也越多。通常情况下,在 10~20 cm 的模型涂,0.05~0.1MPa 的气压比较合适。

图 4-27　在浓度和气压相同的情况下不同喷针开度的比较试验结果

3) 喷涂部件的拿法

在喷涂过程中要保持合适的速度和距离,就需要一只手拿部件,一只手握喷笔,所以如何固定或把握住部件是非常关键的。同时要注意在涂料干透前,不要让灰层黏附破坏涂层。一些常用的拿法如图 4-28 所示。

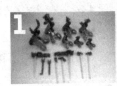

图 4-28　喷涂部件的拿法

(1) 在喷涂前,将同样颜色的部件聚集在一起,会大大提高作业的效率。

(2) 部件上的一些小洞,也是固定部件的好地方。

(3) 双面胶是个很好的帮手,可以把一些小部件牢牢黏合,即使喷涂时也不会掉下。

(4) 用啤酒瓶固定的方法很实用,可以把部件的每个部位都完整无缺地喷涂到位,即使放在一边,也很容易干燥涂层。

4) 喷笔的清洗

喷涂结束后,为避免残留的涂料影响下次的喷涂,也为了保护喷笔,防止涂料堵塞喷嘴,必须进行喷笔的清洗。下文的清洗液体是用稀释剂或专用清洗剂,国内通常使用的是香蕉水,功能上是一样的,但经验得出香蕉水对喷笔的垫圈腐蚀还是存在的,所以如果是拆卸喷笔进行完全清洗,还是最好用稀释剂比较保护喷笔。

具体的喷笔清洗步骤如下。

(1) 将颜料杯中残留的涂料倒入一个干净的瓶,为保证涂料浓度不变,需要给瓶口加上密封的盖子,以便下次使用,如图 4-29 所示。

(2) 擦掉涂料杯底部残留的涂料,可以倒入一些稀释剂,空喷几回就可以了,如图 4-30

143

所示。

图4-29　将颜料杯中残留涂料倒入瓶中

图4-30　擦掉涂料杯底部残留的涂料

（3）还有一种方法比较常用，喷涂结束后，将稀释剂倒入涂料杯，如图4-31所示。

（4）用干净的纸巾堵住喷嘴，让空气回流，搅拌涂料杯中的液体，让杯中的涂料充分溶解，并倒净溶剂，如图4-32所示。

图4-31　将稀释剂倒入涂料杯

图4-32　冲洗喷笔内部

（5）底部的残留涂料可以用棉签蘸稀释剂擦拭干净，如图4-33所示。

（6）最后再倒入些稀释剂，在干净的纸巾上喷涂几回，确认干净就可以了，如图4-34所示。

图4-33　用棉签蘸稀释剂擦拭涂料杯

图4-34　冲洗喷笔内部管路

（7）喷嘴由于长时间的作业，会堆积一定的涂料，很容易造成喷嘴的堵塞。可以卸下整个喷嘴，放入盛满稀释剂的容器，用棉签或柔软的毛笔进行清理。但此时一定要注意裸露在外的脆弱的喷针，避免遭到外界的弯折，如图4-35所示。

（8）喷笔的笔身的涂料残迹可以用纸巾蘸些稀释剂擦拭干净，如图4-36所示。

（9）对于可拆卸的涂料杯，可以卸下杯子，用笔蘸些稀释剂清理结合的部位，防止涂料堵塞，如图4-37所示。

（10）外接式涂料瓶也要清理结合部位，防止颜色残留影响下次的喷涂，如图4-38所示。

项目四　汽车彩绘装饰

图4-35　清洁喷嘴

图4-36　擦拭喷笔笔身

图4-37　清洁可拆卸的涂料杯

图4-38　清洁外接式涂料瓶

(11) 对于入门级简易型的喷笔，可以装上些稀释剂，多喷几回，保证洗净，如图4-39所示。

5) 喷笔使用过程中的注意事项

(1) 由于喷针挡住涂料杯的底部，一些涂料会在涂料杯底部堆积，要进行完全的清洗。可以先松开喷笔尾部的喷针拉锁螺钉，将喷针小心拉出涂料杯，并固定喷针拉锁螺钉，就可以清洗涂料杯底部了，完毕后再松开螺钉，再次小心推入，恢复原位，并固定喷针拉锁螺钉，如图4-40所示。

图4-39　清洗简易型喷笔

图4-40　一些涂料会在涂料杯底部堆积

(2) 选用合适的清理液，如图4-41所示为喷笔专用清洗液，很多人愿意选用香蕉水清洗，不过，大量调查发现，香蕉水容易腐蚀喷笔的一些橡胶皮圈，所以，清洗时需要尽量避免香蕉水接触气管与喷笔连接处的部位。

(3) 喷笔长时间使用，涂料会在喷针的上面堆积，所以需要定期对喷针进行清洗。不过取出时千万注意不要碰弯喷针前段的针头，用棉签小心擦拭喷针，再小心放回，如图4-42所示。

(4) 喷涂结束后，将气泵上的气阀打开，将气体完全排除。

(5) 长时间使用喷笔，气泵会产生水滴，特别是在夏天和闷热的天气尤为明显。滤水器能很好地解决这个问题，不过，一旦使用完毕，切记将滤水器里的积水排放干净。

图 4-41 喷笔专用清洗液

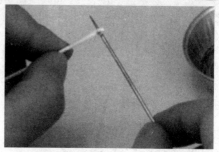

图 4-42 用棉签小心擦拭喷针

3. 汽车彩绘技术主要设备——气泵

喷笔的使用不能缺少的是气压，没有气压就不能使用，喷笔中的气压是用来推动颜料从喷笔里面喷出来的主要因素。喷笔需要一个能源源不断提供气压的设备，即气泵，也叫空气压缩机。空气压缩机是汽车彩绘设备的主要设备之一。

1) 空气压缩机的分类

空气压缩机通常可以分为活塞式和螺杆式两种主要类型。

(1) 活塞式空气压缩机是通过连杆和曲轴使活塞在气缸内向前运动，并得到空气压缩的效果。

(2) 螺杆式空压机是喷油单机，采用高效带轮传动，带动主机转动进行空气压缩，通过喷油对主机压缩腔进行冷却和润滑，压缩腔排出的空气和油的混合气体经过粗细分离，可将压缩空气中的油分离出来，最后得到最干净的压缩空气。

2) 空气压缩机的选择

汽车彩绘使用的空气压缩机一般是活塞式的，喷笔使用的气压较小，所以一般要对气泵进行降压处理，以达到想要的压力气压。一般情况下只要有足够的气压和可持续性地输送压力，喷笔就会不间断地工作。通常喷笔使用的气压在：4～6 MPa 就足够了。压力过大就会损坏喷笔，气流过大就会影响画面的绘制，压力过小造成喷笔使用颜料断线、粗线条、大颗粒或者喷不出颜料的情况发生。

汽车彩绘装饰选用的空气压缩机一般为静音无油式。此种空压机，噪声小，不影响其他人，同时减少自己做画时产生的烦躁感。汽车彩绘装饰常用的空气压缩机技术参数为：

公称容积流量：202L/min；

额定排气压力：0.7MPa；

转速：1440r/min；

匹配功率：1100W；

重量：3.5 kg。

三、汽车彩绘装饰施工案例

本节我们将要呈现汽车彩绘装饰施工的一个案例——一棵海边落日下的棕榈树的喷绘施工过程，这是一个非常重要的技术基础，可以通过本部分学习来提高对喷笔的控制能力，以便熟悉汽车彩绘技术的施工。下面便是施工的具体过程。

项目四　汽车彩绘装饰

(1) 做好施工准备：绘画纸张，双动喷枪，压缩机和色料。

(2) 开始我们将呈现两棵棕榈树。首先我们进行树干绘画，长度为15cm左右，如图4-43所示。

(3) 在树干左侧再画一个，这些将成为我们的棕榈树树干，如图4-44所示。

(4) 再对这些树干顶段添加小尖刀式的树叶，如图4-45所示。

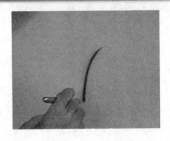

图4-43　喷绘出第一棵棕榈树树干

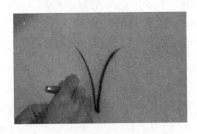

图4-44　喷绘出第二棵棕榈树树干

图4-45　喷绘出棕榈树树叶

(5) 在棕榈树的底部放置地面或岛屿线，如图4-46所示。

(6) 增加一些小尖刀式的线条，如图4-47所示，这将成为岛上的草丛。

图4-46　喷绘出棕榈树底部地面

图4-47　喷绘出棕榈树地面草丛

(7) 此时，需要再添加一些别的地方的草丘。再添加线。然后，可以通过添加大块阴影去展现一些模糊水波，如图4-48所示为添加下降的岛屿和树木在水中的阴影。

(8) 为了体现为什么树的倒影会存在，必须找一个圆形物体做一个落日，如图4-49所示。按住圆形物体，在周围进行少量的喷涂。现在效果已经基本出来。现在，在太阳或月亮附近使用小尖刀式的线条添加一些鸟类。从上到下，从大到小，体现鸟类的远近距离感。到此，一幅水边的棕榈树喷笔彩绘装饰练习作品就完成了。

图4-48　喷绘出棕榈树旁水面

图4-49　喷绘出棕榈树背景落日和飞鸟

项 目 小 结

汽车彩绘是艺术和汽车工艺的完美结合，是艺术家把车身当作画布，利用喷笔描绘出一幅幅绚丽多彩的立体画面，结合汽车烤漆工艺将美丽的画面永远留在车身上的一种工艺。

汽车彩绘的主体分类有：私家车彩绘、企业自由商务车彩绘、集装箱彩绘、临时汽车彩绘应用、家电彩绘、卫浴陶瓷彩绘、墙体彩绘、婚车临时彩绘等；汽车彩绘的地域性分类有：欧美模板彩绘技术、日本直喷技术、港台彩绘技术和俄罗斯复杂彩绘工艺。

汽车彩绘喷笔的工作原理：按下阀门按钮，连带压下气阀，使高压空气喷出，并导向喷笔喷口处，然后将喷针后拉，使喷嘴与喷针之间出现间隙，涂料在通过间隙时与高压喷出的空气吹成气雾状，最后覆盖在部件表面。

复习思考题

一、填空题

1. ＿＿＿＿＿＿是艺术和汽车工艺的完美结合，艺术家把车身当作画布，利用喷笔描绘出一幅幅绚丽多彩的立体画面，结合汽车烤漆工艺将美丽的画面永远留在车身上。

2. 在进行喷笔涂装前，需要做到以下三个方面的调整，分别是＿＿＿＿＿＿、＿＿＿＿＿＿和＿＿＿＿＿＿。

3. 汽车彩绘按照有效时间可分为＿＿＿＿＿＿和＿＿＿＿＿＿。

4. 按照喷笔的功能分类可分为＿＿＿＿＿＿、＿＿＿＿＿＿、＿＿＿＿＿＿和＿＿＿＿＿＿四种。

5. 汽车彩绘装饰的施工必须要用到专业的设备与工具，比如喷涂的喷笔，还需要汽车彩绘专用的＿＿＿＿＿＿，同时还需要＿＿＿＿＿＿，滤水器等周边装置的配合。

二、简答题

1. 汽车彩绘需要使用的工具有哪几种？各起什么作用？
2. 喷笔操作时的注意事项有哪些？
3. 简述常用的汽车彩绘喷笔使用的空气压缩机技术参数。
4. 举例说明汽车彩绘装饰的步骤。

三、实训题

围绕车身彩绘装饰材料和车身彩绘装饰工艺流程等相关理论知识，结合实验室相关的车身彩绘装饰工具设备和车身彩绘产品制定一份详细的后翼子板彩绘装饰工艺流程的理论报告。根据报告在轿车丰田卡罗拉后翼子板实施实训。考核要求如下。

(1) 实训前准备工作；
(2) 后翼子板彩绘工艺流程；
(3) 实训结果；
(4) 综合考评彩绘效果和理论素养。

项目五　汽车内部清洁与护理

【知识要求】

- 了解汽车清洁护理的重要性。
- 掌握汽车内部清洁的设备、清洁剂的特征和相应清洁方法。
- 掌握汽车内部消毒杀菌的方式。
- 掌握发动机舱清洗的工序和清洁注意事项。

【能力要求】

- 能够了解汽车内部清洁的设备、清洁剂的特征。
- 能够掌握汽车内部清洁设备和材料的正确使用。
- 能够掌握汽车内部消毒杀菌的主要方式。

一、汽车内部清洗

1. 车内清洁概述

1) 车室清洁护理的必要性

现代车辆已越来越注重车身内部的装饰，特别是一些豪华的轿车，装备有结构复杂和昂贵的仪表、空调、音响、电视(VCD/DVD)、各类电控装置，以及丝绒或真皮座椅等，如家居般舒适。因此，要创造一个良好的乘坐环境，保持车内的清洁及做好各项美容和护理工作已显得非常重要。

车厢内饰部分平时受外界油、尘、泥沙、吸烟、乘客汗渍及空调循环等不良因素的影响，使车厢内空气受污染，内饰中的地毯、真皮或丝绒座椅、空调风口、后备厢等处经常接触潮湿的空气和水渍，使丝绒发霉、真皮老化，甚至产生难闻的气味，还可能会滋生细菌，既影响身心健康又不利于驾驶环境。

因此，为了创造良好的驾乘环境，定期做车内清洁就显得很重要。

常见的车内清洁项目如下。

(1) 全车内部吸尘。

(2) 仪表板和方向盘的清洁。

(3) 座椅的清洁。

(4) 车身内壁(包括顶篷和地毯)的清洁。

(5) 空调系统的清洁。

(6) 车内消毒和喷空气清新剂。

2) 常见的车室清洁护理方法

汽车车室污垢种类与形成过程如下。

(1) 污垢的种类。

汽车车室污垢主要有以下三种。

水溶性污垢有糖浆、果汁中的有机酸、盐、血液及黏附性的液体等。

非水溶性固体污垢有泥、沙、金属粉末、铁锈和虫尸等。

油脂性污垢有润滑油、漆类产品、油彩、沥青及食物油等。

(2) 污垢的形成过程。

① 黏附：污垢会在重力作用下停落或黏附在物件的表面。当有压力或摩擦时，污垢也会渗透物件的表层，变得难以去除，如汽车玻璃及仪表台上的灰尘。

② 渗透：饮料或污水会渗透物件的表面，被物件所吸收，以致很难清除，如车门内饰板、后挡台、脚垫上的饮料或血渍等。

③ 凝结：黏性污垢变干凝固后，会紧紧粘贴在物件表面，如汽车内饰丝绒、脚垫或地毯表面的轻油类污垢。

去除污垢的方法如下。

(1) 有效清洗污渍的方法。要想有效地清洗污渍，需要4个方面的相互配合才能发挥最佳的清洁效果。

① 高温蒸汽。高温蒸汽可以使极难去除的污垢在清洗之前先软化，为手工清洁部件上

的污渍做好准备。

② 水。用水可去除水溶性污垢，但不能去除油脂性污垢。而且难以清洁触及不到的内部部件上的水溶性污垢。

③ 清洁剂。清洁剂能去除轻油脂及重油脂类污垢，帮助水分渗入内饰中的丝绒化纤制品。

④ 动力。清洗车室内部件时，拍打、刷洗、挤压等皆有助于去除污垢。

(2) 清洗方法。清洗按照使用设备的不同可以分为机器清洗和手工清洗。

① 机器清洗。机器清洗最大的特点就是使用内饰蒸汽清洗机。利用温度极高的热蒸汽软化污渍，配合多功能强力清洁剂，蒸汽清洗机可以清除内饰部件上很难清洗的污渍。可用于丝绒、化纤、塑料、皮革等几乎所有车室部件的清洗。机器清洗操作起来比较方便省事，操作时应根据不同材料的部件选择不同的温度，以免损伤部件，并用半湿性毛巾包裹适合内饰结构的蒸汽喷头。

② 手工清洗。手工清洗要求配制合适的清洗剂。一般来说，清洗剂应使用负离子纯净水作为溶媒，采用 pH 值平衡配方。高效的去污配方主要由非离子活性剂、油脂性溶解剂、泡沫稳定剂和香料等组成，能迅速去除车室内饰表面的尘垢和各种污渍。

2. 车内清洁的设备和材料

1) 车内清洁的主要设备

(1) 真空吸尘机。

车身内经常有大量的灰尘积聚，特别是座椅上和一些角落部位的灰尘很难清除。

真空吸尘机一般采用 360°旋转吸口和多级过滤层，能十分方便地伸进各个角落部位，快速地吸去灰尘。为方便在不同空间中进行工作，常见的接头有正方形、圆形、长方形，真空吸尘机如图 5-1 所示。

(2) 桑拿机。

车身内饰和地毯等纤维绒布织品容易积聚污垢，细菌容易繁殖，而除尘机只能除尘，无法清除细菌。桑拿机能在很短的时间内产生大量的高温蒸汽，压力可达 0.40MPa，温度可达 120℃，蒸汽喷射于需要清洁的内饰表面上，起到快速灭菌作用，桑拿机如图 5-2 所示。

图 5-1　真空吸尘机

图 5-2　桑拿机

(3) 电热式喷水/吸尘/吸水多功能清洗机。

电热式喷水/吸尘/吸水多功能清洗机是将电加热热水器与真空吸尘器合二为一，在喷出热水的同时又能吸去水分。现在国产化的电热式喷水/吸尘/吸水多功能清洗机，市场上有多种规格,多功能清洗机如图 5-3 所示。

(4) 高效多功能洗衣机。

汽车上的座椅套、头枕套等织物容易弄脏,每隔一段时间都要进行清洗。为了节省车主的时间,汽车美容店应该创造条件,做好全方位的服务工作,在美容的同时做好织物的清洗。汽车美容店的洗衣机必须是集清洗、脱水、烘干和免烫等功能于一体的高效多功能洗衣机,高效多功能洗衣机如图 5-4 所示。

(5) 吸尘器。由于汽车空间小,结构复杂,且如果长期密闭,易造成室内污染,不及时进行清理,会严重影响驾驶员的身体健康。吸尘器是一种能将灰尘、脏物及碎屑吸除的设备,吸尘器如图 5-5 所示。

工作原理:吸尘器是利用电动机的高速转动带动风叶旋转,使吸尘器内部产生局部真空,形成空气吸力,将灰尘、脏物吸入,并经过吸尘器内部的过滤装置,然后将过滤过的清洁空气排出去,以达到吸尘的目的。

图 5-3　多功能清洗机　　　图 5-4　高效多功能洗衣机　　　图 5-5　吸尘器

(6) 蒸汽清洗机。蒸汽清洗机用于清除汽车驾驶室及车厢内的各种污渍,如图 5-6 所示。可对丝绒、化纤、塑料、皮革等不同材料进行清洗,还可以去除车身外部塑料件表面的蜡迹。其不仅具有较强的去污功能,而且还具有杀菌消毒的作用,特别是对带有异味的污垢有很强的清洗作用,能使皮革恢复弹性,使丝绒化纤还原原有光泽,是汽车内室美容的首选设备。

(7) 光触媒机。"光触媒"是以二氧化钛为代表的具有光催化功能的光半导体材料的总称。它比臭氧、负氧离子有着更强的氧化能力,可强力分解臭源,有极强的防污、杀菌和除臭功能,光触媒机如图 5-7 所示。

2) 车内清洁的用品

车身内部设备多,结构复杂,材料又各不相同,因此必须采用不同的清洁方法和用品。

(1) 强力顽渍去除剂。强力顽渍去除剂产品的性能特点:配方独特,可用于地毯、家具、乙烯基和丝绒坐垫等物品的清洁产品。独特的清洁头刷可使最难的清洁工作变得非常容易,去除表面顽渍可达到最高清洁度;清洁并恢复地毯和丝绒饰物的原有本色;特别适用于布质、丝绒和尼龙内饰物。强力顽渍去除剂如图 5-8 所示。

强力顽渍去除剂的使用方法如下:

① 用前摇匀;

② 在不明亮的地方检查本品的保色性;

③ 距离污渍表面 15~25 cm 处喷射;

项目五　汽车内部清洁与护理

图 5-6　蒸汽清洗机

图 5-7　光触媒机

④ 让泡沫停留 20～30s 以浸透污渍；
⑤ 用干净的湿布或海绵在脏处呈圈状反复擦洗；
⑥ 再用湿布或海绵擦干净；
⑦ 待干后，将有污渍的地方用干布擦一下或用吸尘器吸干。

使用强力顽渍去除剂应注意：有毒，避免与皮肤、眼睛接触，避免儿童接触。

(2) 皮革清洁剂。皮革清洁剂的产品性能特点：清洁所有真皮装饰件，去除表面沾污，清洁并恢复皮革的原有本色；并可以增强对皮革制品的保护；适用汽车的所有真皮制品，皮革清洁剂如图 5-9 所示。

皮革清洁剂的使用方法如下：先将皮革清洁剂摇晃均匀，在沾有污物或污渍的部位均匀地喷洒在皮革表面，停留 3min 后，用干净毛巾反复擦拭至恢复原有的清洁表面。几分钟后再用干净的软布反复擦拭，即可恢复原有光泽，对污垢比较严重的地方可以重复擦拭，数遍即可擦除污垢和灰尘。

(3) 抗菌泡沫清洗剂。抗菌泡沫清洗剂采用环保型可降解表面活性剂和最新长效无毒抗菌剂制成，不仅具有超强的深层清洁效能，可彻底地清除任何污渍，而且在使用后可长时间抵抗物体表面所黏附的各种细菌，防止病菌的传染，从而更好地保护乘员的健康，抗菌泡沫清洗剂如图 5-10 所示。抗菌泡沫清洗剂不含磷酸盐，不会污染环境，对皮肤无刺激，泡沫细腻丰富，气味芳香，使用方便安全。

(4) 表板清洁剂。表板清洁剂富含仪表专用清洁剂，在清洁的同时其有效成分可在汽车仪表台的表面形成一层光洁亮丽的抗菌保护膜，该膜具有抗静电、抗紫外线、防老化等功能，表板清洁剂如图 5-11 所示。使用前请先将本品摇匀，直立罐身，距离仪表台表面 15～20cm 均匀喷射，再用柔软干布擦拭至光亮即可。

图 5-8　强力顽渍去除剂

图 5-9　皮革清洁剂

图 5-10　抗菌泡沫清洗剂

(5) 万能泡沫清洗剂。万能泡沫清洗剂是一种可生物降解的多功能泡沫型"干洗剂"，适用于任何可清洁的物体表面，具有超强的渗透清洁能力，作用迅速，去污力强，气味芬芳，泡沫丰富，使用安全。万能泡沫清洗剂如图5-12所示。

万能泡沫清洗剂的使用方法如下。

① 使用前请先摇匀清洗剂，距离10～20cm直接喷射于待清洁的物品表面。

② 停留约20～30s后，用软布抹去即可。

③ 对于一般纤维材料的清洁，在均匀喷上清洗剂后，停留20～30s，在泡沫干前用吸尘器吸去；对于污渍严重的部位，喷上清洗剂后请使用软刷在污渍上擦拭，再用吸尘器吸去。必要时可以二次处理。

④ 对于纤维物品的清洁，应首先在不明显的部位喷上少量清洗剂，测试是否褪色或起斑点，若正常时再使用；均匀喷上清洗剂后，应停留片刻，让清洗剂泡沫充分渗透，用刷子或湿布在污渍部位充分擦拭后再用干布抹净。

⑤ 使用于玻璃或金属时，应在清洗剂泡沫干透前擦拭干净，以防出现斑点。

(6) 百丽珠二合一清洁剂。百丽珠二合一清洁剂富含专用改性硅油和合成乳蜡，专为各类汽车内饰的日常清洁护理而设计；其有效成分在物体表面形成一层光洁亮丽的保护膜，该膜具有抗静电、抗紫外线、防水、防霉等功能，从而有效防止汽车内饰表面老化、褪色、延长使用寿命。如深圳彩虹7CF的Q-care柠檬百丽珠，如图5-13所示。

柠檬百丽珠的使用说明如下。

在使用之前，要除去表面的水分、油污及其他一些杂质，以免在使用时影响其效果；将产品进行约2min的摇动；在距离物体表面15～20cm进行喷射，然后用干净软布或海绵轻轻涂擦抛光。

图5-11　表板清洁剂　　　图5-12　万能泡沫清洗剂　　　图5-13　百丽珠清洁剂

3. 车内的除尘

1) 车内除尘的设备和工具

(1) 车内除尘的设备。现在车内除尘的主要工具是多功能吸尘器。

(2) 车内除尘的工具。

① 静电吸尘刷。车内除尘的工具主要是手工使用的静电吸尘刷。使用静电吸尘刷可以将室内的肉眼无法看见的粉尘或漂浮物吸附，防止室内粉尘超标，静电吸尘刷如图5-14所示。

② 除尘手擦套。除尘手擦套一般采用100%的高级羊毛与羊皮制作而成，做工精细，表面羊毛细腻，去污力强。它能去除汽车内部的灰尘、污渍、油污等，除尘手擦套如图5-15所示。

项目五 汽车内部清洁与护理

图 5-14 静电吸尘刷

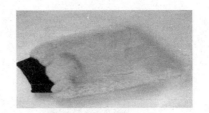
图 5-15 除尘手擦套

2) 车内除尘的步骤

(1) 取出车内的脚垫、地毯和各种杂物,依次规整地进行放置。

(2) 如果脚垫为纤维纺织物,抖去尘粒,用高效多功能洗衣机进行清洗、烘干、干燥。若脚垫是塑料制品,则可以直接使用高压清洗机进行冲洗,然后使用毛巾擦干。

(3) 将车上的烟灰缸进行清理,高级车型烟灰缸的数量为 5 个,中控台 1 个,四个门上各一个。中低车型烟灰缸数量一般只有 1 个。将烟灰缸取出倒掉或者用吸尘器吸取。

(4) 用真空吸尘机自上而下吸去顶篷内衬、头枕、椅背、坐垫和地板的灰尘。

(5) 地板的吸尘工作要分两次操作,首先采用方接头将车内的沙粒吸走;然后更换带刷子的吸头,针对纤维纺织材料的内饰边刷边吸,主要吸掉灰尘。要特别注意地板拐角部位的尘垢,必要时应反复吸除直至干净。

4. 仪表板和方向盘的清洁

1) 仪表板的清洁

仪表板是汽车附属功能控制、使用的控制面板,形状复杂,开关、仪表数量多,有些仪表板为了和汽车造型相适应,其外形更是复杂,最容易藏污纳垢。像覆盖有人造皮革或真皮的仪表台,由于皮革表面纹路多或附有毛孔,长期操作使用和触碰按钮,容易附着污物或滋生细菌,应认真清洁。

仪表板的清洁方法如下。

(1) 用半干毛巾将仪表板擦拭一遍,检视是否有积垢过多的地方。

(2) 在积垢过多或有油渍的部位用毛巾无法清除时,可先喷洒万能泡沫清洗剂或表板清洁剂,然后进行擦拭、软毛刷刷除,再喷洒皮革清洁剂,用干净的干毛巾擦拭,最后用麂皮吸去其上的水分。

(3) 仪表板上的塑料装饰件在用毛巾无法清除时,可先喷洒万能泡沫清洗剂或表板清洁剂后进行擦拭或软毛刷刷除,再喷洒塑料保护剂,用干净的干毛巾擦拭,最后用麂皮吸去其上的水分。

(4) 仪表板上的电镀装饰件可用无纺布蘸少许镀铬保护剂进行擦拭,直至恢复光亮,3M 镀铬保护剂如图 5-16 所示。

2) 方向盘的清洁

方向盘多为工程塑料制造,容易积聚各种污垢。驾驶员在驾驶的过程中双手时刻都和方向盘接触,所以手上的汗渍多沾到方向盘上,应用塑料清洁剂清洁。

方向盘外套的材料多为橡胶、橡塑件或纺织纤维物,可以拆卸下来用橡胶或塑料清洗剂清洗后再用清水冲洗，最后喷涂橡胶保护剂和光亮剂，塑料清洁剂如图 5-17 所示。

图 5-16　3M 镀铬保护剂　　　　　　　　图 5-17　塑料清洁剂

3）清洁仪表板和方向盘时的注意事项

(1) 清洁仪表板和方向盘时，使用的清洁剂不能喷到方向盘、座椅支撑处和仪表盘之外。也就是说不要与金属制品表面接触，以防腐蚀汽车上的金属。

(2) 由于清洁用的清洁剂为易燃物，不可置于易燃处，使用时严禁烟火。

5．车顶篷和内饰板的清洁

1）车顶篷和内饰板清洁的必要性

汽车车厢是一个密闭的空间，空气污染情况比一般的室外要严重得多。车内的顶篷、内饰板等多为皮革、橡胶、纤维物，长期使用后极易藏污纳垢。通过空调进风口，大量的灰尘、细菌、病原体等会附着于车顶篷和内饰板，同时人体的汗渍、烟味，甚至小孩子沾有食物残渣的手印都会留在车顶篷和内饰板上，严重影响汽车内部的美观性、整洁性。而据相关数据表示，汽车内部菌群严重超标的部位一般都在内饰板和车顶篷，从健康的角度来看，对车顶篷和内饰板进行清洁就很有必要。

2）清洁车顶篷和内饰板的清洁剂、设备和工具

现在常见的清洁车顶篷和内饰板的清洁剂主要有丝绒清洗剂、皮革清洁剂、仪表板清洁剂、全能泡沫清洗剂、丝绒保护剂和光亮剂。丝绒清洗剂如图 5-18 所示，仪表板清洁剂如图 5-19 所示，丝绒保护剂如图 5-20 所示。

图 5-18　丝绒清洗剂　　　　图 5-19　仪表板清洁剂　　　　图 5-20　丝绒保护剂

3）清洁的方法

(1) 车顶篷的清洁方法。汽车顶篷内衬多为人造革或化纤混纺材料制作。因绒布具有吸附性，车内顶篷的主要污染物是它吸附的烟雾、粉尘及头部油脂。

顶篷清洗的方法有：手工清洗法和机器清洗法。

① 机器清洗法。机器清洗法一般以吸尘器配合专用吸头由前到后进行大面积地吸尘处理。若污物黏附很牢，可用专用清洁剂清洗。具体方法如下。

a. 用干净的毛巾包裹小清洗头，打开蒸汽开关，调节出气量至适中。

b. 用蒸汽清洗机的小清洗头边扒边吸，进一步清洁绒毛。

c. 对于绒毛上的大面积顽渍，可先喷敷丝绒清洗剂，而后用蒸汽清洗机将高温蒸汽清洗液喷敷在待清洁的绒毛顽渍上。

d. 再配合毛刷刷洗绒毛上的顽渍，即可收到良好的清洁护理效果。

② 手工清洗法。

a. 用软布将绒毛布的尘土、污物擦干净。

b. 喷上丝绒清洁剂，片刻之后用一块洁净的纯棉布将污液吸出。

c. 再从污垢边缘向中心擦拭，污垢严重时可多次重复操作。

d. 污垢清除干净后，用另一块干净的棉布顺着车顶的绒毛方向抹平，使其恢复原样。

(2) 内饰板的清洁方法。内饰板多为人造革、真皮或塑料制作。其清洁方法如下。

① 内饰板为人造革或真皮制作时，在污渍较少的部位使用皮革清洗剂进行清洁。使用前请先摇匀皮革清洗剂，距离10～20cm直接喷射于待清洁的物品表面。

② 停留30～60s，待污渍充分溶解后再用软布抹去。

③ 内饰板为塑料制作时，使用万能泡沫清洁剂进行清洁，距离10～20cm直接喷射于待清洁的物品表面，停留30～60s，在泡沫未干前用软布抹去；对于污渍严重的部位，喷上万能泡沫清洁剂后使用软刷在污渍上擦拭，再用软布抹去。必要时可以二次处理。

6. 座椅的清洁

座椅的使用频率极高，沾有的人体汗渍和细菌也较多，是车内清洁的重点。座椅的面料有丝绒、人造革或真皮，不同的面料要使用不同的清洁方法，避免给面料带来损害。同时应该注意，织物和皮革的颜色是通过吸收染料而形成的，有机染料会与某些清洁剂发生化学反应，从而出现褪色现象，当清洁剂首次使用时，应先在座椅面料不显眼的地方进行试用。

1) 清洁座椅的设备和工具

使用的主要设备和工具有电热式多功能清洗机、蒸汽清洗机、拭布和毛巾。

2) 清洁座椅的清洁剂

清洁座椅的清洁剂有皮革清洁剂、丝绒清洁剂、全能泡沫清洗剂、保护剂和光亮剂。这类清洗剂的特点是可以用于干洗；保护车内的座椅、沙发等用皮革和乙烯材料制作的饰品，恢复其表面光泽；可以防止面料因恶劣的环境而提前老化。

3) 丝绒面料的清洁

丝绒面料的特点是非常柔顺、色泽丰富以及乘坐舒适，但容易吸附烟尘和汗渍。

丝绒座椅的清洗分为手工清洗与机器清洗两种方法。

(1) 手工清洗法。手工清洗法是目前内饰件清洗的主要方法。将丝绒清洗剂喷到污物、油脂处，稍停数分钟，用纯棉质毛巾用力压在脏污处，然后挤出溶有油污和污物的液体。用干布擦干净清洗部位，还可用小刷子配合清洗。

丝绒清洗剂又称多功能清洁柔顺剂，具有清洁、柔顺和着色三种功能，因此清洁护理可以一次完成。

(2) 机器清洗法。机器清洗法是利用机器对清洗部位喷洒清洗剂或清水，先对清洗部位冲洗或冲刷一遍，再用吸尘吸水机抽吸一遍后用干净毛巾擦干，也可用高压空气或热风吹干。

具体步骤如下。

① 拧开蒸汽清洗机加水口，将丝绒清洗剂装入蒸汽清洗机中，并加水至刻度最高，拧紧加水盖。

② 插上电源，合上预热开关，当压力表指示仪达到 $0.30\sim0.40$ MPa 后才可进行作业。

③ 用小清洗头清洗座椅表面，边扒边洗。若绒毛较脏，可反复清洗几遍，边扒边用纯棉毛巾擦洗。

④ 用小清洗头边扒边吸靠背上的污物，直至将整个座椅清洗干净。

(3) 丝绒面料清洁的注意事项。

① 要求使用的清洁剂不能影响绒毛材料的颜色，座椅面不应该褪色。

② 必须采用专用的清洁剂如丝绒清洁剂进行处理，绝对不能用漂白粉，因为漂白粉对绒毛制品的柔顺性、光亮度和颜色都有很大的影响。

③ 必须对绒毛座椅进行消毒，除去绒毛表面和渗进内部的沾染物和油垢。

④ 要保持或恢复绒毛的柔顺性，座椅面不应该有毛球。

4) 皮革面料的清洁

汽车上使用的皮革有两种：一种是化纤制品，另一种是真皮革或人造革。皮革制品最常见的损坏就是老化、龟裂和褪色。

它们的清洁护理方法有些不同。对于化纤织物，应选用专用的化纤织物清洗剂，不能使用碱性较强的洗衣粉或清洁剂。

对于人造革座椅，可采用擦拭法清洗。即先用半湿毛巾进行擦拭，应从上往下逐一擦拭，然后用干的清洁毛巾再擦一遍即可。如果局部有油污、印痕未擦掉时，可用毛巾蘸上一点仪表清洁剂擦拭即可去除。

对于真皮座椅，可选用真皮清洁剂擦拭，再用真皮护理剂进行深层护理。皮革表面有许多细纹，这些细纹容易吸附污垢，很难彻底清除干净，但清洁护理时切不可使用洗衣粉，否则不仅清洗不干净，还会影响美观或产生裂纹而影响使用寿命。

皮革座椅的清洁护理方法如下。

① 将皮革表面用软布擦拭干净，除去其上的尘土、水汽。

② 将清洗剂喷敷到皮革座椅表面，稍停 $1\sim2$ min，让清洗剂有效地润湿和分解硬结在皮革表面的油污。

③ 用干净毛巾或软布轻轻擦拭，直至污垢被全部清除。

④ 待皮革表面干燥后，将皮革保护剂均匀地喷敷在皮革表面，浸润 $1\sim2$ min 用干净毛巾反复擦拭，直至皮革光亮如新。若光亮度不够，可多遍喷敷擦拭。皮革上光后要进行必要的风干或烘干处理。

7. 地毯和脚垫的清洁

1) 地毯、脚垫的清洁设备和工具

地毯、脚垫的清洁设备和工具有电热式喷水/吸尘/吸水多功能清洗机、蒸汽机和专用脱水机。

2) 地毯、脚垫清洁剂

地毯、脚垫清洁剂有泡沫清洗液或专用地毯清洗液。车内地毯及装饰品清洁剂的产品性能如下。

(1) 可去除地毯、丝绒和其他车内饰品上的油泥、污物和灰尘。

(2) 可防止车内饰品老化。

(3) 不含对车内饰品及人体有害的成分。

将该产品喷到需清洗的物体表面上,然后用刷子刷,最后用吸尘器吸干即可。

注意避光保存。

3) 地毯、脚垫清洁注意事项

(1) 地毯和踏脚垫多为纤维织物制作,取下后用泡沫清洗液或专用地毯清洗液清洗,并用清水冲洗干净,再将它们折叠起来,置于专用脱水机内脱水后放回车内便可。

(2) 对于不可拆卸的地毯,应用电热式喷水/吸尘/吸水多功能清洗机清洁,还要用蒸汽机进行消毒处理,最后喷涂保护剂和光亮剂。

8. 空调系统的清洁

空调系统能给乘员提供舒适的乘坐环境,高级轿车的空调系统均采用了微机全自动控制,制冷强并且制冷速度快。汽车在行驶过程中会有大量的灰尘、污物进入空调的进风口,吸附在风道内,在高湿的环境下会滋生大量的细菌。随着空气的流通而漂浮在室内空气中,使人感到头晕、乏力、恶心,时间长了还会患上一些呼吸道疾病,危害人们的健康。

1) 空调系统清洁的部位

空调系统清洁的部位主要是进出风口和控制面板。

2) 空调系统清洁的设备和工具

空调系统清洁设备和工具主要有真空吸尘机、湿毛巾。

空调系统清洁材料主要有塑料清洗剂、空调系统清洁剂、特效空气清新剂。空调系统清洁剂如图 5-21 所示。特效空气清新剂如图 5-22 所示。

图 5-21 空调系统清洁剂

图 5-22 特效空气清新剂

3) 空调系统的清洁步骤

清洁时，要先了解车辆进出风口和进气滤网的位置，用真空吸尘机对各进出风口吸尘，然后取下进气滤网，吹去灰尘，用湿毛巾擦去进出风口的灰尘和污垢，对于个别沾有油污的部分，可喷涂塑料清洁剂后用毛巾或海绵擦拭。

后座椅上的控制面板由于较易沾染油脂和汗渍，应用塑料清洗剂进行清洁，喷涂后用丝绒轻轻擦拭，但切勿用力过大，以免损坏电控开关和刮花面板上的饰件。最后用特效空气清新剂喷涂滤网和空气道进行消毒。

完成对空调系统的清洁后，应启动发动机，开启空调系统，将控制开关置于内循环和最大出风量，在进出风口处喷洒空气消毒剂进行杀菌和除异味，最后再喷洒空气清新剂。

9. 车内消毒和喷空气清新剂

车内经过清洁后焕然一新，但仍有许多看不见的有害细菌无法彻底清除。

在人呼出的气体中至少存在 25 种有害物质，例如二甲胺、酚类、苯类、四氯乙烯以及各种病菌，加上人体排泄出的汗液，鞋、袜、衣服等散发出的气味，人在谈话、咳嗽和打喷嚏时喷射出来的唾沫等都在不同程度上加重了车内空气的污染。

1) 车内消毒剂

(1) 常态消毒液。常态消毒液主要配合高温蒸汽来进行消毒。

高温蒸汽杀菌消毒主要采用高温蒸汽和消毒液来杀菌消毒，同时针对不同的使用对象，备有一组不同尺寸、不同大小的刷子及喷头，用来清洗座椅、门板、四壁等不同部位。

消毒前先将消毒液按规定的比例稀释，装入蒸汽机内，接通电源，加热约 30 min，观察温度及压力表，当温度达到 130℃ 左右时，即可利用其形成的高温蒸汽对车室各部件进行逐一消毒。最后向车室喷洒车室除臭剂，在消毒时应避免接触电器部分。整个过程大约需要 1 h，一般 1~2 个月进行一次。

(2) 消毒剂。消毒剂主要是通过化学方法进行杀菌消毒，使用一些消毒剂对汽车进行喷洒和擦拭，以实现杀菌消毒，常用的消毒液有过氧乙酸、来苏水和消毒液等三种。

(3) 臭氧。臭氧杀菌消毒是采用一个能迅速产生大量臭氧的汽车专用杀菌消毒机来进行杀菌消毒的。臭氧是一种广泛性的高效快速杀菌剂，它可以杀灭使人和动物致病的多种病菌、病毒及微生物。

(4) 光触媒技术。光触媒技术也是一种清除汽车内室异味、净化室内空气质量的技术。光触媒美容用品可高效降解车内空气中的甲醛、苯、甲苯、二甲苯等有害气体，氧化消除各种异味，有效防止汽车内室隐蔽部位的霉菌滋生，保持车内空气清新。光触媒剂如图 5-23 所示。

光触媒剂的使用方法如下。

① 使用前充分摇匀，距离喷涂表面 30~40 cm 处临空喷涂，请勿直接对准表面喷涂。

② 在车内大面积喷涂一次，待干后再喷涂一次。单车使用量为(2~3)瓶/m²(夏季)，(3~5)瓶/m²(冬季)。将车内进行密封。

③ 车内封闭时间夏季为 20~45 min，冬季为 40~60 min。

图 5-23 光触媒剂

注意事项如下。

① 请勿过量喷洒，以免车内深色内饰发白。

② 喷涂过程中如出现白色乳液点，即用湿布擦拭。

③ 禁用于玻璃、反光镜和皮革制品。

④ 整个操作过程中要在阳光下进行。

2) 车内空气清新剂

喷施空气清新剂无高温蒸汽杀菌设备时，可在车室内喷施空气清新剂，也可清除室内的有害细菌。具体方法如下。

(1) 将空气清新剂喷于空调通风口或地毯下面。

(2) 启动发动机，打开空调 5 min，进行车室内异味、杀菌处理。

(3) 然后打开车门让空气自然流通，即可清除异味。

二、汽车车室美容工艺流程

1) 汽车车室美容工艺流程

(1) 整理杂物。将杂物箱里的杂物或垃圾清理干净，把地毯拿出来用软刷清理掉杂物。

(2) 除尘。杂物清理完后，用吸尘机将车内的灰尘吸净，特别是座椅下和各角落。

(3) 清洗。对于不同的内饰件材质使用不同的清洗方法，如表 5-1 所示。

表 5-1 车室清洁的不同方法

真皮饰品的清洗	清洁真皮饰品时，应选用专用皮革清洁剂进行清洗。喷上清洗剂后用软毛刷轻轻刷洗，然后用干净的抹布擦干。清洁后，可使用皮革类专业保护剂，如油性真皮上光保护剂、皮革保护剂等，对抹干的真皮进行上光擦拭
塑料饰品的清洁	先用专用的清洗剂喷洒于塑料部件，然后用海绵稍蘸清水擦洗表面，直至细纹中的污垢清除干净，再用半湿性毛巾擦净表面的污垢，擦洗时应避免用力过猛，以免出现失光白化现象。清洁后，可用塑胶护理上光剂、皮塑防护剂等进行上光处理
橡胶制品的清洗	可将专用清洗剂喷洒于半湿性毛巾上，然后直接擦洗橡胶部件，再用干净的半湿性毛巾擦净表面的污物
玻璃的清洗	先用风窗玻璃专用清洁剂进行清洗，然后涂上风窗玻璃防雾剂
车内其他材质的清洗	现代汽车内部运用了多种复合材料，其中较多的有乙烯塑料纤维等。可直接喷洒专用清洁剂在上面，然后用抹布擦干净即可。清洁完后喷涂一层塑件橡胶润光剂，可防止其过早老化变脆、变硬

(4) 上光护理。清洗过的真皮饰品、塑料饰品、橡胶饰品都必须进行上光护理，以保持其光艳性。

(5) 消毒处理。

① 臭氧消毒。臭氧的化学性质是它的氧化能力很强，对细菌、病毒等微生物杀灭率高、速度快，对有机化合物等污染物质去除彻底而又不产生二次污染。使用时应关闭好车门窗，保持车内良好密封效果，臭氧消毒机要求在相对湿度大于 60%条件下使用，一次开机消毒

时间以多于半小时为宜。

② 光触媒消毒。

2) 车室内清洁注意事项

(1) 使用适当的清洁剂。进行车室清洁时，要根据不同材质使用专用的清洁剂或最相近的清洁剂。例如，用水性真皮清洁柔顺剂清洁真皮座椅，用化纤清洗剂清洗丝绒纤维制成的座椅、地毯等，用玻璃清洗液清洗车窗内侧的玻璃等。

(2) 切记不要随意混合或加温使用车饰清洁用品。不同的车饰清洁用品混合后，有可能产生一些有害物质。

(3) 对不熟悉的产品应先测试使用。对于首次使用的清洁剂，应先找到相同材质的部件进行清洗测试，或可在待清洗部件的不显眼处进行测试。如使用真皮清洁剂清洗车内座椅皮革时，可先在座椅底部或背面等不显眼的地方小面积使用，观察清洗效果如何，以防褪色或有其他损害。

(4) 车饰件上有特殊的污渍如焦油、油漆、机油等，不可用力擦洗，应选用专用清洁剂进行清洗。

(5) 清洁作业。喷上清洁剂稍停片刻后才进行擦拭。擦拭方向要求后期只能单向运动，以便保持光线漫射面一致。

(6) 如有需要，可对清洗过的较难干燥的饰件进行烘干处理，有利于防止发霉。

三、汽车清洗系列用品

1. 汽车常用清洗用品

1) 发动机强力修复保护剂

发动机强力修复保护剂如图 5-24 所示。

(1) 产品性能。

① 该产品为高效摩擦改进剂，能显著降低摩擦阻力，节省燃油，提高动力性。

② 能防止润滑油在高温重负荷下氧化，提高润滑油的品质，并延长换润滑油周期。

③ 能中和酸性物质，防止发动机部件腐蚀。

④ 能极大降低噪声，使发动机运行平稳。

⑤ 具有极佳的清洁分散能力，可有效地清除发动机内部的油污和其他沉积物，保持活塞环、液压挺杆和发动机其他部件的清洁。

⑥ 能降低润滑油消耗，减少尾气排放。定期使用该产品可保持发动机的最佳性能，防止"拉缸"、"烧瓦"，可延长发动机寿命 2 倍以上。

(2) 适用范围。增强型发动机超级保护剂适用于所有的汽油、柴油发动机。

(3) 使用方法。

① 每次更换润滑油时，将该产品按每罐 325mL 兑 4～5L 润滑油的比例加入发动机的曲轴箱内，确保油面处于正常位置。

② 新车、大修后的车和正常使用的车应定期使用该产品，对发动机进行保养。

(4) 注意事项。

① 行驶 30 000 km 以上的发动机，在首次使用该产品前应先用清洗剂清洗发动机。

② 首次使用该产品时应按汽车保养手册要求正常更换润滑油,可延长换油期1倍以上。

2) 钢圈亮丽保护漆

(1) 产品性能。

① 该产品是以人造树脂为基础的涂料。

② 具有耐磨损、耐腐蚀、耐撞击、耐污染等特性,可提供持久的保护。

③ 喷涂后不会黏着灰尘,该产品为银色。

(2) 适用范围。

对合金制品和钢圈等表面进行保护。

(3) 使用方法。

① 拆除轮胎、螺母,除去铁锈和污垢。

② 将该产品均匀地喷涂在待保护物的表面上即可。

(4) 注意事项。

为易燃品,应远离热源和火源保存。

3) 水箱超级冷却保护剂

水箱超级冷却保护剂即为我们日常所说的水箱清洗剂,又叫水箱保护剂,如图5-25所示。

(1) 产品性能。

① 对高温水箱能增强冷却效果,防止水箱开锅,抑制泡沫,消除气阻。

② 高温重载时,冷却效果尤为明显。

③ 可防止冷却系统生锈和结垢,还可抑制铝制品的点蚀、汽蚀,延长水箱使用寿命。

④ 对油漆、软管接口和冷却系统中的任何金属制品均无损害。

(2) 适用所有的冷却系统,可增强冷却效果。

(3) 使用方法。

① 先将该产品摇动均匀,使之无沉淀。

② 按每瓶355 mL兑5~12 L冷却液的比例加入散热器中。

③ 在每年的春秋两季更换冷却液时,各加一次或需要特别维护时加入。

④ 若因污垢过多引起散热器高温时,应先用清洗剂清洗水箱后再将该混合液加入散热器中。

(4) 注意事项。

① 不得使该产品与眼睛和皮肤接触。

② 远离儿童,密封保存,防止腐蚀。

4) 塑胶漆

(1) 产品性能为塑料制品表面装饰保护用涂料,喷涂后可长期光亮如初。

(2) 适用范围:汽车保险杠、挡泥板、扰流板、塑料装饰板等部件的表面。

(3) 使用方法。

① 使用前,应将塑胶漆搅拌均匀。

② 将被喷涂物表面清洗,除去一切污垢后干燥,做好喷涂前的表面处理。

③ 喷涂距离为20 cm,以交叉喷涂方式喷涂。

④ 漆用完后,应倒置容器,放出容器内的可燃气体,用丙酮清洗喷嘴。

5) 燃油系统强力清洗保护剂

(1) 产品性能。

① 用于清洗燃油系统积炭，效果显著，能在汽车正常运行过程中自动清洗油路、化油器、进气歧管、喷油嘴等部位，保证燃油正常雾化，消除发动机的喘抖、爆燃和功率损失等故障，迅速恢复发动机的动力性和驾驶性能。燃油系统强力清洗保护剂如图 5-26 所示。

② 消除进气门、燃烧室、活塞顶、活塞环等处的积炭，恢复正常的压缩比，解决发动机工作粗暴、敲缸等问题，使汽车运行更加平顺。

③ 可节省燃油 7%～15%，降低排放，减少空气污染。

④ 防止燃油系统各部件锈蚀。

⑤ 对尾气净化装置和各传感器无损害。

(2) 适用于汽车、摩托车、船舶、内燃机等燃油系统的清洗保护。

(3) 使用方法。

① 已行驶 2×10^4 km 以上或燃油系统性能降低的车辆可以使用该产品。

② 按每罐 325 mL 兑 60～90 L 的比例直接加入燃油箱中，清洗后，定期使用 BG02 或 BG203(发动机燃烧促进剂或积炭清洗保养剂)进行保养。

③ 每隔 2×10^4 km 清洗一次，积炭严重的车辆，应连续使用强力清洗保护剂。

(4) 注意事项。

① 清洗完毕之后，要调整好汽车的点火正时和怠速。

② 不得让该产品接触油漆表面。

③ 不得让该产品接触眼睛和皮肤。

图 5-24　发动机修复保护剂　　图 5-25　水箱冷却保护剂　　图 5-26　燃油系统清洗保护剂

6) 发动机漆膜保护剂

(1) 产品性能。

① 特殊透明性保护漆，能防止金属漆膜老化及沾污油垢等。

② 能保持发动机外观清洁。

③ 使用温度范围在 20～80℃。

(2) 适用范围：用于发动机及配件表面防护。

(3) 使用方法。

① 先用发动机清洗剂彻底清洗发动机表面并干燥。

② 均匀地喷涂在发动机表面上，约 20 min 干燥后再喷涂一次，等 20 min 后即完成对发动机表面的保护。

(4) 注意事项。

① 不可用于以桐油为磨料的油漆表面保护。

② 为易燃品，按易燃品要求使用保存。

2. 其他美容护理品

1) 挡风玻璃水

挡风玻璃水能有效去除挡风玻璃上的冰霜，呈现出没有痕迹的光亮，并可以减少结冰的发生。挡风玻璃水如图 5-27 所示。

挡风玻璃水的特点如下。

具有高效去污力、抗静电及防雾、防冻、除冰霜功能，最低使用温度可达零下 25℃。

长期使用可保护玻璃透明度，防止玻璃"光芒"现象，保护玻璃免受空气侵蚀，并且对汽车玻璃光洁度没有影响。

2) 防雨剂

防雨剂又被称为"雨敌"，如图 5-28 所示。一般来说，玻璃表面的性质为非亲水性，水在玻璃表面不能均匀散开，只能以水珠的形式存在，而水珠对光线有折射作用，所以会严重影响视线。

当下大雨时，雨水会在玻璃表面形成水流并覆盖一层水，形成水膜，因而光线不发生折射，反而能看清。

防雨剂的使用方法如下。

(1) 要完全清洁挡风镜面。

(2) 用无纺布或柔软毛巾完全擦干镜面玻璃，不留水迹。

(3) 将该剂完全涂均匀，涂抹本防水剂，以划圈的方式由圆心向外扩散。

(4) 为保证完全涂均匀，可以重复操作几次，然后换用干净的软布自上而下地擦去多余的防水剂即可。

3) 防霜防雾剂

防霜防雾剂俗称"雾敌"，如图 5-29 所示。防霜防雾剂具有独特的清洁去污、防霜、防雾、保护视力等功效，能有效地解决玻璃表面因冷热不均而起雾上霜的问题。它可用于汽车、拖拉机及其他机动车辆的挡风玻璃、反光镜、摩托车头盔等需要防雾防霜的玻璃镜面。

防霜防雾剂的使用方法如下。

先将玻璃表面擦拭干净，再把玻璃防霜防雾剂均匀喷射到玻璃上，用洁净布擦拭均匀即可。

图 5-27 玻璃水

图 5-28 防雨剂

图 5-29 防霜防雾剂

4）防冻液

防冻液是用冰点较低的物质（一般为乙二醇）加入水中，以降低冷却水的冰点，防止冷却系统冻结。

现代防冻液除乙二醇混合水外，还必须添加特殊的化学制剂来实现更好的效果。

使用注意事项如下。

① 冷却系统不得有渗漏现象，然后再注入防冻液。

② 完全排尽冷却系统中的冷却水，避免残留水稀释配制好的冷却液，使冰点发生变化。

③ 防冻液具有毒性，使用中应注意避免与人体接触，尤其不得进入眼内。

④ 更换防冻液必须在冷车时进行，并彻底放尽冷却系统中所有的防冻液残余，并用清水清洁后加注至规定的液面。

四、汽车内部的清洁护理

1. 燃油供给系统的免拆清洗护理

1）发动机燃油系统免拆洗护理清洗产品

发动机燃油系统的免拆洗护理清洗常用的产品是燃油喷射系统清洁剂，它具有以下几方面的作用。

(1) 能有效溶解附着在零件表面上由汽油离析出来的胶质或已形成的漆油膜，自动清除、溶解系统中的胶质、积碳、冷凝水分、酸性物质，有效抑制这些有害物质的再生。

(2) 清除附着在喷油器中的积炭、黏性胶质，保持最佳的喷雾质量，最大限度地提高燃油经济性，发挥发动机的有效功率，减少有害气体的排放。

(3) 将燃油室的积炭软化、剥落并形成粉状物随废气排出，保持燃烧室清洁，防止爆震、早燃等现象发生。

(4) 能自动清理润滑喷油器、计量阀、过滤器、燃油泵、进气门、燃油管等部件，使这些部件处于清洁、良好的工作状态。

(5) 能中和酸性物质，吸收分解燃油中的冷凝水分，防止结冰，改善冷启动性能。

(6) 不伤害各传感器、催化转换器，对金属及橡胶制品无任何腐蚀作用。

2）清洗方法

(1) 使用燃油供给系统免拆清洗机清洗。

燃油供给系统免拆清洗机能够清除燃油系统各部位的积炭，美容店普遍采用这种清洗方法。

具体使用方法及清洗原理是：清洗时将燃油系统清洁剂按一定的比例与燃油混合，制成同时具有燃烧和清洗作用的特种燃料，然后切断原车的供油管路，改用上述特种燃料向发动机供油，启动发动机，并怠速运转，清洁剂随着燃油流动、燃烧。当特种燃料通过喷油器时，便同时完成了对喷油器针阀的清洗，同时将燃油泵、油管、火花塞、燃烧室、活塞和进排气门等处的积炭、胶质和积垢软化、剥落、溶解并使其随废气排出缸外，从而达到清洁的目的。其特点是清除速度快。

(2) 燃油喷射系统清洁。

方法是将燃油喷射系统清洁剂按使用说明书的要求和比例直接加入汽油箱内。但它不像燃油系统积炭清洗机那样见效快,建议电喷系统发动机每隔 2000 km 使用一次。

(3) 成品喷油嘴清洗剂清除喷油嘴积炭

如果只想对喷油嘴积炭进行清除,可以用市售的成品喷油嘴清洗剂。该产品为内置气压式,供油压力与原车压力相接近,依靠罐体内的自身压力,将特殊配方的清洁剂通过管道直接喷入发动机燃油管内,它能瞬时溶解并除去喷油嘴处的积炭、油垢及其他沉积物。根据不同的车型,整个清洗过程需要 10～15 min。具体方法如下。

① 启动发动机,将发动机热至冷却风扇启动,关闭发动机。

② 找到发动机进油管和回油管,将进油管拆卸下来,堵住回油管。

③ 拆卸燃油压力调节器上端的真空软管,并用软木塞堵住管口,以防止节气门漏气,选择正确的接头。

2. 发动机舱清洁护理

汽车行驶时,轮胎溅起的泥水和灰尘不可避免地会进入发动机舱内。发动机工作时温度非常高,周围会散发出许多油脂蒸汽,发动机舱内还装有蓄电池,汽化的电解液蒸汽也会带有一些酸性的腐蚀物质。泥水与油污的混合物附着在发动机上,会降低发动机的散热能力,影响各种操纵件的工作,同时也会造成金属壳体的锈蚀。因此,发动机机舱可以说是汽车上最脏的地方。为了确保发动机的正常运转并为维修人员的检查提供一个良好的工作环境,发动机机舱必须保持清洁,及时去除油污和锈蚀。

1) 发动机舱清洁的设备、工具和材料

发动机舱和行李箱清洁的工作量虽然大,但项目较少,不需要进行复杂的拆装,因此所用的设备、工具和材料也比较简单,主要有以下几种。

(1) 常用的清洁设备与工具。

常用的清洁设备有空气压缩机、高压洗车机和泡沫清洗机。

常用的清洁工具有毛巾、海绵和毛刷。

(2) 常用的清洁材料。

① 发动机外部清洗剂。发动机外部清洗剂主要适用于汽油机、柴油机,能有效去除发动机外部及连接部件表面的油污,能使塑料件、橡胶件在高温作业条件下抗老化、龟裂等,对发动机有良好的散热和翻新作用。

② 除锈剂和防锈漆。

除锈剂适用于汽车裸露的金属表面,如底盘、发动机等处。

防锈漆用于除锈后的发动机缸体等金属裸露表面,一旦喷上去就会形成光亮的保护漆膜,达到翻新发动机外表并防止生锈的效果。

③ 蓄电池清洁剂和电池接线柱保护剂。

④ 橡胶清洁剂和保护剂。

2) 清洁流程

打开发动机盖后,会看到机舱内装有许多的电器装置,如分电器、发电机、启动机和调节器等。对于一些防潮性能差的元件,应该用塑料薄膜进行遮盖,有些元件一旦进水后会影响发动机的启动。有些高档轿车的发动机机舱内的电器元件防水性能较好,不需要上述工作。

清洁步骤如下。

(1) 高压清洗。当发动机冷却后开始对发动机机舱进行清洗，同整车的外部清洗一样，用高压洗车机从上往下，用散射水柱进行冲洗，去除较重的泥沙和油污。

注意高压水枪不要对着点火模块、ECU、启动机、保险盒等部位进行冲洗。

(2) 泡沫清洗。高压清洗不能去除全部的污垢，应该再进行泡沫清洗，强力的泡沫清洗剂能均匀地将污垢吸附到泡沫中，起到很好的去污作用。1～3min 后用自来水或高压洗车机冲去泡沫。

(3) 局部清洗。油污的附着力很强，最有效的方法是使用发动机外部清洗剂，喷涂 1～3min 后，再用毛刷擦拭，严重的部位还可以反复喷涂和擦拭。

3) 其他部位清洗

(1) 空气滤清器尘垢太多造成堵塞时，取出纸滤芯，将上面反转，向下拍去灰尘，再用压缩空气反方向吹出灰尘便可复装。

(2) 机件受到锈蚀后，材质便从外到内逐渐疏松和剥离，如不及时清除便会影响机件的寿命。去除锈蚀最好的方法是喷涂除锈剂，喷后用毛刷刷洗，彻底除锈后，要充分冲洗干净，吹干后再喷涂一层防锈漆，使机件获得很好的防锈保护层。

(3) 现代轿车的蓄电池都被紧凑地安装在发动机机舱内。由于车辆行驶时的颠簸和发动机机舱温度的升高，蓄电池液常常会从加液盖的通气孔渗出，使蓄电池非常脏，同时还会腐蚀车架的底板和电池的安装支架，因此要进行定期清洗。

清洗前，先松开蓄电池的接线桩头，取下蓄电池，然后用泡沫清洗，再用毛刷刷洗，比较脏的部位可用专用的电池清洁剂清洗，最后用清水冲洗干净。在底板和支架清洁后，便可进行蓄电池的复装。复装蓄电池时，接线桩头必须接触良好，任何微小的松动都会影响发动机的启动。拧紧桩头后，可将桩头涂上一层保护剂，能起到保证接触良好和防止氧化的作用。

(4) 发动机机舱盖上流水槽的污垢非常严重，一般可用自来水冲洗和泡沫清洗，再用软毛刷擦拭，最后打上一层车蜡或喷涂橡胶保护剂，以防止其老化而延长使用寿命。发动机机舱盖上流水槽如图 5-30 所示。

图 5-30 发动机机舱盖上流水槽

3. 行李厢清洁护理

1) 行李厢清洁的设备、工具和材料

(1) 常用的清洁设备与工具。常用的清洁设备有真空吸尘器和电热式多功能清洗机。常用的清洁工具有毛刷、麂皮和静电除尘刷。

(2) 常用的清洁材料。常用的清洁材料有丝绒清洁剂、丝绒保护剂、万能泡沫清洁剂和空气清新剂。

2) 行李厢清洁流程

行李厢与车身内部很相似，内饰多为绒布，清洁方法基本相同。

(1) 先取出行李厢内的备用轮胎、随车工具以及杂物和底板防护垫。

(2) 拍去灰尘，用真空吸尘器吸去内部的灰尘、泥沙和污垢，然后用电热式多功能清洗机进行清洁。

(3) 如果没有多功能清洗机，可用湿毛巾进行擦拭，主要是去除灰尘，对于局部污垢严重的部位，则用丝绒清洁剂进行清洁。

(4) 行李厢的密封条可用水进行清洁，污渍比较严重可用万能泡沫清洁剂进行清洁。用麂皮吸干水分后上车蜡或橡胶保护剂。

(5) 清洁后，对丝绒内饰可再喷涂一层丝绒保护剂，然后对整个行李厢喷洒消毒剂和空气清新剂。

(6) 最后复装备用胎、随车工具和杂物。

4．汽车底盘的清洁

汽车底盘通常看不到，由于其部位特殊，车底挡泥板及车身下边缘的弯曲部分泥污、脏物极易堆积，堆积附着物的水分又不容易蒸发，时间稍长不作清理则容易生锈、腐蚀。所以，汽车底盘要进行定期维护。

1) 底盘清洁的设备、工具和材料

底盘清洁的设备、工具和材料主要有：举升机、高压热水冲洗机、钢丝刷、铲刀和保护剂等。

2) 底盘清洁的流程

汽车底盘清洁的主要作业流程如下。

(1) 将汽车用举升机抬升至工作高度，或者将汽车开到地沟槽平台上。

(2) 用高压水全面冲洗底盘，有可能的话，最好使用高压热水冲洗机来冲刷去掉脏物，只用自来水很难冲洗干净。冲洗时对边缘部分、弯曲部位以及四轮的挡泥板等部位更应仔细冲洗，有时还需配合使用较软的钢丝刷或铲刀来除去顽固残留脏物，但操作要小心，不要损伤保护涂层。

(3) 使用工作灯仔细检查车身底部和底盘、悬架等处有无生锈。如果生锈或有伤痕，则用砂纸打磨去除浮渣、锈污，然后先后涂上防锈漆和底盘沥青涂料。

(4) 可以对汽车底盘部位全面喷涂保护剂。

喷涂之前，应先卸下四只车轮，将轮毂、减振器、排气管及转向节等有相对运动的接合表面，以及其他不得喷涂的部分用防涂纸进行覆盖。当必要的防涂遮蔽工作完成后，才能进行喷涂作业。

3) 清洁的注意事项

汽车底盘的清洁应注意以下事项。

(1) 为确保在举升设备下作业的安全，有必要定期对举升设备进行维护保养。两柱举升机的四个防滑支承垫容易破损，必须经常检查。

(2) 部分车辆的四轮挡泥板处另外安装塑胶拱罩，必要时应拆下来清洗，并用高压水彻底冲洗挡泥板及翼子板内侧。

(3) 排气管因高温不得喷涂底盘涂料。

(4) 发动机室无底托板或底托板破烂时，必须先遮蔽，然后进行底盘涂料的喷涂作业。

5. 内饰护理小技巧

内饰件常见顽渍的清除如下。

(1) 霉菌。内饰件受污染未及时清洁导致霉变，对此进行清除时可用热肥皂水洗霉点，用冷水漂洗干净，再浸泡在盐水中，然后用专用清洗剂清洗擦干。

(2) 口香糖。口香糖清除时可用冰块使其硬化，然后用钝刀片刮掉，最后用清洗剂清洁擦干即可。

(3) 焦油。可先用冷水彻底刷洗，如难以去除干净，可用焦油去除专用清洗剂浸润一段时间，然后擦拭干净即可。

(4) 黄油、机油等。用专用的油污去除剂，从污迹周边向中心清洗，当污迹已经洗掉时用毛巾擦干。

(5) 人造革裂口的修理。座椅、门边内衬等常使用人造革，在使用过程中难免意外受伤，甚至出现裂口。对于这类破损，可采取以下方法进行修补：先用电吹风将裂口两边吹热，再将一块纤维布衬在裂口下面，并精心将裂口两边对齐，然后压平，最后将人造革修复液涂在修理部位上，待完全干后即可。

(6) 地毯破损的修补。汽车内饰地毯常见的破损形式为烧痕及裂口。处理这类破损时，先将损坏部分的毛边切除，另找一块地毯(或在座椅下不显眼处切下一块)作补片，用胶将补片沿损坏部位毛边切除处黏结上，再用毛刷理顺接缝即可。

项目小结

车内清洁项目有：全车内部吸尘、仪表板和方向盘的清洁、座椅的清洁、车身内壁(包括顶篷和地毯)的清洁、空调系统的清洁、车内消毒和喷空气清新剂。

燃油喷射系统清洁剂具有六大作用：能有效溶解附着在零件表面上由汽油离析出来的胶质或已形成的漆油膜；清除附着在喷油器中的积炭、黏性胶质；将燃烧室的积炭软化、剥落并形成粉状物随废气排出；能自动清理润滑喷油器、计量阀、过滤器、燃油泵、进气门、燃油管等部件；能中和酸性物质，吸收分解燃油中的冷凝水分；不伤害各传感器、催化转换器。

复习思考题

一、填空题

1. "光触媒"是以_____为代表的具有_____的光半导体材料的总称。
2. 污垢的形成过程是黏附、_____到_____。
3. _____能十分方便地伸进各个角落部位，快速地吸去灰尘。
4. 汽车美容店的洗衣机必须是集清洗、脱水、烘干和免烫等功能于一体的_____。
5. _____能清洁所有真皮装饰件，去除表面沾污，清洁并恢复皮革的原有本色；并可以增强对皮革制品的保护。

项目五　汽车内部清洁与护理

6. _____的使用频率极高，沾有的人体汗渍和细菌，是车内清洁的重点。

7. 汽车车室美容工艺流程依次是整理杂物、_____、_____、_____和_____。

8. _____能有效去除挡风玻璃上的冰霜，呈现出没有痕迹的光亮，并可以减少结冰的发生。

9. _____具有独特的清洁去污、防霜、防雾、保护视力等功效，能有效地解除玻璃表面因冷热不均而起雾上霜的问题。

10. _____能极大降低噪声，使发动机运行平稳。

二、简答题

1. 车室清洁护理的必要性有哪些？
2. 汽车车室污垢主要有哪几种：
3. 汽车内部清洗工序是什么？
4. 汽车内部清洁所需设备、工具都有哪些？

三、论述题

1. 汽车内部护理所需设备、工具有哪些？
2. 汽车内部消毒杀菌的主要项目有哪些？
3. 简述发动机室清洗的工序和清洁注意事项。
4. 简述底盘清洁的工序和清洁注意事项。

四、实训题

围绕车内清洁与护理材料和车内清洁与护理工艺流程等相关理论知识，结合实验室相关的车内清洁与护理工具设备和车内清洁与护理产品制定一份详细的车身内部地毯除尘工艺流程的理论报告。根据报告在轿车丰田卡罗拉车身内部实施车内地毯除尘实训。考核要求如下。

(1) 实训前准备工作；
(2) 车身内部地毯除尘工艺流程；
(3) 实训结果；
(4) 综合考评地毯除尘效果和理论素养。

项目六　汽车内部装饰

【知识要求】

- 了解汽车内部装饰的主要项目。
- 熟悉汽车内部装饰的目的及作用。
- 掌握汽车内部装饰各项目的主要内容。
- 掌握汽车内部装饰各项目的实施要点及注意事项。

【能力要求】

- 会应用汽车内部装饰各项目的工具和设备。
- 会根据实际情况选用合适的装饰方法。
- 学会汽车内部装饰各项目的操作方法。
- 会用先进技术解决汽车内部装饰中的疑难问题。

汽车内部包括驾驶室和轿车、客车的车厢，是司乘人员在汽车运行中的生活空间。汽车内部装饰是对车内篷壁、地板、控制台等外表面，通过加装、更换面料及放置饰品等方法改变其外观，以营造温馨、舒适的车内环境。

一、汽车香品的装饰

1. 香品的功能

香品的功能主要有以下几点。

(1) 净化车内空气。能够对车内的空气进行清洁、净化作用，能杀灭细菌、消除异味，保持车内空气清新。

(2) 有利于行车安全。车内使用香品之后，空气清新，对驾驶员及乘客都具有头脑清醒、抗抑郁，使人镇定等功效，减少行车事故的发生。

(3) 增添车内情趣。车用香品不但能营造温馨而舒适的车内小环境，而且能够增添浪漫的气氛，提高驾驶乐趣。

2. 车用香品的种类

现今市场上的车用香品种类繁多，按形态可分为气雾型、液体型和固体型三种。

(1) 气雾型车用香品。主要由香精或溶剂组成，可分为干雾型、湿雾型等多种。这种香水里的除臭剂可以覆盖车内某些异味，比如行李厢味、烟草味、鱼腥味和小动物体味等，但挥发速度极快。

(2) 液体型车用香品。也称车用香水。如图 6-1 所示，它由香精与挥发性溶剂混合而成，比固体香膏香味要浓，持续时间久、散发慢，常盛放在各种具有艺术造型的容器中，可用 2~3 个月，在车内用得比较广泛，具有气味浓香、使用便利等优点。

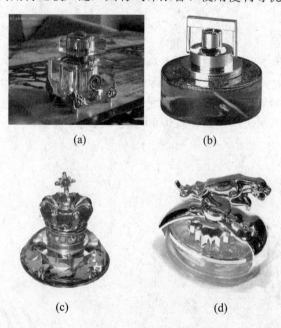

图 6-1　液体型车用香品

(3) 固体型的车用香品主要是将香精与一些材料混合，然后加压成型，可用两个月左右。它具有香味清淡、使用周期长、无须补充等特点，也是常用的香品，如图6-2所示。

车用香品的香型和颜色是相互关联的，如黄色为柠檬香、草绿色为青苹果香、粉红色为草莓香、嫩绿色为松木香、紫色为葡萄香、乳白色为茉莉香、淡蓝或淡绿色为薄荷香、橘红为樱桃香等。

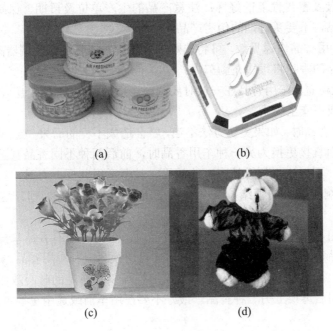

图 6-2　固体型的车用香品

3. 车用香品选购的原则

国内市场的车用香品主要来自日本、韩国和我国的台湾。选购车用香品时，应根据车辆、季节及车主性别、性格、爱好等因素合理选用。

(1) 根据季节气候选用。不同季节应选用不同的香品：在寒冷的冬季或炎热的夏季，车内开空调，应选用挥发性强的香品，以便有效地去除空调引起的车内异味及其他异味；而在冷暖适宜的春、秋季，可选用自己喜爱的香型。

(2) 按驾驶员及乘客的需求选用。驾驶员开车需要保持一定的平衡心态，车内的环境需保持温馨、宁静。所以，可选择清甜的鲜花香气、清凉的药草香气等香型的香品。

(3) 按情趣的需求选用。对于吸烟的车主，应选用除烟味香品，它能为吸烟及非吸烟者带来和谐的环境；也可选用浓郁的药草香、清新的绿茶香、甜润的苹果香等，这些香品可有效地去除烟草中的刺激气味。最好不要选用气雾型香品，因为大多数气雾型香品容易着火，喜欢开快车的驾驶员应尽量选用凝胶型等固体香品。

(4) 根据性别选用。如果驾驶者是女性，专用乘车者也是女性，应选用各种清甜的水果香、淡雅的花香型香品。另外，动物造型的车用香水容器造型活泼可爱、风趣，很受成熟女性的喜爱。若驾驶者和专用乘车者均是男性，则选用香品的外观造型应比较单调，以古朴为准，并与内饰浑然一体。

(5) 根据车辆状况选用。车辆状况差异很大，如大型货车与高级轿车，车内装饰差异甚大。在选择车用香品时，还要考虑与车内装饰协调，讲究整体和谐。

4. 车用香品使用应注意的事项

(1) 在选购车用香品时，应根据香品的选购原则，仔细阅读香品的产品说明书，检查产品质量，察看包装及密封性能的好坏；注意产品的生产单位及日期、保质期等；要购买货真价实的优质产品，不要买过期的伪劣产品。

(2) 为了使车用香品快速见效，可将选购的香品放置或喷洒在空调器的通风口处，利用气流的带动，香品的香味将很快充满车内。

(3) 注意安放位置。车用香品在安放时要选择合适的位置，香水的位置安放不当有可能会给车辆驾驶造成不安全因素。

(4) 更换车用香品时，如果更换方法不当，将会造成不良的后果。当一种香品用完之后，不采取一定措施而直接更换为另一种车用香品时，前后两种不同香品甚至起化学反应，产生一些不利物质，不但达不到香品应有的效果，甚至适得其反。有时，还可能使乘员感到不舒适，严重影响驾驶员的情绪，甚至使人变得暴躁、易怒或抑郁，这些都会影响行车安全。

当一种香品用尽或未用尽而又需要更换香品时，首先将原有香品拿掉，把车窗打开，使车内的原来香品气味散尽，待毫无残留时，才可更换另一种车用香品。

在更换时间上，最好选择在用完车以后，这样可以有充足的时间散尽旧香品味，在第二天开车一段时间后再换上另一种香品。最好不要在用车前或途中更换香品。

二、座椅装饰

1. 座椅的结构

1) 轿车座椅的典型结构

轿车座椅的典型结构为复合型结构，由骨架、填充层、表皮组成，如图6-3所示。

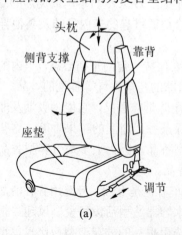
(a)

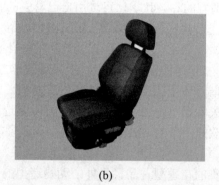
(b)

图6-3　轿车座椅的典型结构

(1) 骨架。大多用金属材料制成。主体为金属焊接结构，起到座椅定型和支撑人体的作用；靠背和坐垫处用薄钢板冲压而成，根据人体工程力学设计，以乘客获得最舒适的形体要求为准则。

(2) 填充层。以前用棉花等植物纤维作为填充层，但易变形，造型不佳。后来使用发泡塑料作定型填充物，具有柔软舒适、不易变形、造型美观、弹性良好等优点。

(3) 表皮层。表皮层是设计师们设计的重点，也是客户所能看到的最直观的地方。对于整车的价格定位有着一定的影响力。所以，我们常常选用纺织布料、人造革材料、优质的真皮材料。外形与填充层的形状相贴敷，一般制作都比较讲究，裁剪精确，缝制精细，贴敷平整合体，以显示座椅的精美外形。

2) 客车的座椅结构

由于一般客车和高级豪华客车的要求不同，座椅的结构也有所不同。

(1) 一般客车座椅。一般客车的座椅结构简单，主要是满足乘员最起码的乘坐要求，在造型和舒适性方面考虑较少。目前，市场上主要有两种类型的一般座椅：木质座椅和塑料座椅。木质座椅常用在公交车上，在铁制支撑架上钉上长型木条或木板，就制成了简单的座椅；塑料座椅是用 SMC 塑料制成的座椅，固定在座椅支撑架上，构成单人椅或多人椅，如图 6-4 所示。

(a)

(b)

图 6-4　一般客车座椅

(2) 豪华客车的座椅。所谓客车的豪华座椅，只是在外形、制作材料和形体结构上稍微讲究一些。其质量介于普通客车座椅和轿车座椅之间。如 XC/ZY，XCZ 系列豪华座椅，造型新颖，美观大方，符合人体工程学的原理。XC 龙 Y600 型可拆卸式乘客座椅以及 ZY650，ZY610 型乘客座椅，具有曲线流畅、柔度适中、乘坐舒适等特点，如图 6-5 所示。

(a)

(b)

图 6-5　豪华客车乘员座椅图

高级豪华大巴的座椅有些是仿造客机上头等舱、一等舱、二等舱、经济舱、普通舱的座椅来设计和制造的，舒适性在很大程度上已经超过了轿车座椅，如图6-6所示。

(a)
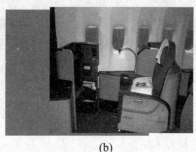
(b)

图6-6　高级豪华大巴的座椅图

2. 座椅的分类

以轿车为例，按座椅的使用功能来分类，可分为驾驶员座椅、乘客座椅和儿童座椅三种。

(1) 驾驶员座椅。驾驶员座椅安装在驾驶员的座位处。因为驾驶员在开车时必须集中精力注视前方和灵活机动地处理各种交通路况。所以为了有利于驾驶员的驾车，对座椅的舒适性、方位(高低、前后、左右)的可调性要求高。因此驾驶员座椅的结构复杂，性能可靠，调整使用灵活，如图6-7所示。

(a)
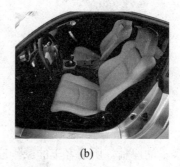
(b)

图6-7　驾驶员座椅图

(2) 乘员座椅。乘员座椅要求乘坐舒适，这与驾驶员座椅要求一样，但对调整方面无过多的要求。一般乘员座椅只在一些豪华车上才有角度调整机构，即俯仰角度可在一定范围内调节，以期达到提高乘员舒适性的目的。

(3) 儿童座椅。儿童座椅在我国的市场中地位还很低，这是不正常的。几乎所有发达国家都有相应的法规来规定儿童座椅的使用范围。瑞典在1982年就制定了法规，7岁以下的儿童乘车，车上应有保护儿童的安全装置，目前这种安全装置的使用率已超过95%，其中60%的儿童座椅是面向后面的。

儿童座椅的结构和安装方法也是经过研究和试验来确定的，3岁以下的儿童头部的周长占人身长的60%，因此头部受力比较大。8岁以下的儿童脊椎尚不成熟，不能承受和成人相同的安全带强作用力。由上可知，保护儿童在车内不受伤，关键是保护儿童的头部。经研究试验确定，面向后部的儿童专用座椅，能将冲击的力分散到背部，抑制头部的运动，这是目前最好的解决方案。儿童专用座椅如图 6-8 所示。

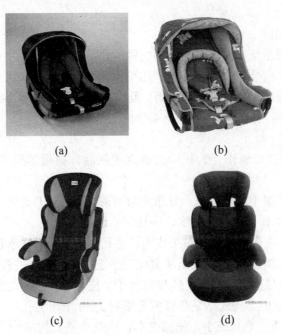

图 6-8　3 岁以下的儿童专用座椅

1996 年时，瑞典 0～15 岁的儿童中有 95%乘车时备有安全保护装置，3 岁以下的儿童专用座椅如图 6-8(a)、(b)所示，这是儿童在撞车中受伤少的主要原因。10 岁以下的儿童专用座椅(如图 6-8(c)、(d)所示)上也专门设置了安全带，可使轻度受伤的可能性降低 96%。儿童座椅有不同的型号，这是因为在不同的成长期儿童身体的状况不同。

3．座椅的装饰

座椅的装饰主要集中在表皮层，主要是对表皮层材料的选用和加工制作。表皮层材料主要用棉纺织物、化纤及混纺等纺织物和皮革等。目前，以化纤混纺织物和皮革最广泛，以真皮装饰为最豪华。在座椅的装饰中，还可以通过功能扩展、加装精品等方式来提高座椅的装饰性和使用性。

用真皮座椅可提高汽车内部的装饰档次，而且真皮不像绒布、纺织品装饰座椅那样易污，至多是灰尘落在其表面，不会堆积在座椅深处。在夏天，真皮的散热性好，能给人比较舒适的乘车环境。但是使用时要小心，以防尖锐物划伤真皮表面。此外，真皮座椅受热后易出现老化现象，需及时护理，护理不当也会导致过早老化，如表面失去光滑，甚至开裂。

1) 真皮座椅的优缺点

真皮座椅的优点如下。

(1) 提高汽车配备档次，让汽车能够在视觉上、触觉上都有一个好的心理感受，可使汽车增色不少。

(2) 真皮座椅不像绒布座椅那么容易藏污纳垢，容易清理。

(3) 真皮座椅的散热性比绒布座椅要好，在炎热的夏日，真皮座椅只会表面较热，轻拍几下,热气会很快消散。所以,长时间坐在皮椅上也会使体热散去,而不像绒布座椅那么吸热。

真皮座椅的缺点如下。

(1) 使用起来必须尽量小心,以免碰到尖锐的物品使真皮表面损伤。

(2) 真皮座椅受热后会出现老化现象,如果不理会,易过早失去光泽。

(3) 真皮座椅在乘坐上要比绒布座椅滑,虽然厂家在座椅表面做皱褶或反皮处理以降低滑感,但与绒布比,同一椅型真皮座椅的乘坐感还是要滑一些。

2) 真皮的类型

真皮制品由动物皮革制作。为正确选择真皮制品,必须掌握不同面革的特点及表面特征。

(1) 黄牛皮。毛孔细小,呈圆形,分布均匀紧密,毛孔较直地深入革内,排列不规则,革面丰满光亮,皮层柔软,纹细,结实,手感坚实而富有弹性。

(2) 水牛皮。水牛皮皮面毛孔比黄牛皮大,毛孔数量稀少,皮革表面弹性相对较差,易出现松弛,且皮革表面略显粗糙,硬质感觉比黄牛皮明显,透气性较好。

(3) 羊皮革。羊皮皮面较牛皮薄,柔软性优于牛皮,毛孔排列均匀细腻,质感柔顺。分山羊皮和绵羊皮两种:山羊皮纹路是在圆弧上排列2～4个粗毛孔,周围有大量绒毛孔;绵羊皮皮板薄,手感柔软,毛孔细小,呈扁圆形,由几个毛孔构成一个组,排成长列,分布很均匀,但不结实。天然羊皮在阳光辐射、高温时会散发出膻味,生产中去除异味工艺复杂,制作成本高。

(4) 猪皮革。毛孔粗大,一个毛孔三根毛,呈三角排列,毛眼相距较远,皮层表面不平整,革面粗糙,柔软性差。

(5) 马皮革。毛孔椭圆形,不明显,比牛皮革孔略大,斜入革内呈山脉形状有规律排列,革面松而软,色泽昏暗。

上述皮革中唯有牛皮可做汽车座椅座套。牛皮中以黄牛皮最好,水牛皮次之。高档轿车也有些采用单皮座椅。

3) 真皮的识别

分辨原车皮椅的皮质或改装好的皮椅的皮质真假,可用以下方法进行识别。

(1) 按压法鉴别。对已做好的座椅,用按压法进行质量鉴别是很有效的。具体方法是:伸出食指按压在座椅的表面,压住不放手,若是有许多细微的皮纹向手压处伸去,这表明座椅表皮是用真皮制作的。如果按下去以后座椅表面没有细微的皮纹向手压处伸去,这就说明座椅的表皮材料不是真皮的,是人造革制作的。

(2) 延展性法鉴别。如果是订做装饰,可在制作的装饰店找出制作时的边角料进行检查,如果制作座椅材料的边角料延展性能很好,还有较好的弹性,即拉边角料时,伸展较长,而不用力拉时,它还能缩回去一部分,这表明这种材料是人造革的。真皮的延展性差,回弹性也差。

(3) 燃烧鉴别法。燃烧制造座椅表层的边角料,看其燃烧时的现象。人造革的主要原料是塑料,很容易燃烧;而真皮是不易燃烧的,特别是真牛皮是很难烧着的。

(4) 断面形状鉴别法。从边角料的断面形状进行仔细观察:真皮材料的断面表层结构紧密,可见毛孔,内层较粗糙一些,可见一些很细的纤维状的层纹,纤维细绒不易拉出。而人造革，特别是仿皮革，表面层光滑细密，无毛孔，而内层也较粗糙，有的纤维用夹子夹住可拉出，这些都是人造革的特征。

在鉴别时，可根据实际情况综合选用上述方法，一般是能够把假货鉴别出来的。

(5) 皮质档次的识别。从专业性的角度上讲，可从皮子的气味、密度、耐光性、耐迁移性、雾化性、热黄变、耐摩擦性等方面来判断其质量。由于多数车主不具有这方面的专业知识，判断起来比较困难，这里提供几个简单的方法。

拉：首先用两只手拿住皮子的对角，然后稍用力向两边拉，好的牛皮拉起来变形不大，牢靠度较好、弹性好，延伸率和张幅适中。若皮面出现缝痕或露出浅白的底色，则说明皮子的弹性及染色工艺不过关。

看：一看皮质，头层皮皮面光滑，皮纹细致，色泽光亮且没有反光感，厚度为 1.0～1.2mm 且厚薄均匀。如果皮纹不明显，只是异常光滑，则说明皮质在加工过程中进行了磨面处理，或是用二层牛皮喷上颜色后压出皮纹制成。二看皮质的张幅大小，通常进口皮张幅有 1.2～1.5m^2，次皮的张幅要小一些。

闻：闻一闻皮革的气味，好的牛皮有自然的皮香味，装上车后再次打开车门，有一股令人舒适的香气。劣质的牛皮通常有强烈的刺激味。

摸：用手摸皮面，质量好的头层皮摸起来手感好，柔软舒适、滑爽而且富有弹性，若皮面硬或发黏均为劣质皮。

刮：用指甲刮一刮，看看是否容易把漆皮刮掉，容易刮掉的是劣质皮。

4) 真皮座套的选购与安装

真皮座套的选购如下。

(1) 商家选择。一般有实力的商家，裁剪、缝制、安装都是流水作业，缝制安装时间短、速度快、质量好。具有规模的商家还可提供上门服务，只要打一个电话，商家派人上门拆卸座椅，并提供皮样供选择，把座椅包上真皮后交回来给车装上。

(2) 产地选择。同是真皮座套，由于产地不同，技术不一样，质量和价格也就相差甚多。世界皮革产地很多，但唯独欧洲(北欧、意大利、奥地利、德国等)皮革工业的历史较为悠久。真皮中最高档次的当数意大利黄牛皮，质地厚实，柔软光滑，有弹性；其次是泰国水牛皮，它水分充足，质地柔软，价格也低一档次。如果轿车属于一般档次，也可选择国产皮，国产牛皮一般质地较硬、色泽均匀度欠佳，但价格比较便宜。

(3) 颜色选择。汽车专用的牛皮颜色不多，主要有红、黄、黑、浅灰等，要根据轿车的颜色和车内的环境协调搭配，这样不仅坐着舒服，看着也觉得高雅华贵。

真皮套的安装如下。

购买了真皮座套后，直接套在座椅上即可。但使用时间稍长的座套易发生变形和移位。为了解决座套的变形和移位，目前采用了座套胶粘法安装，可收到比较好的效果。

具体做法是：选用适当的胶粘剂，按胶粘剂的使用方法，将真皮座套粘贴在原座椅的表面上。也可用胶条将安装好的真皮座套粘接到原座椅上，这种方式粘贴牢固，甚至原真皮座椅的皮纹也可再现。

5) 真皮座椅的制作与安装

这种装饰方式是将原座椅表层的绒布或化纤织品拆除，然后照原样缝制一层真皮的座椅表皮并固定在座椅上。这样做，不仅可以保持原设计的线条，还可确保在长久使用情况下椅面不至于变形或移位。其工艺过程如下。

(1) 拆卸座椅。更换真皮座套，必须先把原座椅拆卸下来，取下原来的座套。拆卸座椅应使用专用工具，因为汽车在制造中对座椅的安全性有严格规定和要求，没有专用工具很难将座椅拆下。如用非专用工具硬撬猛敲，盲目施工，将造成拆卸部位变形。再装时，难以保证原车的安全可靠性。

(2) 制板下料。要制作与座椅配套的牛皮座套，先要用原车座套制板，再根据板形对牛皮裁剪下料。其中制板非常重要，很大程度上决定着真皮座套制成后是否得体、好看。裁剪下料时还要考虑皮料的正确选用，牛背的皮质、皮面是一张皮子最好的部位，一般用于座椅的靠背及坐垫部分，因为座椅的这两处长期受压、受摩擦，也是我们最易观看到的部位。牛肚、牛脖的皮表面较差，一般用于座椅的裙部或不易看到的部位，皮与布一样都有一定的拉伸方向，有的皮椅坐了一两个月后就出现凹凸现象，多数是因为裁皮方向不当造成的。

(3) 缝制加工。对裁好的皮料用缝纫机进行缝制，缝制应一次完成，不能修改，否则，皮料上会留下明显的针孔。做工要细，成品表面能看到的只有明线和"做缝"，明线必须横平竖直，"做缝"要在 3mm 以上。否则，皮套在使用过程中可能由此开裂。

(4) 褶皱处理。加工时对坐垫和靠背部位应进行褶皱处理或选用打孔皮，因为这两个部位在使用中长期受压，一定要预留伸缩量，以确保长期使用而不会变形。

(5) 座套安装。牛皮座套制成后，在安装前先在座套下面垫上 12～15mm 厚的带网底的海绵，再套上座套，将卡钉装上即可。安装时应注意：一是不要划伤或撕裂皮套；二是套上后要通过拍打、拉拽将皮套贴实在座椅上；三是固定皮套的卡钉要选择防锈的，卡钉分布的尺寸、松紧要一致；四是座垫与靠垫的合缝要对称整齐。

(6) 装回座椅。车门、车内的空间有限，座椅的尺寸又较大，且比较重。回装时，既要避免划伤椅面，又不能碰到车漆，所以必须按照回装工艺要求去做。否则，稍有不慎，就会前功尽弃。

三、仪表板的装饰

汽车仪表板是汽车内部最大、最复杂的总成之一。由于人们对汽车的性能要求越来越高，使用的各种仪表也越来越多，造成仪表板越来越复杂，要求越来越高。不但要满足承载各种仪表的安装，是汽车安全运行的需要，而且是车内最主要、最引人注目、最重要的装饰件。因此，对仪表板的装饰也就十分重要。

1. 汽车仪表板的性能要求

汽车仪表板有多方面的性能要求，其基本要求及方法简介如表 6-1 所示。值得指出的是，汽车仪表板是汽车内部最重要的功能性和装饰性总成。它直接影响汽车的使用价值和汽车的身价，也是市场竞争的一个亮点，世界各国的汽车生产厂家用尽心机和手段来使得仪表板满足各方面的性能要求。汽车仪表板从设计、制造、使用和维修的全过程都要考虑成本因素。仪表板设计时,首先要考虑简化仪表板的结构,方便仪表板的制造,有利于仪表的安装和驾车使用。一个好的设计应该是考虑仪表板的工艺性能,用最通用的设备和简便的方法生产出来。其次,为了使汽车具有良好的经济性,必须在汽车的各总成设计时都尽量地减轻总成的重量。因此,汽车仪表板总成的设计制造中也要考虑这一问题。

表6-1 汽车仪表板性能要求及方法简介

要 求	方 法
低成本	简化设计、优化制造过程、降低仪表板的重量
高安全性能	采用新材料和现代制作工艺,保证车辆受到撞击后,能最大限度地吸收撞击力并传递给车架,以降低对驾驶员的伤害
良好的耐热性能	选用耐高温的材料来制作仪表板,保证仪表板在100~120℃时能不变形,不失效,不影响仪表精度,不产生有害气体
降低噪声	采用热塑性材料的仪表板可有效降低噪声和振动
装饰效果好	从各生产厂家精心挑选与汽车其他部分内饰相匹配的仪表板,可有效提高汽车的身价

总之,性能高、成本低、质量轻、安全可靠、美观实用,这是对仪表板的重要要求,也是各大厂家竞争的焦点和市场的卖点。

2. 仪表板的结构类型

现代市场上的仪表板种类繁多,每种车型都有多种规格的仪表板。车型越多,仪表板也就越多。我们按照仪表板的制作材料可将其分为金属仪表板、塑料仪表板和复合仪表板。

(1) 金属仪表板。金属仪表板主要是用薄的钢板和铝合金板冲压而成,按总成的方式可分为整体式和组合式两种。

整体式仪表板整体不大,基本上属于中型或小型,形状较为简单,采用冲压技术制造出来。冲压完成后,还要对主体进行防锈、防腐蚀喷涂处理,以提高其装饰性。大部分的整体式仪表板表面粘贴了一层皮革或纺织物,有的还用真皮来装饰,这可以提高装饰的效果。

组合式仪表板比整体式仪表板要大,有的形状也比较复杂。从加工的角度来考虑,把其分块生产,然后再把各部分焊接成一体。在表面处理方面,它基本上与整体式仪表板一样。

(2) 塑料仪表板。塑料仪表板的材料是塑料。塑料仪表板按总成的方式也可分为整体式和组合式两种。

整体式塑料仪表板,塑料比金属有更加良好的成型性,可以用吸塑方法制造出形状复杂且表面有花纹的形式,其装饰效果良好。

组合式塑料仪表板也是从生产的角度来考虑,把整体尺寸比较大的塑料仪表板分成几部分来制作,然后用塑料焊接或胶粘法把各部分连接起来成为一个整体。

(3) 复合仪表板。汽车上常常使用复合材料的零部件,包括仪表板、门护板、顶盖内护板等。复合材料基本上是由表皮层(塑料、编织物、地毯等)、隔音减振部分(泡沫或纤维材料)和骨架等部分组成的。由这种材料制成的零件除了能够满足一定的使用功能外,还能使人感觉舒适美观。此外，复合材料生产工艺简单，原材料价格便宜，因而发展很快，是汽车内部装饰用材的发展方向之一。

硬质仪表板中常用的塑料有 PP、PPO、增强型 AS(增强玻璃纤维)、超耐热 ABS 和 ABS/PC 等。软仪表板多采用 ABS 和改性 PVC 片材，它具有良好的回弹性，并能吸收 50%～70%的冲击能量，安全性高，耐寒耐热，坚固耐用。

3. 仪表板的装饰

1) 简朴的装饰

整个仪表板总成结构很简朴，除必要的仪表以外，无其他装饰物。整个上表面和正面基本上平整，简洁光滑。上平面颜色较深，为中灰色，正面为白色，符合色彩的搭配，对驾驶员的安全驾车毫无影响，如图 6-9 所示。

2) 用真皮装饰仪表板

在汽车仪表板的装饰中，对仪表板的表皮装饰很重要，因为仪表板的表皮是最使人一目了然的地方。用真皮装饰仪表板是目前比较高级的装饰，如图 6-10 所示。

用真皮装饰仪表板的方法如下。

(1) 拆下原仪表板表皮。选用适当的方法将原表板表皮拆下。以原表皮是胶粘式为例，先用热喷枪对表板边缘处加热，使粘胶软化，然后用通用尖嘴偏钳拉出人造革边，逐步向中部边加热边拉起旧的人造革，直至把仪表板的旧人造革全部拉起拆下。

图 6-9　简朴的仪表板装饰

图 6-10　用真皮装饰的仪表板

当然，在拆下仪表板人造革之前，应先将仪表板上的各种仪表和装饰件等全部拆下并进行必要的清洗和保存，以备装饰后复原安装。

仪表板与车身之间一般都是采用螺钉固定，当把仪表等拆下之后，就可以把仪表板拆下了，最后才拆下仪表板的表皮。

(2) 缝制新的仪表板表皮。

① 选择新表皮材料。一般情况下，是以原表皮材料为依据，选择新的与原表皮同类型规格的材料。若车主要求提高内饰档次，选用高级的材料也可。

② 裁剪、缝制表皮。在裁剪时，应参照原人造革表皮的形状尺寸，考虑到真皮材料的延伸性不如人造革，所以对凸凹形状处的放样展开更应以准确贴合为原则。

③ 检查缝制的新表皮。当缝制出新的表皮后，可先试贴一下，看看是否能贴合一致。能贴合为最好，有出入时可进行修改，以达到平整为原则。

(3) 粘贴仪表板表皮。

① 选用适合的胶粘剂。以汽车用 841 胶粘剂进行粘贴，本产品可在常温下使用和固化，

也不需要加压，使用简便。

② 粘贴时先在仪表板的填充层表面均匀地涂刷一层 841 薄胶，稍等片刻，用手轻轻触摸粘胶表面，不粘手时便可将仪表板的表皮对准，从中部开始向两边逐一展开，一手拉着表皮，一手轻压表皮与填充层表面接触，贴敷无差异时，再用手压表皮与填充层表面粘贴上，压实贴平，并把边缘转折到内侧粘贴牢固。若两人协调进行粘贴操作则更方便，也更有利于保证粘贴质量。

③ 检查粘贴质量。若表皮粘贴位置正确，无气泡、无皱纹，表面光滑、平整、无划伤，就达到了粘贴质量要求。

(4) 安装仪表板。当粘贴后的仪表板完全固化之后(按粘胶使用要求而定，一般 24h 可达到黏结最高强度，即完全彻底固化)，按拆下时的反向工序把仪表板固定在车身上，然后装上各种仪表和其他附件、装饰件等。

(5) 清洗护理。安装后的仪表板还需进行清洗护理，以使整个仪表板总成面貌一新，达到重新装饰的效果。清洗护理方法如下。

① 选用清洗护理材料。目前清洗护理材料很多，可根据实际情况选用。常选用全能泡沫清洁柔顺剂对仪表板进行清洗。本品具有泡沫丰富，去污渍能力强，能迅速分解并清除油污的功能。使用时，先将此清洗剂刷涂在仪表板表皮上，然后用柔软的布擦拭即可清洗仪表板上的一切污渍。

② 选用真皮保护剂。本品能使发硬的皮革制品变得柔软光滑，延缓老化，提高光亮度，并伴有令人愉悦的香味。使用时，将本品均匀薄薄地喷在仪表板的表皮上即可。这是喷在清洗后的清洁干燥的仪表板上进行的保护处理。

还可选用清洁护理二合一处理剂进行清洁护理。例如选用 3M 塑件皮革清洁保护蜡 PN39040 处理。本品含有清新柠檬香味，适用于一切塑料、橡胶、皮革材料。能清洁这类物件表面的污垢和油渍，并在被处理表面留下一层自然保护层，清洁润光，使灰尘不会聚集。

3) 用桃木装饰仪表板

桃木质地细腻，软硬适当，花纹清晰美观，是装饰材料中的优选材质。目前用桃木装饰已成流行之势，在汽车内室装饰中，特别是仪表板的装饰中使用让人有回归大自然之感。目前，桃木装饰仪表板已有系列产品，不论是国产汽车还是进口汽车，都有桃木装饰的系列仪表板产品。桃木装饰仪表板实例如图 6-11 所示。

图 6-11　奥迪 A6 轿车桃木装饰的仪表板

桃木装饰仪表板总成中的其他零件如下。

(1) 桃木装饰真皮转向盘。桃木装饰转向盘与装饰仪表板本体类似，如奥迪A6轿车桃木装饰的仪表板饰的系列产品。它是以车型为系列，如本田系列、田野系列、金杯系列、富康系列、丰田系列、铃木系列、红旗系列、福特系列等。

桃木装饰转向盘实例如图6-12所示。

(a)   (b)

图6-12　桃木装饰的真皮转向盘

(2) 桃木码表饰框。在仪表总成中，为了使安装的仪表和仪表板总成更显高贵华丽，一般在仪表的周围安装桃木码表饰框。

桃木码表饰框与车型仪表安装位置形状有关，与车型配套，也同样形成了系列产品，形状各异，种类繁多。同类产品中，还有不同的规格，有各种不同的色彩，可以尽情选用。桃木码表饰框的形状举例，如图6-13所示。

用桃木码表饰框装饰仪表板之后，可使仪表板总成更显高雅华丽，如图6-14所示。

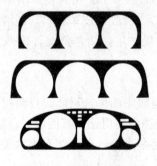 

图6-13　桃木码表饰框　　　　　　图6-14　桃木码表饰框装饰

4) 用色彩装饰仪表板

色彩是装饰的一种不可缺少的手段，动人的色彩给人以美的享受。在汽车仪表板的装饰中，色彩也起到了巨大的作用。

(1) 高贵的橘黄色装饰仪表板。在很多豪华高级的轿车内饰中，橘黄色的装饰不仅给人以温暖的感受，而且更显华贵高雅。如图6-15所示的内饰和仪表板的色彩就是一个典范。

(2) 稳重的深色装饰仪表板。在仪表板的装饰中，对色彩的要求很讲究，一般要求是在仪表板的上平面应用较深的色彩，不会产生反射光而影响驾驶员正常行车。在保证与整车室内色彩和谐的前提下，进行色彩的选装，如图6-16所示。仪表板的上平面选用中灰色，其他部位接近深紫色，给人以稳重感。

图 6-15　高雅的橘黄色仪表板

图 6-16　稳重的深色仪表板

(3) 传统的灰色仪表板。在传统的内室设计中以灰暗的色调为主，主要是考虑便于清洁和防止前挡风玻璃反光等问题。目前这种装饰色调仍有相当的市场，也深受相当一部分人的喜爱，如图 6-17 所示。

5) 人性化装饰的仪表板

在汽车内饰装饰中，目前比较注重情感氛围的营造。人们已经不满足汽车只作为一种纯功能性的交通工具，不仅要求满足功能操作的有效性、安全性，人们还要求汽车能满足自己心理情感的需求，于是在仪表板的装饰中出了一些很个性化的事物。例如，大众公司新甲壳虫和奔驰公司迈巴赫超级豪华轿车在纯功能性的仪表板旁边设计安装了装饰性的花瓶，很具有装饰新意，营造了一个重情感的氛围，如图 6-18 所示。

图 6-17　平静淡雅的灰色仪表板

图 6-18　注重情感氛围装饰的仪表板

6) 用高科技精品装饰仪表板

由于科技的发展，使仪表的制造技术和性能有了极大的提高，各种小巧精制的仪表为仪表板的布置和装饰创造了有利条件。特别是液晶显示技术和数控技术在仪表上的应用和组合仪表的出现，使仪表在仪表板上的布置更灵活、更有利于把仪表板装饰得更亮丽，如图 6-19 所示。

7) 仪表板装饰时的注意事项

(1) 结合车辆实际进行装饰。在装饰仪表板时，必须结合车辆的类型、档次、新旧程度进行综合考虑，采用适当的方法进行装饰。例如低档车绝不能进行豪华装饰；破旧已近报废的车更不必大动干戈进行装饰。

图 6-19　现代化装饰的仪表板

(2) 要与内饰协调。在仪表板装饰时，必须认清仪表板只是车内的一部分，对它的装饰应与内室其他相关部分协调，色泽应和谐，不要反差太大，否则会影响整个内饰的装饰效果。

(3) 装饰方法的选择要恰当。上述几种装饰方法不是对每辆车都适用，只能根据车辆的实际情况和用车环境进行选用。以安装卫星导航系统的汽车为例，目前国内的主要大城市电子地图系统几乎没有，即使你的车是高级豪华车，就是安装了卫星导航系统，你也无法使用。先进的设备只有在适合它使用的条件下才具有使用功能。

(4) 对仪表的选装要谨慎。汽车的各种仪表都具有特定的功能和使用条件，是否符合装饰车辆的结构和使用条件，只有具有相当技能的人才能在这方面选用、改装汽车仪表的布置以及安装、调试。如果控制不好，则会适得其反，甚至发生事故，对此必须谨慎行事。

(5) 在装饰施工中注意粘胶剂的选用。粘胶剂各有各的特点和使用条件，要认真按使用条件要求选用。但有些胶的使用条件介绍比较概括，若对被黏结物的品质了解不准确，容易出现黏结质量问题。对此，在施工黏结之前，应先用一点胶试用一下，看其效果如何，确有把握时再正式投入使用。例如汽车 841 胶粘剂对密封隔热用的苯板就不适用。

四、汽车桃木内饰

1. 桃木饰件概述

桃木饰件就是将桃木或仿桃木制品镶嵌在仪表板、中控板、变速杆头、门扶手、转向盘等部件外表面的一种装饰。桃木或仿桃木材料具有美观、高雅、豪华等特点，其独有的花纹图案可获得特殊的装饰效果。高中档轿车在内饰上配置木质材料以显示豪华气势，中低档轿车在内饰上配置仿木质材料以提高档次。因此，目前流行木质或仿木质内饰，以体现轿车的装饰高档化，如图 6-20 所示。

图 6-20　汽车桃木内饰装饰

桃木亦名"降龙木"，其实汽车上使用的桃木并不是真正的桃木，而是胡桃木、核桃木和樱桃木。真正的桃木是山桃木，也就是水果中桃子的母体。山桃木木材处理起来非常困难，它本身是果树，所以含有过高的糖分和果树胶，为了使它做成成品后不变形、不开裂，要经过泡、煮、焙、烘、晾等 81 道工序，处理周期长达三个半月。

国内率先制作豪华桃木饰板用于转向盘、排挡头等部件装饰的是一汽轿车股份公司，并首先在"小红旗"轿车上采用。上海通用与广州本田 Accord(阿科德)也随后进行试装，在 1999 年的北京国际汽车展览会上，展出了有豪华内饰的别克和阿科德样车，一汽大众的奥迪 C5、上海大众的桑塔纳时代超人也展示出了豪华内饰的样车。可见，国内各大汽车厂家认定进行车内豪华装饰是提高档次与增强竞争力的必然选择。

最引人注目的重新生产并限量发售的顶级豪华轿车"迈巴赫"，更是大量采用桃木配饰，除仪表板、中控台外，中央扶手、门内板、后扶手、调控板、后冰箱、杂物箱等更是超乎寻常的大面积采用了雅致的桃木配饰，整个内饰透出华丽富贵之气。这在劳斯莱斯上也有类似的体现，难怪人们把桃木配饰的多少与车的豪华程度联系起来。现在，世界各大汽车厂家的高档至中档汽车都有采用，形成没有此等内饰装置的轿车都不能称为豪华轿车的市场心态。

随着轿车内饰工艺的不断进步，出现了大量成本低廉的仿桃木花纹塑料覆盖件生产工艺。仿桃木几乎能够以假乱真。仿桃木饰件品种繁多，如出风口、仪表台、仪表盘、中控台面板、换挡基座、换挡手柄、转向盘把手、门内扶手上的控制台面等，为中高级轿车大量采用仿桃木饰件创造了条件。如福特蒙迪欧、尼桑风度、丰田佳美、本田阿库拉等都有仿桃木配饰。在国产轿车中有别克系列、奥迪 A6 系列、广本雅阁和奥德赛、风神蓝鸟。

由于桃木饰件有很大的市场，成本低廉、质量不高、做工粗糙的仿桃木贴面便成为许多经销商的赚钱法宝。这种产品视觉效果极差，能明显看出是塑料而不是木料，不但不能起到衬托内饰高雅、豪华的效果，反而显得低级俗气。

2. 桃木饰件的真伪辨别

桃木具有纹理优美、坚韧、不会变形等优点，成为高中档轿车内饰材料的首选。

按照传统方式，桃木的加工是相当精细和烦琐的。据劳斯莱斯汽车公司介绍，每辆汽车内的仪表板和车厢木饰，无论颜色及纹路都完全一致，拼缝接口处几乎看不出接缝的痕迹。再经最原始打磨工艺，即用蜂蜡打磨 8 次，令表面光滑如镜。整个制作过程大概需要两个星期才能完成。

仿桃木则是用塑料仿造桃木纹理制成的。由于现代的贴膜技术可令仿制品做得惟妙惟肖，以假乱真，纹路、光泽与真的木质材料极为相似。甚至行家也只能靠油漆辨别真伪，因为只有实木才需要多层油漆来防潮和防紫外线照射。当然，成批生产的塑料仿制品的纹路图案可能是件件都一样，而天然的木质内饰的纹路图案却是独一无二的。现在有一些塑料制品需要喷涂专用漆等涂层材料以抗老化，缩小了仿制品与实木饰件的质量差距。还有一种制造方法就是在塑料基体上粘贴一层极薄的桃木镶饰，看上去与实木饰件完全一样，因此可以自称为桃木装饰件。

3. 桃木饰件的选用

有些经济型轿车的车主为了追求个性化、差异化，纷纷通过自我改装仿桃木饰件来充实内饰，以此提高汽车档次。为了迎合个性的需要，市场上出现了一些豪华的仿桃木饰件。但是有些桃木饰件并非原厂的配套产品，往往是一些采用成本低且质量不高、做工粗糙的劣质仿桃木贴面，用户安装后不但没有起到衬托内饰高档、豪华的效果，反而显得低廉俗气。特别是经过一段时间的使用后，贴皮脱胶翘起，日晒高温后会褪色变形，显得老旧不堪，有的甚至影响车子质量与安全性能。轿车木质内饰主要起美化作用，要根据车型、档次及需求合理选用和安装，其造型、色彩搭配、材质感都应当给人以良好的感受，同时还应具有阻燃功能。

安装桃木内饰最好选用原厂标准件。原厂标准件是木质片与原装置的标准塑料或金属件复合为一体的部件，其表面经过非常严格的亮漆处理，面漆经过硬度、耐光性、高温(90℃)与低温(-40℃)等长时间循环试验。用原厂标准件安装，不需用胶水或其他胶贴。

由于汽车厂自行开发至批量生产的复杂程序，新款或改装的车款须1~2年才能全面推向市场，因此不能及时满足国内市场对新产品的需求，形成有大量用户在购买新车后寻求改装以达到豪华效果的市场行为。但目前市场上各种所谓的豪华车内饰件绝大部分不是原厂的产品，用户安装后不但未能达到原厂豪华内饰设计的效果，反而影响汽车的质量与安全性能。以转向盘为例，它是汽车上很重要的安全件，与车辆操控有直接关系。目前市场大部分可购买到的豪华转向盘都不是原厂转向盘，主要分两种：一种是在原来转向盘上加皮套或木质塑料套，此装置大大影响驾驶员对车辆转向的操控，因为加上外套后转向盘总圆径与抓手部分的小圆径都加大，影响转向的行程，而外套使用时间长了与原转向盘的接触也不稳固。另一种是在自制转向盘上加一个通用的连接器，此装置比第一种的危险性更大，因为原厂转向盘的骨架经过了非常严格的原厂测验，除了保证正常使用外，发生意外时不会断裂。而上述转向盘绝大部分没有原厂骨架，只是自制木圆架或金属圈，车辆遇到撞击时驾驶员是非常危险的，而通用连接器不能把转向盘与转向柱像原厂一样直接连接在一起。汽车厂在做整车设计时，对驾驶员的操控舒适性与安全性是非常重视的，而转向盘是驾驶员操控最多、最直接的部件，绝不能使用不符合原厂标准的部件。

目前市场上大部分的桃木饰件需要用胶水或双面胶纸粘贴，表面是一层印制木纹的软塑料或薄木片，胶贴完成后会发现大部分的圆弧位置没法贴合或很容易松脱，脱落后的胶纸或胶严重影响原塑料件的外观，除了整体效果不如原厂原件外，加上外贴件的厚度，更会影响一些开关按钮的操作。车辆在夏季露天停放时车厢内温度可达80~90℃，部分表面软塑料因承受不了高温而脱落或发出异味。而表面桃木薄片因没有经过特殊加工处理，无论在夏季或冬季都容易因热胀冷缩而破裂。

选装豪华桃木内饰的目的是要把爱车档次提高，如果安装不合标准的部件而影响整车的装饰效果、安全性与操作性能则得不偿失，因此选装时一定要慎重。

五、地板装饰

汽车的地板在底盘的上部，是车厢的基础部分，承载车内的各类设施和人员，要求有可靠的安全性，能稳固地起到支承功能。同时，它又是车厢与地面之间的隔离层，要求它能起到保温、隔热、防湿、防潮、防尘等作用，防止外部噪声进入车内。

地板与侧围、前围、后围和顶盖共同构成汽车的内室，是汽车一切使用功能的体现部位，为人们提供乘车的一切所需。

1. 地板装饰材料的选用

1) 地板装饰材料选用的原则

对地板的装饰，主要是因为原地板陈旧或损伤需要装饰，可参照原地板使用的材料、色泽和地板构造，采用适当的方法进行装饰。

若是为了提高原车装饰档次，可在内饰改装的同时对地板进行改装。这时须综合考虑，使之与内饰和谐。可采用在原地板的基础上选装汽车地毯,直接放置在地板上。

2) 地板装饰材料色泽的选用

地板装饰的颜色,最常用的是深灰色和红色。深灰色的地板可使车内有一种洁净舒适的感受;红色给人以兴奋的感受。在选择装饰材料的颜色时,还应考虑侧围、顶盖和座椅等的颜色,使整个内饰的色泽达到统一、和谐,给人以明亮、舒适的感受。

2. 地毯装饰

20世纪60年代以前生产的汽车内饰地毯,都是经过测量、裁剪和缝制成与汽车地板各式各样的凸起和凹坑相匹配的形状。如今所有生产厂家和零配件市场的地毯都是成型的地毯,其形状与汽车地板形状相匹配。

(1) 拆除旧地毯。大多数车的地毯很好拆除,从车门框上拆下防磨板,拉出地毯就行了。但也有的车辆须拆下座椅、安全带和松开脚踏板后才能拆下。拆除时应当注意,不管地毯与何处相连都不要硬拽,先拆下连接件,然后想办法拆下旧地毯,视具体情况而定。

(2) 加衬垫。一般车用地毯下面都有衬垫,生产厂家和零配件市场的成型地毯背面自带衬垫。对于不带衬垫的地毯必须另行制作衬垫,然后把它粘到地板上。地板的衬垫主要有三种:黄麻纤维毡、泡沫和再生材料产品。再生材料是环保型产品,13mm厚的泡沫塑料板也很好用,它能形成双向曲面而不会出现折痕;黄麻板隔离性能好,但价格高。用泡沫塑料制作地毯衬垫,应首先测量地板横向和纵向的尺寸,然后在每个方向上增加20%的余量进行剪裁。剪裁完毕后,把泡沫塑料铺好,剪去多余的材料。粘贴时,只要在泡沫塑料的背面和地板上喷些胶,然后按下并粘贴,另一侧也用同样的方法进行处理。用黄麻毡和再生材料板制作地板的衬垫需分几片来做。一片用于曲面的凸起部,两片用在两侧的地板上。地板表面不平有较大的深坑时,每一个深坑部分需单独进行处理。在把衬垫平整地与地板贴牢后,就可以测量、剪裁、调整和缝纫地毯了。

(3) 地毯的调整与安装。剪裁、调整和安装地毯的工作通常从变速器的隆起部分开始,然后分别向驾驶员一侧和乘客一侧进行。

测量变速器隆起处的面积:纵向尺寸从驾驶室前隔板量到后边座椅的底部,横向尺寸从一侧量到另一侧,并在测量结果上加上152mm。测量驾驶座和乘客座侧的地板面积时,前后距离也是前到隔板,后到座椅底部。大多数车的座椅不能完全遮住到车门之间的地板,所以此处地毯要一直铺到座椅的后面,也可以另用一小块地毯铺到此处。

从地毯卷上剪下三块面料,一定要保证地毯的绒毛倒向一致。首先,将一块地毯放在变速杆的前方,留出足够盖在驾驶室前隔板的余量,使地毯位于中央位置。地毯盖过隆起后,还分别在驾驶座和乘客座侧各留76mm的余量。然后,把紧靠变速杆前方处的地毯对折,用刀片剪开一个开口,大小能使变速杆手柄刚好通过。

把地毯套过变速杆后,在原来开口的基础上切出放射型开口,使其能套过变速杆的护套。最后剪掉多余的地毯,并把毛边压到护套的下方。

安装离合器外壳凸起部分的地毯要一直延续到仪表板。安装时把地毯在凸起处向右折出一个折痕,从乘客座处的底部到驾驶座侧的底部标记出一条折痕,然后用刀片沿这条线进行切割。

把整块地毯放在缝纫机上,在切口边缘缝制一条镶边,但前边的毛边不要缝制。对一切都满意后,便可粘牢地毯。并把其他的侧片地毯放好,在前边画一条线,沿 45°一直剪到凸起处接缝的开始端,把地毯折起,然后沿凸起边缘画线。在切口前把地毯片折起,在背面画出一条线直到地板的前边缘。然后把地毯取出,沿画出的线修剪地毯的边缘并进行缝合,最后再粘贴上地毯。在粘贴前,一定要对座椅架和座椅安全带固定架处进行开口。如果没有开口就进行粘贴,就很难精确地切割出孔的位置。

最后铺驾驶座处的地毯。驾驶座侧的地毯的裁剪缝制和调整安装与乘客座侧地毯的裁剪缝制和调整安装几乎相同。只是在一些老式的汽车上操纵踏板(如加速踏板、离合器踏板、制动踏板)与地板相连或从地板孔中穿过。拆下加速踏板后,在地毯上切出一个和操纵杆相同的小孔,让操纵杆穿过地毯,把踏板安装在地板上。如果踏板穿过地板,必须在每个踏板前面各切出一条长缝,然后用包边材料把这些切缝边包起来。在拐弯地方应裁剪出剪口,缓解张力。

3. 脚垫的装饰

中高档轿车上都铺有地毯,一旦有脏物、污垢留在上面,就难以清理。选择一种防水、易擦洗的脚垫就十分必要。

(1) 脚垫的种类。脚垫分为手工和成型脚垫两种。手工脚垫能够有效地防止灰尘和脏物的渗入,但其防水能力较差。成型脚垫是一次性压制而成的,中间无缝,防漏性好且价格低廉,如果原车的地板不平、凹凸较大,则难以达到满意的外观效果。大多脚垫是橡胶制品,有些气味,颜色较少,用在高档车上觉得档次较低。现在可在车铺中买到小块的家用地毯,感觉也很不错,既显档次,又不算贵。

(2) 手工脚垫的制作。首先调整好地毯,把脚垫处的地毯铺平,然后用粉笔画出需要脚垫保护的区域的边缘。把脚垫和地毯一起拿到缝纫机上,在画出的区域把脚垫缝制到地毯上。也可从地毯上裁剪一块大小合适的小块地毯,经常更换,便于清洗。

六、汽车顶篷内衬装饰

汽车的篷壁有许多颜色,但大多为浅色调,随着使用时间的增长往往会变色或褪色,也可能在使用过程中染上污物,污物有的可以清洗掉,但当用常规方法无法清除时就需要更换新的篷壁。此外,由于现代车篷壁的更新换代非常快,有些车的篷壁在色泽和面料上过时,则也要对篷壁进行更换。

1. 汽车顶篷内衬的类型

汽车顶衬也称为车顶篷或顶子等,顶衬的种类、式样和颜色、面料及结构因不同的车型而异。汽车顶篷内衬层的结构基本上可分为成型型、吊装型和粘贴型三种。

(1) 成型型顶篷的内衬。在汽车制造中,为了保证装配的质量,采用成型型结构的顶篷较多。成型型顶衬的结构是由基材、填充材料和表皮材重叠加工而成,如图 6-21 所示。基材使用的材料大多为浸渍树脂的再生棉或玻璃纤维、聚氯乙烯泡沫板。填充材料一般选用聚氨酯或聚烯烃树脂发泡体。表皮材料主要是 PVC 片材。目前,纺织品材料也越来越多地作为表皮材料。填充材料和表皮材料一起层压加工后粘贴在基材上而构成了顶篷的内衬。

(2) 吊装型顶篷的内衬。吊装型顶篷的内衬是用铁丝网吊起来的一种结构。表皮材料为PVC片材或PVC人造革或纺织品材料。为了隔热和隔音，把绝缘材料放在顶板和衬层之间，其结构如图6-22所示。吊装型内衬由隔热隔音层、铁丝网和表皮材料构成。

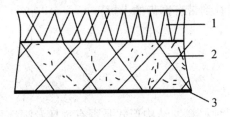
图6-21 成型型顶篷的内衬结构
1—基材；2—填充材；3—表皮材

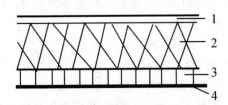
图6-22 吊装型顶篷的内衬结构
1—汽车顶盖板；2—隔热隔音层；3—铁丝网；4—内衬表材

(3) 粘贴型顶篷的内衬。粘贴型顶篷内衬是把填充材料和表层材料压成型之后直接粘贴在顶篷上，填充材料主要是聚氨酯发泡体、PVC发泡体，表层材料主要是PVC片材或纺织物等。

成型型顶衬应用广泛，特别是在轿车等小型车上；吊装型顶篷内衬和粘贴型顶篷内衬一般用在大中型客车和旅行车上，生产的批量不大，但手工安装量较大。

2. 汽车顶篷内衬的装饰方法

选择合适的汽车顶篷内衬后，安装方法也十分重要。要改变内衬的结构和装饰不是一件容易的事，需要大型且复杂的成型设备和加工手段。而一般情况下，汽车的内衬不易受到损坏(撞车事故除外)，汽车顶篷的内衬表面则在使用一段时间后会有些变色、老化，或因擦洗不当产生划痕，这时需对内衬表皮材料进行更换和装饰。由于批量小，最好用手工粘贴法进行维修装饰，这样可以节约成本，是最可行的方法。新款车更换顶衬较为简单，老款车则比较复杂。

新款车顶衬为抛压式顶衬时，更换可按如下步骤进行。

(1) 在汽车装饰店选择合适的新顶衬。

(2) 拆卸顶灯。

(3) 移除顶衬周围的边饰件，定位件被移除，顶衬自动脱落。

(4) 安装新顶衬。

(5) 连接好顶灯。

(6) 安装边饰件。

(7) 检查是否安装正确。

下面着重讲一下老款车的施工过程。

1) 拆卸旧的顶衬

根据老车顶篷的具体结构选用合适的工具，把顶篷内饰上有关的零部件，如顶灯、空调器、支承架等拆下并放置好。

具体参考步骤如下。

(1) 拆下遮阳板、风窗玻璃、后窗四周的装饰条(若有三角窗，三角窗周围的装饰条也要拆下)。

(2) 拆卸车顶灯。

(3) 拆下密封条(若车门用的是欺压式密封条,直接拆下;若是老式密封条,可用刀沿靠近门框周围贴近密封条处把顶衬切开,这样可看到带有锯齿的卡板)。

(4) 拆卸卡板。

(5) 拆下顶衬。

(6) 拆下拱型架。

2) 检查内衬及顶盖

当拆下内衬后,要认真检查顶盖的内衬是何种材料,结构形式是否有损坏及损坏程度如何、能否修复。这些内容都是重新装饰时所需要的参考资料,可为制定新的装饰工艺提供依据,同时也为重新装饰提供质量保证。

3) 成型型顶盖内衬的装饰

它的装饰具体步骤如下。

(1) 对内衬表皮进行重新装饰。

(2) 对顶盖护板内表面进行清洗,除去表面上的污垢、异物,使之清洁干燥。

(3) 把装饰后的内衬进行必要的清洗处理,主要是对内衬的贴附面(与顶篷内表面相贴附表面)进行清洗。

(4) 按原顶盖与内衬的结构形式和安装方法把装饰好的内衬安装在顶篷上。

(5) 将拆下的零部件经过清洗干燥,按原方法安装复原。

(6) 将安装后的顶篷进行全面清洗,去除安装过程中造成的尘垢或污物并喷涂内饰护理剂。

对内衬表皮进行重新装饰可采用两种方法。

(1) 将内衬表皮层材料(以 PVC 片材为例)采用合适的方法拆下,然后选用同类的质量优良的 PVC 片材,经适当的剪裁加工,用黏结法粘贴上,形成新的表皮层内衬。

(2) 若原内衬表皮材料是纺织品材料,表层材料只有老化、褪色,没有其他破损,而且与填充层贴合都很结实牢固时,可按其形状尺寸,经适当的裁剪和缝制,使之成为一个整体的内衬表层,然后用胶粘法把新的内衬表层直接粘贴在旧的内衬表层上,使整个顶盖总成的厚度略有增加,自然其隔热和隔音效果也有所提高。同时,也比前一种方法节约时间,即省去了拆下原内衬表层材料的工序。

4) 吊装型顶篷内衬的装饰

它的基本过程与成型型顶盖内衬的装饰类似。可采用简便方法来进行装饰,以顶篷护面没有腐蚀、锈蚀和划伤的情况下进行装饰。其步骤如下。

(1) 拆下顶篷内衬上的顶灯、空调系统零部件及其他装饰件等。

(2) 将内衬表皮的人造革用清洗剂进行清洗并擦干。

(3) 按内衬表皮的形状尺寸,用新的优质同色的人造革进行剪裁并缝制成一体,留足周边粘接后的裁剪余量。

(4) 选用通用黏结剂 GH-20 进行黏结,先在原内衬表皮的人造革上均匀地涂上薄薄的一层胶液,稍晾干,再把新的内衬表皮粘贴在上面。

(5) 按拆卸的反向步骤把清洗并干燥后的顶灯、空调系统零部件及其他压条等装饰件安装好。在安装周边压条时，把内衬表皮周边的粘贴余量用刀片或剪刀裁掉后安装好压条。

(6) 在内衬表皮装饰的最后对表皮进行处理。即将仪表板清洁剂喷涂到内衬的表面上，然后用柔软的拭布进行擦拭，使人造革表面光泽明亮。

其中第(4)步较为关键，一般要从顶篷内衬的中部开始，分别向前、向后粘贴，粘贴时注意平整，逐渐向前或向后展开。注意压平、压实，粘贴层中不要留有空隙、气泡，不得有褶皱。如有气泡时，可用柔软而有弹性的压板从中部往边缘赶压，把气泡排出，注意只能向一个方向赶压，不能往复进行。同理，对空隙和褶皱也用压板赶压，使之消除，最终达到光滑、平整、牢固等要求。

5) 粘贴型内衬的装饰

这种顶篷内衬，实际上可看作是把填充层和表层材料用粘贴的方法逐一粘贴到护面内侧上。如果顶篷护面没有锈蚀和损伤，其内衬的填充层一般也无损坏，对表皮层进行重新装饰。具体步骤如下。

(1) 拆除内衬表层的 PVC 人造革。

(2) 制作新的 PVC 人造革表皮。

(3) 粘贴内衬表皮。

(4) 将原来拆下来的顶灯、空调系统零部件和装饰件等清洗干燥后按拆卸时的反向工序安装好。

(5) 清洗护理。

粘贴型内衬的装饰主要注意两点。

(1) 采用热空气枪把人造革边缘加热，使粘胶软化，然后用钳子夹着人造革边缘并拉出人造革黏合的周边。当拉出部分人造革周边后，继续向内部加热，使粘胶软化，把人造革整片从填充层上拆下。

(2) 新的优质人造革的颜色、花样应与旧的一样或相似才能达到装饰的效果。

七、汽车隔音

汽车噪声危害调查表明，机动车辆噪声已经占到了城市噪声的 85%。人们长时间接触噪声，会耳鸣、多梦、心慌及烦躁，或直接引起听力下降甚至失聪。据不完全统计，由车辆噪声间接引发的交通事故占整个交通事故的 60%。汽车噪声来源有以下几个方面：①车辆本身发出的机械噪声；②轮胎与地面摩擦的路噪；③高速行驶产生的风噪；④来自外部各方的混合噪声。

不同类型汽车噪声的特性及单部汽车各个部位的噪声来源都是不同的。这其中发动机噪声所占的比重最大，通过对发动机盖、挡火墙、两边裙墙及翼子板的共振及密封，可以有效地控制并降低发动机机舱的噪声，减少发动机噪声传入驾驶室。车辆在良好平直路面高速飞驰，车辆行驶的高速噪声又成为另一个主要的噪声源。其中行李箱是一个很大的噪声源，因为其内部是一个大空腔，会产生很大的共振。因此加装降噪设备就不能忽略行李箱。车辆的空气动力性能通常影响车辆的摩擦噪声，而通常容易产生风噪的主要部位是车门。对车门采取措施，不外乎在车门内安装减振材料和吸音材料以及加强车门的密封性。

1. 引擎隔音

如果发动机本身平稳性能和静音性能不优秀,可以在引擎盖下贴一层覆膜——一种高级吸音泡沫声学材料,可吸收和消耗大量发动机的噪声,同时可以抑制引擎盖的振动和阻隔来自发动机的热量,有效率达97%,同时保护车漆表面不会因长期受高温而损伤;在冬季或在寒冷地区,这层薄膜还可以起到保温作用以保护引擎舱内机件不至于冻裂。但需要注意的是,所有的隔音材料必须符合相关的防火等级要求,以保证车辆安全和降低车子重量。

为了获得更佳的隔音效果,引擎室挡火墙上也可以使用吸音绵或吸音制振垫进行隔音,方法是将吸音棉或制振垫剪成一小块(因引擎室挡火墙上管线密布,故需要剪成一小块),大小视汽车的实际情况,贴上吸音棉或止振垫即完成引擎室隔音,可有效抑制引擎声浪传入车内。

2. 门、框等隔音

门、框隔音,可以用隔音棉条、隔音胶条或隔音羊毛毡条贴在门框接缝处,即完成门、框隔音。这样一来,可以有效抑制风切声及一些车外传入的嘈杂声。

车门隔音需要拆装车门,像门内把手等就需要拆卸有螺丝的地方,最后将门板拆下来。在拆下的门内以及门板位置贴上吸音绵或制振垫,然后装上即完成车门隔音。这样可以有效减少车门因喇叭或车外的噪声所引起的振动或噪声,同时也可增强内室的音响效果。

3. A、B、C柱及车顶隔音

A、B、C柱隔音、补强。把A、B、C柱上的空洞用PU发泡剂灌上约40%的发泡剂(因发泡剂会发泡膨胀),即可有效防止由金属震动所引起的异音以及增强车体刚性。

车门户定隔音。拆开车门户定饰板,如果是卡榫固定就拆卡榫,如果是螺丝固定就拆螺丝,把饰板拆下。在拆下的卡榫孔灌上PU发泡剂,这样可有效防止由金属共振所引起的异音以及底盘噪声,更可增强车体刚性及完成车门户定隔音。

车顶天花隔音。把可以拆螺丝卡榫的都拆下,再贴上吸音制振垫或吸音棉,如此可有效抑制车顶因震动或下雨所引起的噪声。

4. 室内底盘隔音

室内底盘隔音必须把地毯拆开,需拆门户定饰板、座椅、中控台。饰板有螺丝拆螺丝,没有的就用点巧力拆,该拆的部分都要拆。后座椅椅面一般都有固定的卡榫拆开或有固定的扣环拉取,然后在室内的底盘部分贴上吸音制振垫,再贴上杂花隔音棉或吸音棉。

注意在贴隔音物料的时候不要挡住螺丝孔,然后把已经拆开的部位还原即可,好处在于能有效抑制因车子行驶从底盘传来的行驶噪声。

5. 室外底盘隔音

室外底盘隔音首先把翼子板在引擎室的螺丝拆下,灌上PU发泡剂,约40%的发泡剂即可,如此就可有效地降低轮胎的噪声,还可增强车体刚性。另外,还可以将翼子板底下那片塑料拆下,贴上吸音棉或是喷上隔音漆,即可有效抑制因车子行驶所引起的底盘噪声,也是最有效果的隔音方法。

汽车隔音降噪工程所采用的材料根据加装设计的不同而不同。有减振复合材料、泡沫吸音材料、厚浆强化覆盖材料和覆铝膜隔热隔音泡沫板等。减振复合材料主要用于车体钢板的强化处理；泡沫吸音材料有将声波转换为热能的能力，能取得最佳的吸音效果；厚浆强化覆盖材料能够在施工难以触及的角落、缝隙等处起到控制共振及震动的作用；覆铝膜隔热隔音泡沫板适合在汽车发动机舱内使用，除了拥有优秀的吸音效果外，更能够反射达97%的热量，减少传到发动机盖的热量，延长漆面的寿命。

一般来说，隔音工程无须改动车身结构、动力系统和电气油气线路，因此车主们不必太担心。但建议车主选择设施完善的店家进行改装。因为隔音施工必须保证在密封、敞亮、干净的车间内，由经过严格专业化培训的安装技师进行安装，才能在施工过程中严格遵照工艺流程，才能保证不会损伤车体及内饰件。

有很多车主认为汽车隔音是一项非常简单的工作，只需在车内粘贴或添加一些像毛毡、石棉、海绵等材料就可以达到隔音效果了。其实这些材料对车辆的声音改善是微乎其微的，甚至由于这些材料的防火阻燃性差，还会为今后的车辆使用埋下很大的安全隐患。

另外，一些车主感觉自己的车噪声大，其实是因为车辆本身就有故障，例如轮胎不规则磨损、悬挂或底盘损坏及发动机异响。这些问题并不能只依赖隔音工程得到解决，专业技师会替你发现问题并建议你维修后再进行隔音处理。

八、汽车氧吧

汽车氧吧是一种适合在汽车中使用的氧吧，主要是通过产生的臭氧和负氧离子消除空气中的臭味并强力杀菌、净化空气。

臭氧的分子式是 O_3，比氧分子 O_2 多一个氧原子，在常温下为蓝色气体，有类似鱼腥的气味，因此得名为臭氧。臭氧是比氧气更强的氧化剂，对细菌、霉菌等微生物有极强的杀灭作用，有效分解果蔬代谢物，因此可迅速氧化分解有机污染物气体，如饰材味、油烟味、家具味等混杂的异味；还可以杀菌防霉、保鲜防腐。臭氧消毒灭菌有很多优势，比如高效、广普、无死角。此外由于臭氧稳定性差，很快自行分解为氧气和单个氧原子，单个氧原子又自行结合为氧分子，不存在任何有毒残留物，所以称无污染消毒灭菌剂。

此外，汽车氧吧还经常带有产生负氧离子的功能，负氧离子能有效激活空气中的氧分子，使其更加活跃进而被人体所吸收，能促进人体新陈代谢，提高免疫力，调节机能平衡，令人心旷神怡，被喻为"空气维生素"。当空气中产生了足够多的负氧离子后，人们即使身处斗室也可如身处森林和瀑布旁边一般，感觉心旷神怡。

随着有车族的不断增加，车内污染问题也逐渐引起人们的重视。汽车氧吧可以有效解决这个问题，通过产生臭氧和负氧离子，甚至带有光催化技术，发生光聚变反应催化分解90%以上的夹杂异味和有害气体，纯净空气，清除异味。汽车氧吧的功能有：①改善人体心脏、肌肉和肺的功能。②保证肌体和大脑的供氧，有效解除肌体和大脑神经的疲劳。③激活肌体多种酶，使人精神振奋，促进新陈代谢，提高工作效率。④杀菌防霉。⑤增强肌体抗病能力。⑥除烟、除尘和除味。⑦将香料装入氧吧中，代替汽车香料调节厢内空气。

选购汽车氧吧要从功能、使用便利性和价格三个方面考虑。有些汽车氧吧除了可以产生臭氧和负氧离子外，还带有各种空气过滤、中草药杀菌网、添加香味等功能，可以更有效地解决车内空气问题。需要说明的是，选购氧吧时要注意其产生臭氧的能力和使用时间，呼吸浓度过高或者长时间呼吸浓度较高的臭氧对人的身体有害，甚至造成中毒，因此使用一段时间后应该打开车窗通风换气。

图 6-23 为上海博威汽车零部件有限公司生产的 ZS-615 汽车氧吧，是一种高效开放式负离子汽车氧吧发生器。它采用晶闸管逆变高压，悬浮式放电组件，结构简单，效果良好，安全可靠。产生大量负离子的同时产生臭氧，

图 6-23　ZS-615 汽车氧吧发生器

并且浓度可以按照使用者的要求自由调节(本产品的最新技术)，耗电极省，仅 1W 左右，因此可长期连续工作。

九、扶手箱的安装

在驾驶室座椅与副驾驶室座椅之间安装一个箱状的扶手箱，可提高汽车的实用性及乘坐的舒适性。其安装方法如下。

(1) 选择与汽车内饰颜色及车型相适宜的扶手箱，将其放置在合适的安装位置。

(2) 用手电钻对准扶手箱的固定孔往车厢底板上钻孔，再用螺丝旋紧、固定即可。

项 目 小 结

香品的主要功能有：净化车内空气、有利于行车安全和增添车内情趣等；种类有：气雾型车用香品、液体型车用香品和固体型的车用香品等。

轿车座椅的结构由骨架、填充层、表皮组成。

仪表板装饰类型有：简朴的装饰、用真皮装饰仪表板、用桃木装饰仪表板、用色彩装饰仪表板、人性化装饰的仪表板和用高科技精品装饰仪表板。

汽车装饰顶篷的类型有成型型顶篷的内衬、吊装型顶篷的内衬和粘贴型顶篷的内衬。粘贴型顶篷内衬是把填充材料和表层材料压成型之后直接粘贴在顶篷上，填充材料主要是聚氨酯发泡体、PVC 发泡体，表层材料主要是 PVC 片材或纺织物等。

汽车隔音改装需要从引擎隔音、门和门框隔音、三立柱隔音、车顶隔音、室内底盘隔音和室外底盘隔音等综合考虑。

复习思考题

一、填空题

1. 现今市场上的车用香品种类繁多，按形态可分为_____、_____、_____三种。

2. 轿车座椅的典型结构为复合型结构，由_____、_____、_____组成。

3. 现代市场上的仪表板种类繁多，每种车型都有多种规格的仪表板。车型越多，仪表板也就越多。我们按照仪表板的制作材料，可将其分为_____、_____、_____。

4. 从专业性的角度上讲，要从皮子的＿＿＿＿、＿＿＿＿、＿＿＿＿、耐迁移性、雾化性、热黄变、耐摩擦性等方面来判断其质量。

5. ＿＿＿＿是汽车内部最重要的功能性和装饰性总成。它直接影响汽车的使用价值和汽车的身价，也是市场竞争的一个亮点，世界各国的汽车生产厂家用尽心机和手段来使得这部分满足各方面的性能要求。

二、简答题

1. 进行汽车香品装饰时应该注意什么？
2. 真皮座椅的优缺点都有哪些？
3. 用真皮装饰仪表板的步骤有哪些？
4. 简述吊装型顶篷内衬的装饰方法。
5. 汽车外部清洁所需设备、工具都有哪些？
6. 汽车隔音降噪的装饰工作都有哪些项目？
7. 汽车氧吧的基本功能有哪些？
8. 扶手箱的安装方法？

三、实训题

围绕车内装饰分类、材料和车内装饰工艺流程等相关理论知识，结合实验室相关的车内装饰工具设备和车内装饰产品制定一份详细的车身内部地板装饰流程的理论报告。根据报告在轿车丰田卡罗拉车身内部地板实施地毯装饰实训。考核要求如下。

(1) 实训前准备工作；
(2) 车身内部地毯装饰工艺流程；
(3) 实训结果；
(4) 综合考评地毯铺设效果和理论素养。

项目七　车载影音系统

【知识要求】

- 了解车载影音系统的组成。
- 了解车载影音系统的配置原则。
- 掌握车载 FM/AM 收音机系统的结构和工作原理。
- 掌握车载 CD/DVD 系统的结构和工作原理。

【能力要求】

- 能够对车载 FM/AM 收音机系统进行检测和维护。
- 能够对车载 CD/DVD 系统进行检测和维护。
- 能够对车载影音系统主机进行拆装和改装。

一、车载影音系统基础知识与配置

1. 车载影音系统基础知识

车载影音系统是从家用影音系统发展起来的,同时也是电子技术的发展史,电子技术的每一次重大进步都推动着车载影音系统的发展。早在 1923 年美国就出现了装配有无线电收音机的汽车,随后各个厂商的汽车产品都步其后尘,在仪表板总成上安装无线电收音机。这时候的车用无线电收音机采用的是电子管,直到 20 世纪 50 年代出现半导体技术后,晶体管才逐步取代电子管。1969 年日本索尼公司推出世界上第一台车用卡式磁带收音机,同时实现收听收音机和播放磁带的功能,20 世纪 70 年代大部分汽车安装了卡式磁带收音机。20 世纪 80 年代开始,CD 唱机开始取代卡式磁带收音机应用在汽车上。随着汽车电子技术的发展和人们对于乘车舒适性要求的不断提高,目前车载影音系统已经由最初单一的汽车收音机、CD 唱机发展为集导航、娱乐、通信与信息服务功能于一体的综合信息终端,可以提供播放 DVD/VCD/CD/MP3、移动电视、可视化倒车雷达、车载电话和导航等功能。

车载影音系统主要由主机、功率放大器、音频处理器、扬声器、视频系统、电源和供电电路等组成,一些高档的车载影音系统还包括倒车雷达、车载导航和车载电话等功能。车载影音系统的主要部件在汽车上的位置如图 7-1 所示。

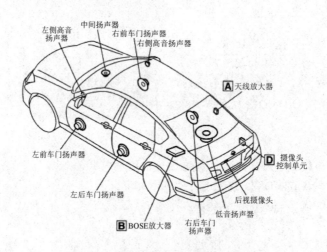

图 7-1 车载影音系统主要部件的位置

1) 主机

主机是车载影音系统的信号源,包括汽车收音机、CD 唱机、车载 DVD 等。目前普通中低档车载影音系统的信号源主要是汽车收音机和 CD 唱机,高档汽车车载影音系统的信号源主要是汽车收音机和车载 DVD,还可以选择 USB 播放功能。

(1) 汽车收音机。

收音机是接收无线电波的装置,专门用于接收广播节目,接收的广播信号分为调幅(AM)和调频(FM)两种,调幅广播信号又分为中波和短波两种。传统的模拟式收音机一般用手动调谐选台,现在汽车收音机大部分都采用数字式调谐选台,数字式调谐选台去除了手动调谐部分的调台拉线，提高了收音机调谐工作的稳定性，抗震动性能也更好。数字式调谐选台收音机由集成电路控制实现自动选台、存储、控制和显示，一次能够存储10～40个电台。

(2) CD唱机。

CD唱机即激光唱机，用于播放CD碟片，只能输出声音信号，是激光技术、精密伺服技术和集成电路技术为一体的多媒体设备。用于汽车的CD唱机需要考虑设计专门的减震系统，而且车载主机的尺寸需要符合标准化尺寸的要求，所以电路结构和家用CD唱机相比也有所不同。

(3) 车载VCD。

车载VCD用于播放采用MPEG-1格式压缩编码的VCD碟片，可以同时输出声音和视频信号。车载VCD的光学系统工作方式同CD唱机完全相同，两者的机芯部分可以通用。车载VCD主要增加了数字化视频信号的解压缩功能，经过数字信号转模拟信号后输出模拟的声音和视频信号。车载VCD完全兼容了CD唱机的功能。

(4) 车载DVD。

车载DVD用于播放采用MPEG-2格式压缩编码的DVD碟片，主要解决了VCD碟片图像清晰度不高的问题，车载DVD也能够完全兼容CD唱机和车载VCD的功能。

(5) USB播放。

USB播放支持U盘和其他移动设备经由USB口连接至车载DVD并播放声音和视频。

2) 功率放大器

功率放大器简称功放，功率放大器可以将主机输出的声音信号进行功率放大，驱动大功率的扬声器还原出声音。按照功能不同，功率放大器可以分为前置放大器、功率放大器和环绕声放大器。前置放大器又称为前级放大器，是连接主机信号源和控制信号的开关，并对各种声音信号进行必要的处理和电压放大。前置放大器与信号源之间还要设置均衡电路，用于实现前后级的阻抗匹配和频率补偿。功率放大器对来自前置放大器的信号进行不失真的电流和电压放大，从而驱动扬声器发声。环绕声放大器主要用于产生环绕声的效果，使听众更具有临场感，使人在欣赏音乐的时候有被声音环绕的感觉。

3) 扬声器

扬声器俗称喇叭，主要作用是将主机输出的电信号还原为声音。扬声器对于音响效果而言，它又是一个最重要的部件。扬声器的工作原理为声音电信号通过电磁，压电或静电效应，使其纸盆或膜片振动并与周围的空气产生共振(共鸣)而发出声音。

扬声器的种类有很多，按换能机理和结构可以分为动圈式(电动式)、电容式(静电式)、压电式(晶体或陶瓷)、电磁式(压簧式)、电离子式和气动式扬声器等，电动式扬声器具有电声性能好、结构牢固、成本低等优点，应用广泛；按声辐射材料分纸盆式、号筒式、膜片式扬声器；按纸盆形状分圆形、椭圆形、双纸盆和橡皮折环；按工作频率分低音扬声器(16 Hz～200 Hz)、中音扬声器(200 Hz～6 kHz)、高音扬声器(6 kHz～22 kHz)。通常扬声器口径越大，所需要的驱动功率也越大，低频特性越好，但是高频特性相对较差。汽车上由于安装位置的限制，扬声器口径一般为101.6～152.4 mm(4～6英寸)。汽车上的扬声器一般采用电动、外磁式圆形或椭圆形扬声器。

4) 视频系统

车载显示器是视频系统的必要组成，目前汽车车载 VCD 或者 DVD 使用的显示器都是液晶显示器。车载显示器的尺寸一般有 3.5 英寸、4.3 英寸、7 英寸和 9 英寸的，一般有两路视频输入，一路可以接车载 DVD 用，另一路接倒车影像车载摄像头用。车载显示器都必须提供抗尘、抗震功能，在温度方面，更必须能够承受-30～+85℃的高低温差。车载显示器按照安装方式一般分为吊顶式、头枕式(适宜于后排乘客)、遮阳板式和隐藏式(与主机集成在一起)等。

5) 音频处理器

音频处理器主要包括电子分音器和均衡器。电子分音器是指将不同频段的声音信号区分开来并分别放大，然后送到相应频段的扬声器中再进行重放。在高质量声音重放时，需要电子分音器做电子分频处理。电子分音器对音质的好坏至关重要。功放输出的音乐信号必须经过电子分音器中的过滤波元件处理，让各单元特定频率的信号通过。要科学、合理、严谨地设计好电子分音器，才能有效地修饰扬声器的不同特性，优化组合，使得各个扬声器扬长避短，淋漓尽致地发挥出各自应有的潜能，使各频段的频响变得平滑、声像相位准确，才能使高、中、低音播放出来的音乐层次分明、合拍、明朗、舒适、宽广、自然。均衡器是一种可以分别调节各种频率成分幅度的电子设备，通过对各种不同频率的电信号的调节来补偿扬声器和声场的缺陷，补偿和修饰各种声源，使声音更动听。

6) 电源和供电电路

(1) 车载影音系统的电源。

一般车载影音系统的电源采用汽车上不稳定的 12V 电源，因为蓄电池的充电状态、用电负荷和发动机的工作状态等的不同，电源电压在 10～15V 之间变化，因此车载影音系统内部需要有稳压电路。

(2) 车载影音系统供电电路。

车载影音系统供电电路一般为两路供电：一路为 BATTER，表示常供电，接汽车上的蓄电池正极，常供电一般为车载影音系统的主机处理器供电，维持主机的时钟工作和记忆用电；另一路为 ACC，表示附件(点火端)，当转动汽车钥匙到 ACC 档位时车载影音系统可以正常工作。

7) 车载影音系统的配线和布线

车载影音系统的不同组成部分之间由线材连接，在工作过程中大部分的噪声和故障都产生在线材上。因此对车载影音系统的配线和安装布线提出了更高的要求。

(1) 车载影音系统配线。

车载影音系统配线的要求包括线材电阻越小越好，越小的线材电阻可以减少线材上消耗的功率。线材的横截面积越大越好，越大的线材横截面积容许通过的电路越大，容许输出的功率也越大。

(2) 车载影音系统布线。

车载影音系统布线原则包括：用绝缘胶带缠紧信号线的接头处，保证其绝缘；布线要离车载电脑和功率放大器的电源线至少 20cm；布线尽可能短，越长的布线越容易受到噪声信号的干扰。

2. 车载影音系统的配置

音响效果受到音响设备和听音环境的影响，由于汽车内部空间狭小，同时存在各种噪声以及驻波引起的共鸣，音响环境较差。

1) 车载影音系统的配置原则

(1) 均衡原则。在主机(音源)、功放、扬声器、线材等器材相互搭配时应讲究均衡，尽量要考虑到整体的平衡性，避免出现只考虑一部分器材的情况。

(2) 大功率输出原则。在车载影音系统中主机或者功率放大器的输出功率一定要大，输出功率越大驱动扬声器的能力越强，能控制的音频线性范围越大。

2) 车载影音系统的四种配置方案

(1) 主机+4扬声器。

主机内置功率放大器直接输出四路音频信号到四个扬声器，通常中低端汽车出厂时都采用这种简单的配置。由于受到主机内部空间的限制，内置功率放大器达不到外置功率放大器的强度和解析度。

(2) 主机+4路功率放大器+4扬声器。

主机直接输出四路音频信号到外置功率放大器，外置功率放大器再将经过放大的音频信号输出到四个扬声器。该配置方式比较常见，一般前置扬声器选择套装扬声器，为了获得较好的声场定位，后置扬声器采用低音效果较好的扬声器，使声音更饱满。

(3) 主机+4路功率放大器+4扬声器+超低音扬声器。

该配置方式一般用于中档车型，音频从高音到低音效果都有很好的表现。

(4) 主机+若干功率放大器+若干扬声器+若干低音扬声器+电子分音器+均衡器。

该配置方式主要用于高档车型，组合比较复杂，在配置的时候需要考虑各个输出部分功率的分配以及各个部分的布局。

二、汽车收音机

1. 汽车收音机的发展历史

收音机技术的发展史也是电子技术的发展史。最早的收音机称为矿石收音机，矿石收音机是指用天线、地线以及基本调谐回路和矿石做检波器而组成的没有放大电路的无源收音机，是最简单的无线电接收装置，主要用于中波公众无线电广播的接收。1910年美国科学家邓伍迪和皮卡尔德用矿石来做检波器，故由此而得名。由于矿石收音机无须电源，结构简单，深受无线电爱好者的青睐，至今仍有不少爱好者喜欢自己制作和研究。但它只能供一人收听，而且接收性能也比较差，客观上也制约了无线电收音机的普及和发展。

1904年，世界上第一只电子管在英国物理学家弗莱明的手里诞生。人类第一只电子管的诞生，标志着世界从此进入了电子时代。电子管是一种在气密性封闭容器(一般为玻璃管)中产生电流传导，利用电场对真空中的电子流的作用以获得信号放大或振荡的电子器件。电子管是电子时代的鼻祖，电子管发明以后，使收音机的电路和接收性能发生了革命性的进步和完善。1930年以前，几乎所有的电子管收音机都是采用两组直流电源供电，一组作灯丝电源，一组作阳极电源，而且耗电较大，用不了多长时间就需要更换电池，因此收音机的使用成本较高。1930年前后，使用交流电源的收音机研制成功，电子管收音机才较大范围地走进人们的家庭。

1947年12月23日，第一只晶体管在美国贝尔实验室诞生，这是20世纪的一项重大发明，是微电子革命的先声，从此人类步入了飞速发展的电子时代。晶体管是一种固体半导体器件，可以用于检波、整流、放大、开关、稳压、信号调制和许多其他功能(导电性能介于导体和绝缘体之间的物质就叫半导体。晶体管就是用半导体材料制成的，这类材料最常见的便是锗和硅两种)。晶体管收音机是一种小型的基于晶体管的无线电接收机。1954年10月18日，世界上第一台晶体管收音机投入市场，仅包含4只锗晶体管。在晶体管出现以后，收音机才开始真正普及。晶体管收音机以其耗电少，不需交流电源，小巧玲珑而赢得人民的喜爱，并逐渐在市场上占据了主导地位，并成为最普及和廉价的电子产品。

1958年9月12日研制出世界上第一块集成电路。从此集成电路逐渐取代了晶体管，使微处理器的出现成为可能，奠定了现代微电子技术的基础，也为现代信息技术奠定了基础，开创了电子技术历史的新纪元。在一块几平方毫米的极其微小的半导体晶片上，将成千上万的晶体管、电阻、电容、包括连接线做在一起，作为一个具有一定电路功能的器件来使用的电子元件叫作"集成电路"。集成电路具有体积小、重量轻、引出线和焊接点少、寿命长、可靠性高、性能好等优点，同时成本低，便于大规模生产。本质上，集成电路是最先进的晶体管，集成电路使电子元件向着微小型化、低功耗和高可靠性方面迈进了一大步。用集成电路来装配电子设备，其装配密度比晶体管可提高几十倍至几千倍，设备的稳定工作时间也可大大提高。集成电路收音机耗电量进一步减少，同时尺寸更加小巧玲珑，使用更加方便。

DSP技术收音机就是无线电模拟信号由天线感应接收后，在同一块芯片里放大，然后转化为数字信号，再对数字信号进行处理后还原成模拟音频信号输出的新型收音机。DSP技术的本质是用"软件无线电"代替"硬件无线电"，它大大降低了收音机制造业的门槛。DSP技术收音机的问世，标志着传统模拟收音机将逐渐退出历史舞台。收音机的数字时代已经到来。

2. 汽车收音机的工作原理

汽车收音机是车载影音系统的信号源之一，用于接收广播电台发送的调频和调幅信号，并对信号进行处理得到音频信号。汽车收音机接收的广播信号分为调幅(AM)和调频(FM)两种。调幅是指高频载波的振荡幅度随调制信号(音频信号)的变化规律而变化，而高频载波的频率不变，其波形如图7-2所示。调频是指高频载波的频率随调制信号(音频信号)的变化规律而变化，而高频载波的幅度不变，波形如图7-3所示。汽车收音机一般接收的调幅中波段频率范围为535 kHz～1605 kHz，调频波段频率范围为88 MHz～108 MHz。FM调频载波方式传输无线电信号，由于采用的波长较短，因此传输的信号要比采用AM波长传播信号的收音机要好很多，但是因为是短波，传播距离比较短。

收音机的工作原理为从天线接收到的高频信号经检波(解调)还原成音频信号，送到耳机或喇叭变成音波。天空中有很多不同频率的无线电波，如果把这许多电波全都接收下来，音频信号就会出现许多声音混杂在一起，结果什么也听不清。为了选择所需要的节目，在接收天线后，有选择电路，选择电路的作用是把所需的信号(电台)挑选出来，并把不要的信号"滤掉",以免产生干扰,这就是听广播时所使用的"选台"按钮。选择性电路的输出是选出某个电台的高频调幅信号,但利用它直接推动耳机(电声器)是不行的,还必须把它恢复成原来的音频信号,这种还原电路称为检波(也称为解调),检波之后的信号不能直接驱动扬声器,需要把检波的音频信号送到放大电路,经过放大电路放大的音频信号再输出到扬声器上就可以收听到广播。收音机基本工作原理示意图如图7-4所示。

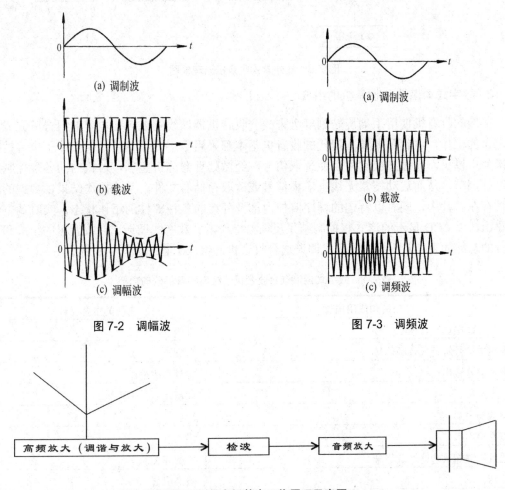

图7-2 调幅波   图7-3 调频波

图7-4 收音机基本工作原理示意图

收音机接收机电路构成方式可分为直接式接收机、再生式接收机、超再生接收机以及超外差式接收机等。目前收音机基本都采用超外差式接收电路,超外差式收音机的特点为不直接放大广播信号,而是通过变频电路将接收的任何一个频率的广播电台信号变成一个固定中频信号(我国规定中频频率是465 kHz),由中频放大器进行放大,然后进行检波,得到音频信号,最后通过功率放大电路后推动扬声器工作。其优点是灵敏度高,选择性好,音质好(通频带宽),工作稳定(不容易自激);同时也有缺点,比如镜像干扰(比接收频率高两个中频的干扰信号)、假响应(变频电路的非线性)等。超外差式收音机原理框图如图7-5所示。

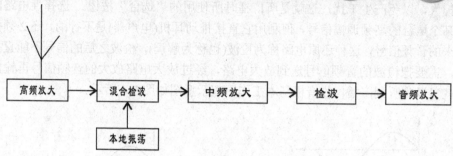

图 7-5　超外差式收音机原理框图

3. 数字式调谐选台收音机的组成

早期的收音机使用手动旋转刻度盘来改变收音机调谐线圈或可变电容的组合以完成选择电台的工作，这就是调谐。现代的收音机基本都采用数字式调谐，只要按一下电台搜索按键就可以了。通过按键输入功能选取信号，经微处理器分析整理，对机内的各种控制单元进行调节，从而启动搜索无线电广播信号或读取存储器文件，并将操作结果以数据的形式贮存在芯片中，同时以特定的程序监控内部及外接的各种部件的工作状态，实时调整输入输出，以 LCD 显示的形式将控制结果反馈给操作者。数字式调谐选台收音机的组成和各部分的功能如表 7-1 所示，数字式调谐选台收音机的组成示意图如图 7-6 所示。

表 7-1　数字式调谐选台收音机的组成和各部分的功能

功能和作用描述	需要的主要元件
接收无线电调频、调幅信号	天线
无线电信号解调成音频信号	高频头
声音信号输出	音频集成电路
特定的接口	电源输入、输出插头
驱动扬声器	功放
声音输出	扬声器
通过按键输入功能选取信号	按键开关
显示	液晶屏幕
收音机整机控制	收音机处理器

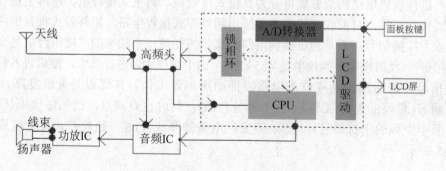

图 7-6　数字式调谐选台收音机的组成示意图

三、汽车 CD 唱机

1. 汽车 CD 唱机的分类

汽车 CD 唱机是车载影音系统的信号源之一,目前普通中低档车载影音系统的信号源主要是汽车收音机和 CD 唱机,高档汽车车载影音系统的信号源主要是汽车收音机和车载 DVD,还可以选择 USB 播放功能。

CD 光盘采用的是光盘存储技术,即运用激光技术以光学方式将数字化的音响信号在光盘的塑料介质圆盘上进行信息写读的信息存储技术。光盘存储技术的优点是音质好、操作编辑方便、盘片存储密度高、信息写读无机械接触、无磨损、保存时间长,盘片生产工艺简单、成本低。

1) CD 唱机的类型和特点

(1) 按照工作方式的不同分类。

CD 唱机可以分为单碟机和多碟机。单碟机一次只能装一张 CD 光盘,必须取出当前光盘才能更换另一张光盘。多碟机可以分为前置多碟机和套机两种,前置多碟机主要用于高档汽车,结构复杂,控制系统和换碟系统集成在一起;套机由控制主机(单碟机可以作为控制主机)和换片机组成,换片机按照不同的型号可以一次放置 6~12 张光盘,可以根据需要任意更换。套机的抗震性能比单碟机好。

(2) 按照尺寸不同分类。

CD 唱机可以分为标准尺寸和大屏幕机。标准尺寸称为 1DIN(DIN 为德国工业标准),指汽车中控台预留给车载影音系统的标准安装空间,1DIN 指一个标准空间(宽、高固定而深度不限)具体尺寸为 178 mm(宽)×50 mm(高),大部分车载影音系统主机都采用这个标准。大屏幕机的尺寸为 2DIN,具体尺寸为 178 mm(宽)×100 mm(高),主要用于高档汽车。1DIN 和 2DIN 的具体尺寸示意图如图 7-7 所示。

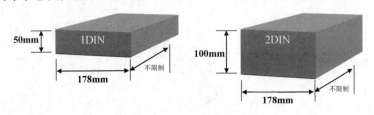

图 7-7　1DIN 和 2DIN 具体尺寸示意图

2) CD 唱机主机配线

CD 唱机通过主机配线与其他设备连接,不同品牌的 CD 唱机虽然设计各不相同,但是主机配线比较接近。主要包括 12V 电源线,ACC 控制线、GND 搭铁线、FL(前置左路扬声器线)、FR(前置右路扬声器线)、RL(后置左路扬声器线)、RR(后置右路扬声器线)、天线控制线和功放控制线一共 9 条线。其中 FL、FR、RL 和 RR 这 4 条扬声器线都是双股线,共有 8 条线,包括 FL "+" 和 FL "-"、FR "+" 和 FR "-"、RL "+" 和 RL "-"、RR "+" 和 RR "-" 共计 4 组。每组线中的 "+" 和 "-" 极要分别接在扬声器对应位置的 "+" 和 "-"

极接线柱上。不允许出现不同组之间串接和把"+"和"-"极接反的情况。CD 唱机主机配线的示意图如图 7-8 所示。

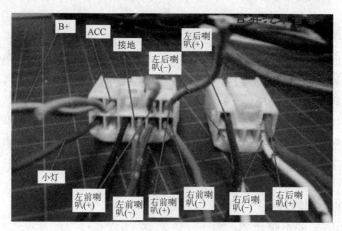

图 7-8　CD 唱机主机配线示意图

2. 汽车 CD 唱机的组成与工作原理

CD 唱机的组成主要包括机械系统、光学系统、伺服系统、信号处理系统和控制系统等，可以实现 CD 光盘的播放、暂停、快进、快退、选曲、一曲或者多曲重复播放等功能。

1) CD 光盘

CD 光盘中存储的信号为数字信号，模拟音频信号经过采样和量化成为 PCM 信号(脉冲编码调制信号)后，还需要经过 EFM 编码处理，EFM 调制和调频(FM)、调幅(AM)等调制一样，可将待传输或存储的信号变成另一种形式的信号，以满足传输或存储的特点和需要。还需要在信号中插入控制和显示信号，用于曲目的显示、选曲、记录曲目的时间和位置等。记录在 CD 光盘上的信号被分段，每段称为一帧，帧与帧之间还要插入作为分隔符的帧同步信号。CD 光盘上信号的格式如图 7-9 所示。

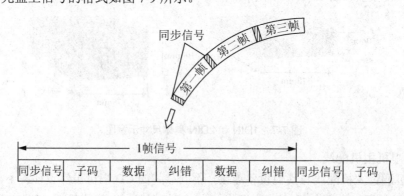

图 7-9　CD 光盘上信号格式

CD 光盘的尺寸为直径 12 cm，厚度 1.2 mm，光盘材料为聚碳酸酯透明塑料，信息面镀有铝反射层，并涂有一层保护膜。数字信号以坑点序列的物理形式刻制在厚度为 0.01 μm 的铝反射层上，信号坑的宽度为 0.5 μm，长度为 0.833～3.054 μm，深度为 0.11 μm。坑点序列沿着相距 1.6 μm 中心距的螺旋形轨迹由内向外排列。每张光盘大约有 2 万圈信迹，共约

$6×10^9$~$7×10^9$ 个坑点。CD 光盘坑点排列如图 7-10 所示。

CD 光盘的最里圈部分称为导入区，存储的内容为 CD 光盘的目录(TOC)，记录 CD 光盘中的节目数量和各个节目在光盘中的位置等内容，播放 CD 光盘时可以用于显示和选曲。CD 光盘最外圈部分称为导出区，用于指示 CD 光盘上节目的末尾。在导入区和导出区之间为信息记录面，用于存储节目。CD 光盘的结构示意如图 7-11 所示。CD 光盘在正常播放的时候，读取数据的顺序为由内向外。

CD 光盘上存储信号的读取采用光学非接触方式，具体过程为：播放 CD 光盘时，激光头发射出波长为 $0.78\mu m$ 的激光束，由 CD 唱机中的聚焦伺服和循迹伺服系统控制，准确地照射在 CD 光盘的信号轨迹上。由于 CD 唱片上为坑点结构，在有信号坑的地方反射回的光线量很少，在无信号坑的区域几乎所有光线全部反射回来，反射光强度的不同由光敏二极管进行转换变为电信号。CD 光盘在正常播放的时候不是以恒定的转速进行旋转，而是以恒定的线速度进行旋转，转速的变化范围为 500~200r/min，激光束照射在 CD 光盘内圈时转速快，照射在 CD 光盘外圈时转速慢，由 CD 唱机的主轴伺服电路控制转速。

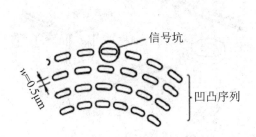

图 7-10 CD 光盘坑点排列图

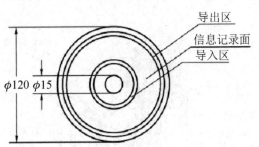

图 7-11 CD 光盘结构示意图

2) 机械系统

CD 唱机的机械系统由驱动机构、加载机构和减震机构组成。

激光头通过圆柱导轨安装在驱动机构上，激光头还安装了轴传动装置和功率控制电路，保证有恒定功率的激光束始终正确聚焦在 CD 光盘的信号轨迹上。驱动机构执行主轴旋转伺服，加载机构用于支撑驱动机构(包括激光头)和装载 CD 光盘，减震机构减少外界对激光头的冲击振动，可以防止信号的丢失。

CD 光盘加载机构和主轴电机。CD 光盘加载机构是控制 CD 光盘进出机器的装载机构，CD 唱机中设有 1~2 个位置检测开关，用于检测 CD 光盘运动是否到位；主轴电机用于带动 CD 光盘做旋转运动。CD 光盘在旋转的时候，径向移动系统带动激光头做径向运动，在伺服系统的控制下，激光束才能够始终照射在 CD 光盘的信号轨迹上读取信息，才能执行选曲或者快进、快退等操作。径向运动系统的传动机构有齿条型、丝杠型和线性电机型，其中以齿条型和丝杠型应用较多。在激光头径向运动系统中还设计有激光头位置检测开关，开关之一位于 CD 光盘的最内圈位置，称为激光头起始限位开关，用于检测激光头是否运行到 CD 光盘的最内侧，当激光头运行到 CD 光盘的最内侧时，激光头与内侧限位开关接触，内侧限位开关闭合。另一开关位于 CD 光盘的最外圈位置，称为激光头终止限位开关，用于检测激光头是否运行到 CD 光盘的最外侧。

3) 光学系统

CD 唱机的光学系统也称为激光头，主要由激光器、光学器件和光电转换系统组成。激光器由一只激光二极管(LD)和一只监控光电二极管(PD)组成。激光二极管通电后，在光功率控制电路(APC 电路)的监控下从窗口射出激光束以读取光盘上的信息，激光束在到达光盘信息面前还须经过一套精密的光学器件，并最终在光盘信息面上聚焦成直径约 1μm 的光点。激光器的示意图如图 7-12 所示。三光束型激光头利用光栅板将激光束分裂为三束光，其中主光束用于拾取音频信号及聚焦误差信号，两个辅助光束用于检测循迹误差信号。三束光分别经过偏振棱镜、准直透镜、1/4 波长光栅板和物镜后聚焦在 CD 光盘的信号轨迹上，先经过 CD 光盘的反射，再经过偏振棱镜射向柱面透镜后聚焦在光电转换系统上。光电转换系统由 6 只光敏二极管组成，将反射光信号转换为电信号。CD 唱机的光学系统的示意图如图 7-13 所示。

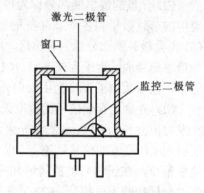

图 7-12 激光器示意图

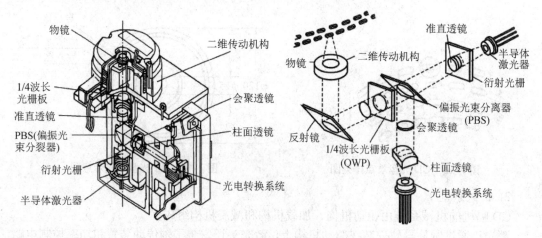

图 7-13 CD 唱机光学系统示意图

4) 伺服系统

CD 唱机的伺服系统主要包括聚焦伺服、循迹伺服、进给伺服和主轴伺服这四种。

(1) 聚焦伺服。

聚焦伺服的作用是利用反射光中检测出的误差信号，驱动聚焦物镜沿着光轴方向移动，在 CD 光盘的信号面上始终保持着使激光束能够准确聚焦。聚焦伺服是 CD 唱机的最重要机构之一，物镜虽能将激光束聚焦在 CD 光盘的信号面上，但鉴于 CD 光盘本身存在的不平、翘曲或偏心等轻微变形，在高速旋转中不可避免地要产生上下抖动的面振动，使物镜与碟片的间距发生改变而产生聚焦误差，这样便无法保证其焦点始终都落在 CD 光盘的信号面上。为了确保物镜与 CD 光盘的间距不变，焦点时刻落在 CD 光盘的信号面上，就必须有聚焦伺服。聚焦伺服电路主要由聚焦误差检测、相位补偿及驱动电路组成。为检测出 CD 光盘信号面与物镜间的距离，聚焦误差信号最常用的检测方法是像散法，又称非点收差法。像散法，是在光电二极管组成的光电转换系统与 CD 光盘之间的光路中放入一圆柱形透镜，聚焦误差信号检测原理示意图如图 7-14 所示。

项目七 车载影音系统

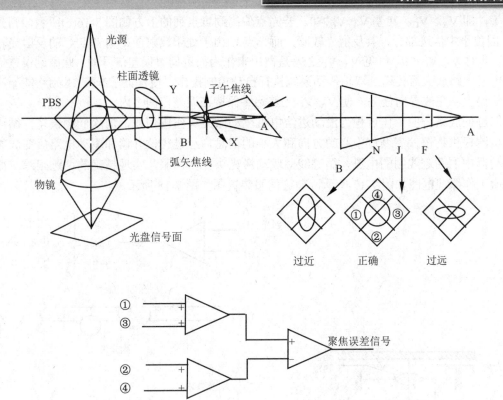

图 7-14 聚焦误差信号检测原理示意图

圆柱形透镜只在 X 方向上起作用。在此透镜作用下，当聚焦位置最佳时，投射到作为检测器的四分割光电二极管上的光斑为圆形，各光电二极管上接收的光量相等，即 4 个传感器的输出进行(①+③)−(②+④)运算处理后结果为 0，该运算结果便是聚焦误差信号，表明聚焦正确，则物镜不动。当 CD 光盘远离物镜时，则光斑呈横向椭圆形，此时(①+③)−(②+④)>0，聚焦误差信号为正，控制聚焦电机使物镜靠近 CD 光盘；当 CD 光盘靠近物镜时，则光斑呈纵向椭圆形，此时(①+③)−(②+④)<0，聚焦误差信号为负，控制聚焦电机使物镜远离 CD 光盘。控制 CD 光盘与物镜间的距离时刻保持一定，就始终保证了焦点落在 CD 光盘的信号面上。聚焦伺服的工作过程如图 7-15 所示。

(2) 循迹伺服。

循迹伺服的作用是通过物镜的横向移动，使激光束能正确地环绕 CD 光盘的信号面循迹。循迹伺服的工作原理同聚焦伺服相似，从反射光中提取误差信号，通过控制激光头沿着径向移动来准确跟踪坑点轨迹的移动。循迹伺服主要由循迹误差检测、相位补偿及驱动电路组成。三光束法检出循迹信号误差的原理如图 7-16 所示，给出了主、副三光束光线照射到 CD 光盘上的变化情况。主、副三光束均被聚焦成极细小的光点，投射到 CD 光盘信号面的相邻坑点上，各自的反射光分别由 A、B、C 三个光电二极管组合的光检测器所接收，并输出与其明暗程度相对应的电压 V_A、V_B 及 V_C。图 7-16(b)表示主光束准确的照射到主信迹上，此时从副光束 A、C 检出的光量相等，即 $V_A-V_B=0$，说明主光束照射正确，不需要循迹。当光点偏离到坑点列的下方时如图 7-16(a)所示，光点 A 位于反射面，其反射光较明亮，而光点 C 位于主信迹部分，其反射光因绕射而变得较暗，则两个光电二极管输出的电

213

压不等，即 $V_A>V_C$，其差 $V_A-V_C>0$。若光点偏离到坑点列的上方如图 7-16(c)所示，则光点 A 因位于主信迹部分，其反射光较暗，而光点 C 由于处于反射面，则光点 C 的反射光较明亮，此时 $V_A-V_C<0$。可见 V_A-V_C 之差是被用来作为循迹伺服误差信号的。此循迹误差信号经电子电路放大后传递到双轴传动系统执行自动控制操作，便保证了光点 B 始终能循迹在主信迹上，完成导向任务，使 V_A-V_C 之差始终保持在误差范围之内。

循迹伺服系统的工作过程为滑动进给电机驱动激光头作粗伺服，消除低频误差，循迹误差检测提供物镜偏离循迹中心的方向和大小的信息，经过相位补偿和驱动电路后变成物镜驱动器中的循迹线圈的电流，循迹线圈驱动激光头作精伺服，实现精确的循迹跟踪。循迹伺服工作原理框图如图 7-17 所示，循迹伺服装置图如图 7-18 所示。

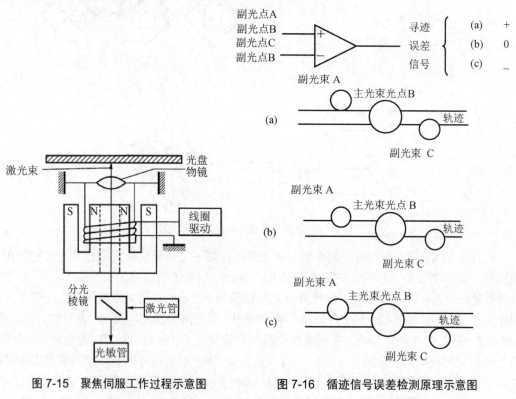

图 7-15　聚焦伺服工作过程示意图　　　图 7-16　循迹信号误差检测原理示意图

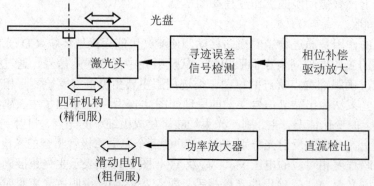

图 7-17　循迹伺服工作原理框图

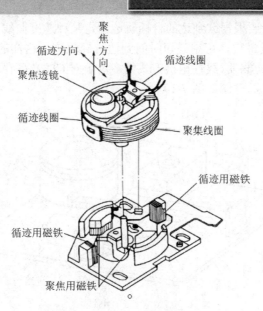

图 7-18 循迹伺服装置图

(3) 进给伺服。

进给伺服的作用是在物镜的操作开始达到极限时,分级移动其光学系统。在 CD 光盘正常播放的时候,进给伺服与循迹伺服配合,使光束能够跟踪 CD 光盘的信号面轨迹;在进行选曲、搜索等操作的时候,进给伺服控制整个激光头快速沿着 CD 光盘径向移动,在循迹伺服的配合下完成选曲定位操作。CD 唱机开机后的快速自由选曲,使激光头可以沿着 CD 光盘径向大幅度的移动,以便移动到 CD 光盘上的选定部分播放。根据 CD 唱机面板上的按键输入信息,驱动输出送往进给伺服电机,实现对激光头的进给控制。在 CD 唱片的正常播放时进给伺服控制激光头所做的径向运动是间歇式的,物镜在循迹伺服的作用下逐渐偏离激光头中心,向 CD 光盘外侧运动继续跟踪 CD 光盘轨迹。当物镜不能继续向外侧运动跟踪 CD 光盘轨迹时进给伺服电机启动,推动整个激光头向 CD 光盘外侧移动,然后激光头再次停下,由物镜完成精细伺服。进给伺服系统用滑动方式沿 CD 光盘半径方向移动激光头来实现顺序读出、跳轨选曲、快进、快退等功能。由于移动方向相对轨迹走向为横向(与轨迹方向垂直),又称横向移动系统。CD 光盘上的循迹是由内圈至外圈的连续螺纹,在利用循迹伺服跟踪一条信迹时,激光束还必须作相应地由内至外的径向移动,以便物镜与 CD 光盘之间的相对位置始终保持正确。径向移动的速度是极慢的,故又称为滑动伺服。

进给伺服电路主要由低通滤波器、驱动放大器和进给电机组成。工作过程为进给伺服的误差信号从循迹伺服驱动放大输出处获得,经过低通滤波和进给驱动放大后,驱动进给电机带动激光头沿着径向移动,从而实现进给伺服。激光头的移动情况是依据 CD 光盘播放情况而定,有正常播放的定速移动、慢镜头的慢速移动、随机搜索的高速移动,由定速至慢速及慢速至高速等随机操作而发生的状态突变。在这诸多的急剧变化情况下,要完成瞬时跟踪,对进给电机的要求比较高,为此多采用非常精密的齿轮电机。常用的进给伺服方式有多种形式,常用的有摇臂式、齿轮齿条式及线性电机式等,其中摇臂式的光学系统必须用单光束伺服,需移动整个激光头,驱动质量大,易在低频出现二次共振,使设计困难。齿轮齿条式虽读出信号的速度比其他结构慢,但成本低廉,故被广泛用于 CD 唱机中。线性电机方式读取信号时，要根据欲到达的目标轨迹设定某种速度曲线，即根据要移动的距离，使其时间与速度的曲线最佳，可用最短时间到达目标轨迹。这样的移动应加反馈或对移动机构加制动，都需速度检测器，线性电机方式则多用于对 CD 光盘存取性能要求较高的场合。齿轮齿条进给传动机构示意图如图 7-19 所示。

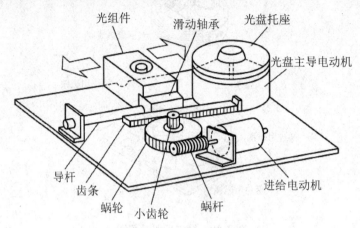

图 7-19　齿轮齿条进给传动机构示意图

(4) 主轴伺服。

主轴伺服又称旋转伺服，其作用是保证 CD 光盘在播放时随着激光头由内圈移向外圈移动时，CD 光盘旋转的线速度(CLV)基本上恒定不变，CD 光盘内圈转速约 500r/min，外圈转速约 200r/min，其转速有约 2.5 倍的变化。主轴伺服系统将根据 CD 光盘上的所获得的数据速率与 CD 唱机内部的基准速率进行比较，而使 CD 光盘旋转的线速度稳定。主轴伺服的工作原理如图 7-20 所示，EFM 信号经过帧同步检测电路取出帧同步信号，此信号与晶振产生的标准 7.35Hz 信号同时送到相位比较器进行频率和相位的比较，比较结果经伺服控制电路后产生主轴误差信号，经过放大后驱动主轴电机旋转，使主轴电机的旋转速度与标准 7.35Hz 信号频率差或相位差为零，从而实现主轴伺服。

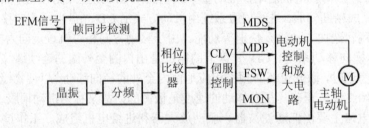

图 7-20　主轴伺服工作原理

5) 信号处理系统

激光头输出的电信号经过 RF 放大后送到数字信号处理电路(DSP)进行 EFM 译码、纠错等处理，然后送到 D/A 转换器将脉冲编码的数字音频信号转换为模拟音频信号输出。信号处理系统的示意图如图 7-21 所示。数字信号处理电路还从电信号中解调出控制与显示信号，送给控制系统供显示和选曲等使用。激光头输出的辅助信号经过 RF 放大器处理后输出聚焦误差信号、跟踪误差信号和径向伺服误差信号等供相关伺服电路使用。

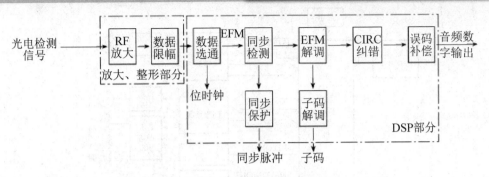

图 7-21　信号处理系统示意图

6) 控制系统

CD 唱机控制系统由电路控制和机械控制两部分组成，用于控制显示板显示和机械系统工作。电路控制主要包括面板按键、红外遥控以及开关检测等各种信息的输入控制，对各个伺服电路控制和数字信号处理电路控制等。机械控制主要包括出/入光盘机械机构控制和进给机构控制等。由功能操作按键、遥控器及状态检测开关产生的指令信号输入微处理器中，微处理器根据指令信号与 CD 唱机的实际工作状态进行判断和处理，产生相应的输出指令控制机械和电路工作，实现系统控制。

7) CD 唱机的工作原理

CD 唱机需要读取存储在 CD 光盘上的数字信号，数字信号以凹坑或者镜面的形式记录在 CD 光盘上，在播放 CD 光盘时，激光头从 CD 光盘上读取信号。具体的过程为：激光头向 CD 光盘发射激光束，激光束穿过透明的片基后聚焦到 CD 光盘的信息面上，原来直径为 1mm 的激光束经过片基的折射(折射率为 1.5)后到达信息面时直径变为 1.0μm 的光点，再有 CD 光盘反射层反射回来，通过检测反射光的强弱可以判定光点处是凹坑还是镜面，从而读取出 CD 光盘上记录的数字信号。CD 唱机的工作原理示意图如图 7-22 所示。CD 唱机的整机示意图如图 7-23 所示。

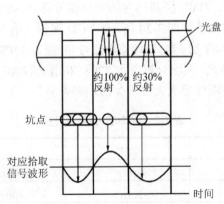

图 7-22　CD 唱机工作原理示意图

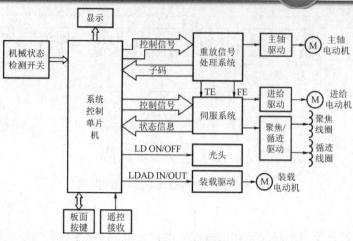

图 7-23 CD 唱机整机示意图

四、车载 VCD/DVD

CD 唱机只能够提供音频信号而无法提供视频信号，车载 VCD/DVD 是在 CD 唱机的基础上增加了视频信号输出的功能，同时还需要增加显示器。车载 VCD/DVD 同时兼容 CD 唱机的功能。

1. VCD/DVD 技术比较

DVD 的英文全称为"Digital Versatile Disc"，即"数字通用光盘"，是 CD/VCD 的后继产品。DVD 与 CD 的外观极为相似，它们的直径都是 120 mm 左右。最常见的 DVD，即单面单层 DVD 的资料容量约为 VCD 的 7 倍，这是因为 DVD 和 VCD 虽然是使用相同的技术来读取深藏于光盘片中的资料(光学读取技术)，但是由于 DVD 的激光头所产生的光点较小(将原本 0.85μm 的读取光点大小缩小到 0.55μm)，因此在同样大小的盘片面积上(DVD 和 VCD 的外观大小是一样的)，DVD 资料储存的密度便可提高。VCD/DVD 技术比较如表 7-2 所示。VCD/DVD 光盘坑点比较如图 7-24 所示。VCD 视频采用 MPEG-1 作为视频保存的格式，图像分辨率为 352×288(PAL 制式)像素/352×240 像素(NTSC 制式)。DVD 视频采用 MPEG-2 作为视频保存的格式，图像分辨率为 720×576 像素(PAL 制式)/720×480 像素(NTSC 制式)。DVD 视频格式的清晰度要大大优于 VCD 视频格式。

表 7-2 VCD/DVD 技术比较

特 性	VCD	DVD
光道间距	1.6μm	0.74μm
最小凹凸坑长度	0.83μm	0.4μm
数据层数	单面单层	单面单层-双面双层
容量	680MB	4.7GB～17GB
数据格式	MPEG-1	MPEG-2
驱动器		兼容 VCD

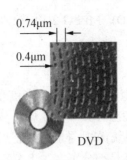
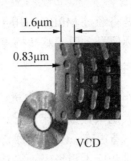

图 7-24 VCD/DVD 光盘坑点比较

2. 车载 VCD/DVD 的组成

车载 VCD/DVD 的结构与普通家用 VCD/DVD 的结构和组成基本一致，主要区别是由于受车内空间所限制，车载 VCD/DVD 的机芯集成度要求更高，结构更紧凑，同时还要求具有防震功能。车载 VCD/DVD 的主要组成包括 CD 机芯、伺服电路、系统控制电路、MPEG-1(用于 VCD)/ MPEG-2(用于 DVD)解码电路、PAL/NTSC 编码器和音频电路等。车载 DVD 的电路示意图如图 7-25 所示。

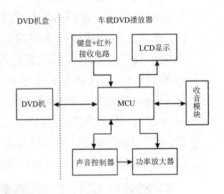

图 7-25 车载 DVD 的电路示意图

1) CD 机芯

CD 机芯的作用和组成同 CD 唱机相同，主要由光学部分、电路部分和机械部分组成。电路部分包括光电转换电路、放大电路和驱动电路等，机械部分包括光盘加载机构、进给机构和主轴旋转机构等。光学系统也称为激光头，主要由激光器、光学器件和光电转换系统组成。DVD 激光头上的激光二极管产生的激光波长为 650nm，CD 唱机和 VCD 激光头上的激光二极管产生的激光波长为 780nm。

2) 伺服电路

伺服电路的作用和组成同 CD 唱机相同，主要用于保证激光头能够从光盘上准确地读取信息，包括聚焦伺服电路、循迹伺服电路、进给伺服电路和主轴伺服电路这四种。

3) 系统控制电路

系统控制电路用于控制 VCD/DVD 机按照要求进入各种工作方式，实现选择节目、快进、快退和搜索等功能，同时可以实现显示工作方式、播放节目信息和时间等功能。

4) MPEG-1(用于 VCD)/ MPEG-2(用于 DVD)解码电路

MPEG-1(用于 VCD)/ MPEG-2(用于 DVD)解码电路作用是将光盘上读取出来的压缩视频和音频信号还原为未经压缩的视频和音频信号。

5) PAL/NTSC 编码器

将经过 MPEG-1(用于 VCD)/ MPEG-2(用于 DVD)解码电路的视频信号处理成 PAL 或者 NTSC 格式的电视制式信号，用于在显示器上显示视频。

6) 音频电路

音频电路的作用是将经过 MPEG-1(用于 VCD)/ MPEG-2(用于 DVD)解码电路的数字音频信号还原成模拟音频信号，用于驱动扬声器。

3. 车载影音系统主机改装

目前普通中低档车载影音系统的主机信号源主要是汽车收音机和 CD 唱机。随着我国的汽车销售总量和私人购车数量逐年上升、人们出行频率的增加，以及人们对生活质量和信息服务质量要求的不断提高，GPS(全球定位系统)车载导航系统正逐渐显示出其强大的生命力、广阔的应用前景和巨大市场潜力。为了满足部分车主对于车载导航系统的需求，将车载影音系统主机改装和升级为播放 DVD/VCD/CD/MP3、移动电视、可视化倒车雷达、车载电话和导航等功能的车载导航系统主机越来越受到人们的关注。

1) 车载影音系统主机的拆除

车载影音系统主机的拆除步骤如下。

(1) 准备工具和测试原车车载影音系统主机。

在做车载影音系统主机改装之前首先准备好常用的工具，主要包括胶刀(用于拆除汽车中控台的面板)、套筒扳手、十字和一字螺丝刀(用于拆卸固定主机的螺丝)等。在拆卸原车主机前必须检测原车车载影音系统主机的各项功能是否正常，确保原车车载影音系统主机无任何问题的时候在进行升级改装。

(2) 取下原车驾驶位的中控台面板(如图 7-26 所示)。

(3) 取下副驾驶位中控面板(如图 7-27 所示)。

图 7-26 取下原车驾驶位的中控台面板

图 7-27 取下副驾驶位中控面板

(4) 取下空调面板(如图 7-28 所示)。

(5) 取出原车主机(如图 7-29 所示)。

图 7-28 取下空调面板

图 7-29 取出原车主机

(6) 取出乘客安全带指示灯并拔出插头(如图 7-30 所示)。

2) 车载导航系统主机的安装

车载导航系统主机的安装步骤如下。

(1) 取下固定仪表板的螺钉(如图 7-31 所示)。

图 7-30　取出乘客安全带指示灯并拔出插头

图 7-31　取下固定仪表板的螺钉

(2) 取下固定储物盒的四颗螺钉(如图 7-32 所示)。

(3) 将导航显示屏用上一步取下的四颗螺钉固定(如图 7-33 所示)。

图 7-32　取下固定储物盒的四颗螺钉

图 7-33　导航显示屏用四颗螺钉固定

(4) 连接显示屏线路(如图 7-34 所示)。

(5) 还原仪表板(如图 7-35 所示)。

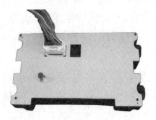

图 7-34　连接显示屏线路

图 7-35　还原仪表板

(6) 将显示屏连接线跟主机相连(如图 7-36 所示)。

(7) 固定主机(如图 7-37 所示)。

图 7-36　将显示屏连接线跟主机相连

图 7-37　固定主机

(8) 装好空调面板(如图 7-38 所示)。
(9) 还原驾驶位中控台面板(如图 7-39 所示)。

图 7-38　装好空调面板　　　　　　图 7-39　还原驾驶位中控台面板

(10) 完成车载导航系统主机的安装(如图 7-40 所示)。

图 7-40　完成车载导航系统主机的安装

项 目 小 结

车载影音系统主要由主机、功率放大器、音频处理器、扬声器、视频系统、电源和供电电路等组成，一些高档的车载影音系统还包括倒车雷达、车载导航和车载电话等功能。

收音机的工作原理为从天线接收到的高频信号经检波(解调)还原成音频信号，送到耳机或喇叭变成音波。

CD 光盘是采用光盘存储技术，即运用激光技术以光学方式将数字化的音响信号在光盘的塑料介质圆盘上进行信息写读的信息存储技术；CD 唱机的组成主要包括机械系统、光学系统、伺服系统、信号处理系统和控制系统等。

车载 VCD/DVD 是在 CD 唱机的基础上增加了视频信号输出的功能。

复习思考题

一、填空题

1. 车载影音系统主要由主机、_____、_____、_____、_____、_____等组成。
2. 汽车收音机接收的广播信号分为_____和_____两种。
3. CD 唱机的组成主要包括机械系统、_____、_____、_____和_____等。

4. CD 唱机的伺服系统主要包括_____、_____、_____和_____这四种。

二、简答题

1. 车载影音系统供电电路是如何设计的？
2. 数字式调谐选台收音机的优点有哪些？
3. CD 唱机带动 CD 光盘旋转的速度是否不变？原因是什么？
4. VCD/DVD 技术的主要区别是什么？

三、论述题

1. 简述车载影音系统各个组成部分的作用。
2. 简述汽车收音机的工作原理。
3. 简述 CD 唱机的工作原理。
4. 论述车载影音系统主机的升级方法。

四、实训题

围绕车内影音系统分类和车载 VCD/DVD 加装工艺流程等相关理论知识，结合实验室相关的车载影音改装工具、设备和车载影音产品制定一份详细的车内影音改装流程的理论报告。根据报告在轿车丰田卡罗拉仪表板实施收音机拆装实训。考核要求如下：

(1) 实训前准备工作；
(2) 仪表板收音机拆装工艺流程；
(3) 实训结果；
(4) 综合考评收音机拆装效果和理论素养。

项目八　车载导航系统

【知识要求】
- 了解 GPS 定位技术的工作原理。
- 了解航位推算技术的工作原理。
- 掌握车载导航系统的结构和工作原理。
- 了解车载导航系统电子地图升级方法。

【能力要求】
- 能够对车载导航系统进行常规检测。
- 能够正确维护和升级车载导航系统。

一、车载导航系统基础知识

1. 车载导航系统的发展

导航的概念最早起源于航海,起初只是用来引导船只安全航行,中国古代四大发明之一的指南针,可以认为是古代最早出现的导航设备。导航系统的发展经过了一段比较长的时期,从开始的航位推算系统、惯性导航系统到现代化的全球定位系统(Global Positioning System, GPS),导航功能越来越强大,精度也越来越高。

进入20世纪60年代,随着主要定位部件和相关技术逐渐成熟,车载导航定位系统的发展进入一个崭新的阶段。美国、日本和欧洲等主要发达国家积极开展相关的应用研究并投入大量资金。美国公路局提出的电子路径引导系统 ERGS(Electronic Route Guidance System)是一种用于交通控制和疏导的无线路径引导系统。以短距离信标为媒介,驾驶员通过车载控制台输入目的地码,当车辆接近主要交叉路口时,目的地码经车载无线收发机发出,由埋在路面下的天线接收并传送到控制器。控制器与中央计算机系统相连,可以获得实时的交通信息,控制器根据目的地码和实时交通信息计算最佳路径,在车辆驶离路口前将规划路径发送给车载控制台。ERGS 的实验获得极大成功,但由于需要大量资金进行基础设施建设而未能实际使用,类似系统在日本和德国也进行了实验。在研发车载导航系统组合定位技术研究时美国还开发了另一种自主路径控制系统(Auto Route Control System, ARCS),利用航位推算技术和地图匹配技术进行车辆定位,然后根据规划的路径产生引导指令并显示在显示器上。Bosch 公司的 EVA 和 Etak 公司的 Navigator 车载导航系统的系统定位主要采用改进的航位推算技术,并且需要经常的地图匹配更新以修正航位推算误差积累。如果车辆长时间直线行驶,不满足地图匹配的条件,航位推算的误差将积累直至丢失定位。Navigator 配有数字地图数据库,能够把车辆当前位置实时地显示在地图上。

随着通信技术和计算机技术的发展,特别是自1994年美国国防部的GPS正式投入使用,车载导航技术开始进入实用阶段,并且发展迅速。1994年第一台装有GPS接收机的自主导航系统 Guide Star 投入市场,至今几乎所有的民用车载导航系统都采用 GPS 作为基本定位传感器。由于 GPS 信号容易受环境的影响而降低定位精度甚至无法定位,在性能要求较高的导航系统中,采用以 GPS 为基本定位技术的多传感器组合定位方式,如 GPS/电子地图、GPS/航位推算和 GPS/航位推算/电子地图等组合方式。

2. 车载导航系统定位技术

在现代车载导航定位系统中,移动目标定位技术主要有三种:独立定位、地面无线定位和卫星定位。独立定位具有完全自治性,对环境因素不敏感,典型的定位技术有惯性导航(Inertial Navigation System,INS)、磁罗盘定位、差分里程定位等。无线定位的依据是电磁波的恒定传播速率和路径的可测性原理。卫星定位系统采用处在地球高空轨道的卫星进行测距和授时,定位范围可以覆盖到全球。

常用的无线定位技术有三种:到达时间(TOA)、到达角度(AOA)和到达时间差(TDOA)。TOA 通过测量从多个已知位置发射机发射的无线电信号到达接收端的时间来确定接收机位置。AOA 采用三角测量法定位,信号由车载发射机发射,处在已知位置的天线阵列接收到信号并计算信号到两个或多个天线阵列的入射角,车辆位置由入射角的交叉点确定。TDOA 采用三边测量法定位,由多个已知位置的发射机发送时间同步信号,移动接收机接收到信号并测量至少两组信号的时间差,由此确定接收机的位置。无线电导航技术在航海和航空领域应用广泛,大约有 100 多种不同类型的系统在运行,如 Loran-C、RECCA 和 OMEGA 等。无线信号容易受到地面障碍物的干扰产生信号衰减和多径误差,造成定位失效或精度下降,如 Loran-C 系统的陆地定位误差大于 500 m,在车载导航系统中应用不多。

20 世纪 60 年代,美国研制的子午仪导航系统(TRANSIT)投入使用,人类的导航定位技术从地球表面扩展到地球高空轨道,导航定位的范围达到全球。该系统主要为美国海军服务,1967 年开始对民用部门开放。子午仪导航系统只能对二维(经度和纬度)定位,定位精度为 $0.1\sim0.3$ 海里,缺点是不能连续定位,一次定位时间长,而且不能定位高度。为进一步满足军用和民用用户提出的更高要求,美国于 1973 年开始研制一种新的卫星定位系统 NAVSTAR(Navigation Satellite Timing and Ranging),即通常所说的 GPS,其优点如下。

(1) 全球、全天候、不间断的覆盖,其轨道分布可以确保在地球的任一点都可以接收到 4 颗以上卫星。

(2) 定位和授时精度高,高端民用 GPS 接收机的定位精度可以达到厘米级,定时精度在纳秒级。

(3) 定位速度快,普通民用接收机的定位速率为 $1\sim4Hz$,高端产品可以达到 20Hz 以上。

GPS 技术由美国掌握,美国可以根据自身需要随时关闭 GPS 定位服务或人为降低定位精度,例如直到 2000 年才取消的 SA(Selective Availability)。因此各国也在不断开发自己的卫星定位系统,当前全球有四大卫星定位系统,分别是美国的全球卫星导航定位系统(GPS)、俄罗斯的格罗纳斯系统(GLONASS)、欧盟在建的"伽利略"系统和中国的北斗卫星导航系统。北斗卫星导航系统是中国自行研制的全球卫星定位与通信系统,是继美全球定位系统和俄罗斯的格罗纳斯系统之后第三个成熟的卫星导航系统。系统由空间端、地面端和用户端组成,可在全球范围内全天候、全天时为各类用户提供高精度、高可靠定位和导航、授时服务,并具备短报文通信能力,已经初步具备区域导航、定位和授时能力,定位精度优于 20m,授时精度优于 100ns。2012 年 12 月 27 日,北斗系统空间信号接口控制文件正式版正式公布,北斗导航业务正式对亚太地区提供无源定位、导航、授时服务。北斗卫星导航系统、美国全球定位系统、俄罗斯格罗纳斯系统及欧盟伽利略定位系统是联合国卫星导航委员会已认定的四家卫星定位系统供应商。

惯性导航是 20 世纪初才发展起来的定位技术,它的基本原理是:根据牛顿提出的相对惯性空间的力学定律,利用陀螺、加速度传感器等惯性元件测量载体的角速度和加速度,在已知初始方位的基础上,对观测量进行积分推算载体的实时方位。由于惯性导航采用积分方法定位,传感器误差随积分过程被不断累积放大,因而要求惯性传感器具有很高的精度和稳定性。高精度、低漂移的惯性传感器在航空、军事领域应用广泛,但成本较高,限制了在民用车载导航系统中的应用。随着电子技术和微机电系统技术的发展,采用微机电技术制造的压电振动陀螺因其体积小、成本低的优势开始大量应用于车载导航系统,它可以在短时间内(通常 $1\sim3$ min 内)提供较高精度的定位信息。加速度传感器测量车辆的加速度时有误差,误差受传感器的零漂、重力加速度叠加、标度因子误差的影响,通常以多自由度组合惯性测量单元(IMU)的方式进行应用。轮速传感器是 ABS 系统的必需部件,几乎所有的汽车上都装备有轮速传感器,因此采用轮速脉冲测量车辆行驶距离代替加速度传感器是最经济的选择,目前市场上成熟的车载导航产品几乎无一例外地采用轮速信号测量行驶里程。

人类早在两千多年前就掌握利用地球磁场测量方向的方法。用于方向测量的磁传感器主要有磁通门传感器和磁阻传感器等。固态磁阻传感器以其灵敏度高、体积小、价格低被用来制造电子罗盘,应用于个人手持和车载导航系统。罗盘附近的磁场扰动会导致较大的方向误差,引起磁场误差的因素有电力线路、附近金属结构的残余磁场、汽车底盘以及软磁材料。譬如一辆汽车从旁边经过都会产生电子罗盘的方向误差。可以通过其他传感器如陀螺和 GPS 校正罗盘因外界磁场干扰产生的误差,对于磁北与地极北的偏差,可以用查表的方法校正。由于罗盘定位误差较大,随着低成本陀螺在车载导航系统中的广泛应用,目前已经很少将电子罗盘用于车载导航系统中的航位推算。

3. 车载导航系统的相关技术

1) GPS 定位技术

GPS 即全球定位系统,是美国开发研制的迄今为止应用最广泛的第二代卫星导航系统。GPS 是新一代星基精密无线电导航技术,为全球范围内的用户提供精确的三维定位和授时,由美国国防部开发,主要用于军事用途,同时提供免费的民用定位、授时服务,它是星基无线定位技术中应用最广、技术最成熟的技术。GPS 可满足位于全球任何地方或近地空间的军事用户连续精确地确定三维位置和三维运动及时间的需要。它是一个中距离圆形轨道卫星导航系统。它可以为地球表面绝大部分地区(98%)提供准确的定位、测速和高精度的时间标准。最少只需其中 4 颗卫星,就能迅速确定用户端在地球上所处的位置及海拔高度;所能接收到的卫星数越多,解码出来的位置就越精确。

GPS 采用高轨无线电测距,系统由空间部分、地面控制部分和用户接收机三部分构成。

空间部分包括 21 颗工作卫星和 3 颗备用卫星,分布在地球上空 2 万公里的 6 个轨道上,轨道倾角 55°,两个轨道之间的经度相隔 60°,每个轨道面上分布 4 颗卫星,在地球任一位置至少可以见到 4 颗卫星。卫星上装备有原子钟、伪码发生器、接收机、发射机和导航电文存储器。GPS 系统示意图如图 8-1 所示。

图 8-1 GPS 系统示意图

卫星的基本功能如下。

(1) 接收地面站发来的卫星星历、卫星历书和卫星时钟校正参数。

(2) 卫星上的发动机及喷管组成推动系统,由地面站遥控,使卫星轨道保持在设定位置,并控制卫星的姿态稳定。

(3) 向用户发送导航电文。为提高抗干扰性和保密性,采用伪码扩频调制方式发送信号。先把导航电文变成编码脉冲,形成导航数据码,数据码和伪随机码(P 码和 C/A 码)模 2 相加后,再对载波(L1 和 L2)进行相位调制,由天线发射出去。L1(1575.42MHz)信号用 P 码和

C/A 码正交调制，L2(1227.6MHz)信号用 P 码调制。P 码定位精度高，供军方和特许用户使用，C/A 码供一般民用，在美国 2000 年取消 SA 政策以前，由于在 C/A 码中加入高频噪声，定位精度约为 100m，SA 取消以后，定位精度约为 20m。

地面控制部分包括监测站、主控站和注入站。监测站的任务是在卫星经过其上空时收集卫星播发的导航电文，对卫星进行连续监控，收集当地的气象数据，监测站收集的数据都送往主控站。主控站装备有精密原子钟，提供 GPS 的时间基准，监测站和卫星的原子钟都需要与主控站的原子钟同步。主控站处理监测站的数据，编制卫星星历，计算卫星钟的钟差和电离层校正参数，然后把这些导航信息送到注入站，当发现卫星偏离预定位置较远时，通过遥控把它拉回到设定位置。注入站在卫星通过其上空时，把主控站送来的导航信息注入卫星，每颗卫星的导航数据每隔八小时注入一次。

用户接收机是一个由软硬件构成的终端模块。硬件部分包括 GPS 接收天线、低噪声射频放大器、前端射频电路和基带(Base Band)电路，基带电路主要由 GPS 相关器和一个高性能处理器构成。GPS 程序在基带芯片内运行，实现位置的解算。

GPS 的原理为 GPS 接收机接收到卫星信号，根据星历表信息，可以求得每颗卫星发送信号时的位置，若接收机装备有与 GPS 时钟同步的精密钟，可以直接测量信号的传播时间，计算观测点到卫星的真实距离，当接收到 3 颗卫星信号时，以三个真实距离为半径的球的交点即为观测点。一般 GPS 接收机没有精密钟，测得的距离有误差，称为伪距，需要 4 颗卫星才能实现三维定位(未知量为三维坐标、接收机与 GPS 系统时间差)。

GPS 的原理如图 8-2 所示。R_i 为观测点 P 到卫星 S_i 的实际距离，L_i 是接收机计算的伪距，dT_{Si} 为卫星时钟相对于 GPS 时钟误差产生的距离误差，dT 是接收机与 GPS 系统时钟误差产生的距离误差，Dt_{Ai} 是卫星信号传播延迟等引起的误差，因此伪距与实际距离的关系为：

$$L_i = R_i + dT_{Ai} + (dT - dT_{si}) + \delta L_i \qquad i = 1, 2, 3, 4$$

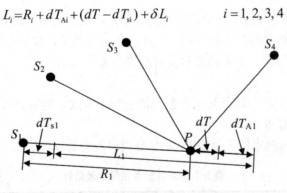

图 8-2　GPS 系统定位原理

其中 δL_i 为伪距测量噪声。计算时用基于地球的右手直角坐标，以球心为原点，X 轴指向格林威治子午线，Z 轴指向北极，Y 轴与 X、Z 轴组成右手直角坐标系，设卫星在该坐标的位置为 (X_{si}, Y_{si}, Z_{si})，观测点位置为 (X, Y, Z)，伪距计算方程为：

$$L_i = \sqrt{(X_{si}-X)^2 + (Y_{si}-Y)^2 + (Z_{si}-Z)^2} + dT_{Ai} + (dT - dT_{si}) + \delta L_i \quad i=1,2,3,4$$

式中卫星位置坐标和卫星时差引起的误差 dT_{si} 由导航电文计算得到，传播延迟误差 dT_{Ai} 可以用双频法校正或利用电文提供的校正参数，根据传播延迟模型估算，伪距 L_i 由测量的传播时间计算得到，剩下观测点位置坐标和用户时钟偏差四个未知参数，因此需要四颗卫星的伪距观测值建立四个方程，计算出用户的坐标位置。

GPS 定位误差来源于卫星部分、传播路径部分和用户接收机，主要误差源如下。

(1) 卫星星历误差。

卫星星历给出的卫星在空间的位置与实际卫星位置的误差。卫星导航电文中的广播星历实际是由地面监测站提供的外推预报星历，卫星在实际运动中受多种摄动力的影响，实际位置与预报位置不符。

(2) 卫星时钟误差。

GPS 通过测量无线信号传播时间来测距，卫星的时钟精度直接关系到伪距精度。导航电文中包括卫星钟相对于 GPS 标准时的钟差参数，由地面监控系统定期更新，接收机通过时钟差模型校正卫星钟差。

(3) 电离层传播延时。

电离层位于 50～1000 km 的大气层，受太阳强辐射的影响，部分气体分子发生电离形成大量的自由带电离子。电磁波经过电离层时与带电离子发生作用会改变信号的传播速度、幅值和相位，从而产生伪距计算误差。对于单频接收机，修正电离层延时误差的方法有相对定位和模型改正两种，双频接收机还可以利用不同频率信号经过电离层延时特性的差别进行校正。

(4) 对流层传播延时。

对流层为高度在 40 km 以下的大气层，大气密度较电离层大，且大气状态随地面气候的变化而变化，电磁波经过对流层时传播速度发生变化引起延时误差。当卫星仰角较小时，由于通过的对流层距离较长，误差增大。

(5) 多径效应。

GPS 接收机除接收直接来自卫星方向的信号外，还会收到附近其他物体的反射信号。反射信号与直接波的传播路径不同，相互之间产生干涉效应，使信号畸变，造成测量误差。多径效应误差与天线结构、卫星仰角和反射面等有关。

(6) 接收机误差。

接收机误差主要由测距码分辨率误差和测量噪声构成。随着接收机制造技术的提高，来自接收机的误差已经很小。

表 8-1 列出了当前技术水平下 GPS 定位分类误差的估算值。

表 8-1　GPS 主要定位误差估计

误差分类	误差估算(单位：m)
电离层延迟误差	4
卫星时钟误差	2.1
接收机测量噪声和量化误差	0.5
星历误差	2.1
对流层延迟误差	0.7
多径效应	1.4
垂直定位误差(1σ, VDOP=2.5)	12.8
水平定位误差(1σ, HDOP=2.5)	10.2

在估算定位误差时使用了精度系数 DOP(Dilution of Precision)，DOP 包括三维精度系数 PDOP(Position DOP)、水平精度系数 HDOP(Horizontal DOP)、垂直精度系数 VDOP(Vertical DOP)和时钟精度系数 TDOP(Time DOP)等。PDOP 是由伪距测量误差到三维定位误差的放大系数，该值根据使用的定位卫星在空间位置分布计算。接收机收到的卫星数量对 DOP 值有明显的影响，接收到越多的卫星，越有可能选择具有最小 DOP 值的卫星来定位。

2) 航位推算技术

航位推算技术(Dead Reckoning，DR)定位利用载体航向和里程信息，以相对定位的方式推算载体的当前方位。随着多种定位技术的交叉融合，现代车辆航位推算技术定位技术是传统意义上的航位推算技术(罗盘、里程计定位)和惯性导航(陀螺、加速度传感器定位)的组合，典型方式有惯性陀螺与轮速传感器构成航位推算技术子系统。惯性导航的基本原理是根据牛顿提出的相对惯性空间的力学定律，利用陀螺、加速度传感器等惯性元件测量载体的角速度和加速度，对观测量进行积分，在已知初始方位的基础上推算载体的当前方位。现代陆地车辆都装备有精确的轮速脉冲传感器，利用轮速脉冲测量里程信息比用加速度传感器信号进行两次积分计算里程更加方便和准确，因而现代车载导航系统广泛采用轮速传感器测量行驶里程。

陆地车辆导航一般仅考虑二维平面运动，因此需要使用一个陀螺测量车辆横摆角速度和一个轮速传感器或加速度传感器测量车辆线速度或加速度。航位推算技术定位原理如图 8-3 所示。

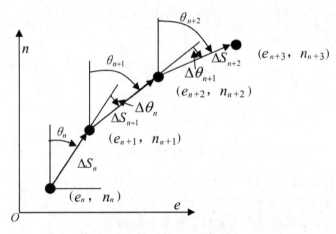

图 8-3　航位推算技术定位原理示意图

已知车辆的初始东向和北向位置(e_n, n_n)，根据车辆实时航向角θ_n和采样周期内行驶里程ΔS_n计算出下一个采样点的位置(e_{n+1}, n_{n+1})。

航位推算技术定位传感器主要包括角速率陀螺、轮速脉冲传感器和加速度传感器等。角速率陀螺分为机械式、气动式、振动式和光学激光陀螺等类型。高精度的陀螺具有低漂移、精度和稳定性高的优点，但昂贵的成本限制了在民用车载导航系统中的应用。低成本、低精度的压电振动陀螺以其优良的性价比大量应用于价格敏感的民用车载导航系统。压电振动陀螺的示意图如图 8-4 所示。

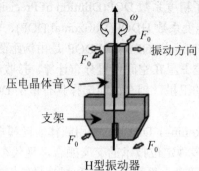

图 8-4 压电振动陀螺示意图

轮速脉冲传感器是车辆的标准部件之一，其中磁感应轮速脉冲传感器具有结构简单、坚固和价格便宜的优点，并且能适应恶劣的工作环境，在车辆里程计和 ABS 中广泛采用。传感器由齿圈和磁感应拾取头构成。齿圈安装在轮轴上，与车轮同步旋转，拾取头由永磁芯和感应线圈构成，当铁磁性材料制成的齿顶经过拾取头时，磁阻减小，磁场增大，而当齿隙经过拾取头时，磁阻增大，磁场减弱，磁场变化在线圈上产生感应电势，经过脉冲整形电路得到方波输出。测量电路对方波进行计数，乘以脉冲标度因子将脉冲数转换为行驶里程。轮速脉冲传感器示意图如图 8-5 所示。

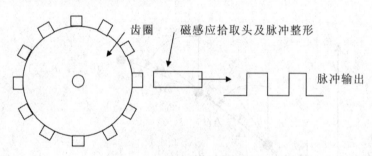

图 8-5 轮速脉冲传感器示意图

加速度传感器测量车辆加速度，积分得到速度和行驶里程，计算定位时初始位置和速度必须已知。加速度传感器应用的一个重要问题是安装未对正和车辆倾斜时引起的误差。前者会引起标度因子误差和一个固定的直流偏置，采取适当的方法可以校正，图 8-6 所示为车辆爬坡时加速度测量示意图。

3) 电子地图和 GIS 技术

电子地图是传统地图与计算机技术、GIS 技术、网络技术相融合的产物，是地理信息的符号化表现，是空

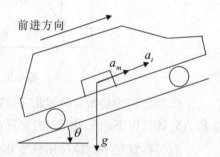

图 8-6 车辆爬坡时加速度测量示意图

间信息与专题信息的结合，是传统测绘产业技术改造的结果，是提供地理信息公共服务的重要渠道。突破了传统纸质地图时间和空间上的局限性，具有更丰富的信息含量和更广阔的应用范围。

地图是一种传输地理信息的工具，依据一定的数学法则，使用专门的符号系统经过取

舍和概括表现客观世界的数量特征和质量特征，及其随时间推移的变化。计算机的问世和数字测图技术的发展为空间数据的获取、表达、存储和利用提供了新的技术手段。从 20 世纪 60 年代开始，计算机地图制图有了飞速发展，突破了传统纸质地图时间和空间上的局限性，地图内容得到了极大丰富。地理信息系统(GIS)是计算机地图制图的延伸和发展。空间可视化技术实现了多尺度、多维、多时态、多信息源的海量数据管理。网络技术，尤其是国际互联网(Internet)、移动通信技术的发展和普及应用为地图服务进入千家万户提供了技术平台。随着 GIS 不断融入主流 IT 技术，"eMap"迅速成为当今地理信息公众服务的热点。

通常所看到的地图是以纸张、布或其他可见真实大小的物体为载体的地图，内容是绘制或印制在这些载体上。而电子地图是存储在计算机的硬盘、软盘、光盘或磁带等介质上的地图。内容是通过数字来表示的，通过专用的计算机软件对这些数字进行显示、读取、检索和分析。电子地图上可以表示的信息量远远大于普通地图，主要包括以下信息。

(1) 地理空间框架信息，是电子地图的定位基础和专题信息集成的载体。包括各种平面和高程控制点、建筑物、道路、水系、境界、地形、植被、地名及相关的属性信息。

(2) 遥感影像信息，传统的线划地图不仅建立周期长、更新慢而且比较抽象，已经从原始信息中筛去了很多环境成分。与符号化的线划地图相比，遥感影像具有真实性、直观性、实时性等优点。将转变传统地图的观念，加快数据更新，丰富表现手段。

电子地图是将传统的纸张地图进行数字化，可以方便地实现地图的检索、管理、放大缩小等一系列功能，为导航提供了最有力的支持。电子地图按照数据存储方式，可以分为栅格电子地图、矢量电子地图等。矢量电子地图是以矢量图形式存储的电子地图，矢量图也叫面向对象绘图，是用数学方式描述的曲线及曲线围成的色块制作的图形，在计算机内部表示成一系列的数值而不是像素点，这些值决定了图形如何在屏幕上显示。因此矢量电子地图最大的优势在于可以自由地改变对象的位置、形状、大小和颜色。同时，由于这种保存图形信息的办法与分辨率无关，因此无论放大或缩小多少，都具有相同的平滑边缘、视觉细节和清晰度。

GIS 即地理信息系统，是一种基于计算机的可以对地理信息进行成图和分析的工具。它是一种特定的十分重要的空间信息系统。它是在计算机硬、软件系统支持下，对整个或部分地球表层(包括大气层)空间中的有关地理分布数据进行采集、储存、管理、运算、分析、显示和描述的技术系统。GIS 技术把地图这种独特的视觉化效果、地理分析功能和一般的数据库操作(例如查询和统计分析等)集成在一起。它主要实现电子地图的数据读取、描绘、检索、漫游、放大和缩小等基本功能。地理信息系统外观上表现为计算机软件系统，其内涵却是由计算机程序和地理数据组织而成的地理空间信息模型，一个逻辑上缩小的、高度信息化的地理系统，从视觉上、计量上和逻辑上对地理信息系统的功能进行模拟，信息的流动及其结果完全由计算机程序的运行和数据的仿真来实现。

4) 车载导航技术(GPS/航位推算/电子地图组合定位)

早期船员们常常通过船只的已知航向和速度，然后利用数学公式来推算出自己船只的当前位置，这种技术称为估计推算法，也称为航位推算法，是一种非常原始的自主式车辆定位系统。该系统定义为从一个已知的坐标位置开始根据运动载体在该点的航向、航速和航行时间推算下一时刻的坐标位置的导航过程。通常来说，航位推算系统是利用罗盘仪、速率仪、里程仪等传感器测量运动车辆的行驶距离、速度和方位，然后通过数学计算来获得当前的位置。它在运行的短时间内精度较高,并且可以实现车辆的自主导航。但是它需要车辆原始位置的注入,而惯性器件的漂移误差将随着时间的推移逐步累积,随着推算时间的延长推算准确性就会降低。

导航系统发展到中期出现了惯性导航系统,它是一种不依赖任何外界信息,不受天然和人为的干扰,完全依靠自身的惯性敏感元器件测量导航系统参数的系统,是一种完全自主式导航系统。但是它和航位推算系统一样,在长时间工作以后会产生不同程度的误差累积,因而需要增加其他的辅助定位才能准确完成任务,但该系统造价比较高,一般不适用于普通的车辆导航系统。

定位是实现导航的基本前提,单一的定位技术由于各自固有的缺陷难以满足车辆自主导航系统的可靠、连续定位的要求。GPS 具有长期的定位精度和短时的定位漂移或丢失的特点,而航位推算技术定位具有完全自治性,能够在短期内提供精度高、动态响应快的定位信息,而长期定位精度由于误差累积而降低,因而两种定位技术的组合能够较好地满足导航系统对定位的要求。GPS 具有绝对定位精度高、全天候、不间断地提供定位信息的优点。由于无线信号从 20000km 的上空发射,到达地面时能量很弱(低于-130dB),无法穿透障碍物,因此遇到高楼、桥梁、隧道甚至树荫的遮挡都会影响到信号的正常接收。在现代城市环境中,道路两旁高楼大厦林立,信号要穿越立交桥和隧道,会造成许多 GPS 盲区。为提供连续的定位信息,需要将 GPS 与其他定位技术相结合。GPS 与航位推算的组合实现优缺点互补,提高了定位系统的精度、可靠性和适应性。GPS 与航位推算组合系统结构如图 8-7 所示。

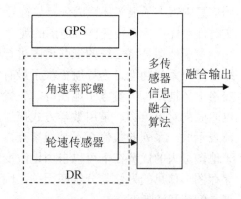

图 8-7 GPS 与航位推算组合系统基本结构

在 GPS/航位推算组合系统中,存在多种方式融合多传感器输出的定位信息。

(1) 简单的模式切换(无耦合)。根据定位传感器的状态,在 GPS 和航位推算技术之间选择其中一个用于定位。当卫星信号丢失或者定位精度较差时,系统切换到航位推算技术定位,在卫星信号恢复后,重新切换到 GPS 定位,并且用 GPS 定位更新航位推算技术的初始值。这种方式缺点是没有充分利用多传感器的冗余信息来提高定位精度和可靠性,优点是算法简单,容易实现。

(2) 紧耦合的融合定位。所有传感器信息集中输入一个滤波器方程,估计系统状态,并用估计的误差校正传感器参数和定位输出。在 GPS 失效时,采用航位推算技术定位。这种方式的典型代表是集中卡尔曼滤波,优点是实现统计最优估计,精度高;缺点是计算量大影响到实时性,系统容错性差,一个传感器故障可能对整个系统产生"污染",容易导致系统发散。

(3) 松耦合的融合定位。用局部滤波方程对 GPS、航位推算技术子系统滤波,由主滤波器融合局部滤波器的输出。这种方式有分散滤波、联合滤波、加权融合、模糊融合等。分散的信息融合技术降低了系统维数,计算量小,便于并行处理,且各子系统的耦合程度降低,单个传感器故障不会对其他子系统滤波方程产生严重影响,可提高系统的容错性。车载导航系统 GPS/航位推算组合系统中多采用松耦合的融合定位。

目前车载导航系统大致有三种方案：GPS/电子地图、GPS/航位推算和 GPS/航位推算/电子地图。GPS/电子地图方案系统结构简单，只需要 GPS 接收机和电子地图就可以构成，因此成本较低，但是系统在 GPS 信号丢失时无法正常工作，使得系统的可靠性降低。GPS/航位推算系统可靠性得到提高，但是车辆无法利用电子地图匹配技术对 GPS 定位信息和航位推算的定位信息做进一步校正和显示，一般不采用这种系统。GPS/航位推算/电子地图系统不但具有较高的可靠性，而且在使用相对较低成本的基础上能够获得较高的定位与导航精度，因此它是车载导航的一种最佳方案。

陆地车辆一般在道路上行驶，然而由于多种误差因素的影响，定位传感器给出的位置信息不在电子地图的交通路网上，地图匹配需要解决的是正确选择当前行驶道路，并把传感器定位投影到行驶道路上，确定车辆在道路上的位置。城市电子地图具有较高的精度，当 GPS 发生较大漂移或航位推算单独定位时，电子地图中的道路位置信息可作为外部观测，估计 GPS/航位推算或航位推算定位误差，并反馈校正，从而改善系统定位精度。车载导航系统的基本功能是确定车辆的当前方位并显示在电子地图上。陆地车辆一般行驶在道路交通网上，由于传感器输出的定位信息和电子地图存在一定的误差，定位点不在电子地图道路上，需要由地图匹配实现传感器定位向车辆所在道路位置的映射。地图匹配的原理如图 8-8 所示，实线所示为电子地图上的道路，实心点为 GPS/航位推算提供的定位，车辆当前真实状态为沿路

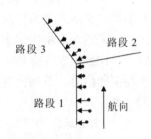

图 8-8　地图匹配原理示意图

段 1 行驶，在交叉路口向左拐，进入路段 3。地图匹配的任务是正确选择路段 1 或 3 作为当前行驶道路，并将 GPS/航位推算的定位轨迹投影到匹配路段上。

完整的地图匹配算法由三个过程构成。

(1) 确定误差区域范围，搜索候选路段；

(2) 选择正确路段，计算车辆在道路上的位置；

(3) 估计定位传感器误差，修正传感器定位输出。

误差区域是指车辆真实位置可能所在的区域，由电子地图误差和定位传感器误差决定。在误差区域范围内搜索候选路段，根据设计的道路匹配原则从中选择当前行驶路段，并将定位传感器输出的位置投影到行驶路段上以确定车辆在电子地图上的位置。当电子地图具有足够高的精度时，以电子地图上的定位为观测量，估计并修正定位传感器的误差。

二、车载导航系统的工作原理和组成

1. 车载导航系统的工作原理

GPS 车载导航系统是安装在车辆上为驾驶者提供导航和引导服务的汽车电子设备。根据采用的硬件平台不同，GPS 车载导航系统可以分为 DVD 车载导航仪和基于手机等移动设备的便携式车载导航仪。随着汽车电子技术的发展，可以将导航功能和娱乐功能组合在一个平台上，比如将 DVD 播放机、FM/AM 收音机、车载导航、车载蓝牙电话等功能组合在一起。

GPS 车载导航系统一般采用 GPS/航位推算(车速传感器+电子陀螺仪)/电子地图组合方

式实现定位,通过触摸显示屏或者遥控器进行交互操作,能够实现实时定位、目的地检索、路线规划、画面和语音引导等功能,帮助驾驶者准确、快捷抵达目的地。GPS 车载导航系统组成如图 8-9 所示。导航计算机硬件、操作系统和底层驱动软件构成导航系统平台,导航软件在平台上运行。用户通过人机接口与导航软件实现交互式操作,如移动地图、放大和缩小地图显示、输入目的地、查询兴趣点、进行设置等。导航软件分为地理信息查询、路径规划、路径引导和地图匹配定位等四个模块。地理信息查询向用户提供分类的兴趣点查询,如附近的旅游设施、餐饮设施、文化教育设施和加油站、维修服务点等常用信息。路径规划是根据用户确定的约束条件(如最短路径、最短时间、费用最少路径等)选择从起始点到目的地的航点。路径引导通常采用语音、图形、图像的方式对驾驶员的操作进行提示,如路口转弯提示、交通规则提示等。地图匹配由于其输入信息的特殊性,通常作为导航软件的一个基本功能模块用于辅助定位,确定车辆当前行驶的道路以及在道路上的位置。GIS 数据库提供道路交通信息以及详细的分层地理信息,为使数据库能够即时反映各种变动,需要定期地对数据库进行升级更新。定位传感器及信息融合模块将多个传感器的信息进行融合,向导航软件提供定位信息。通信模块实现导航系统与信息中心的信息交换,如实时道路交通信息、车辆位置信息以及地图的更新下载,通信模块是智能交通系统中不可缺少的一部分。

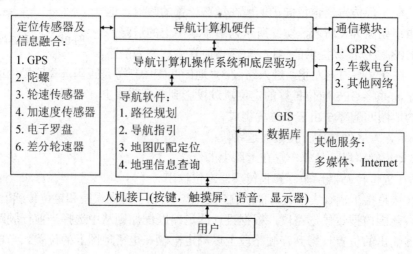

图 8-9 GPS 车载导航系统组成

2. 车载导航系统的组成

1) 导航计算机硬件

导航计算机硬件包括车载主机、显示器、定位子系统和其他控制模块。车载主机是整个 GPS 车载导航系统的心脏,它采用汽车工业标准的芯片开发而成,具有功耗低、运行可靠、抗恶劣环境等特点。随着科技的发展,车载主机的主频一般已经达到 300MHz 以上,而功耗却仅有几瓦,可以在±40℃内连续工作,完全满足汽车工业的要求。

车载主机由若干个电子控制单元(Electric Control Unit-ECU)构成,它们可以独立完成特定的功能,并与其他单元模块协同工作。这些模块中最重要的是由 GPS 接收机、航位推算微处理器、车速传感器、陀螺传感器构成的定位模块。在运行状态下,按照 GPS 接收机的接收频次，以当前位置、角度和车速计算下一个点的位置，然后将该点与 GPS 接收机的接收位置进行比较，如果误差大于一定的数值，则以 GPS 接收机位置为准进行修正实现定位。这种 GPS 和航位推算系统组合构成的定位导航模块既可以很好地解决短时间内丢失 GPS 卫星信号的问题，又可以避免航位推算系统的误差随时间积累，在隧道或地下停车场内也可以连续输出位置坐标，不会出现定位盲区。目前普通民用 GPS 惯性设备已经可以达到 1000m 无 GPS 信号的情况下 3°的航向精度和 10m 的距离精度。

车载导航系统的显示器种类有 1DIN、2DIN、吸入式等，尺寸有 3.5 英寸、5 英寸、6.5 英寸、7 英寸等。显示器既是显示窗口又是交互界面，在车载导航产品中触摸屏式显示器占有相当大的比例。

车载主机在设计时一般采用基于 ARM(Advanced RISC Machine)的嵌入式硬件平台，近些年来，随着计算机技术、微电子技术的快速发展，在 8/16 位微控制器成熟技术的基础上，为适应一些对性能、存储要求更高的场合，开发了 32 位微处理器。而 ARM 微处理器正是其中的佼佼者，由于在 32 位嵌入式 RISC 领域内有着广泛的影响，它已成为 32 位微处理器领域中的首选。ARM 系列微处理器具有较高的性能，主要表现在其体系结构是基于 RISC 流水线架构，它的指令系统和相关译码机制比那些采用复杂指令系统的计算机(CISC)简单得多。鉴于嵌入式系统专用性强、可靠性高、软硬件可裁减、成本低等特点，导航系统在设计时采用了基于 ARM 的嵌入式硬件平台。ARM 微处理器在 32 位嵌入式 RISC 领域内有着广泛的影响，它已成为 32 位微处理器领域中的首选。ARM 系列微处理器具有较高的性能，它的指令系统和相关译码机制比那些采用复杂指令系统的计算机(CISC)简单得多。这种简化主要有三个优点：提高指令的吞吐率；具有有效的实时中断响应；具有体积小、性价比高的处理器宏单元。支持 Windows CE、Linux、Palm OS 等多种主流嵌入式操作系统。

车载导航系统硬件平台示意图如图 8-10 所示。车载导航系统硬件平台包括处理器、定位系统、存储设备、显示系统、通信模块等。示意图中处理器采用 ARM 芯片 S3C2410A，S3C2410A 是韩国 Samsung 公司的一款基于 ARM920T 内核的 32 位 RISC 嵌入式微处理器，主要面向手持式设备以及高性价比、低功耗的应用。S3C2410A 集成了丰富的内部控制器和外部接口，为导航系统硬件平台设计带来了极大的便利。S3C2410A 集成了一个 LCD 控制器(支持 STN 和 TFT 带有触摸屏的液晶显示屏)、SDRAM 控制器、3 个通道的 UABT、4 个通道的 DMA、4 个具有 PWM 功能的计时器和一个内部时钟。S3C2410A 还有很多大量的外部接口，例如触摸屏接口、IIC 总线接口、两个 USB 主机接口、一个 USB 设备接口、两个 SPI 接口、SD 卡接口等，几乎具备了一台 PC 机所有的外围接口。因而系统设计时只需要扩展存储资源，增加接口电路、功能模块和电源。显示系统采用夏普 TFT 显示屏，在 640×480 分辨率下可提供 16 位彩色显示。S3C2410A 通过本身集成的 LCD 控制器连接 TFT 显示屏。

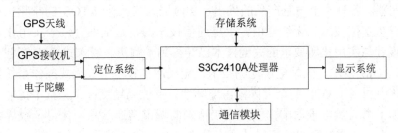

图 8-10　车载导航系统硬件平台示意图

车载导航系统硬件平台存储设备包括 SDRAM、Nand Flash 和 SD 卡，嵌入式操作系统内核和导航软件固化在 Nand Flash 中，由启动程序将操作系统从 Nand Flash 加载到 SDRAM 中运行，嵌入式操作系统和导航软件运行时的临时数据保存在 SDRAM 中，SD 卡主要用于存放电子地图。定位系统由 GPS 芯片(带航位推算功能)、车速传感器、电子陀螺构成。通信模块由 USB、GPRS 组成，USB 是电脑主机和车载导航系统进行通信的有效手段，可以用于更新嵌入式操作系统内核、调试应用程序和更新地图信息等功能，同时支持 U 盘和鼠标操作。GPRS 可以用于无线通信。电源管理在车载导航系统中占有重要地位，直接影响到整个车载导航系统的稳定性和可靠性。车载导航系统的电源来源于车载，车载 12V 电源不能直接给处理器和各个功能模块供电，电源管理需要为不同的功能模块提供不同电压。

2）系统软件

系统软件包括操作系统和设备驱动两部分。由于操作环境的特殊要求，操作系统一般采用嵌入式实时操作系统(RTOS)，这种操作系统与硬件结合紧密，具有结构紧凑、体积微小、实时性强和高度伸缩性等优点。它们按照嵌入式目标系统的要求而设计，由一个体积小而紧凑的内核和一些可以根据需要进行裁减组合的功能模块组成，整个系统所占用的空间可能不会超过 10M。由于采用标准化工业设计，产品的性能很稳定。驱动程序用于驱动车载导航系统的其他硬件设备和车内的其他电子设备。

所谓嵌入式系统就是以应用为中心，以计算机技术为基础，适用于系统对功能、可靠性、成本、体积、功耗严格要求的专用计算机系统，主要由硬件和软件两大部分组成。硬件部分包括微处理器、存储器及外设器件和 I/O 端口、图形控制器等；软件部分大致包括操作系统软件(一般要求实时和多任务操作)和应用程序编程软件。在系统设计的时候，设计人员有时会把这两种软件组合在一起。目前，嵌入式系统的应用领域非常广泛，已经成为当今时代热门技术之一，它的应用涉及移动计算平台、家庭信息环境(数字电视)、通信计算平台(媒体手机)、车载计算平台(导航仪)、智能商业设备(POS/ATM 机)、电子商务平台(智能卡)和信息家电等。

嵌入式操作系统及其应用软件的共同特点如下。

(1) 软件要求固化存储在存储器芯片或单片机本身中，而不是存储于磁盘等载体中，近年随着 FLASH 技术广泛应用和 SD 卡的普及，嵌入式系统也越来越多地与这些存储设备关联在一起；

(2) 软件代码要求高质量、高可靠性来保证嵌入式设备的正常运转；

(3) 系统软件的高实时性和多任务操作要求。

信息技术日新月异的发展，使嵌入式导航系统研制和应用需要的各种设备和相关技术日渐成熟和完善。各种掌上电脑产品的推出，实时嵌入式操作 RTOS 的频频出现，微型嵌入式技术、卫星定位技术、无线通信、卫星通信技术的日趋成熟并进入实用化阶段，使嵌入式 GIS 的设计与实用化所要求的关键技术已经得到了解决。嵌入式 GPS 车载导航系统是将 GPS 技术、GIS 技术、矢量电子地图技术、无线通信技术与嵌入式操作系统结合起来。在该导航系统中利用了 GPS 的全天候覆盖连续性、定位高精度性、强抗干扰能力、高保密性等优点，加上由矢量电子地图提供的比较精确的城市交通信息，使得车载导航系统具有成本低、体积小、可靠性高等特点，从而充分满足了车载导航环境的要求。

项目八 车载导航系统

随着微处理器的产生，价格低廉、结构小巧的 CPU 和外设连接提供了稳定可靠的硬件架构。从 20 世纪 80 年代开始，市场上陆续出现了一些针对嵌入式的实时操作系统，比较著名的有 UC/OS、VxWork、Palm OS、Linux 和 Windows CE 等。这些操作系统都有各自的特点和应用领域。

当前车载导航系统采用的嵌入式操作系统大部分选择使用 Windows CE，Windows CE 的界面如图 8-11 所示。Windows CE 的主要特点如下。

(1) 兼容 Windows 操作系统，支持绝大部分常用的 32 位 API 函数。

(2) 提供更加广泛的硬件支持，包括通信接口、显示和打印设备、输入输出设备、音频设备、网络和存储设备。

图 8-11 Windows CE 的界面

(3) 相当灵活的可配置性，可根据产品功能对 Windows CE 的各组件进行裁减定制，满足不同的功能需求。

由于上述优点加上丰富的开发资源，便于今后的功能扩展，Windows CE 广泛应用于车载导航系统的操作系统。

3) 导航应用软件和导航电子地图系统

导航应用软件是专门针对车载导航应用需求开发的软件系统，运行在车载主机中。嵌入式车载导航系统主要功能由系统应用软件实现，主要包括 GPS 定位数据获得、电子地图数据读取、电子地图基本操作实现、地图检索，路径寻优和轨迹回放，以及用户交互界面等功能的实现。如丰田皇冠轿车上的车载导航系统功能：地图连续无极缩放，跨区域无缝漫游，保持行进方向的地图显示模式；提供多种输入和查询方式帮助用户查找目的地或搜索周边范围内的停车场、加油站、银行、ATM 取款机等各种 POI(Point Of Interesting)点；按距离优先、时间优先、高速优先等 5 种算法规划出不同路线引导到目的地，即使错过转弯路口也能及时智能调整路线；还提供"一键回家"、目的地履历、地址簿、白天/夜景模式、安全锁定等很多人性化功能。导航应用软件具有界面友好、响应速度快、运行稳健、操作便捷的特点，适合行车环境使用。有些高端导航产品将音响、空调、多媒体等其他电器设备的控制功能集成到导航软件中，使导航系统成为汽车的信息控制中心。

导航电子地图是整个系统的数据基础也是 GPS 车载导航系统的灵魂。它按照特定的数据模型将基础地理信息、道路交通信息、POI 信息、自动引导信息等多源信息有机集成在一起，通过导航软件展现给驾驶者。用户对导航产品的满意程度主要取决于导航电子地图中信息的丰富程度和准确率，因此高端导航电子地图产品包含大量的 POI 信息和引导信息，以帮助驾驶者轻松找到目的地，并在行进过程中给予直观、精确的提示。在车载导航发展最早、技术最先进的日本，导航电子地图中仅 POI 就高达 1200 万条，用户几乎可以找到任意想去的地方，发达的都市或商业区甚至制作了 3D 数据。正因为如此，导航电子地图的数据量一般很庞大。

为了实现周到的服务、精确的引导，并获得满意的响应速度，导航电子地图采取了独特的数据标准和存储格式，目前主要的两个行业标准是 GDF 建模标准和 Kiwi 存储标准。GDF 是建立导航电子地图数据库的参考模型和实现不同厂家间信息交换的标准。它于 1984 年开始制定，1995 年 10 月完成了临时文本，1996 年 CEN/ TC278 全体会议通过将 GDF v3.0

239

作为欧洲的试用标准(ENV)，2003年12月9日GDF被ISOTC204确定为国际标准。我国也将其等同采用作为我国的行业标准。Kiwi格式是日本Kiwi协会制定的专门针对车载导航应用的PSF(Physical Storage Format)，旨在提供一种通用的电子地图数据物理存储格式，以满足嵌入式应用系统精确、高效的要求。该格式作为一种数据物理存储格式已提交给ISO/TC204/WG3，并成为国际标准强有力的竞争者。Kiwi存储格式在日系、韩系导航系统广泛采用，它能有效减少系统运行所需内存，提高系统的运行效率。

由于现代城市发展快，新的道路和建筑层出不穷，导航电子地图也要紧跟升级。车载导航系统地图升级的一般步骤如下。

(1) 查看车载导航系统的型号和参数，主要包括屏幕的分辨率、操作系统的版本、提供导航电子地图的厂家(主要有凯立德、高德、道道通、城际通等)。

(2) 把原有车载导航系统SD卡里原先的资料全部做好备份(万一出现问题可以把这些备份资料还原回去)。

(3) 从提供导航电子地图的厂家的网站下载新地图的主程序、地图数据等，在电脑里整理和修改好。

(4) 格式化SD卡，将新地图的主程序、地图数据等复制到SD卡中。

(5) 将车载导航系统关机，插上SD卡，然后重启车载导航系统。

(6) 测试新的电子地图是否正常工作。

三、车载导航系统发展趋势

在我国，汽车正逐渐进入家庭，汽车消费在国民经济中占有举足轻重的地位。作为汽车电子产品的GPS车载导航系统，虽然仍处于市场培育阶段，整体规模较小，但它巨大的市场潜力和不可估量的发展前景已经让各导航系统开发商和汽车制造商看到了商机，纷纷将导航系统作为增加汽车附加值和市场竞争力的有力武器。我国车载导航市场呈现出三大特点：①市场逐步形成，产品陆续上市；②运用高新科技，功能不断增强；③围绕导航功能，在信息服务上做文章。我国车载导航技术也正在逐步接近和达到国际先进水平，车载导航系统进入普通人的生活，成为人们出行助手的构想已经逐步成为现实。未来我国车载导航技术的发展趋势可以归纳为如下几点。

1. 信息终端融合化

汽车导航技术与汽车电子技术的高度融合将是未来技术发展的主要趋势。高端车载导航系统将成为集导航、娱乐、通信与信息服务功能于一体的综合信息终端，可以提供动态交通信息、行驶状况信息、通信服务综合信息，DVD/VCD/CD/MP3播放、移动电视、可视化倒车雷达、车载电话、互联网、车辆信息显示、车身故障诊断以及车载办公功能等，满足人们全方位的信息需求，如图8-12所示为车载综合信息终端界面。车载导航终端的类型将呈现多样化趋势：DVD导航系统和手机导航都将占据一定的市场份额。DVD导航终端对于偏重娱乐功能的汽车用户来说具有一定的吸引力，在市场上有较大的发展潜力，手机导航系统将以用户群体庞大、携带方便、价格便宜、安装简单的优势吸引大批用户，特别是带有导航功能的智能手机有可能成为一种很有潜力的导航终端。

项目八 车载导航系统

图 8-12　车载综合信息终端界面

2. 交通信息实时化和电子地图数据更新网络化

支持实时交通信息的智能导航将成为未来的技术亮点。支持实时交通信息的智能导航系统可以接收经过"道路交通信息中心"编辑、处理后的实时道路交通信息，如交通堵塞、交通限制等信息，通过导航计算模块的处理后以文字、语音、图像和地图等形式呈现给驾车者。在导航应用技术发达的日本和欧洲，已由政府支持建立了收集和发布实时交通信息的机构和系统(日本的 VICS 和欧洲的 TMC)，VICS 和 TMC 利用先进的通信技术实现了各种信息的流通与发布，帮助解决交通事故、道路拥堵、环境等道路交通相关问题，为人们驾车出行提供了极大的便利。实时交通信息在车载导航系统中的应用也极大地推动了车载导航产业的发展。在日本，VICS 的推广与应用极大地刺激了车载导航产品的消费，VICS 车载设备的市场规模已直逼 1000 万台。在欧洲和美国，装备了 TMC 功能的导航系统也占有很高的比例。

导航电子地图是导航系统不可或缺的组成部分，目前数据的存储形式主要为 SD 卡存储。SD 卡可以支持数据更新，但是必须具备两个条件：一是要建立网络化的地理空间信息分发服务平台，二是要有方便快捷的获取设备和手段。为方便广大用户检索和提取所需的导航地理数据，网络化地理空间信息分发服务系统一般要具备四方面的功能：一是向用户提供地理空间信息的元数据信息，让用户方便地知道是否有他想要的数据；二是对地理空间信息进行网络浏览和确认；三是允许用户根据规定或授权直接下载地理空间信息；四是提供开放式访问接口。这实际上是通过网络把用户和数据提供者联系在一起，形成一个网络化的空间数据"超市"，用户可以方便地浏览数据、下载数据、开发专题应用，在网络上进行实时更新。

3. 信息服务平台化

通过先进的通信技术人们可以方便地获取网络上的各种信息资源和服务内容。在车载导航系统中，与通信技术紧密结合的通信导航和综合信息服务平台也将成为应用的热点。通信导航的实现原理是将车载导航终端设计为客户机，客户机通过 GPRS/CDMA 或者卫星通道与信息服务中心连接，向信息服务中心发送各种请求；服务中心平台负责存储大量信息资料和实时信息，处理来自客户机的各种请求，进行复杂的处理和计算，然后将结果通过无线通道发送回客户机。

目前通信导航应用的典型案例就是美国通用汽车公司开发的车载通信信息网络服务平台安吉星，英文名为 On Star。On Star 系统将通过应用全球卫星定位系统(GPS)和无线通信技术来为中国的消费者提供广泛的汽车安全信息服务，包括碰撞自动求助、路边救援协助、车况检测报告、全音控免提电话、远程车门应急开启、被盗车辆定位、实时按需检测和全程音控领航(Turn-By-Turn Navigation)等十多项服务。

虽然目前通信导航的主要技术障碍仍是较低的无线通信速率，但我国拥有世界上最大的手机用户群，移动通信技术的发展和通信基础设施的建设非常快，通讯速率的提高将使更多的业务成为可能，与无线通信技术和Internet服务平台相结合的通信导航方式也将得到迅猛发展，成为车载导航市场上的主流趋势。

项 目 小 结

GPS采用高轨无线电测距，系统由空间部分、地面控制部分和用户接收机三部分构成；GPS优点是全球、全天候、不间断的覆盖，定位和授时精度高和定位速度快。

航位推算技术(Dead Reckoning，DR)定位利用载体航向和里程信息，以相对定位的方式推算载体的当前方位；电子地图是传统地图与计算机技术、GIS技术、网络技术相融合的产物，是地理信息的符号化表现，是空间信息与专题信息的结合，是传统测绘产业技术改造的结果，是提供地理信息公共服务的重要渠道。

车载导航系统的发展趋势是信息终端融合化、交通信息实时化、电子地图数据更新网络化和信息服务平台化。

复 习 思 考 题

一、填空题

1. 车载导航系统主要采用_____、_____、_____组合定位方案，单一的定位技术由于各自固有的缺陷难以满足车辆自主导航系统的可靠、连续定位的要求。
2. GPS接收机需要接收_____颗卫星才能实现三维定位。
3. 航位推算技术定位传感器主要包括_____、_____、_____。
4. _____、_____、_____构成车载导航系统。
5. 车载导航系统硬件平台包括_____、_____、_____、_____、_____。
6. 当前车载导航系统采用的嵌入式操作系统大部分选择使用_____。

二、简答题

1. GPS定位技术的工作原理？
2. 航位推算技术的工作原理？
3. 电子地图技术有哪些优点？
4. 简述GPS车载导航系统的组成和工作原理。

三、论述题

1. 为什么车载导航系统采用GPS/航位推算/电子地图组合定位。
2. GPS定位的优点和缺点有哪些？

3. 为什么要更新车载导航系统的电子地图数据？
4. 车载导航系统的发展趋势有哪些？

四、实训题

围绕车载导航系统相关理论知识，结合实验室相关的车型制定一份详细的车载导航系统发展情况和车载导航系统工作原理报告。报告考核要求如下。

(1) 车载导航系统产品介绍；
(2) 车载导航系统工作原理；
(3) 字数不低于 2000。

项目九　汽车安全装置

【知识要求】

- 了解安全带的分类和作用。
- 了解安全气囊的工作原理和组成。
- 掌握倒车雷达的工作原理和选择方法。
- 掌握汽车防盗装置的种类。
- 了解其他汽车安全装置的作用。

【能力要求】

- 能够正确进行倒车雷达的安装和维护。
- 能够正确进行倒车影像的安装和维护。
- 能够进行汽车防盗装置的安装和正确使用。

一、安全带与安全气囊

1. 安全带

安全带是所有的汽车安全装置中最基本的一个。安全带作为汽车发生碰撞过程中保护驾乘人员的基本防护装置,属于被动安全装置。

1) 安全带的历史

早在1885年,安全带出现并使用在马车上,目的是防止乘客从马车上摔下去。1902年5月20日在纽约举行的一场汽车竞赛场上,一名赛车手为防止在高速中被甩出赛车,用几根皮带将自己和同伴拴在座位上。竞赛时,他们驾驶的汽车因意外冲入观众群,造成两人丧生,数十人受伤,而这几名赛车手却由于皮带的缘故死里逃生。这几根皮带也就成为汽车安全带的雏形,在汽车上首次使用便挽救了使用者的生命。

1922年,赛车场上的跑车开始使用安全带;1955年,美国福特汽车装上了安全带;1968年,美国规定轿车面向前方的座位均要安装安全带。欧洲和日本等发达国家都相继制定了汽车乘员必须要佩戴安全带的规定。我国公安部于1992年11月15日颁布了通告,规定从1993年7月1日起,所有小客车(包括轿车、吉普车、面包车和微型车)驾驶人和前排座乘车人必须使用安全带。《道路交通安全法》第五十一条规定:机动车行驶时,驾驶人、乘坐人员应当按规定使用安全带,摩托车驾驶人及乘坐人员应当按规定戴安全头盔。

安全带上有预紧器、力道限制器等。在撞击的时候,预紧器可以把安全带拉紧,防止由于松懈而带来会造成身体伤害的位移。撞击结束后,力道限制器可以使安全带略微松弛以减轻对车内乘员的压力。

2) 安全带的分类

按固定方式不同,安全带可分为两点式、三点式、五点式3种。

(1) 两点式安全带。

两点式安全带是与车体或座椅仅有两个固定点的安全带,如图9-1所示。这种安全带又可分为腰带式和肩带式两种。腰带式是应用最广的形式,它不能保护人体上身的安全,但能有效地防止乘客被抛出车外。肩带式也称斜挂式,盛行于欧洲,但美、日、澳等国并不采用。两点式安全带的软带从腰的两侧挂到腹部,形似腰带,在碰撞事故中可以防止乘员身体前移或从车内甩出,优点是使用方便,容易解脱。缺点是乘员上身容易前倾,前座乘员头部会撞到仪表板或挡风玻璃上。这种安全带主要用在轿车后排中间座位和大巴车座位上。

(2) 三点式安全带。

三点式安全带是在两点式安全带的基础上增加了肩带,在靠近肩膀部位的车体上有一个固定点,可同时防止乘员躯体前移和上半身前倾,增强了乘员的安全性,是目前使用最普遍的一种安全带。如图9-2所示,它由腰带式和肩带式组合而成。

三点式安全带可束住乘客的胸腔和大腿前部,在微型轿车中可以将对前座乘客的严重伤害减少44%(与不系安全带的乘客相比),更重要的是,前座乘客使用三点式安全带而不是两点式安全带,对乘客腹部和头部的伤害将分别可以减少52%和47%。

项目九 汽车安全装置

图 9-1 两点式安全带

图 9-2 三点式安全带

(3) 五点式安全带。

五点式安全带与客机上飞行员和空乘人员使用的安全带一样，主要用于赛车和儿童安全座椅，如图 9-3 所示。这种安全带有一条带穿过双腿，两肩各有一带，束缚得比较全面，保护得更加到位、周全。

五点式安全带已经在赛车上使用了很多年，现在有一些客车制作厂商如沃尔沃，正尝试将其应用到微型轿车上。设计的出发点是在汽车发生滚翻时，五点式安全带可以将撞击力更均匀地分散掉，同时还可以将乘客牢牢地固定在座椅上。

按种类可分为预紧式和膨胀式两种。

(1) 预紧式安全带。

预紧式安全带(pretensioner seat belt)也称预缩式安全带，如图 9-4 所示。这种安全带的特点是当汽车发生碰撞事故的一瞬间，乘员尚未向前移动时它会首先拉紧织带，立即将乘员紧紧地绑在座椅上，然后锁止织带防止乘员身体前倾，有效保护乘员的安全。预紧式安全带中起主要作用的卷收器与普通安全带不同，除了普通卷收器的收放织带功能外，还具有当车速发生急剧变化时，能够在 0.1 s 左右加强对乘员的约束力，因此它还有控制装置和预拉紧装置。

图 9-3 五点式安全带

图 9-4 预紧式安全带

预紧式安全带按控制装置又可分为两种：一种是电子式控制装置，由电子控制单元(ECU)检测到汽车加速度的不正常变化，经过电脑处理将信号发至卷收器的控制装置，激发预拉紧装置工作，这种预紧式安全带通常与辅助安全气囊组合使用。另一种是机械式控制装置，由传感器检测到汽车加速度的不正常变化，控制装置激发预拉紧装置工作，这种预紧式安全带可以单独使用。

预拉紧装置则有多种形式，常见的预拉紧装置是一种爆燃式的，由气体引发剂、气体发生剂、导管、活塞、绳索和驱动轮组成。当汽车受到碰撞时预拉紧装置受到激发，密封导管内底部的气体引发剂立即自燃，引爆同一密封导管内的气体发生剂，气体发生剂立即产生大量气体膨胀，迫使活塞向上移动拉动绳索，绳索带动驱动轮，旋转驱动轮使卷收器卷筒转动，织带被卷在卷筒上，使织带被回拉。最后，卷收器会紧急锁止织带，固定乘员身体，防止身体前倾，避免与方向盘、仪表板和玻璃窗相碰撞。

(2) 膨胀式安全带。

通常车辆发生撞击意外时，安全带将会产生紧束动作，将驾乘人员紧紧固定于座椅上不过当碰撞力过大时，也往往发生乘员被勒伤的情形，为避免此类情况发生，且将乘员的伤害在碰撞意外时降到最低，研发部门决定将安全带与安全气囊结合。在原先设计好的安全带中，预留一个空气袋，并装以类似安全气囊的感知装置，在安全带产生紧束动作时，此气囊也会同时充气，产生弹性的空间，让安全带紧束时对乘员的伤害不再如此剧烈，如图 9-5 所示。

图 9-5　膨胀式安全带

工程师将这种新型安全带首先运用在后座，并希望此设计能有效减少乘客头部、脖子与肩部的二次伤害。且由于气囊的大面积保护，更能让乘客躯干部位的伤害再度降低，因安全带紧束而挤压内脏的情况，希望可以通过这项创新来改善。

2. 安全气囊

安全气囊一般安装在车内前方(正副驾驶位)、侧方(车内前排和后排)和车顶三个方向。在装有安全气囊系统的容器外部都印有 Supplemental Inflatable Restraint System(简称 SRS)的字样，中文为"辅助可充气约束系统"。旨在减轻汽车碰撞后乘员因惯性发生二次碰撞时的伤害程度。

1) 安全气囊的工作原理

安全气囊主要是为了防止汽车碰撞时车内乘员和车内部件间发生碰撞而造成的伤害，它通常是作为安全带的辅助安全装置出现，二者共同作用。安全气囊的保护原理是：当汽车遭受一定碰撞力量以后，气囊系统就会引发某种类似微量炸药爆炸的化学反应，隐藏在车内的安全气囊就在瞬间充气弹出，在乘员的身体与车内零部件碰撞之前能及时到位，在人体接触到安全气囊时，安全气囊通过气囊表面的气孔开始排气，从而起到铺垫作用，减轻身体所受冲击力，最终达到减轻乘员伤害的效果。

为了保证安全气囊在适当的时候打开，汽车生产厂家都规定了气囊的起爆条件，只有满足了这些条件，气囊才会爆炸。比如在一些交通事故中车内乘员碰得头破血流，甚至出现生命危险，车辆接近报废，但因达不到安全气囊起爆的条件，气囊还是不会打开。

安全气囊打开需要合适的速度和碰撞角度。从理论上讲，只有车辆的正前方左右大约 60° 之间位置撞击在固定的物体上且速度高于 30 km/h 时安全气囊才可能打开。这里所说的速度不是通常意义上所理解的车速，而是在试验室中车辆相对刚性固定障碍物碰撞的速度，实际碰撞中汽车的速度要等效于这个试验速度气囊才能打开。

汽车发生碰撞时的主要受力部位是乘员舱骨架和车身纵梁，为了缓冲碰撞时的冲击力，车身前部大都设计有碰撞缓冲区，而且车身的刚度公布也是不均匀的。在一些事故中，例如当轿车与没有后部防护装置的卡车发生钻入性追尾事故或轿车碰撞护栏后发生翻车事故，或发生车身侧面碰撞等，这样的事故往往没有车身前部的直接撞击，主要是车身上部和侧面发生碰撞，碰撞车身部位的刚度很小，虽然车舱发生了很大的变形，造成了车内乘员受伤或死亡，但是由于碰撞部位不在车辆前方，有时候气囊并不能打开。

2) 安全气囊的组成

常用的汽车安全气囊系统由碰撞传感器、电子控制单元(ECU)、气体发生器及气囊等组成，下面逐一为大家介绍这几个主要组成部分。

(1) 安全气囊传感器。

安全气囊传感器一般也称碰撞传感器，如图9-6所示。按照用途的不同，碰撞传感器分为触发碰撞传感器和防护碰撞传感器。触发碰撞传感器也称为碰撞强度传感器，用于检测碰撞时的加速度变化，并将碰撞信号传给气囊电脑，作为气囊电脑的触发信号；防护碰撞传感器也称为安全碰撞传感器，它与触发碰撞传感器串联，用于防止气囊误爆。

按照结构的不同，碰撞传感器还可分为机电式碰撞传感器、电子式碰撞传感器以及机械式碰撞传感器。防护碰撞传感器一般采用电子式结构，触发碰撞传感器一般采用机电结合式结构或机械式结构。机电结合式碰撞传感器是利用机械的运动(滚动或转动)来控制电气触点动作，再由触点断开和闭合来控制气囊电路的接通和切断，常见的有滚球式和偏心锤式碰撞传感器。电子式碰撞传感器没有电气触点，目前常用的有电阻应变式和压电效应式两种。机械式碰撞传感器常见的有水银开关式，它是利用水银导电的特性来控制气囊电路的接通和切断。

(2) 控制模块。

早期的汽车一般设有多个触发碰撞传感器，安装位置一般在车身的前部和中部，例如车身两侧的翼子板内侧、前照灯支架下面以及发动机散热器支架两侧等部位。随着碰撞传感器制造技术的发展，有些汽车将触发碰撞传感器安装在气囊系统ECU内，如图9-7所示。防护碰撞传感器一般都与气囊系统ECU组装在一起，多数安装在驾驶舱内中央控制台下面。ECU是气囊系统的核心部件，大多安装在驾驶舱内中央控制台下面。

图9-6 气囊碰撞传感器

图9-7 气囊控制模块

汽车行驶过程中，传感器系统不断向控制装置发送速度变化(或加速度)信息，由气囊控制模块对这些信息加以分析判断，如果所测的加速度、速度变化量或其他指标超过预定值(即真正发生了碰撞)，气囊控制模块向气体发生器发出点火命令。

(3) 气体发生器。

气体发生器主要用来在较短的时间内(30ms 左右)产生大量的气体充满气囊，产生的气体必须对人体无害，且不能温度太高，同时要求气体发生器有很高的可靠性和稳定性。目前气体发生器主要有压缩气体式、烟火式和混合式三种。混合式气体发生器是压缩气体式和烟火式相结合的发生器,也是目前广泛应用一种气体发生器,如图9-8所示。

气体发生器内存储有氮化钠或硝酸铵等物质。当汽车在高速行驶中受到猛烈撞击时,这些物质会迅速发生分解反应,产生大量气体(无毒无味的氮气占70%以上),充满气囊。而较新型的安全气囊加入了可分级充气或释放压力的装置,以防止一次突然爆炸产生的巨大压力对人体产生的伤害。分级点爆装置,即气体发生器分两级点爆,第一级产生约40%的气体容积,远低于最大压力,对人头部移动产生缓冲作用,第二级点爆剩余气体,并且达到最大压力。而分级释放压力方式就是在气囊袋上开有泄压孔或可调节压力的孔,一开始压力达到设定极限,便能瞬时释放压力,以避免对乘客造成过大伤害。

(4) 气囊。

气囊一般由防裂性能好的聚酰胺织物制成,它是一种半硬的高分子材料,能承受较大的压力;经过硫化处理后可减少气囊充气膨胀时的冲击力。为使气体密封,气囊里面涂有涂层材料。气囊的大小、形状、漏气性能是确定安全气囊保护效果的重要因素,必须根据不同汽车的实际情况来确定。气囊静止时被折叠成包,如图9-9所示,安放在气体发生器上部和气囊饰盖之间,气囊饰盖表面模压有浅印,以便气囊充气爆开时撕裂饰盖,并减小冲出饰盖的阻力。气囊背面或顶部设置有排气孔,当驾驶员压在气囊上时,气囊受压后便从排气孔排气。

图9-8　气体发生器

图9-9　气囊

此外,气囊系统还有备用电源,备用电源电路由电源控制电路和若干电容器组成。当汽车发生碰撞导致蓄电池和发电机与气囊系统断开时,备用电源在一定时间内(一般为6 s)可以维持气囊系统供电。

为了保证转向盘具有足够的转动角度而又不至于损伤气囊组件的连接线束,在转向盘和转向柱之间采用了螺旋线束,即将线束安装在螺旋形弹簧内(螺旋线束也称为螺旋弹簧、游丝或游丝弹簧)。

3) 安全气囊的分类

一般汽车装有前排乘客的安全气囊,在一些较为高档的车辆中会装有前/后排头部气囊、腿部和颈部的安全气囊。车辆在发生事故时,车内的气囊气帘可以有效保护车内成员的生命安全,换句话说气囊气帘的个数越多越能有效地保障驾乘人员在发生交通事故时的生命安全,当然前提是要针对车辆在发生碰撞时来自各个不同方向的撞击力合理地安排安全气囊气帘的位置及个数。

一份碰撞实验报告指出严重的事故多发生在车速40～50 km/h时。受伤的位置多在胸部、腹部和臀部等突出暴露的部位。一般的安全气囊都是在车辆的驾驶位和副驾驶位置各一个,用来保护前排成员在车辆发生猛烈撞击时对胸部和脑部的有效保护。在一些中档车中，一般都会装有四个气囊(除了位于驾驶位、副驾驶位的两个)，在它的座椅侧面内也装有两个。在一些高档车中配备了多个气囊和气帘，分别位于车内前排正副驾驶位，前后座椅两侧各两个，气帘分布在前后挡风玻璃处和侧面视窗处，对来自各个方向的撞击提供最有效的保护。

(1) 侧气囊。

侧气囊安装在座椅外侧位置，目的是减缓侧面撞击造成的伤害，如图9-10所示。侧气囊一般分为前排侧气囊和后排侧气囊。前排侧气囊一般安装在前排座椅外侧，目前部分高端或者高配车型都装备了前排侧气囊。

后排侧气囊是安装在后排车座上靠近窗户的一边，不同于前排侧气囊，后排侧气囊一般只会出现在高端车上。

图9-10 前排侧气囊

(2) 膝部气囊。

大多数车型都只配备了主、副驾驶安全气囊、侧气囊等，其实车辆在真正发生正面碰撞时，下面是更应该受保护的，膝部与中控台的距离最短，是最易造成骨折损伤的部位。

膝部安全气囊是用来降低乘员在二次碰撞中车内饰对乘员膝部的伤害，如图9-11所示。膝盖部分的气囊位于前排驾驶座椅内，一旦打开能够有效保护后排乘客的腰下肢体部位，从而也能缓解来自正面碰撞的前冲力。

(3) 头部气囊(气帘)。

头部气囊也叫侧气帘，在碰撞时弹出遮盖车窗，以达到保护乘客的效果。一般情况下，大多数的头部气囊都是前后贯通式，如图9-12所示，只有少数品牌仅有前排头部气囊。前排头部气囊通常安装在风挡玻璃两侧的钢梁内侧。

图9-11 前排侧气囊

图9-12 前排头部气囊

(4) 行人安全气囊。

行人安全气囊技术可有效减轻车辆正面与行人碰撞后行人受到的伤害，其技术原理是通过安装在前保险杠的传感器监测，如与行人发生碰撞后发动机舱盖尾部自动翘起，隐藏在内部的安全气囊同时释放，并且会包裹部分前风挡玻璃与A柱，这样一来凸起的发动机舱盖与安全气囊便可有助于减轻行人的伤害。

(5) 两级安全气囊。

通过多年的研究和改善，安全气囊也在不断发展，两级安全气囊的出现使得安全气囊不再单单只是碰撞时迅速完全弹开而是在前半段迅速充气，后半段间隔零点几秒后再充气，这样做的目的是为了尽可能减小因气囊爆燃产生的巨大冲击力对人的影响。

两级式气囊也是近些年很有指导意义的研究成果之一。这个技术通过气囊传感器感知到的撞击力度来控制气囊全部打开还是只打开70%。因为在低速碰撞时驾驶员可能不会受到很大程度上的伤害,若气囊以 320km/h 的速度完全弹开必然会对驾驶员造成比车辆碰撞还要严重的伤害。在这种情况下只打开一部分是个不错的解决办法,低充气量会让气囊不再是硬邦邦地向面部打来,而会相对柔软许多。

虽然现在的汽车厂商将安全气囊作为重要的卖点来宣传,但是气囊却是把不折不扣的双刃剑,当你合理使用时可以起到不错的保护作用,而遇到气囊不能打开的情况或者不合理使用时,反而会起副作用。还是那句话,所有安全设备都是辅助性的,只有安全驾驶才是确保安全的最重要保障。

二、倒车雷达与倒车影像

1. 倒车雷达

倒车雷达又称泊车辅助系统,或称倒车电脑警示系统。英文简称:PDC,英文名称:Parking Distance Control,也叫"倒车防撞雷达",是汽车泊车或者倒车时的安全辅助装置,由超声波传感器(俗称探头)、控制器和显示器(或蜂鸣器)等部分组成,如图 9-13 所示。

1) 倒车雷达的作用

倒车雷达是汽车泊车或者倒车时的安全辅助装置,能以声音或者更为直观的显示告知驾驶员周围障碍物的情况,解除了驾驶员泊车、倒车和启动车辆时前后左右探视所引起的困扰,并帮助驾驶员扫除了视野死角和视线模糊的缺陷,提高驾驶的安全性。

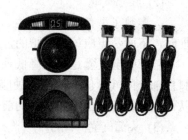

图 9-13 倒车雷达的组成

倒车雷达各部分的主要作用如下。

(1) 超声波传感器。

用于发射以及接收超声波信号,通过超声波传感器可以测量距离。

(2) 主机。

发射正弦波脉冲给超声波传感器并处理其接收到的信号,换算出距离后,将数据与显示器通信。

(3) 显示器或蜂鸣器。

接收主机距离数据,并根据距离远近显示距离值和提供不同级别的距离报警音。

2) 倒车雷达的探测原理

倒车雷达是根据蝙蝠在黑夜里高速飞行而不会与任何障碍物相撞的原理设计开发的。探头装在后保险杠上,根据不同价格和品牌,探头有二、三、四、六、八只不等,分别探测前后左右。探头以 45°角辐射,上下左右搜寻目标。它最大的好处是能探索到那些低于保险杠而司机从后窗难以看见的障碍物并报警,如花坛、蹲在车后玩耍的小孩等。

倒车雷达就相当于超声波探头,从整体上来说超声波探头可以分为两大类:一是用电气方式产生超声波,二是用机械方式产生超声波。目前较为常用的是压电式超声波发生器,它有两个电晶片和一个共振板,当两极外加脉冲信号,它的频率等于压电晶片的固有振荡频率时,压力晶片将会发生共振,并带动共振板振动,将机械能转为电信号的这一过程就是超声波探头的工作原理。这种原理用在一种非接触检测技术上,用于测距来说其计算简单,方便迅速,易于做到实时控制,距离准确度达到工业实用的要求。倒车雷达用于测距上,在某一时刻发出超声波信号,在遇到被测物体后射回信号波,被倒车雷达接收到,用超声波信号从发射到接收这一个时间差而计算出在介质中的传播速度,这就可以计算出探头与被探测到的物体的距离。

当驾驶员把挡位杆挂入倒挡时,倒车雷达自动开始工作,测距范围为 0.3～2.0 m,故在倒车时很实用。倒车雷达可提醒驾驶员后面物体离车还有多远,到危险距离时蜂鸣器就开始鸣叫,让驾驶员停车。

3) 倒车雷达的发展过程

倒车雷达系统大致经过了六代的技术改良,不管从结构外观上还是从性能价格上,这六代产品都各有特点,使用较多的是数码显示、荧屏显示和魔幻镜倒车雷达这三种。

(1) 第一代倒车喇叭提醒。

"倒车请注意!"想必不少人还记得这种声音,这就是倒车雷达的第一代产品,现在只有小部分商用车还在使用。只要司机挂上倒挡,它就会响起,提醒周围的人注意。从某种意义上说,它对司机并没有直接的帮助,不是真正的倒车雷达。

点评:汽车在倒车状态时语音提示路人小心,价格便宜,100 元左右就能买到,但基本属于淘汰产品。

(2) 第二代轰鸣器提示。

这是倒车雷达系统的真正开始。倒车时,如果车后 1.8～1.5 m 处有障碍物,轰鸣器就会开始工作。轰鸣声越急,表示车辆离障碍物越近。

点评:没有语音提示,也没有距离显示,虽然司机知道有障碍物,但不能确定障碍物离车有多远,对驾驶员帮助不大,价格在 200～400 元。

(3) 第三代数码波段显示。

比第二代进步很多,可以显示车后障碍物离车体的距离。如果是物体,在 1.8 m 开始显示;如果是人,在 0.9 m 左右的距离开始显示。

这一代产品有两种显示方式,数码显示产品显示距离数字,而波段显示产品由三种颜色来区别:绿色代表安全距离,表示障碍物离车体距离有 0.8 m 以上;黄色代表警告距离,表示离障碍物的距离只有 0.6～0.8 m;红色代表危险距离,表示离障碍物只有不到 0.6 m 的距离,你必须停止倒车。

点评:第三代产品把数码和波段组合在一起,比较实用,但安装在车内不太美观,价格在 400～1000 元。

(4) 第四代液晶荧屏显示。

这一代产品是一个质的飞跃,特别是荧屏显示开始出现动态显示系统。不用挂倒挡,只要发动汽车,显示器上就会出现汽车周围的图案以及车辆周围障碍物的距离。

点评:动态显示,色彩清晰漂亮,外表美观,可以直接粘贴在仪表盘上,安装很方便,价格在 800～1500 元。

(5) 第五代魔幻镜倒车雷达。

结合了前几代产品的优点,采用了最新仿生超声雷达技术,配以高速电脑控制,可全天候准确地测知 2 m 以内的障碍物,并以不同等级的声音提示和直观的显示提醒驾驶员。

魔幻镜倒车雷达把后视镜、倒车雷达、免提电话、温度显示和车内空气污染显示等多项功能整合在一起，并设计了语音功能，是目前市面上最先进的倒车雷达系统。

点评：因为其外形就是一块倒车镜，所以可以不占用车内空间，直接安装在车内倒视镜的位置。而且颜色款式多样，可以按照个人需求和车内装饰选配，不过价格稍高，在 1000～2000 元。

(6) 第六代无线倒车雷达。

全新无线液晶倒车雷达融无线连接、倒车雷达、彩色液晶显示、BP 警示音于一体。普通倒车雷达安装时，从车后雷达主机到车前仪表台上显示器要布一条线，这样要拆装车内的装饰板、胶条等，非常不方便。现在最新推出的第六代无线液晶倒车雷达，一举解决此问题，车后主机和显示器之间无线连接，方便快捷。更可在大巴、卡车等车身长的车上使用，安装更容易。

点评：第六代无线倒车雷达特点有雷达测距，数码显示，主机和显示器之间无线连接，省去拆卸车内装饰的麻烦，安装更容易；彩屏显示，高贵典雅；BiBiBi 三级心跳报警音，真实车模，车后探头方位闪动，智辨左右，全天候设计，可以适应不同的环境。

4) 倒车雷达的选择

市场上的倒车雷达品牌众多，探头有单个或多个的，也有前后多探头的；有单用声音缓急提示的，也有声音外带数字显示距离的；有国产的，也是进口的，价格也相差很大，产品规格与种类林林总总，令消费者无所适从。而且有的产品与车型有一定的匹配适应性，选配不当会影响使用效果，因此车主一定要结合自己的汽车实际情况进行选购。那么如何选择倒车雷达呢？主要从以下几个方面判断。

(1) 看功能。

功能较齐全的倒车雷达包括距离显示、声响报警、区域警示和方位指示等功能，有些产品还具备开机自检功能。

(2) 看性能。

性能主要从探测范围、准确性、显示稳定性和捕捉目标速度来考虑。

① 探测范围。

大多数产品探测范围在 0.4～1.5 m，好的产品能达到 0.35～2.5 m，如图 9-14 所示。范围宽的倒车雷达倒车时能提前测到目标，而过度的要求最小控测距离是没有意义的，因为实际使用时必须充分考虑汽车制动时的惯性因素。

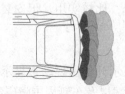 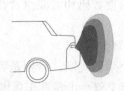

图 9-14 倒车雷达探测距离

② 控测准确性。

主要看两个方面：一是看显示的分辨率，一般产品为 10 cm，而好的产品能达到 1 cm。二是要看探测误差，即显示距离与实际距离之间的误差，可以用直径 10cm 的管子放在 1m 左右的位置上进行比较，好产品的探测误差应低于 3cm。

③ 显示稳定性。

显示稳定性是指在障碍物反射面不太好的情况下，能始终捕捉到并稳定地显示出障碍物的距离。

④ 捕捉目标速度。

捕捉目标速度反映倒车雷达对移动物体的捕捉能力。这对于避免类似儿童或骑车人从车后突然穿过引起的碰撞事故尤为重要。

倒车雷达性能方面总的要求是：测得准、测得稳、范围宽和捕捉速度快。

(3) 看探头数量。

现在市面上的倒车雷达分别有 2 探头、3 探头、4 探头、6 探头及 8 探头，如图 9-15 所示，2~4 探头的倒车雷达一般安装在汽车的后保险杠上面，6-8 探头的倒车雷达安装一般是前 2 后 4，或前 4 后 4。通常来说，探头的数量决定了倒车雷达的探测覆盖能力，能减少探测盲区。

图 9-15 倒车雷达探头

(4) 看外观工艺。

作为汽车的内外装饰件，要考虑显示器和传感器安装后是否美观，与车辆是否协调。

从传感器外形看，可以选择的有纽扣式和融合式两种。纽扣式的传感器表面是平的，融合式传感器表面是有造型变化的，与后保险杠自然过渡。

从尺寸上看，有超小型的、中型的和较大尺寸的。尺寸大的比较大气，小的比较隐蔽，主要取决于车后保险杠的大小和个人偏好。

从颜色上看，应选择与汽车后保险杠相同或相近的颜色，否则两者颜色差异过大，安装后会使汽车颜色显得不协调。

显示器应根据驾驶者的倒车习惯选用前置式或后置式，以清晰、美观为标准，有的产品可以同时使用两个显示器。

(5) 看质量。

倒车雷达作为汽车用品，对其质量和可靠性应有比较高的要求，但是一般消费者很难对该项指标做出判定。质量好的产品提供的服务较好，承诺的保修期比较长，建议大家选择保修期限 2 年以上的产品。另外，还要考虑经销商的安装能力、服务水平与承诺。按照产品的说明书进行距离测试，即看一看当障碍物处于说明书中所说的各个区域时，雷达的反应是否与说明相符合，雷达是否敏感，有无误报等问题；其次要对探头进行防水测试，这关系到较湿润的天气里雷达能否正常工作，探头有可能在暴雨过后影响准确度。

(6) 看价格。

建议倒车雷达在满足性能要求的前提下再考虑产品的价格问题。一套配有 4 个传感器、性价比高的倒车雷达价格应该在 300 元左右，价格过高可能水分大，而价格过低，则需要注意产品的质量和售后服务是否能满足基本要求。

5) 倒车雷达的安装

(1) 粘附式安装。

它仅限于具有粘贴性探头的报警器，这种方法无须在车体上开孔，只将报警器粘贴在适当位置即可，这种报警器一般安装在尾灯附近或行李箱门边，主要缺点是容易掉落。

具体的安装步骤如下。

① 将附带橡胶圈套在感应器(探头)上，引线向下并与地面垂直。

② 确定感应器(探头)安装位置。

③ 将感应器(探头)沿垂直方向贴合。

④ 用电吹风将双面贴加热，然后撕去面纸，贴到确定部位。

⑤ 将报警器的闪光指示灯安装在易被司机视线捕捉的仪表台上。

⑥ 将控制盒安装在不热、不潮和无水的行李箱侧面。

⑦ 将蜂鸣器安装在后挡风玻璃前的平台上。

⑧ 将感应器(探头)屏蔽线隐蔽铺设，以防压扁、刺穿，还可起到美观的效果。

(2) 开孔式安装。

它适用于具有开孔式探头的报警器，探头安装在汽车尾部或保险杠上，其他部件的安装方式与黏附式安装相同，其安装位置如图 9-16 所示。

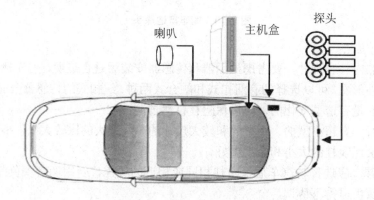

图 9-16 开孔式倒车雷达的安装位置

具体的安装步骤如下。

① 确定感应器(探头)安装位置，如图 9-17 所示，用记号笔做好标记，常见探头的安装位置如图 9-18 所示。

② 在保险杠上开孔，如图 9-19 所示。

图 9-17 确定感应器(探头)的安装位置

项目九　汽车安全装置

两探头最佳安装位置　　　四探头最佳安装位置　　　安装高度

图 9-18　常见探头的安装位置

③ 将探头安装在保险杠上，探头方向以及角度必须安装正确，如图 9-20 所示。

图 9-19　保险杠上开孔　　　　　　　图 9-20　探头安装在保险杠上

④ 摄像头外壳的箭头标记垂直向上，装入摄像头前应通电再次校正摄像头的方向，最后装入安装孔内，探头背面的箭头方向应该是垂直向上，否则将探测到地面引起误报，如图 9-21 所示。

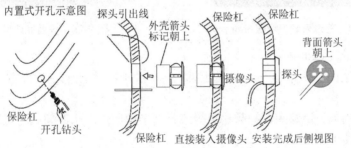

图 9-21　探头在保险杠上的安装方向

⑤ 参考安装图连接好探头、电源、视频输入输出、喇叭，如图 9-22 所示。

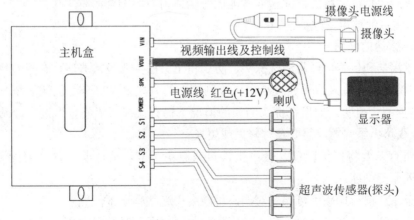

图 9-22　倒车雷达安装图

257

⑥ 倒车灯电源线连接如图 9-23 所示。

图 9-23　倒车灯电源线连接图

⑦ 将线束好，隐蔽布线如图 9-24 所示。
⑧ 安装完成效果如图 9-25 所示。

图 9-24　将线束好，隐蔽布线　　　　图 9-25　安装完成效果图

(3) 安装时的注意事项。

① 倒车雷达的探头应该与主机盒上插孔一一对应，不能插错，否则可能引起非正常报警。

② 探头、喇叭、摄像头、视频输出等线材严禁重压，防止断裂或者短路。

③ 探头安装不能过紧。

④ 应保持倒车雷达在一个干扰较低的位置，否则可能引起探测不灵敏或者不能正常工作。

⑤ 探头应保持清洁状态，冰雪或者泥巴等物体附着其上会影响工作。

6) 倒车雷达的使用与维护

(1) 倒车雷达的使用。

① 注意清洁和保养，经常清洗探头，防止积土。探头要经常清洁，有附着物存在肯定会影响探测精度，有些人希望通过给探头"刷漆"的方式来保持全车色调的统一更是大错特错的，道理不言自明。如果在探头清洁的情况下仍有误报或"不报"发生，那就可能是探头损坏或线路出了问题，需要及时修理或更换。

② 不要有东西将探头遮住，会产生误报或测距不准，如泥浆把探头表面覆盖。

③ 冬天避免结冰。

④ 倒车雷达前后探头不可随意对调，可能会引起常鸣误报问题。

⑤ 探头不建议安装在金属板材上，因为金属板材振动时会引起探头共振，产生误报。

(2) 倒车雷达的维护。

① 无任何反应：检查电源是否正常，喇叭、摄像头、视频等连接线是否连接正确。

② 显示"0.0M"：检查车后是否有障碍物，探头与主机接口是否对应正确，是否有强的干扰源，电源电压是否正常。如果以上都排除则已经损坏，请与公司或经销商联络进行维修。

2. 倒车影像

当挂倒挡时，该系统会自动接通位于车尾的倒车摄像头，将车后状况显示于中控或后视镜的液晶显示屏上，如图9-26所示。

倒车影像监视系统比起全方位的倒车雷达更加直观和实用。倒车雷达是依靠回音探测距离并通过不同频率的声音进行提示的，但光凭声音提示显然没有视觉来得直观，而且对声音的判断也必然会存在误差。而倒车影像视频使车后状况一览无余，使驾驶员更放心、更安全。

而更高级的倒车视频影像则可以在显示器上标注两根倒车诱导导向线，方向盘转动，倒车曲线就随着转动，从而准确地描出倒车的轨迹，如图9-27所示。

图9-26 倒车影像效果图

图9-27 倒车影像倒车轨迹图

1) 倒车影像的组成

(1) 车载显示器。

车载显示器采用TFT真彩，经过防磁处理，无信号干扰、无频闪。能够播放VCD/DVD，不用解码器。同时具有倒车可视自动水平转换、自动开关功能。仪表台、内视镜式显示器通过车后的车载摄像头可将后面的信息清晰显示。

(2) 车载摄像头。

车载摄像头作为汽车行车安全的一个电子辅助设备，可以大大地提升行车安全，如图9-28所示，车载摄像头的好坏直接影响到倒车影像是否清晰。车载摄像头按照功能分为倒车摄像头与前视摄像头；按照安装方法分为专车专用与通用外挂式倒车摄像头；按照摄像头的芯片制式分为CMOS与CCD摄像头。

图9-28 车载摄像头

摄像头的镜头一般有塑胶透镜(plastic)和玻璃透镜(glass)，塑胶透镜跟玻璃透镜有着显著区别，塑胶镜头价格非常便宜，但成像效果明显劣于玻璃镜头。塑胶透镜的原材料来源于塑胶或者树脂，玻璃镜头来源于玻璃。现在很多小厂为了节约成本、追求高利润而使用廉价的塑胶镜头，但是实际效果却令人无法恭维，出现画面发黄、发暗、模糊不清效果。

所以，在选购车载摄像头时不能一味贪图便宜，还是要选择成像好的玻璃光学镜头。建议在选购车载摄像头时不要苛求摄像头是否使用了 CCD 图像传感器,高端的 CMOS 摄像头可媲美 CCD 成像效果，完全可以满足车主的要求，并且享有价格优势。

摄像头的成像角度大小决定了可视成像区域的大小。摄像头水平角度太小,车后(后视镜头)很多区域不能拍摄到，造成视觉盲区。市场上各厂家宣传车载摄像头达到 170°广角,这个角度指的是对角线角度,但真正对车有用的角度是后视水平线角度。目前，市场上车载摄像头的后视水平线角度大多数是 80°～95°不等。所以,在选择车载摄像头时,为减少视觉盲区,最好选择后视水平角度大点的镜头。

由于车载摄像头常年裸露在外风吹雨淋,所以对摄像头的整体防水性能要求很高。工业参数标示一般采用"IP××"表示,其中,"I"表示防尘,"P"表示防水。第一"×"表示防水等级，第二个"×"表示防尘等级。IP66 级以上的摄像头产品基本能满足工作环境的需求。

(3) 线材。

有的车载摄像头安装在汽车内部,其工作环境的温度比较高,摄像头线材的耐高温成为考验其品质的一个很重要因素。现在市场上车载摄像头的线材大部分采用铜包钢,价格低廉,品质得不到保证。工作 5 min 后,表面温度达 100℃以上,长时间使用线材会融在一起,严重时还可能会引起自燃。市场上普通车载摄像头线材的常规工作温度为 0～50℃,而车载专用线材的工作温度范围为-20～70℃,有耐高温性能,并且发热量小,线材表面的隔热性能比较好,产品的使用寿命更长。车载摄像头作为汽车电子常规配件,建议在选购摄像头的时候,尽量选择车载摄像头专用线材,避免安全隐患。

2) 倒车影像的安装

倒车影像的各部分名称及连接关系如图 9-29 所示。

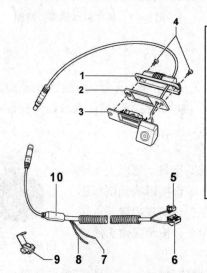

1—带摄像头的牌照灯壳体
2—衬垫
3—带摄像头的牌照灯
4—螺钉
5—倒车视频信号线接头(白色插头)
6—倒车控制信号线接头(黑色插头)
7—12 V 火线(红色)
8—接地线(黑色)
9—快速接线卡子
10—Camera 导线

图 9-29　倒车影像的各部分名称及连接关系

在倒车影像安装之前,先脱开蓄电池的接地线。重新连接蓄电池后,应当按照维修手册和使用说明书的规定检查车辆电气设备(如：收音机、时钟、电动车窗等)的功能。具体的安装步骤如下。

(1) 拆卸仪表板左侧饰板、转向柱下部饰板、左侧 A 柱下饰板。

(2) 拆卸左侧 B 柱下饰板、左侧 C 柱下饰板、左侧门槛饰板。

(3) 拆卸行李箱盖内饰板、行李箱锁支架盖板、行李箱左侧内饰板。

(4) 拆下左侧牌照灯,取下牌照灯内的灯泡和金属片,并从牌照灯上脱开原车导线。

(5) 将灯泡和金属片安装在带摄像头的牌照灯内,将原车的导线安装在带摄像头的牌照灯壳体 1 上,将带摄像头的牌照灯、衬垫用螺钉、壳体固定在一起。安装时注意将导线卡入凹槽中。将带摄像头的牌照灯导线从牌照灯安装开口箭头 A 处穿入行李箱盖内侧(可以使用线束穿引器进行穿引)并从箭头 B 所示处穿出,如图 9-30 所示。

(6) 将带摄像头的牌照灯安装在行李箱盖上,将带摄像头的牌照灯插头 Camera 导线的插头连接,如图 9-31 所示,连接时要注意将两个插头上的箭头对准,用扎带将导线与原车线束固定在一起。将 Camera 导线沿着原车线束进行排布,并嵌入原车线束的保护套内。

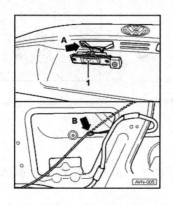
图 9-30 牌照灯处摄像头的安装

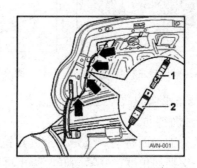
图 9-31 牌照灯插头 Camera 导线的插头连接

(7) 在行李箱左侧,用快速接线器将接地线(黑色)1 与车身线束上连接至接点地的棕色导线连接在一起。将 12 V 火线(红色)2 与车身线束上的黑蓝色导线连接在一起,如图 9-32 所示。

(8) 将多余的 Camera 导线用扎带(箭头所指)与车身线束固定在一起,如图 9-33 所示。将线随着车身线束一起从行李箱穿入车身。翻开地毯,将 Camera 导线沿着车身线束的走向排布至左 A 柱处,并用扎带固定 Camera 导线和车身线束。

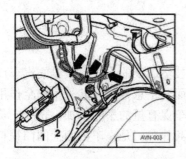
图 9-32 快速接线器线束连接图

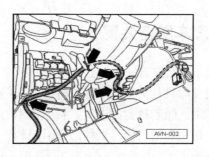
图 9-33 多余的 Camera 导线用扎带(箭头所指)与车身线束固定

(9) 将 Camera 导线 1 从转向柱上方绕过，并从仪表板内侧穿引至收音机安装位置处。用扎带将 Camera 导线与车身线束、拉索固定在一起。将倒车视频信号线接头(白色插头)1 连接到 GPS 导航仪 3 的视频接口上。将倒车控制信号线接头(黑色插头)2 连接到导航仪转接线束(装备单碟 CD 收音机的车型)或原车线束(装备虚拟六碟 CD 收音机的车型)的组合插头 4 的右下方接口上，如图 9-34 所示。

(10) 对于需要在后保险杠打孔安装的摄像头还要进行以下两步的安装，用电钻及随包装附带的钻头对准定位带中部"摄像头打孔位置"所指的圆点中心钻出一个小孔。揭除定位带，并将小孔继续钻成大孔，如图 9-35 所示。

(11) 将摄像头线束的插头通过后保险杠盖板上的钻孔(箭头所示)从外侧穿入到内侧，如图 9-36 所示。

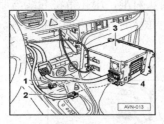

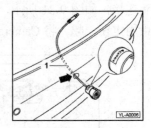

图 9-34　连接主机与各线束　　　图 9-35　保险杠打孔　　　图 9-36　摄像头线束的安装

3) 倒车影像的故障处理

(1) 画面抖动。

摄像头的画面抖动一般是由于固定镜头的支架松动了，造成了摄像头拍摄画面抖动。建议调整支架的角度，并紧固好，防止再次松动。

(2) 无图像。

摄像头无图像一般是由于插头没有插好(松动)或是系统连接线路出现短路的现象，建议检查插头是否插好，系统连接是否断开。

(3) 画面模糊。

摄像头画面模糊，很可能是镜头累积很多灰尘、不干净所致，建议清洁镜头。

(4) 画面倾斜。

画面显示倾斜，一般是由于摄像头的主体部分没有装正，建议调整摄像头支架。

三、汽车防盗装置

汽车防盗装置是指防止汽车本身或车上的物品被盗所设的系统。最早的汽车门锁是机械式门锁，只是用于汽车行驶时防止车门自动打开而发生意外，只起行车安全作用，不起防盗作用。随着社会的进步、科学技术的发展和汽车保有量的不断增加，轿车、货车车门都装了带钥匙的门锁，这种门锁只控制一个车门，其他车门是靠车内门上的门锁按钮进行开启或锁止。

随着我国汽车数量的暴增，汽车防盗的工具也迎来了新一轮的发展，无论是最为传统的方向盘锁，还是现在日益风靡的 GPS 定位技术，都在进行着越来越激烈的比拼。随着技术的进步，车辆安防装置越来越现代化，我们的选择也随之变得更加多样。

1. 防盗装置的种类

汽车防盗器有诸多类型，市面上出售的防盗器按结构大致可分为四类：机械式、机电式、电子式和网络式。

1) 机械式防盗装置

机械防盗装置是靠其坚固的金属材质来锁止汽车的操纵装置。其主要存在问题是门锁的锁筒容易被开启或被撬；被锁汽车操纵装置(如变速杆等)的材料一般强度较低，容易被破坏；机械防盗锁使用也不方便，同时防盗不可靠。其优点是制造简单、费用低廉，但它的防盗作用很差，已趋于淘汰。

(1) 车轮锁。

该防盗锁锁在车轮上，使车轮无法转动，锁是在外面锁住轮胎，如图9-37所示，车轮锁露在外面，目标明显，窃贼不便用笨重工具来砸、撬、锯。既防盗又可防止车辆被拖走，如再配上其他防盗措施，那么应该是非常安全的。将车轮锁用忠实和敦厚来形容，更多的还是基于它的工作原理和外形的特点。车轮锁就是将又大又沉的车锁锁在车轮上，从而控制住车轮的转动。也正是这种靠"蛮力"完成的锁车工具，所以在工作中它更多给人一种敦实和稳重的感觉。其实说到车轮锁的优势，主要是因为这种锁巨大，而且也非常笨重，在不用钥匙打开的情况下，几乎很难对其进行实质性的破坏。同时，也是在它庞大又笨重的外壳作用下，直接拆卸车轮并完成换胎也是同样非常困难的事。所以，这也为车辆的安全提供了更多厚重般的保障。

(2) 方向盘锁。

方向盘锁恐怕是大家最为熟知的车辆防盗锁具了。该锁两个锁栓分别固定在方向盘的径向两相对端，锁杆的另一头插在车内任意地方固定，以防止窃贼转动方向盘，如图9-38所示。在车辆报警器普及之前，方向盘锁几乎就是每车必备的安全装置。说起它的优势，它便宜且使用便利，它那粗粗的铁棍会给司机带来更多放心的感觉。不过，与之前提到的车轮锁相比，结构上的缺陷成为这类曾经最大众锁具的最大隐患。在构成上，方向盘锁的外圆和辐柱都是由非常脆弱的塑料包裹着小小的铝合金管做成。在这样的结构下，只要用一把工业用的铁剪，便可以轻易瓦解看似"强壮"的整套锁具。甚至在速度上有时会快于一般的钥匙开锁时间。如此看来，这种锁更多的作用恐怕还是吓唬人而已。

图9-37　车轮锁

图9-38　方向盘锁

(3) 排挡锁。

变速杆锁也称转速锁、排挡锁。把换挡杆锁定于空挡或倒车挡，使窃车贼无法操纵轿车正常行驶,如图 9-39 所示。该防盗锁有的还可将方向盘和变速杆锁在一起,采用这种锁可以同时防止窃贼转动方向盘和拨动变速杆。排挡锁是近些年来经常在车上出现的一种机械锁具。在我们的应用中,排挡锁既没有车轮锁的那种笨重和麻烦,同时又可以更灵巧地扼住"车辆的咽喉",实现对车辆的有效控制。比起之前的车轮锁和方向盘锁,这样的锁具可以称得上是最为高效的防盗工具。

(4) 制动器踏板锁。

制动器踏板锁也称制动锁。它的原理是牢牢地锁住制动系统,或锁在制动器踏板杆上,使汽车处于制动状态,四轮抱死的车辆无法行驶,盗贼无法开走汽车,如图 9-40 所示。

(5) 钩锁。

钩锁也称防盗联合锁,是一种防撬弯柄锁。它能把转向盘与离合器、制动踏板锁在一起,即使窃贼进入车内,钩锁使轿车只能原地空转,不能起步,如图 9-41 所示。这类防盗器最为传统,历史也最悠久,不过比较笨重,使用起来比较麻烦,特别是不适合女性车主使用。

图 9-39 排挡锁

图 9-40 制动器踏板锁

图 9-41 钩锁

(6) 转向锁。

为了更好地发挥防盗作用,有的车上还装有一个转向锁。转向锁是用来锁止汽车转向轴的,转向锁与点火锁设在一起安装在转向盘下,它是用钥匙来控制。即点火锁切断点火电路使发动机熄火后,将点火钥匙再左旋至极限位置的挡位,锁舌就会伸出嵌入转向轴槽内将汽车转向轴机械性的锁止。即使有人将车门非法打开并启动发动机,由于转向盘被锁止,汽车不能实现转向,故不能将汽车开走,于是起到了防盗作用。

2) 机电式防盗装置

随着科学的进步,出现了机电一体式的防盗装置(中央门锁)。中央门锁是以电来控制门锁的开启或锁止,并由驾驶员集中控制所有车门门锁的锁止或开启。中央门锁系统具有下列功能:当锁住(或打开)驾驶员侧车门门锁时,其他几个车门及行李箱都能锁止(或打开);钥匙锁门也可锁好(或打开)其他车门和行李箱;在车内个别门锁需要打开时,可分别拉开各自门锁的按钮。

中央门锁主要由控制电路和执行机构等组成。

(1) 控制电路

控制电路主要由门锁开关、定时装置和继电器等组成。

① 门锁开关。

门锁开关实质上是一个电路开关,用来控制各车门和行李厢锁筒的锁止和开启。用钥匙来拨动门锁锁芯，转过一定的角度即可接通门锁执行机构的电路，使电磁线圈产生电磁力将门锁锁止或开启。

② 定时装置。

接通门锁开关的时间与电动机锁止门锁所需的时间不可能相等，往往开关接通电路时间较长，因此多会使执行机构过载而损坏门锁的机械传动装置或电气设备。于是在此电路中根据其特点设有定时装置，来设定门锁的锁止或开启所需的时间，以防止执行机构过载。

定时装置的基本原理是利用电容器的充放电特性来控制执行机构的通电时间，使执行机构锁止或开启，电容器的电恰好放完，继电器的电流中断而丧失吸力则触点断开。

③ 继电器。

在定时装置的控制作用下，接通或断开执行机构的电路。

(2) 中央门锁执行机构。

中央门锁执行机构的作用是执行驾驶员的指令将门锁锁止或开启。门锁执行机构常见的有电磁线圈式、直流电动机式和永磁电动机式。

① 电磁线圈式。

电磁线圈通电后产生电磁力吸动引铁轴向移动，引铁通过连接杆将门锁锁扣锁止。一般电磁线圈式执行机构有两个电磁线圈，其绕制方向相反，以便改变电流方向使执行机构进行开启或锁止。

② 电动机式。

永磁电动机多是指永磁型步进电动机。它的转子带有凸齿，凸齿与定子磁极径向间隙小而磁通量大。定子上带有轴向均布的多个电磁极，而每个电磁极上的电磁线圈按径向布置。定子周布铁心，每个铁心上绕有线圈，当电流通过某一相位的线圈时，该线圈的铁心产生电磁力吸动转子上的凸齿对准定子线圈的磁极，转子将转动到最小的磁通处，即是一步进位置。要使转子继续转动一个步进角，根据需要的转动方向向下一个相位的定子线圈输入一个脉冲电流，转子即可转动。转子转动时，通过连杆使门锁锁扣锁止。

3) 电子式防盗装置

随着电子技术的发展，在轿车上电子防盗装置的应用也越来越广泛。汽车电子防盗装置是在原有中央门锁的基础上加设了防盗系统的控制电路，控制汽车移动的同时并报警。电子防盗是目前较为理想的防盗装置。如果有行窃者盗窃汽车或汽车上的物品，防盗系统不仅具有切断启动电路、点火电路、喷油电路、供油电路和变速电路、将制动锁死等功能，同时还会发出不同的求救声光信号，给窃贼精神上的打击，以阻止窃贼行窃。

当前最为常见的就是电子防盗装置，虽然难以在根本上保证车辆的安全，但车主起码可以在一定的环境下掌握车辆的动态。从这一点来说显然要比默默无闻的机械锁有了很大的提升。而一些更加先进的车辆报警装置，不但可以使车辆在外界受到侵扰时报警，同时还具有一定的油路控制以及车辆的整体设备的控制能力。从而能够使车辆受到更全面的安全保障。不过当前报警装置最大的问题还是在于它误报率过高。不但考验了周围居民的耐心，同时对自己的警惕性也容易有着消极的影响。

电子式防盗装置品种多样，发展很快，装置设计先进，结构复杂，性能良好。也称为是微电脑防盗装置，简而言之就是给车锁加上电子识别，开锁配钥匙都需要输入十几位密码的汽车防盗方式。它是随着电子技术的发展而迅速发展起来的一种防盗方式。

密码解锁根据密码的发射方式的不同分为跳码式电子防盗器和定码式电子防盗器。

(1) 跳码式电子防盗器。

跳码式电子防盗器的工作原理是在防盗工作中不断变化大量密码，使得主机能确认由车主发出的信号来工作。它的优点就是密码量多，不容易出现重复。

(2) 定码式电子防盗器。

定码式电子防盗器的特点是密码量少，利用密码扫描器或截码器接收到的空间无线电信号截取主机密码，从而通过复制解除防盗系统。因为它密码重复的概率比较大，现已基本被淘汰。

4) 网络式防盗装置

网络式防盗装置主要利用 GPS 对汽车进行监控达到防盗目的。它主要是靠锁定点火或启动来达到防盗的目的，而同时还可通过 GPS (或其他网络系统)将报警信息和报警车辆所在位置无声地传送到报警中心。作为最具现代化的车辆防盗报警设备，GPS 车辆报警装置可以说是运用技术含量最高、可用性最强的一项技术。在当前的一些出租汽车中，GPS 的这种防盗的特性也得到了广泛的应用。对于 GPS 报警装置来说，它既可以通过卫星定位功能实现自身位置的设定与通报，同时还可以通过控制中心实现对车辆的控制，在必要时实现车辆停止运行等目的。除了防盗功能以外，车辆还可以借助 GPS 系统实现更多的生活应用，可以说这就是一台以防盗报警为主体的行车生活应用平台。

不过，某些地区卫星覆盖率不足，GPS 也存在着一定的不稳定性，而且价格昂贵，这都是阻碍人们应用的主要问题。当然，在 GPS 的保护下，车辆可以实现一定的控制，但是车内的设施与物品同样难以得到保障。

2. 防盗装置的安装

安装防盗装置时应详细阅读产品说明书，认真阅读产品配线图，判断产品各零部件接口方式和位置，保证连接可靠、绝缘性能优良，安装完毕须进行功能测试。

1) 中央电动门锁

中央电动门锁是通过中央电动连锁机构，用车门钥匙从左前门操纵 4 个车门和行李厢同时打开或关闭。中央电动门锁的继电器装在中央配电盒中。在中央电动门锁中共有 5 把电动锁，分别与车门边锁和行李厢锁相连。电动锁锁体内装有电机和连杆机构，通过微动开关供电，带动门边锁动作。

2) 前门电动锁的安装

① 安装前门电动锁时，先拆下前门内护板，将锁体放入车门护板中，装上锁体挂钩，插上电控插头和连接导线。

② 装上车门外缘上的两个锁体固定螺钉并拧紧，安装车门内护板。

③ 安装后测试，在关闭车门前要试一下开关，看中央门锁的动作是否灵活，防止发生关不上、打不开的故障。

3) 门边锁的安装

门边锁装在 4 个车门的门边，是一套机械锁，由中央电动门锁装置和车门把手控制开启和关闭。

① 门边锁安装时，要先拆下前门内护板。

② 用工具使门锁挂钩露出，挂上门锁上下部的挂钩，将门锁在门边上定位。

③ 用六角头扳手拧上两个门锁固定螺栓并拧紧。

④ 在车门外的车门把手上检查门锁的动作情况。

⑤ 门边锁在门边槽中要定位，装紧装牢，关闭车门前要先检查控制机构，使开启和关闭动作活动自如。

4) 行李厢盖锁的安装

行李厢盖锁孔在水平位置时由中央门锁联动装置控制行李厢盖锁，也可用主钥匙单独开启和锁住。

① 行李厢锁安装时，先用钥匙检查新锁的动作是否正常。

② 开启行李厢，拆下固定行李厢盖内护板的螺钉。

③ 将行李厢盖锁装入行李厢盖锁孔中，拧上两个固定螺母。

④ 分别装回左、右侧操动机构的挂钩及拨上固定夹。

⑤ 将内护板在行李厢盖上定位，装上固定螺钉，并拧紧这个螺钉。

⑥ 按动行李厢锁盖，检查行李厢锁盖的动作是否正常。

3. 防盗装置的使用

(1) 遥控锁车及防盗设定。

按遥控器上的锁车键，四个转向灯闪烁一次，示意驾驶员车门及行李厢已上锁。防盗状态指示灯不停慢闪，提示驾驶员车已进入了防盗状态。此状态下启动及点火电源均被切断。

(2) 遥控开锁及防盗解除。

按遥控器上的解锁键，四个转向灯闪烁两次，示意驾驶员车门及行李厢已开锁。防盗状态指示灯熄灭，提示驾驶员车已解除防盗，启动及点火电源电路恢复正常。同时室内灯点亮持续 20s，方便驾驶员及乘员上车。

(3) 自动防盗设定。

停车后将点火开关转到断开位置，如果任意一车门打开再关上，延迟 3s，四个转向灯持续闪烁五次后，自动进入防盗设定状态。5s 内再次打开车门，则系统停止计时。

当又关上全部车门时，系统重新开始计时，四个转向灯又开始闪烁，5s 后再次进入防盗系统设定状态。此间如不用钥匙或遥控器锁车，中央控制门锁不会锁车，以防驾驶员或遥控器忘在车上。

(4) 二次防盗设定。

如果误触动了遥控器的解锁键，使防盗解除(此时室内灯会自动点亮 20s)或有意识地解除防盗后 30s 内车门没有打开，系统再次进入防盗设定状态并将车门自动锁上。

(5) 防窃车功能。

当点火开关转到行车挡，汽车在遥控距离内遭抢或强行开走时，被抢驾驶员按住锁车键持续 3s，四个转向灯会不停地闪烁。同时车上的喇叭一直鸣叫，以示报警并警告抢车人停车。如果抢车人弃车逃走，车在遥控距离内，驾驶员按下解锁键可解除转向灯的闪烁和喇叭的鸣叫。如果抢车人将车开走，即使将车停下拔出钥匙，四个转向灯仍一直闪烁，直至将蓄电池的电能耗完；上车再启动时车的启动及点火电源被切断，汽车不能再被开走，若钥匙转至点火位置，车上的喇叭又会开始鸣叫。

(6) 防盗系统被触动。

当防盗系统被触动时，自动报警系统再次进入防盗设定状态，车在防盗设定过程中未经遥控器解除而强行打开车门及行李箱或强行启动发动机，四个转向灯会自动继续闪烁 30s 以示报警。若系统恢复正常，30s 后转向灯自动熄灭，系统再次进入防盗设定状态。若系统未恢复正常，90s 后转向灯自动熄灭，系统再次进入防盗设定状态。防盗被触动后，自动记忆、自动显示在防盗设定时间内，系统中任意一部位被触动过的，在防盗解除时，状态指示灯将快闪以提示驾驶员注意。

(7) 停车自动开锁。

停车后，点火开关转到关断位置，中央控制门锁系统自动开锁，室内灯自动点亮 20s，方便驾驶员和乘员下车。

(8) 自检功能。

防盗设定后，四个转向灯闪烁一次，系统自动进入防盗设定的同时也处于自检状态。即如果任意一车门未关好或出现故障造成车门连锁开关短路时，四个转向灯闪烁 4 次；如果行李厢未关好或行李厢开关出现故障造成开关短路时，四个转向灯闪烁 6 次，提示驾驶员检查故障点。自检系统还将四个车门及行李箱分为两个检测区。四个车门为一个检测区，行李厢是一个独立的检测区，如果其中一个检测区出现故障，不会影响另一个检测区执行防盗功能。

(9) 防盗系统解除。

如果防盗系统发生故障、遥控器电池没电或汽车需要维修时，须将防盗系统解除，系统中遥控中央门锁的功能仍可正常使用。其方法为：将点火开关转到行车挡，将解除开关闭合，四个转向灯闪烁一次，状态指示灯闪烁一次后熄灭，表示防盗系统进入解除状态(防盗系统不能使用)。

(10) 防盗系统的恢复。

将点火开关转到行车挡，将解除开关断开，四个转向灯闪烁 3 次，状态指示灯闪烁 3 次后熄灭，防盗系统可以正常使用。

四、其他汽车安全装置

1. 儿童安全座椅

儿童安全座椅是一种系于汽车座位上，供儿童乘坐且有束缚设备并能在发生事故时，束缚着儿童以最大限度保障儿童安全的座椅，如图 9-42 所示。

图 9-42　儿童安全座椅

儿童安全座椅在多数国人的观念中还是一个新事物，汽车上的安全措施如安全带、安全气囊几乎是依据成人的身材、体重设计的，因此如果儿童使用专为成人而设计的安全设施，非但无法降低伤害，相反会增加儿童的伤害。也有许多人采用抱着小孩坐车的方式，认为这样安全，就算出现事故还能保护小孩，这种做法是极其错误的，这样做不但保护不了小孩反而是害他。因为交通事故都是突发性的，而在发生事故的时候人的反应速度总落后于事故发生的速度。如果大人抱着孩子，在发生事故的时候即使安全气囊不弹开，儿童却充当了您的安全气囊，这样大人就在无意之间成为威胁儿童生命的潜在因素。

1) 儿童安全座椅的分类

儿童安全座椅的分类根据固定方式区分，共分成 3 种：欧洲标准的 ISOFIX 固定方式、美国标准的 LATCH 固定方式和安全带固定方式。

儿童安全座椅按照儿童年龄和体重共分为 5 类。

(1) 适用于新生儿到 15 个月的儿童(体重在 2.2～13 千克之间的婴儿)

这种安全座椅适用于从新生儿到 15 个月的婴儿(体重在 2.2～13 千克之间的婴儿)，如图 9-43 所示。这类儿童安全座椅一般都装有可摇摆的底部，且还有把手，可作手提篮用。

(2) 适用于新生儿到 4 岁儿童(体重在 2.2～18 千克之间的小孩)。

其设计同时提供两种功能：先用于新生儿到 9 个月的婴儿，然后改成用于 9 个月的婴儿到 4 岁的儿童。这种座椅虽然没有摇摆和与手推车合用的功能，但可固定在车内长久使用。另外，这种座椅在使用上特别要注意，新生儿到 9 个月的婴儿需要反向安装座椅，9 个月到 4 岁的新生儿需正向安装，但正向安装有两个必要条件：第一是儿童体重在 9 千克以上，第二是儿童可以自己坐起来，两者缺一不可。

(3) 适用于 1～4 岁儿童(体重在 9～18 千克之间的小孩)

这款儿童用汽车安全座椅设计简单，没有前者那么多的复杂功能，适合大的幼儿使用。

(4) 适用于 1～12 岁儿童(体重在 9～36 千克之间的小孩)

这款安全座椅是一种有趣的组合产品，既是一种专为蹒跚学步儿童(年龄为 1～4 岁)准备的座椅，又可拆除座椅的安全带而直接使用大人的安全带，可用至 12 岁，无须更换其他汽车安全座椅垫了。但 1～12 岁的儿童个头差别相当大，所以对较小婴儿来说不会太舒适。

(5) 适用于 3～12 岁儿童(体重在 15～36 千克之间的小孩)

小孩 4 岁以后，许多父母认为孩子可以不再使用汽车儿童安全座椅、座垫了。但研究结果表明，小孩的身体太小，即使用了成人安全带，如果发生意外仍会非常危险，如图 9-44 所示。汽车安全座椅、座垫通常不贵，最好不要在这上面节省。

图 9-43　适用于新生儿到 15 个月的儿童安全座椅　　图 9-44　儿童增高座垫

另外需要注意的是：儿童安全座椅如果能反向安装，一定要反向安装，因为这样安装可以最大限度地保护儿童的安全。

2）儿童安全座椅的选购

挑选儿童安全座椅除了要根据孩子的身材和体重来选择外，最重要的还是看所选的儿童安全座椅是否安装方便、品牌是否够硬、材质、检验等级和认证标志等。

(1) 安装是否方便。

购买儿童安全座椅的本意是用来保护儿童乘车的安全，如果安装上非常复杂且不容易固定牢固的话，儿童安全座椅是起不到保护作用的，甚至在发生事故时还会威胁儿童的安全。

(2) 品牌。

世界上比较知名的儿童安全座椅的生产商主要有：意大利 CAM 和 Fair(宝马汽车官方推荐的儿童安全座椅)、挪威 BeSafe、美国 Graco、瑞士 Coccoon、德国 Recaro。其中瑞士 Coccoon、挪威 BeSafe 和意大利 CAM 这三个品牌在国内销售的儿童安全座椅全部是原装进口产品，如图 9-45 所示。而德国 Recaro(专门设计座椅的厂家，从飞机到汽车座椅它都生产)品牌在全世界共有四条生产线(美国、中国、日本和德国)，因此在国内销售的一些该品牌的儿童安全座椅可能是中国生产的。

图 9-45　国际著名的儿童座椅生产商

(3) 材质。

儿童安全座椅的材质也是很重要的，首先不能选择带有刺激性气味材料的儿童安全座椅，刺激性气味会让幼小的儿童产生不适应感的同时还可能会刺激儿童柔嫩的皮肤。其次，要选择舒适透气进行过防火处理的面料，这样儿童坐进去才会觉得很舒服和安全。最后，最重要的就是儿童安全座椅的内部填充物，好的儿童安全座椅都会使用优质的 EPS 材料，而劣质的儿童安全座椅仅仅采用普通的泡沫塑料。

3) 儿童安全座椅固定系统

(1) ISOFIX 固定系统。

ISOFIX(International Standards Organization FIX)儿童安全座椅固定系统，如图 9-46 所示，是欧洲从 1990 年开始设计实施的一种针对儿童安全座椅接口的标准。目前在欧洲地区销售的车型上都会将这个接口作为标准配置，在国内也有一部分合资汽车厂家提供了这种接口的配置。该配置的特点就是具有两个与儿童座椅进行硬链接的固定接口。

ISOFIX 的制定是一个重要的发展，因为很多人不能正确地安装儿童座椅，调查显示很大比例的儿童座椅安装不够安全。目前大部分儿童座椅被放置在车内座椅上并使用斜挎肩带(有时只使用腰带)固定。然而，不同车型的汽车有不同的座椅、安全带和固定方式。汽车座椅形状不同、安全带长度较短和锚固点位置不同，都会导致一些儿童座椅安放的位置更靠前或更靠后。所有这些因素使得制造适用所有车型的儿童座椅成为一个难题。制定 ISOFIX 就是要解决所有这些问题。它的终极目标是让你购买的任何 ISOFIX 儿童座椅都适合你的汽车，你只需简单地将它插入 ISOFIX 接口就可以。

ISOFIX 固定方式的安装非常简单，只要将儿童安全座椅的 ISOFIX 接口对准座椅上预留的接口插进去，最后将支地杆支撑起来就完成了，如图 9-47 所示。安装这种接口的安全座椅一般用 10 min 就可以完成，自己看说明书就可以轻松完成。

这种固定方式的优点是，刚性连接强度高不易松动，安装简单；缺点是必须使用专用接口的安全座椅，通用性不好。

(2) LATCH 固定系统。

LATCH 是"Lower Anchors and Tethers for Children"的简称，从 2002 年 9 月 1 日开始，美国便规定绝大多数种类的轿车必须提供 LATCH 系统的儿童安全座椅固定方式，如图 9-48 所示。它与欧洲标准的 ISOFIX 固定方式最大的区别是连接方式并不是硬链接而是挂钩方式连接，并且固定点比 ISOFIX 多一个，一共三个。

ISOFIX 和 LATCH 两种固定方式有共同性，ISOFIX 是兼容于 LATCH 的，也就是说有 LATCH 接口的一定也可以装 ISOFIX 接口的座椅，但是只有 ISOFIX 接口的就不能使用 LATCH 接口的儿童座椅，因为缺少一个固定点。

图 9-46 ISOFIX 儿童安全座椅固定系统

图 9-47 ISOFIX 的固定方式

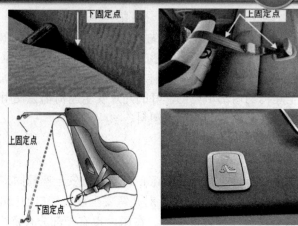

图 9-48 LATCH 固定方式的安全座椅

2. 行车记录仪

1）运行管理用行车记录仪

运行管理用的行车记录仪也被叫作汽车黑匣子，随着飞机黑匣子在空运管理方面的成功运用，汽车黑匣子已陆续在许多国家和地区大量使用。对管理者而言，使用行车记录仪可以对驾驶员的行为进行管理和监督，杜绝开飞车、跑私车等不良行为，减少交通事故发生，也降低了车辆的运行费用和维修费用。对于乘客而言也就坐得安心，"黑匣子"也是他们投诉的依据。驾驶员受"黑匣子"监控后不仅将规范行车，自身也能受到保护。以往发生了交通事故，驾驶员只能听凭交通部门处理，而有了这个记录仪，就可以据此为自己的合法权益进行辩护。同时，"黑匣子"记录的数据可以通过计算机进行分析，帮助交通管理部门界定交通事故。

早在1990年以前欧共体就通过了在汽车上安装黑匣子的立法，并具体规定了商用车安装"黑匣子"。这一立法要求其欧洲的十五个成员国在十年内给予在用的900万辆商用车安装这一装置。美国、日本、中国香港及马来西亚等也相继广泛使用汽车黑匣子。统计资料表明，汽车黑匣子的使用，使交通事故率降低了37%～52%，大大减少了人员伤亡和财产损失，产生了显著的社会效益和经济效益。

(1) 运行管理用行车记录仪的作用。

通过安装行车记录仪及其配套管理软件可以起到如下作用。

① 监测并纠正司机的超速、疲劳驾驶行为，消除重大交通事故隐患。

② 记录车辆实时行驶状态，利于执法人员核查车辆的行驶过程和事故发生时车辆的行驶状态。

③ 有利于企业对司机和车辆加强管理，科学合理地进行员工调度，车辆保养。

④ 有利于社会保险行业对车辆和司机的行驶状态进行监测，评估保费，动员全社会共同参与道路交通安全管理。

(2) 运行管理用行车记录仪的主要特点。

① 具备远程升级下载功能，可以根据用户使用过程中的新增需求进行异地开发，远程网络支持；通过 U 盘、RS-232 接口对设备进行功能升级。

② 预留 GPS 接口和无线通信接口，可以根据用户需求进行功能扩展。

③ 可以读写目前任何接触式 IC 卡，通过软件升级方式，支持目前国内所有使用的交

通 IC 卡。

④ 只需通过对显示器的读卡部分改造，即可满足如"二代身份证"在内的未来无线 IC 卡身份识别产品的需求，为适应未来新的国家管理政策提供可靠的硬件保障。

⑤ 宽电压工作，电压工作范围 9～54V，可以适应目前任何车辆电源的要求。

⑥ 具备 RS-232、USB 接口等多种通信方式，适应不同数据采集系统的要求。

⑦ 人性化的外观设计，具有良好的人机对话界面，显示内容可根据客户要求进行修改。

⑧ 记录数据进行加密存储，只能读取，不提供任何更改功能，数据真实可靠。

⑨ 大容量的存储功能，最多能存储 1000 h 行车记录，存储容量可以根据用户需求进行增加。数据进行周期性自动覆盖，避免数据溢出丢失。

⑩ 设备对司机身份和数量没有限制，适应未来车辆管理需求。

(3) 运行管理用行车记录仪的性能指标。

① 宽电源电压工作范围：9～54V (适应所有类别车辆)。

② 工作环境温度：-20～+70℃。

③ 储存环境温度：-40～+85℃。

④ 工作环境湿度：≤95%。

⑤ 速度测量范围：0～240km/h(误差<±1 km/h)。

⑥ 失电保护时间：>1 年。

(4) 运行管理用行车记录仪的功能指标。

① 记录内容：每一条记录包括速度，状态信息(刹车、灯、喇叭等)，司机身份，距离。

② 保存 15 次停车记录，记录停车前 20 s 的汽车行驶状态，每条停车记录长度 20 s，采样率 0.2 s，该记录主要用于事故分析。

③ 状态信息：有 8 条状态线，除制动信号是固定不可变的，其余 7 个状态信息可由用户自己定义。

④ 驾驶员身份识别：司机使用身份识别卡(IC 卡)，使记录仪能区别不同的司机，并保存到记录中。

⑤ 保存两天内的疲劳驾驶记录，并可以随时查询。当司机连续驾驶时间超过 3 小时后，记录仪以声、光报警的形式提示司机，同时记录下超时的时间范围。

⑥ 超速、超时报警：当车速超过规定行驶速度或司机超时行驶时，记录仪以声、光报警的形式提示司机。

⑦ 数据采集：配有微型数据采集器，可根据需求采集不同的数据，且至少可以连续采集 8 辆车的数据，如表 9-1 所示。通过采集器上的 USB 接口将数据输入计算机。

表 9-1　数据采集

采集序号	采集内容
1	停车记录和超时记录数据
2	采集记录仪内所有数据

⑧ 车辆档案下载：由计算机管理系统直接下载车辆档案到记录仪。档案包括车号、车辆分类、司机代码和驾驶证号码等。

⑨ 打印。

a. 根据不同地区的要求可以选配打印机。

b. 记录仪可以随时打印近期的行驶数据，供交警现场分析。

c. 根据实际情况可以选择打印疲劳驾驶记录，也可以选择打印停车前 15min 平均车速，也可以两项同时打印。

⑩ 远程技术服务：根据用户需求修改软件，然后通过网络回传给用户，由用户下载到记录仪，使用户获得远程技术升级。

(5) 运行管理用行车记录仪的计算机功能。

采用 USB 采集方式，采集大量数据时更快速。数据进入计算机后，可以以曲线图形和表格方式查看数据，还可以对数据进行分析，包括对车辆行驶速度和车辆行驶状态。分析中可以生成"车辆超速表"、"状态分析表"、"超时工作表"、"超程行驶表"，系统中已包括很全面的档案管理功能。系统可以针对每一个管理者设置不同的操作权限。

出于管理部门对车辆行驶过程监控及事故分析的需求，分全程记录、事故记录和历史记录。

① 全程记录：对行驶的车辆以 1～30 s 采样率进行全程记录，记录速率随车辆速度、状态的变化而自动调节，确保变化细节记录的同时又能有效地延长记录时间，如图 9-49 所示。

② 事故记录：以 0.2 s 速率，对车辆行驶进行高速记录，确保停车前 20 s 的数据(速度、状态、距离)，在发生交通事故时，帮助有关部门快速确定事故原因，如图 9-50 所示。

③ 历史记录：除上述两种实时记录外，该机还有包括累计行驶里程、累计超速里程、累计超速次数、超时记录等历史数据。

采集的数据随时输入计算机管理系统进行数据分析、统计、报表打印，并可随时调出阅览。操作过程简捷明了，易于管理人员掌握；管理人员还可以设置运行参量，包括限速值、超速报警方式、运行线路；区别不同司机，司机卡作为不同司机的标识，司机驾车前插入司机卡确认身份。记录仪记录的数据将明确区分不同司机，当数据进入计算机管理系统后，不同司机的行车过程也将被不同的颜色加以区别。

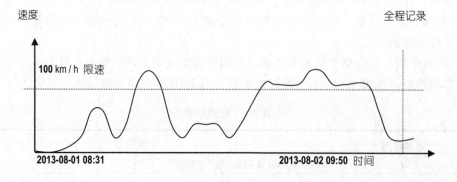

图 9-49　全程记录

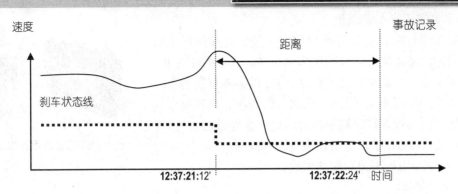

图 9-50　事故记录

(6) 运行管理用行车记录仪的 GPS 轨迹回放。

管理者可在管理软件中使用"轨迹回放"功能监控车辆的行驶路线,杜绝驾驶员借外出办事机会跑私车等行为。GPS 汽车行驶记录仪有如下优点。

① 与普通记录仪仅仅通过时间推移来记录车辆的速度和行驶状态相比,GPS 汽车行驶记录仪将 GIS 管理技术引入汽车行驶记录仪产品中,使汽车行驶记录仪的技术含量大为提升。

② 通过引入 GIS 管理技术,管理部门不仅可以知道车辆在行驶过程中的各种状态,而且可以将车辆的行驶过程反映到 GIS 平台上。通过 GIS 平台,管理部门可以知道车辆什么时间在什么位置,处于什么状态,车辆行驶在什么道路上,车速是多少,是否有违规行为。

③ 通过 GIS 管理技术的引入,管理部门可以通过车辆停车、启动地点之间的差别,识别出司机是否对记录仪实施破坏,逃避监管;识别出司机是否按照规定的路线行驶,是否真正到达了规定的地点。

④ GPS 汽车行驶记录仪将 GIS 技术融入记录仪中,实时记录车辆的行驶轨迹,无须增加实时无线传输成本,车辆回来时采用普通 U 盘提取数据,通过 GIS 软件进行回放即可,为监管部门节约了实时监控管理平台建设费用和无线通信费用。

⑤ 通过 GPS 汽车行驶记录仪对车辆的实时智能监督,如图 9-51 所示,管理人员只需要在事后提取数据检查即可,避免了管理人员需要实时监督所带来的繁重劳动,大大减轻了管理人员的工作强度。

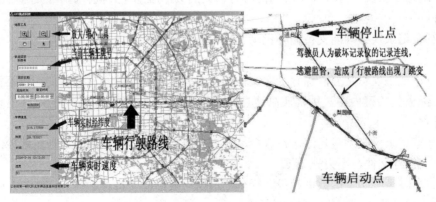

图 9-51　GPS 汽车行驶记录仪对车辆的实时智能监督

2) 私家车用行车记录仪

私家车用行车记录仪是通过数字视频记录并循环更新车前或周围的路面情况，甚至连车内录音、汽车的加速度、转向和刹车等信息数据也会被记录下来，以备调查交通事故责任时所用，如图 9-52 所示。还原车辆碰撞、违规超车导致的追尾、伤及行人等交通事故时，记录仪提供记录材料，通过车内的 DVD、手机等载体进行回播画面。

图 9-52　私家车用行车记录仪

(1) 私家车用行车记录仪的用途。

① 事故举证。

有了实时的录像回放，事故过程和责任的判定就非常清楚，对方无法抵赖，维护驾驶人的合法权益。对横穿公路的人及骑着自行车、摩托车在道路上乱蹿者或者其他违章车辆，司机可为自己提供有效的证据，也令"撞车帮"望而却步，有了私家车用行车记录仪，将监控录像的记录回放，事故责任一目了然，交警处理事故快速准确；既可快速撤离现场恢复交通，又可保留事发时的有效证据，营造安全畅通的交通环境。法院在审理道路交通事故案件时，在量刑和赔偿上将更加准确和有据可依，也给保险公司的理赔提供了证据。

② 学习驾驶。

新手开车过程中常会有对各种事件处理不当的现象，但在行车途中陪驾教练无法详细分析解说，以免影响后续驾驶。有了录像，就可以事后反复回放，细致分析，举一反三，将一个问题讲透，对提高驾驶技术有很大的帮助。

③ 记录风景。

自驾旅游，沿途美景很多，却都转瞬即逝。有了录像，就可慢慢回味，长久保存。

(2) 私家车用行车记录仪的功能。

行车记录仪具有基本的摄像录像功能，能固定在车上长期使用，并能自动工作。私家车用行车记录仪一般要具有如下功能参数。

① 行车记录仪常见的是 90°～40° 的对角线视角。角度大的广角镜头能拍摄到更宽的范围，能将车头两侧都拍进画面，更为全面。

② 录像帧频一般达到 30 帧/s 即可满足要求。

③ 视频数据编码有很多种，低端产品常采用 M-jpeg 编码，数据量大而画质较差。采用 H.264 编码可以在保持较高画质的同时有较大的数据压缩率，同样时长的录像文件更小，效果更好。

④ 行车记录仪必须能支持循环记录。当存储卡录满时，自动删除早期文件，保留最后的影像。

⑤ 行车记录仪总是分段保存录像文件的，时间段之间可能会有数秒的间隔不被记录，这将有可能丢失关键内容。用优质高速存储卡可缩短漏秒时长，而新型的双核记录则可以实现无漏秒。

⑥ 行车记录仪必须能随汽车点火自动开机，自动录像。汽车熄火后则在数秒内自动停止录像，并保存文件，不丢失数据。

⑦ 为了减少不必要的数据记录，行车记录仪一般都能支持移动侦测。镜头前画面有变化时自动录像，静止无变化时自动停止。

⑧ 带有显示屏的行车记录仪可以不借助别的设备随时回放录像，对于现场应急很有帮助。显示屏还能方便功能设置，随时调整机内时间。有些无屏但带有 AV 输出的，可借助 GPS 等设备通过 AV 连接回放录像。

⑨ 其他方面，必须能用车载电源边充电边工作，要有画面时间戳叠加功能，支持的存储卡容量要尽量大，等等。

(3) 私家车用行车记录仪的选择。

行车记录仪的主要功能是进行拍摄，因此成像质量的好坏很重要。目前，行车记录仪产品品牌鱼龙混杂，专家建议在选购行车记录仪时最好选择大品牌，具备广角焦段镜头的记录仪，同时还要拥有较强的防震和抗冲击能力，可通过产品的功能标签进行分辨，如图 9-53 所示。

图 9-53 产品的功能标签

在选择私家车用行车记录仪时要注意以下事项。

① 了解镜头模组。

行车记录仪由镜头模组和图像传感器组成。镜头可决定最终成像的清晰度和成像视角，图像传感器也叫 CMOS Sensor 可决定最终成像效果。

目前主要型号如下。

a. 7725：分辨率 30 万像素，一般匹配主控：太欣 VGA(1262)；

b. 9712/99140：分辨率 130 万像素，一般匹配主控：联咏 720P(96632)；

c. 5653：分辨率 500 万像素，一般匹配主控：联咏 1080P (96220)；

d. 5100：分别率 500 万像素，一般匹配主控：太欣 720P(2365)/安霸 1080P(A2S60)。

隔行扫描的分辨率一般在 1280×960，也叫标清(成像)，是我们常说的 VGA 类产品。逐行扫描的分辨率要达到 720P 以上，也叫高清(成像)，720P=1280×720，1080P=1920×1080。

现在市场上有人称 1280×1440 的产品为 1080P，这类产品一般都是用联咏 720P 通过软件修改的，行业上真实叫法应该是 1080i，其效果比安霸 1080P(A2S60)要差很多。

② 比主控芯片。

芯片是行车记录仪的核心部件，目前市场上的主控方案有安霸(Ambarella)、太欣(STK)、联咏(Nevatek)、全智、卓然、羚羊等。其中安霸的成像效果最好，但成本也最高；羚羊方案则正好相反，而且返修率极高，一般价格在 100 元以下的产品都是用羚羊方案做的。

③ 看显示屏。

显示屏可分为模拟屏和数字屏，同样的信号输入数字屏效果会更好。目前 VGA 类的产品用的都是模拟屏，分辨率为 480×240；数字屏一般都用于高清成像类产品，分辨率为 960×480。

(4) 私家车用行车记录仪的安装。

在安装私家车用行车记录仪的时候，电路走线一定要规范合理，尽量不改动原车电路系统，以确保记录仪稳定可靠运行，私家车用行车记录仪的组成如图 9-54 所示。

图 9-54　私家车用行车记录仪的组成

① 拆包装时应避免触摸镜头和划伤外壳，因为外壳属于橡胶复合材料，抗低温耐高温氧化性能好，但缺点是不易打理。

② 确定安装前，安装部分的车玻璃干净且没有水分，确保支架和行车记录仪安装牢固，以免掉落发生危险。为防止吸盘掉落的情况，例如确定安装位置不再变更，可到汽车美容店里请工作人员使用 3M 胶永久固定吸盘。有些用户则自己改装，把吸盘用螺丝固定在后视镜上。

③ 安装最佳位置是在后视镜附近，严禁安装在安全气囊的工作范围。

④ 如果从顶灯布线安装，建议先咨询汽车维修工作人员，或向厂家索取一些用户的改装作业手册，确保走线规范合理安全。

⑤ 使用 12~24V 车内电压，改装线路请确保电路正负级，电压正确。

⑥ 安装 SD 内存卡时请注意安装方向。

3. 疲劳监测系统

驾车时出现换挡不及时、不准确的情况，说明您已经处于轻微疲劳状态；当您出现操作动作呆滞，有时甚至会忘记将要进行的操作，说明已处于中度疲劳；当出现下意识操作或出现短时间睡眠现象时，说明已处于重度疲劳，往往醒来时已酿成大祸，如图 9-55 所示。日常行车时如果前一天睡眠时间过少，睡眠质量过差；道路条件甚好致使路面情况单一；遇到风沙、雨、雾、雪天气状况；长时间、长距离行车；车速过快或过慢；到达目的地有时间限制等都会是诱发疲劳驾驶的因素，甚至车辆自身或车外噪声和振动严重；座椅调整不当等原因都会造成疲劳驾驶，从而诱发交通事故。在危急情

图 9-55　疲劳驾驶

况发生之前，疲劳驾驶的最初迹象是可以被探测出来的，这时响起的警报往往就是将你从死神手中拯救出来的最佳工具。

市面上常见的疲劳监测系统根据其监测原理不同将其分为两类：一种是基于 DSP 红外线条件下对驾驶员多特征的疲劳监测，另一种是基于驾驶员操作行为或车辆实时轨迹的监测方法。

1) 疲劳驾驶预警系统

疲劳驾驶预警系统是基于驾驶员生理图像反应，由 ECU 和摄像头两大模块组成，利用

项目九　汽车安全装置

驾驶员的面部特征、眼部信号、头部运动性等推断驾驶员的疲劳状态，并进行报警提示和采取相应措施的装置。比亚迪 G6 就配备了疲劳驾驶预警系统，对驾乘者给予主动智能的安全保障，如图 9-56 所示。

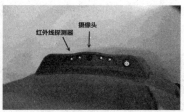

图 9-56　疲劳驾驶预警系统摄像装置

操作注意事项：①准备状态：首先坐到座位上，然后调整座椅和坐姿，让驾驶员的脸部图像出现在显示屏的中央红色方框区域。②摘除眼镜：因为车外光线与车内光线不一致，为了达到准确的测量效果，必须先摘除眼镜。③开始工作：准备好上述工作后，疲劳驾驶预警系统即可开始正常工作了。当驾驶员的眼睛闭合或频繁眨眼时，系统就会发出告警声"请勿疲劳驾驶"，疲劳驾驶预警系统的图像采集如图 9-57 所示。

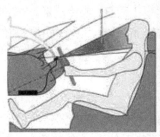

图 9-57　疲劳驾驶预警系统的图像采集

2）疲劳识别系统

大众汽车装备的疲劳监测系统被称为"疲劳识别系统"，它从驾驶开始时便对驾驶员的操作行为进行记录，并能够通过识别长途旅行中驾驶操作的变化，对驾驶员的疲劳程度进行判断。该系统能够自动学习驾驶员平时的驾驶习惯，当检测到驾驶者的驾车状态与平时出现差异的时候及时给予提醒。驾驶员转向操作频率变低，并伴随轻微但急骤的转向动作以保持行驶方向是精力不集中的典型表现，如图 9-58 所示。

图 9-58　疲劳识别系统

根据相关动作的出现频率，并综合诸如旅途长度、转向灯使用情况、驾驶时间等其他参数，系统对驾驶员的疲劳程度进行计算和鉴别，如果计算结果超过某一定值，仪表盘上

279

就会闪烁一个咖啡杯的图案，提示驾驶员需要休息。驾驶员疲劳识别系统将驾驶员注意力集中程度作为衡量驾驶员驾驶状态的重要考虑因素。此外，只要打开疲劳识别系统，无论系统是否进行监测，系统每隔 4 h 都会提醒驾驶员需要休息了，如图 9-59 所示。

当疲劳识别系统检测到驾驶员的驾车状态与平时出现差异时将出现如图 9-60 的图标并发出声音提示驾驶者休息。

图 9-59　疲劳识别系统设置图标

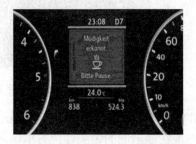
图 9-60　疲劳识别系统提醒状态

3) 注意力辅助系统

奔驰装备的疲劳监测系统被称为"注意力辅助系统"，如图 9-61 所示，这套系统会不断侦测驾驶员的行车方式，如图 9-62 所示。车辆上有 71 个传感器，在 80～180km/h 间的车速范围内检测纵向和横向加速度的方向盘和踏板传感器，系统如果感知到驾驶员正在疲劳驾驶，会提示应当适当休息，如图 9-63 所示。

4) 驾驶员安全警告系统

沃尔沃装备的疲劳监测系统被称为"驾驶员安全警告系统(DAC)"。这套系统在车辆进入容易使司机进入放松状态的笔直、平坦的道路(容易使司机分神和打盹的环境)，以及当车速超过 65 km/h，均会被激活。驾驶员安全警告系统由一个摄像头、若干传感器和一个控制单元组成。摄像头装在风挡和车内后视镜之间，不断测量汽车与车道标志之间的距离，通过数字摄像机发出的信号以及来自方向盘运动的数据监测车辆行驶的路线，DAC 可把异常行驶状况和正常驾驶风格进行对比；传感器记录汽车的运动；控制单元储存该信息并计算是否有失去对汽车控制的危险。如果检测到驾驶行为有疲态或分心的迹象出现，评估的结果是高风险时，即通过声音信号向司机发出警示。此外，在仪表盘上还显示一段文字信息，用一个咖啡杯的符号提示司机休息一会儿。

图 9-61　注意力辅助系统

图 9-62　奔驰 GLK 及 ML 上配置的注意力辅助系统

图 9-63　红框内为奔驰 E 级轿车注意力辅助系统提示

4. 胎压监测系统

首先来了解一下所谓的胎压监测系统，相信这个系统对于大多数人来说还是个新鲜装备，不过要按其功能来讲，它可算是安全性配置当中比较重要的一项，只是在很长的一段时间内都没有被人们所重视。无论您的发动机或者底盘性能有多出色，其终究要通过轮胎与地面的接触才能表现出来，而不正确的轮胎压力往往导致车辆性能不能完全发挥。有数据表明，由爆胎引起的车祸在恶性交通事故中所占的比例非常高，而所有会造成爆胎的因素中胎压不足当属首要原因。当胎压过高时，会减小轮胎与地面的接触面积，而此时轮胎所承受的压力相对提高，轮胎的抓地力会受到影响。另外，当车辆经过沟坎或颠簸路面时，轮胎内没有足够空间吸收震动，除了影响行驶的稳定性和乘坐舒适性外，还会造成对悬挂系统的冲击力度加大，由此也会带来危害。所以合适的胎内气压不仅有助于我们的行车舒适性，更是对安全行车的极大保障。

1) 胎压监测系统的作用

(1) 预防事故发生。

胎压监测系统如图 9-64 所示，属于主动安全设备的一种，它可以在轮胎压力出现危险征兆时及时报警，提醒驾驶员采取相应措施，从而避免严重事故的发生。

(2) 延长轮胎使用寿命。

有了胎压监测系统，我们就可以随时让轮胎都保持在规定的压力、温度范围内工作，从而减少车胎的损毁，延长轮胎使用寿命。有资料显示，当车轮气压比正常值下降 10%，轮胎寿命就减少 15%。

(3) 使行车更为经济。

当轮胎内的气压过低时，就会增大轮胎与地面的接触面积，从而增大摩擦阻力，若轮胎气压低于标准气压值 30%，油耗将上升 10%。

(4) 可减少悬挂系统的磨损。

轮胎内气压过足时，就会导致轮胎本身减震效果减低，从而增加车辆减震系统的负担，长期这样会对发动机底盘及悬挂系统都将造成很大的伤害；如果轮胎气压不均匀，还容易造成刹车跑偏，从而增加悬挂系统的磨损。

2) 胎压监测系统的分类

胎压监测系统可分为"直接式胎压监测系统"和"间接式胎压监测系统"两种。

(1) 直接式胎压监测装置。

"TPMS"是汽车轮胎压力监测系统"Tire Pressure Monitoring System"的英文缩写形式，

也就是通常所说的直接式轮胎压力监测系统。TPMS 第一次作为专用词汇是在 2001 年 7 月，美国运输部和国家高速公路安全管理局(NHTSA)为响应美国国会对车辆安装 TPMS 立法的要求，对现有的两种轮胎压力监测系统(TPMS)进行了评价，并确认直接式 TPMS 优越的性能和准确的监测能力。由此 TPMS 汽车轮胎监测系统作为汽车三大安全系统之一，与汽车安全气囊、防抱死制动系统(ABS)一起被认可并受到应有的重视。

由于受到成本控制，目前将 TPMS 系统作为标准配置的还集中在高端车型上，如：奥迪 A8、宝马 7 系、5 系、X5、奔驰 S 系列、E 系列等。在国内市场上把 TPMS 系统作为标配的汽车品牌主要有：别克君威、君越、克莱斯勒铂锐、新奥迪 A6L、荣威 550 等。

直接式胎压监测装置是利用安装在每一个轮胎里的压力传感器来直接测量轮胎的气压，利用无线发射器将压力信息从轮胎内部发送到中央接收器模块上的系统，然后对各轮胎气压数据进行显示，如图 9-65 所示。当轮胎气压太低或漏气时，系统会自动报警。

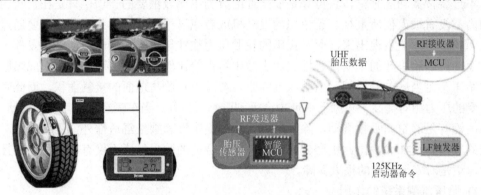

图 9-64　胎压监测系统　　　　　　　图 9-65　直接式胎压监测装置

直接式胎压监测系统的好处是在每一个车轮上都安装有压力传感器和传输器，如果任何一个轮胎胎压低于驾驶员手册上推荐的冷胎胎压 25%时，便会警示驾驶人。其警示信号比较精确，如果轮胎被刺破，胎压快速降低时，直接式胎压监测系统也能立即提供警示。

另外，即便是车胎缓慢撒气，直接式胎压监测系统也能通过行车电脑感知到，直接让驾驶者从驾驶座上检视四只轮胎的胎压数字，从而实时了解到四个车轮的真实气压状况，如图 9-66 所示。

(2) 间接式胎压监测装置。

间接式胎压监测的工作原理是：当某个轮胎的气压降低时，车辆的重量会使该轮的滚动半径变小，导致其转速比其他车轮快，就可以通过比较轮胎之间的转速差达到监视胎压的目的，如图 9-67 所示。间接式轮胎报警系统实际上是依靠计算轮胎滚动半径来对气压进行监测。

图 9-66　新君威和指南者上的胎压监测　　　　图 9-67　间接式胎压监测装置

间接式胎压监测装置成本要比直接式低很多，它实际上是利用汽车 ABS 刹车系统上的速度传感器来比较四只轮胎的转动次数。如果其中一只轮胎胎压较低，这只轮胎的转动次数会和其他轮胎不同，如果采用与 ABS 系统同样的传感器信号，只要车内计算机在软件上作调整，便可以在行车计算机建立新功能，警告驾驶人一只轮胎和其他三只相比胎压较低的信息。

这样使用间接式胎压监测装置的车辆会有两个问题：一是绝大多数采用间接式胎压监测装置的车型都不能具体指示出是哪一只轮胎胎压不足；其次，如果四只轮胎的胎压同时在下降，那么这种装置也就失效了，而这种情况一般在冬天气温下降时尤其明显。二是，当车子行驶过弯路时，外侧轮转动次数会大于内侧轮转动次数；轮胎在沙地或冰雪路面打滑时特定轮胎旋转数会特别高。所以这种计算胎压的监测方法有很多局限性。

由于受到安装成本和中国消费者对汽车安全的认识还不够成熟的因素的影响，国内大多数汽车厂家还没有把胎压监测系统作为标准配置。但随着中国汽车市场国际化进程的加快，行车安全、道路交通的问题也越来越受到管理机构和驾车人的重视，目前国内已经有相关部门准备对胎压监测系统制定行业标准。

项 目 小 结

安全带按固定方式不同可分为两点式、三点式、五点式 3 种；安全带按种类又可分为预紧式和膨胀式两种。

安全气囊的保护原理是：当汽车遭受一定碰撞力量以后，气囊系统就会引发某种类似微量炸药爆炸的化学反应，隐藏在车内的安全气囊就在瞬间充气弹出，在乘员的身体与车内零部件碰撞之前能及时到位；在人体接触到安全气囊时，安全气囊通过气囊表面的气孔开始排气，从而起到铺垫作用，减轻身体所受冲击力，最终达到减轻乘员伤害的效果。安全气囊可分为侧气囊、膝部气囊、头部气囊、行人安全气囊和两级安全气囊。

倒车雷达是汽车泊车或者倒车时的安全辅助装置，能以声音或者更为直观的显示告知驾驶员周围障碍物的情况，解除了驾驶员泊车、倒车和启动车辆时前后左右探视所引起的困扰，并帮助驾驶员扫除了视野死角和视线模糊的缺陷，提高驾驶的安全性；倒车影像是在车尾安装了倒车摄像头，当挂入倒挡时，该系统会自动接通位于车尾的摄像头，将车后状况显示于中控或后视镜的液晶显示屏上。

机械防盗装置有方向盘锁、车轮锁、排挡锁、制动器踏板锁、钩锁和转向锁；电子防盗装置有跳码式电子防盗器和定码式电子防盗器。

行车记录仪也被叫作汽车"黑匣子"。行车记录仪及其配套管理软件起到监测并纠正司机的超速、疲劳驾驶行为；还能记录车辆实时行驶状态，有利于企业对司机和车辆加强管理，有利于社会保险行业对车辆和司机的行驶状态进行监测。

复习思考题

一、填空题

1. 安全带作为汽车发生碰撞过程中保护驾乘人员的基本防护装置，属于_____装置。
2. 按固定方式不同，安全带可分为_____、_____、_____ 3种。
3. 汽车安全气囊系统由_____、_____、_____及_____等组成。
4. 倒车雷达由_____、_____和_____等部分组成。
5. 汽车防盗器有诸多类型，市面上出售的防盗器按结构大致可分为三类：_____、_____和_____。

二、简答题

1. 安全带可分为哪几种？为什么要求安全带和安全气囊同时使用？
2. 如何选择倒车雷达？怎样安装倒车雷达？
3. 汽车防盗装置有哪些种类？如何选择和安装汽车防盗器？
4. 儿童安全座椅如何分类？有何作用？

三、论述题

1. 简述安全带的工作原理及各组成部分的作用。
2. 论述倒车雷达和倒车影像的不同和相同之处，如何进行安装。
3. 论述汽车防盗装置的种类及其安装方法。
4. 简述其他汽车安全装置各自的作用。

四、实训题

围绕汽车安全装置和倒车雷达加装工艺流程等相关理论知识，结合实验室相关加装倒车雷达工具设备和倒车雷达产品制定一份详细的倒车雷达加装流程的理论报告。根据报告在轿车丰田卡罗拉后围板实施倒车雷达加装实训。考核要求如下。

(1) 实训前准备工作；
(2) 后围板倒车雷达加装工艺流程；
(3) 实训结果；
(4) 综合考评倒车雷达加装外部效果、工作效果和理论素养。

项目十 汽车装饰美容企业经营管理

【知识要求】
- 掌握汽车美容装饰店的开设准备事宜。
- 掌握汽车美容装饰店的经营与管理。

【能力要求】
- 能根据行业现状提出汽车美容装饰店建店方案。
- 能对汽车美容店进行人员管理、经营管理。

汽车装饰与美容

一、汽车美容装饰店的开设

1. 汽车美容行业简介

汽车"美容"在西方国家被称为汽车保养护理，它已成为普及性的、专业化很强的服务行业。它是一种全新的汽车养护概念，与一般的洗车打蜡有着本质上的区别。汽车美容应使用专业优质的养护产品，针对汽车各部位材质进行有针对性地保养、美容和翻新。这些产品是采用高科技及优等化工原料制成，它不仅能使汽车焕然一新，更能让旧汽车全面彻底翻新并长久保持艳丽的光彩。

汽车经过专业美容后外观洁亮如新，漆面亮光长时间保持，能有效延长汽车寿命。

汽车美容装饰是通过增加一些附属的物品，以提高汽车表面和内室的美观性，这种行为也叫汽车装潢。增加的附属物品叫作装饰品或者装饰件。根据汽车装饰的部位分类，可分为汽车外部装饰和汽车内室装饰。

2. 经营模式

好的计划是成功的一半。人们都说汽车售后服务市场商机无限，如何踏入这一领域创业呢？这牵涉经营模式和投资模式问题。模式决定效益，模式也能决定运营是否顺利，目前汽车美容服务业的模式有直接投资开店和加盟连锁两种，这两种模式各有利弊。

1) 个人直接投资

直接投资开店意味着一切都是由你做主，在充分享受自由性的同时也要承受更大的压力和责任。首先是品牌要由自己创立、宣传和开拓。其次是技术培训、服务培训要亲自动手。第三是店内的一切运营活动如市场调查、进货、店面装饰设计等琐碎的事务都要靠自己去熟悉。直接投资开店对投资者的要求比较高，既要具备较高的经营能力，又要熟悉汽车美容装饰的知识和服务技巧。

2) 加盟连锁

加盟连锁是赚钱比较快的模式。汽车售后服务市场是一个处于上升期的市场，众多的投资者正准备进入这一行业。目前连锁经营包括直营连锁、特许经营两种形式。

直营连锁是指连锁公司的店铺均由公司总部全资或控股开设，在总部的直接领导下统一经营。总部对店铺实施人、财、物及商流、物流、信息流等方面的统一管理。直营连锁作为大资本运作，具有连锁组织集中管理、分散销售的特点，充分发挥了规模效应。

特许经营是指特许者将自己所拥有的商标、商号、产品、专利和专有技术、经营模式等以特许经营合同的形式授予被特许者使用，被特许者按合同规定，在特许者统一的专业模式下从事经营活动并向特许者支付相应的费用。由于特许企业的存在形式具有连锁经营统一形象、统一管理等基本特征，因此被称为特许连锁。

3. 汽车美容店服务项目

汽车美容店服务项目参照表 10-1。

表 10-1　汽车美容店服务项目

专业洗车、"车宝"增亮	汽车打蜡、镀膜保护	车漆抛光、镜面护理
新车开蜡、漆面增艳	仪表音响清洁上光	座位坐垫清洁养护
顶篷除污、清洁养护	车门内侧清洁养护	室内除臭、杀菌消毒
外装饰件清洁上光	挡风玻璃洁亮防雾	尾箱清洁、杀菌消毒
底盘清洁、防锈养护	门锁门扣防锈润滑	引擎外表清洁翻新
引擎内部免拆清洗	发动机防漏止漏	发动机动力修复
水箱清洁、"三防"治理	汽车空调维护保养	电子喷射油嘴清洁

4. 汽车美容设备

目前大多数汽车美容店开展的项目主要是美容和装潢两大块，因此在这里列出美容和装潢的基础设备和耗材，仅供参考，如表 10-2 和表 10-3 所示。

表 10-2　汽车美容设备

高压洗车机
强力吸尘吸水机
地毯脱水机
抛光机及研磨、抛光盘
地毯甩干机
喷水壶
杀菌消毒蒸汽机
高速抽油机
机油格扳手
洗车海绵、擦车毛巾
空气清洁剂
漏斗

表 10-3　汽车美容耗材

打蜡机及打蜡抛光罩
高级防火水晶蜡
柏油清洁剂
万能防锈润滑剂
研磨剂、抛光剂
多用途浓缩清洗液

续表

皮革护理光亮剂
专用无纺棉、小毛刷
丝绒座椅清洁剂
镀铬抛光剂
沥青清洁剂
玻璃清洁剂
车体防锈保护喷胶
发动机内部清洁剂
发动机油封补漏剂
发动机强力修复剂
水箱清洁剂
自动变速箱防漏剂
轮胎清洁剂
轮胎光亮保护喷剂
发动机外表清洁剂
洗车宝
洗车粉

5. 行业现状

目前，我国汽车美容市场整体而言比较混乱。若以1998—2008年这十年为一个阶段，可以说是"发展中乱，混乱中发展"。经过十年变迁，现代汽车美容店遍地开花，这其中有投资者跟风投资盲目介入的情况，某些"汽车美容全国连锁"公司有意无意的项目炒作也起到了推波助澜的作用。调查显示，目前全国范围内的汽车美容装饰店存在的问题主要集中在以下几点。

(1) 技术层次低，信息不灵通，先进的养护美容技术由于各种原因得不到掌握推广。

(2) 服务形式雷同，没有特色、缺乏竞争力、产品结构层次差。

由于片面了解消费者，进货随意使产品积压。很多店还存着两年前的产品，不能满足消费者的真正需求。

(3) 营业水平较差而导致销售产品能力极低。店面综合管理水平差，包括店面形象设计、客户管理、人力资源、产品供销、售后服务等都缺乏完整有效的管理系统。以上问题虽然存在，但他们仍能获利，这说明汽车养护美容市场仍然存在较大的利润空间，顾客的消费意识、消费观念仍需进一步提高。随着经济的进一步发展，人民生活水平的不断提高，科学理性的消费将成为主流。"四无"店(无专业技术、无专业设备、无专业名牌产品、无服务质量保证)将逐步失去市场。相反，集约经营型汽车服务连锁机构将以其项目齐全、技术精湛、服务快捷方便、质量稳定而越来越受到人们的欢迎。

6. 开业筹备

开业，是指从事生产经营活动之前应事先准备和落实的各项具体事项，不同的汽车美容店经营管理模式不同，经营规模和投入的人力、财力、物力有别，因此，事先准备的程度因人而异。

按照现行办事流程和规则，主要涉及以下几方面内容。

选定经营场所、筹措投资资金、店面装潢装饰、招聘员工、申请注册公司、办理税务登记、办理开户手续，其他诸如员工培训、管理规章、行业审批等。

1) 选定经营场所

选址是汽车美容店成功经营最重要的因素，汽车美容店的投资者应清醒地认识到选址不是凭感觉就能决定的，也不能一味贪求房租低廉。正确的选址方法应该通过选址调查、分析相关因素并参照汽车美容行业的特点，选择一个具有发展潜力的店址。一般而言，汽车美容店选址应该综合考虑并比较以下几方面。

(1) 车辆交通：车辆数量、类型档次。

(2) 步行交通：人数、类型，可判断店址的热闹、繁华度。

(3) 停车设施：停车位、入店铺的容易度，街道栏杆开口位置、车流方向与店址位置。

(4) 店铺群构成：同业或次同业店铺数目和规模、店距、店铺相容性。

(5) 特定地点：店招牌可见度，店址建筑形状、大小、特征，店招牌形状及视角辐射范围。

(6) 开店条件：租赁条件、营运成本、税收、区域规划及区域法规。

下列位置较适宜开设汽车美容店。

① 商务楼、中大型居民社区、大型超市等附近。

② 汽车销售聚集点(街)或车管所、运管处周围。

③ 附近客源充足，有较多宾馆、酒楼及机关单位等。

④ 门面最好位于停车场、加油站或高档住宅区旁。

⑤ 同业或次同业店铺较多的地段。

⑥ 店铺周围道路宽敞，车流量大，车辆进出方便，但不能靠红绿灯太近。

⑦ 店铺门面必须临街，周围环境卫生整洁。

⑧ 店铺门前有较多空地，可同时停放车辆4～6台。

⑨ 门面上方能放置较大的招牌，广告效应好。

⑩ 水源充足，排水条件优越。

2) 筹措投资资金

筹措资金是成功开业的基础和前提，无论选择何种方式或者规模，在正确估算的前提下，必须事先准备足够的投资资金，具体的投资金额因人而异。就资金来源而言，筹措资金的渠道主要有以下几种。

自有资金：即个人所拥有的可变现资产或可利用资金。

银行借款：即向银行提出融资计划。

合资经营：即联合其他人员共同投资，风险和利益共担。

综合融资：即在投入自有资金的前提下，向银行贷款或伙同他人合资经营。

3) 场所装潢装饰

专业汽车美容店通常由操作间(含洗车区和美容区)、办公室、精品屋、接待室、烤漆房等部分组成,其设计、施工的基本要求如下。

结合区域服务市场,确定经营规模和目标;洗车场应该注意环境,造型要美观大方;施工场址要符合城市卫生标准(清洁、整齐、美观);洗车用品应采用正规厂家生产的合格的环保型产品;洗车美容店的设计和投资应咨询专业的公司,并由其制订方案,进行工程监理;水、电管路应离地面一米以上,以确保安全;大、中型的店还应设有卫生间。

(1) 操作区。

操作区是汽车美容店的主要工作区,汽车的美容工作都在此完成。

墙面:操作间墙面装修时,在材料选择上应注意:一是要先选防水材料;二是要选择防腐材料。墙壁以白色为基调,连锁店各分店墙面色调应基本一致。另外,墙面上还应悬挂"汽车美容项目牌"及"标准收费牌"。

地板:操作间进出的台阶应做斜板,斜板的大小、宽度、斜度应与店面相宜,斜板太小会影响店容及进出的方便。营业店面的地板不能太光滑,地板防滑是店内装修的一个要点。新铺的地板应考虑排水问题,有排水沟的一边可低一点。

房顶:房顶以方格(即铝合金框架加较轻的板材)为宜,并悬挂宣传品牌的彩旗。

(2) 办公室。

办公室是店铺管理及财务人员工作的场所,除按照一般办公场所装修外,还应满足下列要求。

墙上悬挂各职能人的岗位职责;

设经理办公桌椅及办公用品;

设财务人员办公柜台,方便收银和开票,一般设在进出口处。

(3) 接待室。

接待室是接待客户和客户休息的场所。由于汽车价格昂贵,车主往往不愿汽车在美容时离开自己的视线。因此,接待室与操作间应用玻璃隔开。这样既能让车主放心,又能增加操作的透明度,让车主了解自己的汽车是怎样由旧变新的。接待室应设置沙发、茶几及饮水机等接待设备。

(4) 精品屋。

精品屋主要是放置一些汽车用品和车迷用品。如汽车护理液、汽车装饰品及各种汽车模型,以满足不同爱好的人的要求。

精品屋内应有以下设置。

橱窗:主要用于摆放产品及其他商品,也用于摆放促销用品及其他展示。

壁橱:用于展品展示,用玻璃材质为宜。

柜台:柜台与壁橱一般是连为一体的,柜台最好放置不遮挡平台的瓶子及其他用具。

(5) 给排水设施安装。

供水:汽车美容对水质的要求不高,但要求有足够的水压和供水量。

排水:店内边线应挖有排水沟,以保证店内不积污水。

水龙头的安装:安装的位置应靠墙角,若店内面积较大,可在不同的方位多装1～2个,要注意操作时方便。还应放一个洗衣机,因为每天要用许多毛巾、浴巾之类的擦抹布具,所以店内应配有洗衣机以保证此类工具的清洁和及时循环使用。

(6) 电力设施安装。

照明：一般汽车美容车间都使用日光灯，有时会遇到夜间作业或采光效果较差的时候，因此照明问题在装修时应考虑光线的充足。

供电插座：供电插座一定要使用质量较好的防水型插座，这是基本的安全问题。一般来说，插座的高度离地面在 30～50cm。

供电量：总开关的负载量应考虑照明、抛光机、清洗机等电器同时作业的功率。如果有烤漆房，应将烤漆房的用电量也考虑进去。

当然，以上所讲的都是一些原则，实际上也可以根据具体情况，按照基本原则进行店址的选择及装修。

4) 招聘经营员工

目前汽车美容企业对外招聘方式主要有以下几种。

店面张贴招聘海报、在媒体上发布招聘信息、到汽修学校预约毕业生。

汽车美容店规模有大小之分，故在人员配备上差异加大。有一定规模的汽车美容店至少应当具备下列人员及分工，至于人员数量的安排，可根据美容店自身情况而定。

汽车美容店的岗位设置及职责参照表 10-4。

表 10-4　汽车美容店岗位及职责

岗　位	职　责
行政店长	服从董事长的领导，直接对董事会负责； 制定各项管理制度，并组织贯彻落实，做到公平，公正，公开，奖罚分明； 制订各项工作计划，督促员工遵守执行，并及时加强监督；制订实施周到的广告宣传计划及售后优惠服务措施； 建立工资与效益挂钩的激励机制，并按规定办事； 负责招聘、培训员工，协调日常工作； 定期检查计划执行情况，对照计划指标，发现问题及时讨论，找寻问题出现的根源，并想办法解决及避免； 协调、处理与行政主管部门的关系； 定期向董事会上报实际作业量、财务状况及盈亏等情况，遇到重大事件或突发事件及时上报董事会，以便协助处理解决
技师	服从经理的领导，安排、协调和督促属下普工的工作； 接车时，同接待人员一起看客户车况，并就所需进行的美容项目向客户提供指导意见； 仔细阅读《派工单》，按其要求进行作业； 作业中要合理安排普工配合自己作业，严把质量关，既要确保效果，又要提高效率； 要严格执行操作规范，避免出现操作失误和工伤事故； 作业完毕，将《派工单》送交财务人员，以便及时打单结算收费； 交车时，向客户讲解本次美容的效果和日常护理注意事项； 不断总结提高，有好的经验和建议及时向经理提出，以便推广应用

续表

岗 位	职 责
普工	服从经理和技师的领导，听从技师的安排，协助技师工作； 努力学习和掌握汽车美容护理技巧及操作规范，不断提高操作水平； 作业中严格执行操作规范，确保作业质量，提高作业效率； 搞好设备日常维护，确保设备工作正常； 打扫、整理作业场地，保持作业场地清洁和物品摆放有序
接待人员	服从经理的领导，接车时协助技师查看客户车况； 接待驾驶员及其车上乘客，做到服务热情、周到； 详细填写《派工单》，安排员工作业，服务项目填写清楚、明确，尽量避免客户与技师等人出现误会； 有针对性地劝说客户增加作业项目及购买美容产品； 检查美容效果，尽量满足客户需求，务必使每一位车主满意而去； 建立《客户登记表》，交与财务人员，以便计算机存档； 及时研究客户资料，加强同客户之间的联系
财务人员	服从经理的领导，认真执行财务制度与相关法规； 按标准收费，为吸引客户，在经理赋予的权限范围内采取恰当的折扣和优惠措施； 计算员工工资并按时发放； 及时向税务部门报税、缴税； 建立计算机客户登记管理系统，及时录入各项数据资料； 定期进行财务结算，按时上报财务报表； 协助经理搞好成本控制和财务分析工作

二、汽车美容装饰店的经营与管理

1. 经营管理

管理是一门艺术，也是一门学问。不同的创业者有不同的管理方法并产生不同的效果。关于管理的问题因人而异，并与创业者的文化底蕴和社会阅历息息相关，在此，我们就汽车美容店所涉及的一些问题提供相对应的策略和措施，供创业者参考。

1) 汽车美容店营销策略

目前，汽车美容店之间的竞争日益加剧，市场开发与营销也就显得越来越关键。前期店址的选择、形象的设计、适度的装修、人员的培训这一切都将通过市场开发与营销去产生效益。

汽车美容行业的营销主要有以下几种。

(1) 会员营销。

会员模式是汽车美容店常用也是必用的一种营销模式，也就是争取做"预收款生意"。凭借会员卡可在店内洗车、汽车美容、护理、装饰，购买汽车精品等，享受购物折扣优惠、

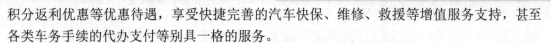

积分返利优惠等优惠待遇，享受快捷完善的汽车快保、维修、救援等增值服务支持，甚至各类车务手续的代办支付等别具一格的服务。

(2) 文化营销。

把企业文化和本店形象贯穿于每个日常经营活动中，可以通过举办汽车评鉴、赛事、车友聚会等活动，突出本企业的文化魅力。可以在此基础上组建以本店为服务基地的车友俱乐部，把生意做到生意之外，市场开发与营销变成了一种不期然的行为。

(3) 服务营销。

服务作为企业经营内容的一部分，不仅要做好，还要创新。对于大、中型汽车美容店，可以针对一辆车提供从拥有到报废的全程优质服务。贴身、贴心的这种保姆级服务层次的服务经营也就把竞争引入了无争的境界，这不是一定要做到，至少可以去尝试努力做到。

(4) 网络营销。

随着上网人数的逐年增加，互联网也已经成为一种媒体，且成为有别于其他传统媒体的新型传播模式。通常买得起车的就肯定上得起网，作为汽车美容店的经营者，要学会合理地利用网络去为自己的营销服务。在力所能及的前提下，建立一个本企业或本汽车美容店的网站，提供网络购物、商品查询、车友论坛、供求委托等服务，充分利用网络的便捷优势，实现充分的互动支持，加强自己与老顾客的联络和感情沟通。

(5) 其他营销。

除了以上介绍的四点之外，市场开发与营销还可以通过价格折扣、发放优惠券、附送礼品、免费送货、积分促销等方式进行。当然，这些策略对于新开业的小型汽车美容店来说或者成本太高而难以实现，也可能过于复杂而不便操作。所以在实际的日常营销工作中要根据自己的实力采取有效的措施，做到既要少花钱又能多办事。学会多动脑筋，举一反三地学习利用所有的营销方式。

汽车美容店营销策略主要包括价格策略、服务策略和宣传策略。

(1) 价格策略。

价格策略主要体现在降价和各种方式的优惠促销。传统的定价策略是根据成本加上毛利率再兼顾竞争因素进行定价。而在现今买方市场环境下，都采用由外而内的定价，即首先考虑消费者的心理接受能力。当我们的价格高于某一界限时，则显得曲高和寡，消费者难以接受；而低于某一界限时，则显其不够品位，同样得不到消费者的青睐。考虑完消费者的接受能力之后再考虑竞争因素，最后才考虑成本因素。

(2) 服务策略。

由于产品有形部分的属性如品质、性能等方面的差异越来越小，消费者享受服务在很大程度上取决于服务无形属性的一面，即企业如何服务顾客。正因为如此，服务营销广受关注，在现代市场营销的地位越来越突出。服务营销要求企业不断改进售前、售中、售后服务，提高服务水平；进行"承诺服务"，让顾客满意；及时传播相关商品和服务信息，公正、诚恳处理顾客投诉；努力使抱怨用户变成满意用户。服务具有不可贮存性，它只存在于特定的时间、特定的地点，一旦错过这个机遇，就不能补救。因此，美容店应特别注意增强服务意识，提高服务质量。

① 提高员工服务意识，倡导人性化服务。员工直接与客户接触，美容店的形象主要是通过员工传递给客户，因此首先要提高一线人员的服务意识，才能提高美容店的整体服务品质。而提升整体服务品质的有效途径是实施人性化服务。所谓人性化服务就是真诚地关心客户，了解他们的实际需要，使整个服务过程富有"人情味"。每一个美容店都应该清醒地认识到：客户的需求是美容店经营的一切出发点和落脚点。提升服务品质能提高客户的满意程度，达到甚至超过客户的期望值，美容店才能发展、壮大。把亲情与友情融入美容店的服务中去，并不断加以创新，超越客户的期望，使整个服务过程充满"人情味"，把服务他人作为工作的乐趣。发自内心地多一句问候，多一个微笑，使客户感受到亲人般的关爱，朋友般的温暖，美容店就会赢得客户的尊重，用服务的魅力牢牢地吸引客户，使之成为美容店的忠诚客户。

② 实施服务质量考核与激励机制，树立服务典型，引导员工实现人性化服务。采取物质、精神奖励两手抓的方式转变员工的服务意识，变被动为主动，变消极为积极。设立服务质量奖及服务质量标兵，通过服务质量先进个人、班组等的评定，评选各阶段、各级别服务标兵与先进个人，通过物质奖励与精神奖励的方式树立服务典型，使之增强责任感与荣誉感，形成一个积极向上的氛围。同时在美容店范围内展开向服务典型学习的活动，请服务标兵讲述自己的成长历程、传授服务经验、交流服务技能，从而带动整体服务水平的提高，逐步实现人性化服务。

③ 从细微处入手，完善服务项目。服务无小事，从与客户接触的每个环节都会反映出美容店的服务水平，美容店必须注重服务过程中的每一个细节，尽可能达到甚至超越客户的期望。如 24h 接听客户咨询电话；耐心解答客户的咨询；对常见客户点一下头、给予一个微笑、多一声问候；雨雪天及时提醒客户注意等，都能反映出美容店员工对客户的关心程度，对于提高美容店的美誉度至关重要。因此，美容店全体员工都应从细微入手，在服务中融入亲情与友情，养成良好的服务习惯。

总之，服务质量是汽车美容店生存与发展的根本。在市场竞争中，谁在服务上先迈出第一步，谁就会取得竞争优势；谁始终领先竞争对手一步，谁就会成为市场的主宰，同时形成兼并竞争对手的强大实力。因此，每一个汽车美容店需要在初期实现与竞争对手在服务上的差异，突出个性化，逐步达到人性化服务目标。通过客户感知后的口碑宣传及美容店采取的各种服务营销措施，最终建立国内汽车美容的第一品牌。

(3) 宣传策略。

汽车美容店对外宣传既是一种公共宣传，也是一种有效的营销手段。经验证明，运用好对外宣传，可以起到事半功倍的效果。随着汽车美容行业的逐渐壮大，汽车美容市场的竞争越来越激烈，要在竞争中取胜，不但要有先进的技术、可靠的质量保证，还要有高人一筹的宣传策略。

前面已经介绍了开业前的广告宣传，正常经营中广告宣传的种类和形式与开业前的宣传基本相似，但宣传的目的和内容有所不同。正常经营中，广告的目的有两个：一是提高美容店的知名度，积累品牌效应；二是增加客源。在广告的形式上，应该以晚报、当地高收入人群比较关注的杂志、电视广告(中小城市)、广告传单和户外广告牌为主。一般来说，晚报、广告传单、杂志和地方台广告对增加客源效果比较明显，而户外广告牌则更有益于提高美容店的知名度。建议经济条件允许的美容店每周五应在晚报上刊登一次广告，每月应在杂志和地方台发布一次广告，广告传单可长期在车流量比较大的地区、主要汽车销售市场和汽车检测场等地长期发送。晚报、广告传单、杂志和电视广告的内容以介绍美容店服务项目、服务价格、服务特色与优势、优惠活动、联系方式等为主，可以适当加入一些技术性资料和服务标识方面的图片。户外广告牌则主要适合于规模较大的美容店，广告的内容主要是美容店的服务标识及联系方式等。由于广告需要投入一定的费用，建议美容店在进行广告投放前应作简单的成本效益分析，广告的成本效益一般用为每一位潜在的消费者投入的广告费用来衡量，根据这个指标确定广告的形式、具体的发布时间、版面位置等。

2) 汽车美容店采购策略

采购渠道，其实就是选择供货商的问题。初次经营汽车用品店的人往往对批发商和厂商方面的情况一无所知，而且目前的汽车用品批发商和厂商为数众多，市场局面庞杂，产品质量参差不齐，款式相似程度很高，这就给店主选择采购渠道制造了许多障碍。对于全部需要自己采购的老板，现在采购渠道基本有两个：直接从厂商采购和从批发市场直接进货。两种渠道对汽车美容店的经营者的要求大不相同，所提供的折扣也有很大差异。不同的方法可以从各种途径获得进货渠道方面的资料。常用方法有以下几种：查阅有关行业的杂志、报纸、电视、网络以及其他行业或团体发行的资料，了解汽车美容行业的最新动态。前往批发市场调查，从中寻找中意的批发商。参观与汽车美容业有关的展示、展览。

在了解了汽车美容市场情况后，就可以选择采购的方式了，一般来说，采购的方式不是一成不变的，经营者可以采取以下三种方式。

(1) 从批发市场集中采购。

和其他商品一样，汽车美容装饰用品也有自己的专业批发市场。现在，各省市都建立了或大或小的汽配或汽车用品批发市场，它们成为了中、小型汽车美容店的主要进货渠道。批发市场的主要优点是品种齐全，可以货比三家，价格相对公道，大多数汽车美容装饰用品几乎可以一站购齐；缺点是产品质量良莠不齐，价格稍微偏高，也可能花了高价钱而进到的是假冒伪劣产品。

(2) 直接从厂家联系进货。

目前许多厂家的销售渠道铺设得非常宽，对于用量比较大的产品可以绕过批发商直接和生产厂家联系。由于少了中间环节，可以大大降低进货价格，而且质量有保障。缺点是要同时和多个生产厂家联系，运输和交易成本较高。另一点，进货量过小，厂家也不会给予太优惠的价格。

(3) 利用网络采购。

电子商务、网络采购现在也不是什么新鲜事物，在进货时可以尝试一下。如今许多厂商已经把广告做到了互联网上，可以很轻易地找到他们并联系进货。网上的汽车用品超市也发展得如火如荼，银行结算系统可以使需求者在网上直接下单，而依托完善的物流服务则可以尽快将商品送到你手中，省去了许多周折。学会利用互联网，会为你提供很多商品和便利。

3) 汽车美容店促销策略

汽车美容店在营销中做得最多的大概就是经营中的促销了。促销这个手段由来已久，不同的汽车美容店有各自不同的促销策略，如果能审时度势、抓住机会，再加上一个好的创意就能取得很好的市场效果。而店面的促销策略则应该在吸收一般零售店铺销售经验的基础上结合专卖店的特征突出店面特色。促销是一种长期的营销手段，能够直接提高店面的销售额，而且容易聚集人气，提高店面在商圈内的影响力。下面就介绍一些促销的策略。

(1) 样品促销。

样品是指免费提供给车主或供其使用的商品。样品可以为重点客户单位送上门或邮寄发送，在汽车美容店内可以向所有对样品感兴趣的车主提供或附在其他消费商品上赠送。

(2) 优惠券促销。

优惠券是汽车美容店印刷的用于本店范围内的促销证明，通常做成票据样。持有优惠券的车主可以用它来购买某些特定商品时冲抵一部分现金，或用它使部分汽车美容装饰服务达到特定的折扣。店方在使用这一促销模式时应注意优惠券的真实性。

(3) 折扣促销。

折扣促销和优惠券促销差不多，不同之处是折扣促销是在购买或服务发生之后付款时对其进行打折优惠。而优惠券则是预支了这种优惠折扣。适时推出系列打折促销，对那些财力不足的消费者有着很大的购买诱惑。

(4) 赠品和特价促销。

赠品是指以较低的代价或者免费向顾客提供某一商品，以刺激购客购买某一特定品牌商品。做赠品促销时最好联合生产厂家一起做，否则只由经营者自己提供赠品往往成本太高。特价商品是指以低于正常商品的价格向顾客提供商品，这种价格通常在外包装的醒目位置予以标明。

(5) 奖励促销。

奖励是车主在本店购买商品时向他们提供获得的物品、现金的行为。例如在冬季来临时向全体车友免费赠送汽车防冻液；在本店更换油品及三滤的车主免费奖励一瓶玻璃水；购买会员金卡的车主免费提供一项汽车美容服务等。

(6) 试用促销。

试用促销是指将商品送给一些顾客，让他们免费试用以刺激他们对该品牌产品的兴趣。

(7) 质保促销。

在车主对商品品质越来越看重的情况下，商品质量保证就成为一种非常有效的促销方式。特别是对一些技术含量较高的耐用品，如汽车 GPS、汽车音响系统等商品，应承诺保修期，有条件的可以联合厂家实行一定时期内包换和免费维修，这就解决了车主消费的后顾之忧。

(8) 展会促销。

行业展会是业内同行的聚会，有一定经营能力和渴望把生意做大的汽车美容店都应该积极地参与行业展会的促销，这样可以推销自己。积极参加、参观可获得如下一些好处：

开创新的进货渠道,维持与业内同人的亲密联系,了解新产品及市场动向,结识新客户,从另一个侧面了解车主消费的趋势。

2. 业务管理

1) 服务流程示意图

服务流程图如图 10-1 所示。

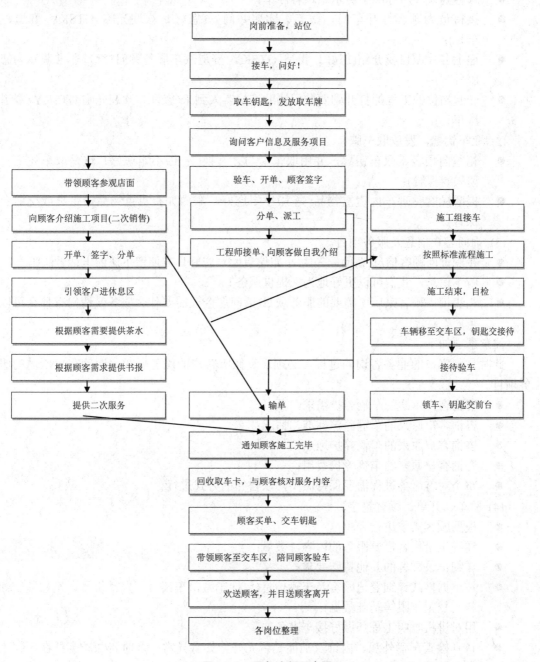

图 10-1 服务流程示意图

2) 服务流程详解

岗前准备、站位：上班时各岗位人员检查自己的用品、工具是否齐全、完好。摆放是否合理、整齐，区域卫生是否达标。不足之处及时补充及整理；检查完毕之后，接待人员和技术人员轮流到指定位置站岗(按标准站姿站位，要精神抖擞)等待顾客到来。

(1) 接车、问好。
- 顾客到来，用标准手势示意顾客停车；
- 接待员为顾客打开车门，微笑、鞠躬并问好(您好！欢迎光临 GTSKY 赛道汽车！)；
- 递上名片做自我介绍(您好！我是 GTSKY 赛道汽车服务顾问***，非常荣幸为您服务！)；
- 一起站位的工程师打开副驾驶门协助迎接客人到来(您好！欢迎光临 GTSKY 赛道汽车！)。

(2) 取车钥匙，发放取车牌。
- 礼貌向顾客索取车钥匙，并用取车卡与之互换(先生/小姐您好！这是取车凭证，请妥善保管)；
- 提醒顾客整理车内贵重物品(先生/小姐您好！车内如有贵重物品请带离或交前台保管)。

(3) 询问客户信息及服务项目。
- 礼貌询问顾客信息(请问：先生/小姐您贵姓？您好！方便留下您的电话号码吗？)。
- 留下信息，我们可以更好地为您提供服务！
- 礼貌询问顾客来店所需要的服务项目(请问您今天需要什么服务或请问有什么可以帮您？)

注意事项如下。

此时是和客户的业务咨询的过程，必须认真倾听客户的服务要求，明确客户所需的服务项目。

- 咨询客户本次的车辆养护需求，项目；
- 咨询客户原来的车辆养护标准，情况；
- 咨询客户原来的车辆养护地点；
- 咨询客户原来的车辆养护费用；
- 整个对客服务过程需要保持微笑，以自然的方式进行。

(4) 验车、开单、顾客签字。
- 根据顾客需求进行开单；
- 详细记录顾客需要服务的内容，数量；
- 详细记录顾客的其他特殊要求；
- 按单据格式详细登记顾客及车辆信息(包括车型，车架号，发动机号，里程数，油料，登记年限等基础数据)；
- 用对讲机呼叫工程师做好接车准备；
- 认真检查车辆外观、内饰及功能是否完好，如有异常，及时告知顾客并在单据上做出明确标注；
- 根据检查的情况给车主提出保养建议(第一次销售)；

- 重复一遍顾客所需要的服务内容及车身检查情况，让顾客确认并在单据相应位置签字确认。
- 先生(小姐)您好！您今天需要的服务有****，您看对吗？
- 先生(小姐)您好！您车身有****处划伤(内饰***处有****损伤)请确认！
- 再次确认车内无贵重物品(请再次确认车内没有其他贵重物品！)。
- 这是今天您所需的服务内容和车身情况，您看对吗？如果正确，请在这里签字确认！
- 告知顾客大致所需的施工时间(今天为您服务大概需要****小时！)。

(5) 分单、派工。
- 接待员根据工程师轮班情况进行派工；
- 单据填写清楚后第一联送至收银台，第二联交予施工工程师，第三联留底；
- 用对讲机呼叫被派工工程师前来接车(把施工工程师姓名写入单据相对应位置)；

注意事项：工程师听到对讲机呼叫马上到位，不得拖沓，防止因为等待时间过长而引起顾客不满。

(6) 工程师接单、向顾客做自我介绍。
- 工程师到来后向顾客做自我介绍；
- 先生(小姐)您好！我是 GTSKY 赛道汽车美容(保养/改装)工程师***；
- 很高兴为您服务！请您尽管放心，我将会像呵护皮肤一样呵护您的爱车；
- 如果还有其他需要请您尽管吩咐；
- 如果顾客需要，根据单据信息对接下来的操作给顾客做简要介绍；
- 迅速检查核对车辆情况，告知顾客施工大概所需时间；
- 今天为您提供服务大概需要***时间！
- 您请到二楼休息片刻，我马上为您施工。

注意事项：所有的工作人员必须记住顾客的姓氏及职位。第二次见到顾客必须用姓氏+职务作为称呼。

(7) 带领顾客参观店面。
- 安排妥当后邀请顾客参观展厅(请允许我陪您参观一下我们的展厅，这里有 GTSKY 很独特的产品，谢谢！)。
- 我们是业界首创以车辆 SPA 的理念和服务方式开展车辆美容服务的公司。
- 我们的服务宗旨是：像呵护皮肤一样去呵护您的爱车！
- 我们的服务模式是：点对点服务！
- 我们突破了传统的汽车美容方式，推行绿色、环保、健康的用车理念。采用(产品信息)环保产品对您的爱车进行护理。
- 我们在车辆清洁时采用了环保(产品信息)清洁原料，首先以人工喷涂的方式为客户车辆进行车身去污喷涂，绝不直接擦拭车身，因为汽车在行驶时污渍、灰尘、泥沙会附着于车身表面，直接擦拭会对车漆造成很大的损伤。
- 在清洁液均匀喷涂全车车身后再清水配合适合的水压对车辆进行冲洗，冲洗时我们将对应车漆保护的水蜡同时进行，有效避免车身污渍，灰尘，泥沙在车身吸附。

- 完成冲洗后我们将用麂皮对车身进行擦拭，这使得车身已经非常洁净。
- 合理地保养车漆可以使车漆长期保持良好的光泽度，让爱车更加保值。
- 我们在清洁的过程中还将对空调口、地毯、内饰、玻璃甚至车内的任何边角进行整理和清洁。
- 详细情况请了解一下我们的资料(对应报价单做介绍，着重会员卡的销售)。
- 这里是深圳第一家以汽车运动为主题的员会CLUB，以汽车运动为主要设计元素；
- 介绍上网区；
- 介绍游戏区；
- 介绍精品区；
- 介绍赛服展示区；
- 介绍商务休闲区；
- 介绍聊天交友区；
- 介绍影视区；
- 介绍书刊区；
- 介绍我们的自助吧台；
- 介绍我们的5个大车会(奔驰、宝马、保时捷、奥迪、法拉利)；
- 我们定期举办不同的party；
- 介绍不定期的自驾游；
- 介绍不定期开展的赛道体验日；
- 介绍不定期开展安全驾驶培训及活动(企业、学校、4S店)；
- 介绍每周进行的卡丁车训练和培训；
- 介绍定期的赛事观摩(F1、WRC、CTCC、CRC、足球、篮球、羽毛球、高尔夫)。

(8) 向顾客介绍施工项目(二次销售)：参观的同时深入介绍我们的会员卡及各种项目，尽最大努力达成二次消费。

(9) 开单、签字、分单：如达成二次消费，应及时为顾客的需求开出服务单(开单详细同接车开单)并传给相关施工班组和服务台(如没有二次消费，此步骤略过)。

(10) 引领顾客进入休息区。
- 介绍完会员区，根据顾客兴趣带领顾客到相应区域体验；
- 对顾客喜欢的区域做引导式的介绍。

(11) 根据顾客需求提供茶水。
- 介绍完自助吧台后询问顾客需要喝的饮料或者茶水(我们这里有自助咖啡、果汁；商务区有自助茶水，您需要喝点什么呢？)；
- 协助顾客取用茶水(这是您需要的***，请慢用！)。

(12) 根据顾客需求提供书报等其他服务。
- 为顾客上完茶水后，询问顾客是否需要看书报(先生/小姐您好，您是否需要看看杂志或报纸)；
- 如果是多位顾客，可以向顾客提供象棋、围棋、跳棋等休闲娱乐设备；

(13) 会员区员工时刻关注顾客动向，及时提供服务。
- 随时注意台面的清洁；
- 顾客饮用可续杯茶水时及时续加茶水。

注意事项：此服务需要重复进行，直至顾客离开店内。

(14) 输单：收银员在接到服务顾问传递过来的单据时，第一时间对单据进行审查(资料填写是否完善，格式是否正确)并按照单据项目及时把相关数据准确无误地录入电脑。

(15) 施工组接车。
- 工程师自我介绍完毕，与服务顾问交接车钥匙。
- 工程师接车后核对车辆情况，保持取车副卡、车钥匙、施工单等所交物品完整，将施工单统一放于客户车仪表台处；
- 驾驶车辆进入施工区。

注意事项：如接车工程师未取得汽车驾驶资格则由其他取得汽车驾驶资格的人员代为完成；店内驾驶车辆，车速一律不许超过 5km/h。

(16) 按照标准流程施工。
- 工程师严格按照单据开具的项目进行施工，特别注意顾客的特殊需求，杜绝遗漏施工现象的发生；
- 如发现车辆有服务顾问未发现的问题或需要进行施工处理的项目，及时通知服务顾问，由服务顾问告知顾客；
- 工程师必须坚守岗位道德，杜绝越单施工或口头吩咐施工；
- 施工操作严格按照规定流程进行，专心操作、严把质量关、确保准时出品；
- 施工结束后自检：施工结束后对施工质量、是否有挪动顾客用品(如停车卡之类)自检，如有则整理内饰详细交接于服务顾问或在车主验车时亲自向顾客说明。

(17) 车辆移至交车区，钥匙交接待。
- 自检完毕把车辆移至交车区，锁好车门；
- 工程师将取车副卡、车钥匙、施工单确认，将详细施工情况及建议填写完整后一齐交至服务顾问；
- 并再次口头交接施工情况和操作中遇到的其他事项。

(18) 接待验车。

服务顾问在接到钥匙后第一时间对车辆进行查验(着重检查车辆的施工是否合格，核对顾客需求是否完成)。如有不合格之处，立即通知工程师进行弥补，切不可把问题暴露在顾客面前。

(19) 锁车、钥匙交前台。
- 检查核对完毕，锁上车门，将取车副卡、车钥匙、施工单交前台；
- 前台确认签收，将副卡、车钥匙、施工单放回对应格栅框内，以便对号入座方便正确快速取物。

(20) 通知顾客施工完毕。
- 服务顾问交付钥匙后及时通知顾客车辆施工完毕；
- 先生(小姐)，您的爱车已经施工完毕。
- 对不起，让您久等啦。
- 请顾客带好取车卡至前台办理取车手续；
- 请带好随身物品和取车牌，这边买单。

(21) 回收取车卡，与顾客核对服务内容。
- 顾客到来时起身迎接(微笑问好)：您好！买单吗？请出示取车牌！

- 收回顾客手中的取车卡，并根据取车卡找出钥匙、单据。
- 根据单据迅速打印消费小票与顾客进行核对：先生(小姐)您好！这是您的消费项目，您的消费一共是***元，请确认！

注意事项：认真核对取车牌，正、副卡必须一致。坚决不允许有拿错钥匙、买错单等现象发生。为顾客买单要迅速，不能让顾客因为买单时间过长而不满(在服务顾问上交钥匙后，收银员即可打印结算小票等待顾客到来)。

(22) 顾客买单，交车钥匙。
- 顾客核对消费无误时，及时为顾客提供买单服务。
- 询问顾客的支付方式：请问您是刷卡还是付现金呢？
- 收到现金后报出收到欠款数：一共收您***元，需要找您***元，请稍等！
- 如果是刷卡：您的消费一共是***元，请确认并输入密码！
- 买单结束后起立，双手将零钱和车钥匙递给顾客：您好！这是找您的零钱和您的车钥匙，请核对收好！
- 顾客离开时鞠躬欢送顾客：谢谢光临，请慢走！
- 顾客买单时，服务顾问用对讲机通知为之服务的工程师一同为顾客验车。
- 工程师接到通知后，迅速到取车区等候顾客取车。

(23) 带领顾客至交车区，陪同顾客验车。
- 服务顾问引领顾客至取车区：这边请！
- 到达车辆旁，工程师向顾客介绍施工情况及使用注意事项。如：镀膜后24小时不可淋雨；贴防爆膜后24小时不可升降车窗。
- 服务顾问询问对施工质量的满意度：希望您能给我们留下一些改进意见，谢谢！
- 顾客验车完毕，服务顾问打开驾驶室车门，欢送顾客：感谢您给我这次为您服务的机会，希望下次还能继续为您服务！

(24) 工程师打开副驾驶车门，欢送顾客。
欢送顾客，并目送顾客离开：顾客上车后，轻轻为顾客关上车门，并指挥车辆驶出停车区。面带微笑，目送顾客离开！

(25) 各岗位整理。
- 顾客离开后，各岗位人员立即回到各自岗位整理刚才服务用过的工具物品；
- 易耗品及时补充；
- 打扫区域卫生，用品、设备摆放整齐，准备迎接下一位顾客；
- 服务顾问和收银员协作及时整理顾客资料及消费情况，并传达给相应工程师及售后服务部；
- 牢记顾客的消费习惯及消费情况，以便于做好售后跟踪服务及再次服务。

3. 汽车美容店员工管理策略

员工的工作态度、工作责任心及工作能力直接影响到汽车美容店的业绩，为此汽车美容店应建立有效的激励机制，最大限度地调动员工的积极性。

1) 人力资源管理

(1) 职员配置。

不同规模的汽车美容店职员配置与数量不同。

(2) 职员工作职责。

大型规模的汽车美容店经理的工作职责如下。

① 服从董事长的领导，直接对董事会负责；

② 制订各项管理制度，并组织贯彻落实，做到公平、公正、公开、奖罚分明；

③ 制订各项工作计划，督促员工遵守执行并及时加强监督；

④ 制定实施周到的广告宣传计划及售后优惠服务措施；

⑤ 建立工资与效益挂钩的激励机制，并按规定办事；

⑥ 负责招聘、培训员工，协调日常工作；

⑦ 定期检查计划执行情况，对照计划指标，发现问题及时讨论，找寻问题出现的根源，并想办法解决及避免；

⑧ 协调、处理与行政主管部门的关系；

⑨ 定期向董事会上报实际作业量、财务状况及盈亏等情况，遇到重大事件或突发事件及时上报董事会，以便协助处理解决。

中小型规模的汽车美容店经理的工作职责参照执行。

(3) 技师工作职责。

① 服从经理的领导，安排、协调和督促下属普工的工作；

② 接车时，同接待人员一起查看客户车况，并就所需进行的美容项目向客户提供指导意见；

③ 仔细阅读《派工单》，按其要求进行作业；

④ 作业中要合理安排普工配合自己作业，严把质量关，既要确保效果，又要提高效率；

⑤ 要严格执行操作规范，避免出现操作失误和工伤事故；

⑥ 作业完毕，将《派工单》送交财务人员，以便及时打单结算收费；

⑦ 交车时，向客户讲解本次美容的效果和日常护理注意事项；

⑧ 不断总结提高，有好的经验和建议及时向经理提出，以便推广应用。

(4) 普工工作职责。

① 服从经理和技师的领导，听从技师的安排，协助技师工作；

② 努力学习和掌握汽车美容护理技巧及操作规范，不断提高操作水平；

③ 作业中严格执行操作规范，确保作业质量，提高作业效率；

④ 搞好设备日常维护，确保设备工作正常；

⑤ 打扫、整理作业场地，保持作业场地清洁和物品摆放有序。

(5) 接待人员工作职责。

① 服从经理的领导，接车时协助技师查看客户车况；

② 接待驾驶员及其车上乘客，做到服务热情、周到；

③ 详细填写《派工单》，安排员工作业，服务项目填写清楚、明确，尽量避免客户与技师等人出现误会；

④ 有针对性地劝说客户增加作业项目及购买美容产品；

⑤ 检查美容效果，尽量满足客户需求，务必使每一位车主满意而去；

⑥ 建立《客户登记表》，交与财务人员，以便电脑存档；

⑦ 及时研究客户资料，加强同客户之间的联系。

(6) 财务人员工作职责。

① 服从经理的领导，认真执行财务制度与相关法规。

② 按标准收费，为吸引客户，在经理赋予的权限范围内采取恰当的折扣和优惠措施。

③ 计算员工工资并按时发放。

④ 及时向税务部门报税、缴税。

⑤ 建立计算机客户登记管理系统，及时录入各项数据资料。

⑥ 定期进行财务结算，按时上报财务报表。

⑦ 协助经理搞好成本控制和财务分析工作。

(7) 员工守则。

① 工作态度。

a. 做到顾客至上，热情礼貌。对顾客要面带笑容，使用敬语，"请"字当头，"谢"字随后，给顾客以亲切和轻松愉快的感觉。

b. 努力赢得顾客的满意及店铺的声誉，提供高效率的服务，关注工作上的技术细节，急顾客所急，为顾客排忧解难。

c. 给顾客以效率快和服务良好的印象，无论是常规的服务还是正常的管理工作，都应尽职尽责。一切务求得到及时圆满的效果。

d. 员工之间应互相配合、真诚协作、不得提供假情况，不得文过饰非，阳奉阴违。

② 服从领导。

a. 员工应切实服从领导的工作安排和调度，按时完成各项任务，不得无故拖延、拒绝或终止工作。

b. 遇疑难问题，应从速向直属领导请示。

③ 仪容仪表。

a. 着装。

汽车美容店所有员工在工作场所的服装应统一、清洁、方便，具体要求如下。

- 员工必须身着统一的制服，服装须保持整洁，不追求修饰。
- 衬衫无论是什么颜色，其领子与袖口不得有污秽。
- 鞋子保持清洁，如有破损应及时修补，不得穿带钉子的鞋。
- 女性职员要保持服装淡雅得体，不得过分华丽。

b. 仪表。

- 头发整齐，保持清洁，男性职员头发不宜太长。
- 面部洁净、健康，不留胡须，口腔清洁。
- 随时保持手部清洁，不留长指甲，指甲缝无污垢，女性职员涂指甲油要尽量用淡色。
- 上班前不能喝酒或吃有异味食品，工作时不许抽烟。
- 女性职员应化淡妆，给人清洁健康的印象，不能浓妆艳抹，不宜用香味浓烈的香水。

c. 严守机密。
- 未经批准，员工不得向外界传播或提供有关店内的资料。
- 店内的有关文件及资料不得交给无关人员。
- 如有查询，可请查询者到经理办公室。

④ 讲究卫生，爱护公物。
　　a. 养成讲卫生的习惯，不随地吐痰、丢纸屑、果皮、烟头和杂物。如在店内发现有纸屑、杂物等，应随手捡起来，以保持店内清洁优美的环境。
　　b. 爱护店内的一切工作器具，注意设备的定期维护，节约用水、用电和易耗品，不准乱拿、乱用公物，不得把有用的公物扔入垃圾桶。

(8) 员工服务细则。
① 员工应遵守店内一切规章及公告。
② 员工应举止文明，对顾客要热情、礼貌。
③ 员工应接受上级主管的指挥与监督，不得违抗，如有意见应于事前述明核办。
④ 员工应维护本店信誉，凡个人意见涉及本店方面者，非经许可不得对外发表，除办理本店指定任务外，不得擅用本店名义。
⑤ 员工不得经营或出资与本店类似及职务上有关的事业或兼任本店以外的职务。
⑥ 员工应保守业务上的一切机密。
⑦ 员工执行职务时，应力求务实，不得畏难规避、互相推诿或无故拖延。
⑧ 员工处理业务应有成本观念，对一切公物应加爱护，公物非经许可不得私自携出。
⑨ 员工对外接洽事项应态度谦和，不得有骄傲满足以损害本店名誉的行为。
⑩ 员工应彼此通力合作，同舟共济，不得有妄生意见、吵闹、斗殴、搬弄是非或其他扰乱秩序的事发生。
⑪ 除必要的试车外，不得动用客户车辆。

2) 工薪人事制度
(1) 奖惩制度。
对于业绩突出的员工要进行奖励，对于工作中出现差错的员工要进行处罚，做到奖惩分明。汽车美容店对员工奖励的形式有奖金奖励、荣誉奖励等。奖金奖励分为定期奖励和临时奖励。定期奖励一般在月末、年终进行，当月度考核或年度考核时，达到优秀级别、良好级别的员工，经理应根据美容店的盈利状况给予奖金奖励，并在员工会议上点名表扬，年终奖励应颁发荣誉证书。这一方面是给予员工与其劳动付出相对等的报酬；另一方面可以大大提升被奖励员工的忠诚度，同时激励后进员工努力工作。需要说明的是，即使美容店经营出现亏损，只要员工在考核中获得优秀或良好的评定结果，也应该奖励，这种情况下奖励的数额可以少一点。

(2) 工资制度。
汽车美容店应按照员工的职位、岗位、工作资历、工作能力等情况制定工资标准，为激励员工，美容店每年对工资都要有一定幅度的上调。当员工在美容店连续工作满一定年限后，应该按月在其原有工资的基数上增长一定的数额。这个工作年限一般定为一年为宜，具体的增长数额可以根据美容店的经营业绩、员工的工作时间长短、员工的工作岗位、职位高低以及以往工作表现等确定。一般技术类岗位的员工增长数额在工作时间相同的情况下应比其他岗位的员工高一些，职位高的员工增长数额应高于职位低的员工。

(3) 晋升机制。

为培养懂技术、会管理的人才，为激励员工积极向上的意识，汽车美容店应建立晋升激励制度。这项制度旨在通过给员工设定一个目标，只要员工努力工作，经年终考核达到晋升的条件，即可晋升到更高一级的职位上，既实现了美容店的经营目标，也实现了员工的个人理想。具体做法是将每一个岗位分成 1~3 个职级，只要员工在较低的职级上工作满一年，经年终考核获得优秀，就可直接升任高一级的职级，年终考核评定为良好的员工可以晋升半级，累计两次评定为良好可升任一级。连续 3 年晋升一级的员工则可以升任该部门的副职，如果在部门副职的岗位上连续 3 年晋升一级，则任命为该部门的主管。

(4) 股份机制。

为保留人才，将员工利益和汽车美容店利益有效地结合在一起，有条件的汽车美容店应建立股份机制。该制度通过把员工的劳动和积累转化为汽车美容店资产的方式，使有贡献的员工成为汽车美容店的合伙人。具体实施方案是：只要员工在汽车美容店连续工作满一年后的年度考核时取得优秀或良好的评价，就可以获得投资人赠予的汽车美容店的股份，如果员工不离开本店，就可以以股东的身份参与汽车美容店的利益分配；如果职工离开本店，那么该股份就由汽车美容店无偿收回并在汽车美容店的全体股东中按持股比例分配。当一名员工持有汽车美容店股份达到一定比例后该计划终止，此时如果该股东离开美容店，无疑将失去一笔财富；而留下继续为汽车美容店效力则可继续享受汽车美容店的利益分配。这也是留住人才的一个方法，值得经营者参考。

4．汽车美容店客户管理策略

1) 市场分析

要开发市场首先要了解市场，汽车美容店对市场分析的内容包括以下方面。

(1) 对市场范围的分析。

每一个汽车美容店都有一个服务区域，这就是市场范围。该范围确定后就必须了解辖区的汽车保有量，还必须细分高档车保有量和低档车保有量，私家车保有量和公务车保有量。

(2) 对消费者的分析。

消费者消费水平的高低决定了消费者对汽车美容这种消费方式的接受程度。消费水平较低的欠发达地区相对于发达地区更具有排斥性，那么对前者，必须采取具有亲和力的低价位策略，对于后者，可以采取高价位以体现其高品位。

(3) 对社会文化的分析。

法国文化部长曾说，企业的竞争从表面上看是质量的竞争，深层的看是管理的竞争，更深一层是机制的竞争，最终却是文化的竞争。麦当劳在卖快餐的同时也在出售快餐文化。正是这种具有时代气息的文化魅力吸引着广大消费者，这势必会影响他们的消费行为。受传统观念影响的人比较节俭，注重护理效果，消费行为也较理智。而迷恋现代汽车文化的消费者注重实体以外的东西，他们认为汽车是时代的象征，他们对车怀有特殊情结，车是现代生活的标志，车可以表达个性，可彰显地位和身份。通过汽车美容，可以表达他们对车的感情。

(4) 对竞争对手的分析。

汽车美容店应随时了解、收集竞争者信息并进行分析，以避其锋芒，攻其不备。了解和分析的内容如下。

一是竞争对手的数量：辖区内有多少汽车美容店、有多少竞争品牌。

二是竞争对手服务质量：其他店的工艺水平是否有独到之处，优点在哪里，缺点在哪里。

三是竞争对手工艺水平：其他店的服务水平如何，是否热情、周到、规范合理。

四是竞争对手广告运作：是否常有促销活动，是否有广告宣传，效果如何及其营销策略。

五是市场份额：市场占有率、知名度、信誉度如何都是应当考察的方面。

通过以上分析就可以知道消费者是追求美容后的视觉效果以及由此而产生的心理满足，还是追求美容的护理功能。在进行以上的初步分析之后，你就可以对市场进行细分，哪一部分是你可以争取的潜在客源。并将具有战略价值的细分市场确定为目标市场，目标市场就是我们的营销考虑的对象。

2) 客户开发

(1) 分类开发新顾客。

新顾客开发是打败竞争对手和扩大经营规模的必然选择。新顾客的来源通常有两类，一类是新增汽车用户，另一类是从其他汽车美容店转移过来的顾客，因此应分别针对这两类客源采取适宜的开发策略。

在过去，汽车的拥有者大多以企事业单位为主，而近些年随着小型汽车越来越多地走入寻常百姓家，形成了一个渐渐庞大的私家车群体，这些先拥有小型车的人同时也是汽车美容市场的主力军。为体现个性、品位，他们不惜在自己的汽车上投入，这就要求汽车美容店的经营者们拿出不同的销售策略，开发公务车和私家车的顾客。

公务车的使用者主要是各级政府机关、团体及各种企事业单位，他们是一种集团消费，往往一单生意就是店铺正常一个月的营业额。掌握集团消费的重点是有两个：首先就是要主动出击，对可能的集团消费紧追不放。其次，不能当作散客对待，应当给予大买主应有的待遇，包括价格的优惠、特殊的服务、满足特殊的要求，甚至给予一定的商业信用。为此，店铺应直接与公务车较多的单位联系，向他们发出参加开业酬宾的邀请函和临时贵宾卡，并许诺凡在试营业期间和开业当天到店铺内进行汽车美容装饰的客人能获得特别的优惠。在邀请函中可注明"开业后不再发放同等优惠或更优惠的消费卡"，为了信守承诺，开业以后再次发放优惠卡时，优惠幅度应低于开业前所发出的优惠卡；如果优惠幅度高于开业前所发出的优惠卡，则应做出特别说明。

私家车顾客的开发一般使用直接向车主发放优惠卡的方式进行，比如可以直接到居民住宅小区向居民投放优惠卡、邀请函；也可以通过私车拥有量较高的单位向单位内部的车主发放优惠卡。此外，还可以到附近的汽车销售公司、加油站以发放小礼品的方式夹带优惠卡、邀请函；或派专人到繁华地段的商业区向过往行人散发优惠卡、邀请函等。

抓住客源的关键是在消费者购买汽车时就使之成为本汽车美容店的顾客。具体的策略是汽车美容店与当地的汽车销售商建立战略合作关系，汽车销售商每卖出一辆汽车就送一张会员卡，并且可以在一定期限内享受一次免费或特别的优惠服务，从而最大限度地吸引新增汽车用户。

将其他汽车美容店顾客转移到自己店的难度要大于吸引新增汽车用户。促使其他汽车美容店的顾客转移到自己店需要做很多工作，付出的代价也很大。首先，应对当地其他汽车美容店的服务情况、顾客等有所了解，然后分析这些汽车美容店的不足及其顾客的真实需求。同时加强自己店的服务和管理，保证其他汽车美容店的顾客在自己店能够获得满意的服务。然后通过优惠活动、市场调查等与其他汽车美容店的顾客进行接触，承诺只要这些顾客用其他汽车美容店发给的会员卡或优惠卡就可以换取一张自己店的会员卡或优惠卡，并给予他们比原来常去的汽车美容店更多优惠。

(2) 巩固老顾客。

巩固老顾客对店铺的经营发展至关重要，因为只要留住全部老顾客，店铺的业务量就只会增加不会减少。再次光临的顾客可为企业带来25%~80%的利润，相反，如果老顾客流失严重，除了要蒙受一定的经济损失外，还有两个不利的方面：一方面为了开发新顾客要投入大量的资金；另一方面，流失的老顾客很可能把对本店不好的信息传递给潜在的消费者，从而增加了开发新顾客的难度。为此，对老顾客必须做好前期服务和后续服务两项工作。

前期服务：指在提供汽车美容装饰服务之前为老顾客提供的服务。具体工作内容包括：每月向老顾客投递宣传广告，介绍店铺的新增服务项目和各种优惠活动，重要节日向老顾客递送贺卡等。

后续服务：指每次到店里接受汽车美容装饰服务后向其提供的服务。主要工作内容包括：了解美容装饰的效果和顾客的满意程度，提供技术指导和技术咨询服务，为顾客解决技术上的难题，提供零配件和备用件的服务等。

建立档案：应该在日常经营记录的基础上做好顾客资料档案，这既可以方便与顾客联系，又能够准确地计算各种消费积分。建议制定顾客积分卡和与顾客档案积分相结合的消费积分记录，因为如果消费者到店里消费时没有携带积分卡，就可以先在顾客档案里记载，并附注未计入积分卡，等以后方便时再补记到积分卡上。这样，当顾客来店铺里接受服务时，根据其积分卡上的信息，服务人员就可以为顾客提供最有针对性的服务。

加强联络与宣传：汽车美容店在对老顾客非服务期间要做好联络和宣传工作。具体工作内容是每月向老顾客投递宣传广告，介绍汽车美容店的新增服务项目和各种优惠活动；每两个月与老顾客进行一次电话交流，了解顾客最近是否需要汽车美容养护服务，是否需要汽车美容店帮助的其他事项；重要节日向老顾客寄送贺卡等。

确保服务质量：优质的服务是巩固老顾客的重要保证。而吸引老顾客再来的因素中，首先是服务质量的好坏，其次是产品本身，最后才是价格。可见服务质量对巩固老顾客的作用，为此汽车美容店各岗位员工都要做到热情服务、认真操作、确保质量。

5. 汽车美容店商品管理策略

(1) 严格验收入库。

产品入库要严格验收，弄清产品及其包装的质量状况，防止产品在储存期间发生各种不应有的变化。对有异常情况的产品要查清原因，针对具体情况进行处理和采取救治措施，做到防微杜渐。

项目十 汽车装饰美容企业经营管理

(2) 合理安排储存。

汽车美容产品大多为化学危险物品，要严格按照有关规定分区分类安排储存地点。

(3) 控制好仓库温、湿度。

有些美容产品对温、湿度有一定的适应范围，超过规定的范围，产品质量就会发生不同程度的变化。因此，应根据产品的性能要求，适时采取密封、通风、吸潮和其他控制与调节温湿度的办法，力求把仓库温、湿度保持在适应产品储存的范围内，以保证产品质量。

(4) 认真对商品进行在库检查。

做好产品在库检查，对保证商品质量具有重要作用。库存产品质量发生变化，如不能及时发现采取措施进行救治，就会造成或扩大损失。因此，对库存产品的质量情况应进行定期或不定期的检查。

(5) 保持好仓库清洁卫生。

储存环境不清洁，易引起微生物、虫类滋生繁殖，危害产品。因此，对仓库外环境应经常清扫，彻底铲除仓库周围的杂草、垃圾等物，必要时使用药剂杀灭微生物和潜伏的害虫。对容易遭受虫蛀鼠咬的商品，要根据商品性能和虫、鼠生活习性及危害途径，及时采取有效的防治措施。

项 目 小 结

汽车装饰美容店的经营模式有个人直接投资和加盟连锁两种。

汽车装饰与美容店开店需要经历选定经营场所、筹措投资资金、店面装潢装饰、招聘员工、申请注册公司、办理税务登记、办理开户手续，其他事项诸如员工培训、管理规章、行业审批等。

汽车装饰美容店的营销有会员营销、文化营销、服务营销、网络营销和其他营销等方式。

汽车美容店的客户管理策略有市场分析和客户开发两个方面。市场分析需要从市场范围的分析、消费者的分析、社会文化的分析和竞争对手的分析四个方面着手；客户开发需要从分类开发新顾客和巩固老顾客两个方面着手。

复习思考题

一、填空题

1. 汽车美容加盟店主要负责_____、_____。
2. 目前汽车美容服务业的入行模式有_____、_____两种模式。
3. 精品屋主要是提供一些汽车用品和车迷用品，如_____、_____、_____，以满足不同爱好的人的要求。
4. 汽车美容行业的营销主要有_____、_____、_____、_____、_____。

5. 常见的汽车美容店采购的方式有_____、_____、_____。
6. 汽车美容店营销策略主要包括_____、_____、_____。
7. 员工奖励制度包括_____、_____、_____。

二、简答题

1. 如何提高服务质量？
2. 汽车美容促销的策略有哪些？
3. 汽车美容业务流程包括哪几个步骤？
4. 汽车美容店市场分析的内容包括哪些？
5. 针对当前汽车美容行业现状，如何进行新客户开发？

三、实训题

围绕汽车美容企业开设店面和店面迎接客户工艺流程等相关理论知识，结合实验室相关的汽车美容工具设备和美容装饰场地制定一份详细的迎接客户流程的理论报告。根据报告以轿车丰田卡罗拉为产品实施实训。考核要求如下：

(1) 实训前准备工作；
(2) 迎接客户流程；
(3) 实训结果；
(4) 综合考评迎接客户流程效果和理论素养。

参 考 文 献

[1]刘基余,李征航,王跃虎. 全球定位系统原理及其利用[M]. 北京:测绘出版社,1992.
[2]付百学,李伟. 汽车音响结构原理与维修[M]. 北京:机械工业出版社,2012.
[3]黄昌志. 汽车涂装技术[M]. 北京:北京航空航天大学出版社,2011.
[4]宋东方等. 汽车装饰与美容[M]. 北京:化学工业出版社,2011.
[5]关志伟. 汽车装饰与美容[M]. 北京:人民交通出版社,2009.
[6]陈纪民. 汽车涂装技术[M]. 北京:人民交通出版社,2009.
[7]宋东方. 汽车装饰与美容[M]. 北京:化学工业出版社,2009.
[8]李扬. 汽车涂装技术[M]. 北京:机械工业出版社,2013.
[9]黄智,钟志华. 车载导航系统陀螺的自适应校正方法[J]. 汽车工程,2006.
[10]曹晓航.GPS车载导航系统技术趋势浅析[J]. 现代测绘,2006.
[11]吴兴敏. 汽车涂装技术[M]. 北京:高等教育出版社,2008.
[12]程玉光. 汽车涂装技术[M]. 北京:人民交通出版社,2005.
[13]黄平. 汽车车身修复技术[M]. 北京:人民交通出版社,2006.
[14]李仲兴. 汽车装饰与美容[M]. 北京:北京大学出版社,2006.
[15]鲁植雄. 汽车美容[M]. 北京:人民交通出版社,2006.
[16]孙斌. 汽车美容与装潢[M]. 杭州:浙江大学出版社,2009.